山区公共服务：
空间差异与效率增进策略

宋雪茜 邓 伟 著

科学出版社
北 京

内 容 简 介

本书针对山区公共服务发展的公平与公正性及效率性，基于理论构建和典型案例研究，深入分析山区公共服务的空间特征及差异性，依据宏观数据分析，并通过问卷调查深入解析影响山区公共服务效率的内外因素、政策驱动、管理机制，探究基本公共服务的地方性问题以及政策空间公平性问题，阐明公共服务的经济关联性和空间效率比较，给出提升山区公共服务效率与公平性的对策，为国家山区公共服务质量保障及空间有效性治理提供科学指导和决策依据。

本书适合科研人员、教师、研究生、公共服务政策制定者、政府管理者阅读学习。

图川审(2019)230号
图书在版编目(CIP)数据

山区公共服务：空间差异与效率增进策略/宋雪茜，邓伟著. —北京：科学出版社，2019.8
ISBN 978-7-03-061136-9

Ⅰ.①山… Ⅱ.①宋… ②邓… Ⅲ.①山区–公共服务–研究–中国 Ⅳ.①D669.3

中国版本图书馆CIP数据核字(2019)第083616号

责任编辑：张　展／责任校对：彭　映
封面设计：墨创文化／责任印制：罗　科

科学出版社 出版
北京东黄城根北街16号
邮政编码：100717
http://www.sciencep.com

四川煤田地质制图印刷厂印刷
科学出版社发行　各地新华书店经销
*

2019年8月第 一 版　　开本：787×1092 1/16
2019年8月第一次印刷　　印张：16 3/4
字数：380 000

定价：180.00元
（如有印装质量问题，我社负责调换）

序 一

  自从社会组织形态形成，公共服务就随之产生了，其与经济社会的发展和民众的生活密切相关。在人类社会的发展进程中，公共服务体系也在不断地演进，从简单到复杂，并走向了社会化。工业革命以来，城市的飞速发展，极大地促进了公共服务体系的系统性建设，这一点在发达国家极为明显。作为发展中国家，我国正致力于国家公共服务体系的建设与发展，特别是改革开放以来，伴随快速的工业化、城镇化和新农村建设，我国的公共服务体系水平从根本上有了极大的提升，国家区域发展战略布局非常注重公共服务体系的建设。特别是党的十八大以来，进一步明确以人为本，全面强调一切发展为了人民，极大地促进了国家公共服务体系的全面建设。2012年和2017年国务院相继批准了《国家基本公共服务体系"十二五"规划》《"十三五"推进基本公共服务均等化规划》，使我国已初步构建起覆盖全民的国家基本公共服务制度体系，各级各类基本公共服务设施不断改善，人民的福祉不断提高，共享了改革发展的成果。

  我国尚处在社会主义发展的初级阶段，而且我国的地域差异非常大，山区面积占全国总面积的2/3。因此，山区的公共服务体系建设及其均等化是国家社会发展与治理的重要任务之一，也是多学科交叉研究的重要内容和热点之一。我曾在不同的时期多次行走于不同省份的山区，感受到了山区基本公共服务体系的薄弱性、发展的艰难性，也看到了经过党和国家的巨大努力，山区基本公共服务的显著改善，山区老百姓的民生有了根本保障，老百姓有了一定的获得感。但是，由于山区地理环境的复杂性，山区公共服务体系的完善与效率提高仍然面临一些问题，亟待从科学层面深化研究并加以破解，以期提供科学指导和决策依据。

  《山区公共服务：空间差异与效率增进策略》基于地理空间的视角，运用地理学和管理学等多学科理论和方法，探究山区公共服务体系建设的问题，对更好地依据山区特点强化和完善山区公共服务体系建设具有科学指导意义和社会实践价值。该书直面山区公共服务面临的问题，运用现代分析方法，结合实际调研、访谈获取的问卷样本和多属性数据，通过宏观分析和实证研究，阐明了山区公共服务的特征与空间差异，提出了效率增进策略，是一部具有指导性和参考性的学术专著。在著述即将付梓之际，受著者之邀为该书赋序，我欣然秉笔，并为这一研究成果的出版致以诚挚的祝贺！

我希望该书的出版能够进一步激励作者,并带动更多的研究者在深化山区公共服务体系研究与实践中继续前行,不断探索和创新。要关注在建设美丽中国的进程中,以乡村振兴为目标导向的山区公共服务体系的现代化建设如何布局与时空有效推进问题,还应加强山区公共服务体系建设与城乡空间治理的公共政策问题和实践路径的研究,为山区经济社会的全面可持续发展提供理论指导和决策依据。

科学研究行无止境,愿该书作者在探索中继续前行,取得新的成就。

中国科学院大学公共政策与管理学院　院长

发展中国家科学院(The World Academy of Sciences)院士

2018 年 11 月 16 日

序 二

公共服务是一个国家发展必要的保障体系，是为了满足社会公共需求、维护公共利益、依法进行公共物品的生产与供给的行为。现代化国家离不开完善的公共服务体系的支撑，提供基本公共服务是一个国家政府的重要职责，公共服务资源的空间分布、均衡性与效率对经济社会均衡发展和民生保障至关重要。国家在加快乡村振兴过程中，十分强调要不断缩小城乡和区域差距，其中很重要的方面就是加强公共服务能力建设与其均等化，让公共服务资源在空间配置上日益合理和均衡，不断提升不同区域和发展水平地区公共服务支撑发展和改善民生的保障能力。这不仅需要公共政策和社会治理方面的研究，也需要从地理学、管理学等学科视角衡量公共服务资源的空间分布/配置、效率和均衡性，从国土空间发展角度审视公共服务的配套与支撑能力，进而为国家公共服务体系建设提供指导和决策依据。因此，这类研究既有理论方面的探究，也有对实际问题的诊断与分析，具有多学科交叉研究的综合性。

我国山地分布广泛，导致我国地理空间异常复杂，广大的山区因地处偏远和经济社会发展滞后，公共服务整体上落后于平原地区，因此将研究关注焦点放置于山区公共服务尤显重要。本书的研究秉承了地理学和管理学的理论与方法，从山区地理环境的特殊性去研究公共服务的空间差异，从公共资源配置的合理性去分析其空间效率，提出增进策略，体现了科学研究的整体观和系统性逻辑，并辅以问卷调查和访谈，以实际案例分析为佐证，达到了理论与实践的统一。该书的出版是山区发展研究方面的重要成果，不仅开拓和丰富了山区公共服务体系的研究，而且对乡村振兴和社会保障体系的完善与提升具有重要的参考价值。

山区发展具有明显的地域性和复杂性，在全面建成小康社会和现代化国家建设进程中，公共服务的需求也在不断发生变化，需求层次也在提高，呈现出公共服务产品需求多样化的趋势。因此，对于山区公共服务体系建设的合理布局、公共服务资源的优化配置、公共服务效率的提升等都需要持续、深入地开展系统的研究，需要更多的研究成果为山区经济社会发展与社会治理提供理论基础。希望通过该书的出版，在推动山区公共服务研究方面起到启示和促进作用，也寄望著者再接再厉，秉持创新精神，继续探索我国山区公共服务体系现代化的方式与路径，以及与之相适应的管理体系和政策工具，以更新、更优异的研究成果服务山区的发展，为科技服务乡村振兴做出重要的贡献。

在《山区公共服务：空间差异与效率增进策略》即将出版之际，欣然作序，以示鼓励。

联合国环境署国际生态系统管理伙伴计划(UNEP-IEMP)主任
中国科学院农业政策研究中心主任
发展中国家科学院(The World Academy of Sciences)院士
2018年11月30日

前　言

2010~2015年是我人生中难忘的一段时光。作为一名在职教师，经过5年的艰辛努力，我获得了中国科学院大学理学博士学位，开启了我人生的新征程。

中国科学院是国家科技创新和人才培养的高地，是许多学子求学深造向往的科学殿堂。一个偶然的机会使我认识了陈国阶先生和艾南山教授，他们鼓励并推荐我报考中国科学院成都山地灾害与环境研究所的博士学位。我锁定了目标，经过笔试和面试，如愿以偿被录取了，进而迈出了实现我人生梦想的重要一步。

我是成都信息工程大学管理学院的一名教师，对地理学曾一知半解，而攻读人文地理学的博士，需要建构新的知识体系。我的博士生导师邓伟研究员（2017年当选国际欧亚科学院院士）给我列出了需要研读的地理学文献，我一面坚持教学，一面进行着紧张的学习，并渐渐地走进了地理学的世界，深感地理学的博大精深，学习和研究的兴趣也渐渐浓厚起来。

博士论文选题因对个人的后续研究十分重要而尤显关键。因为我有一定的管理学基础，结合人文地理学培养的方向，在导师的指导下，我选定了山区公共服务与区域发展的研究方向。学习的时光既紧张又充实，从读书中获取知识，运用知识到山村进行调研和访谈，一字一句写就了十余万字的博士论文，收获的喜悦让我激动，也让我感恩曾经给予我指导和帮助的老师与同学。

人生要不断前行与攀登。博士毕业后，我没有"闲观碧水看清荷"，也没有"尽揽秋月望西岭"。在导师的激励下，我继续瞄准国家发展中公共服务体系建设的重大需求，乘势前行，根据掌握的专业理论和已有的研究基础，思考科学问题，凝练科学目标，确立研究主线，完成了国家自然科学基金青年项目的申请并获得批准（编号：41601141），主持并完成了四川省社会科学研究规划项目（编号：SC16B026）、四川省科技厅软科学项目（编号：2015ZR0115）和国家留学基金委项目（编号：201708515064）等多项与山区公共服务与空间相关的研究项目，还参与了中国科学院院长基金（2017）和国家自然科学基金国际合作与交流项目（编号：41661144038），这无疑为续航我的科学研究注入了新动力。在这一系列项目的资助下，我们赴国内外山区进行了大量的调研，并与国内外相关研究领域的学者进行了深入的交流，不仅为本书积累了大量的一手数据，还使我们具备了多维度的研究视角，掌握了多学科的研究方法。

我向导师邓伟先生表达了想以博士学位论文为内容框架撰写专著的想法，并恳请他给我一些指导和帮助，他非常爽快地答应了。后来，我的同门师弟张少尧博士、周鹏博士也参与了本书的写作。在一年半的时间里，从提纲到结构与内容，我们认真进行讨论并修改与完善，形成了现在的结构：第一至四章为山区公共服务空间分析的理论框架和研究方法，

第五至七章为山区公共服务"4ES"空间公平与效率研究,第八至十二章为研究案例分析,第十三章为对未来相关研究的展望。我们在学习交流中促进写作,在写作中提高分析问题、认识问题和阐述观点的能力。导师的鼓励和支持,张少尧博士、周鹏博士的积极参与,以及万将军博士、南希博士等的帮助,使得本书能够顺利完成,在此表示由衷的感谢!

本书成稿后,我和我的导师又进行了系统的统稿、修改和完善,第一次感受到撰写科学专著的辛苦,尝试到收获的愉悦,也非常享受这一过程给我带来的快乐!

读博期间,我对我国的国土形势有了深刻的了解,那就是中国是一个多山的国家,而公共服务体系建设对促进山区的全面发展十分重要,特别是在国家实施乡村振兴战略进程中,如何建设和发挥好公共服务体系有力支持山区经济社会发展的重大作用,需要一系列研究成果为公共服务体系的建设和能力的提升提供指导和决策依据。

路漫漫其修远兮,吾将上下而求索。一本书是可以封笔的,但是作为一个研究者,探究的足迹永远在路上。我热爱我所从事的研究事业,我将不负师训,坚守这个研究方向,并不断地拓展和创新,在地理学和管理学的学科交叉中积极探索,乐观前行,不断取得新成就。

衷心感谢方新院士和张林秀院士不吝赐教,在本书即将出版之际拨冗作序,给予我鼓励!在未来科学研究的道路上,我会铭记二位先生的指导和鼓励,勇于探索、不懈进取,力求真知。

感谢为我们的研究提供帮助的机构和朋友,感谢帮助我们调研的中国科学院·水利部成都山地灾害与环境研究所的博士、硕士和成都信息工程大学的同学们。最后还要特别感谢科学出版社的大力支持。

谨以此书致谢、感恩和自勉。

目　录

第一章　山区与山区公共服务 ··· 1
第一节　山地的基本特征 ··· 1
一、山地的概念与内涵 ·· 1
二、山地的基本特征 ·· 2
第二节　山区的经济社会发展 ··· 3
一、山区县分布概况 ·· 3
二、山区经济发展与差异 ·· 4
三、山区的贫困 ·· 7
四、山区的城镇化 ·· 8
第三节　山区的公共服务 ··· 9
一、山区公共服务研究的必要性 ··· 10
二、本书的逻辑框架 ··· 11
参考文献 ·· 12

第二章　公共服务公平、效率与空间 ··································· 13
第一节　公共服务概念 ·· 13
第二节　公共服务公平与效率 ·· 15
一、公共服务公平性 ··· 15
二、公共服务效率性 ··· 16
第三节　公共服务与空间 ·· 19
一、公共服务的空间观 ··· 19
二、公共服务的空间差异性 ··· 20
三、公共服务的空间相关性 ··· 27
四、公共服务的空间配置优化 ··· 28
参考文献 ·· 30

第三章　公共服务空间分析理论与方法 ································· 33
第一节　公共服务空间分析理论 ······································ 33
一、空间结构理论 ··· 33
二、地方和区域发展理论 ··· 35
三、行为地理学理论 ··· 38
第二节　公共服务空间分析方法 ······································ 39
一、公共服务空间格局分析方法 ··· 39

vii

二、公共服务空间可达性分析方法 ………………………………………… 41
　　三、公共服务空间配置影响因素分析 ……………………………………… 42
　　四、公共服务空间优化方法 ………………………………………………… 44
　参考文献 ……………………………………………………………………………… 46

第四章　山区公共服务基本构成及特性 …………………………………………… 49
　第一节　山区公共服务基本构成 ………………………………………………… 49
　　一、基本公共服务的基点 …………………………………………………… 50
　　二、山区公共服务基本体系 ………………………………………………… 50
　第二节　山区公共服务的地方性 ………………………………………………… 53
　　一、地域性特点 ……………………………………………………………… 53
　　二、治理能力特点 …………………………………………………………… 54
　　三、制约的特点 ……………………………………………………………… 54
　　四、民族的特点 ……………………………………………………………… 55
　第三节　山区公共服务供需的差异性 …………………………………………… 55
　　一、环境导致的差异 ………………………………………………………… 55
　　二、人口分布导致的差异 …………………………………………………… 56
　　三、国家战略导致的差异 …………………………………………………… 57
　　四、经济导致的差异 ………………………………………………………… 58
　第四节　山区公共服务政府目标与公众满意度 ………………………………… 58
　　一、公共服务政府目标的确立 ……………………………………………… 58
　　二、公共服务的公众满意度 ………………………………………………… 59
　　三、供需互馈机制问题 ……………………………………………………… 59
　参考文献 ……………………………………………………………………………… 60

第五章　山区公共服务经济性评价 …………………………………………………… 61
　第一节　山区公共服务经济性评价与影响因素分析 …………………………… 61
　　一、研究方法 ………………………………………………………………… 62
　　二、研究数据 ………………………………………………………………… 64
　　三、空间分析结果 …………………………………………………………… 65
　　四、公共服务供给空间相关性影响因素 …………………………………… 74
　第二节　基于效率性评估的山区公共服务效率增进策略 ……………………… 79
　　一、统一性政策与地方性政策相结合，外部资源和内部能力相结合 …… 79
　　二、提高山区城镇化率，调控山区人口密度 ……………………………… 80
　　三、在山区培育新的公共服务供给增长极并提高其辐射能力 …………… 80
　　四、探索高级公共服务供给多元化途径 …………………………………… 80
　　五、实现灾后重建中公共服务投资的科学管理 …………………………… 80
　参考文献 ……………………………………………………………………………… 81

第六章　山区公共服务效率性评价 …………………………………………………… 82
　第一节　山区公共服务效率性评估与影响因素分析 …………………………… 82

  一、研究方法 ··· 83
  二、指标体系 ··· 84
  三、DEA 效率评价结果 ······································· 85
  四、DEA 效率结果讨论 ······································· 96
  五、投入产出效率影响因素 Tobit 分析结果及讨论 ················ 102
 第二节 基于效率性评估的山区公共服务效率增进策略 ············· 106
  一、增加投入以提高规模效率并实现规模报酬最优 ················ 106
  二、优化资源结构，提高山区公共服务统筹管理水平以提高纯技术效率 ··· 107
  三、加强山区教育和医疗卫生人才队伍建设 ······················ 108
  四、基于山区特点，因地制宜地制定和实施公共服务政策 ··········· 108
 参考文献 ··· 110

第七章 山区公共服务效果性评价

 第一节 山区公共服务效果性评价及其影响因素分析 ··············· 111
  一、研究方法 ··· 112
  二、山区公共服务满意指标体系构建及实证调研 ··················· 115
  三、满意度分析结果 ··· 117
  四、Tobit 模型构建 ·· 121
  五、结果分析 ··· 123
 第二节 基于效果性评估的效率增进策略 ··························· 129
  一、根据山区公共服务居民满意度的时空特征确定供给重点 ········· 129
  二、促进山区人口适度聚集以提高公共服务供给效率 ··············· 129
  三、公共服务供给中心的选择需注重区位 ························ 129
  四、针对山区实施公共服务地方性干预政策 ······················ 130
  五、对山区聚落文化分割现象进行适度调控 ······················ 130
  六、构建"自上而下"与"自下而上"相结合的公共服务供给决策机制 ··· 130
 参考文献 ··· 131

第八章 多层级医疗资源空间配置

 第一节 我国公共医疗资源空间均衡性分析与研究方法 ············· 133
  一、我国公共医疗资源空间均衡性分析的意义 ···················· 133
  二、我国公共医疗资源配置中存在的问题及分级诊疗改革 ·········· 134
  三、研究数据来源与处理 ····································· 135
  四、研究方法 ··· 136
 第二节 我国省域公共医疗资源层级协同性与空间均衡性 ··········· 138
  一、两层级医疗资源空间均衡性变化特征 ························ 138
  二、两层级医疗资源局部空间聚集特征 ·························· 140
  三、两层级医疗资源耦合协调度时空特征 ······················· 140
  四、两层级医疗资源空间溢出效应及影响因素 ··················· 141
 第三节 市、县公共医疗资源空间配置及影响因素 ··················· 145

一、公共医疗资源评价的三类指标 145
　　二、两层级医疗资源空间均衡性特征 145
　　三、地理探测器模型变量选择 147
　　四、地理探测器分析结果 148
　第四节　两层级医疗资源空间配置的作用机制 149
　　一、医疗改革政策的影响 149
　　二、人口分布与结构的影响 150
　　三、经济社会因素的影响 151
　　四、地形和区位条件的影响 152
　　五、医疗卫生投入的影响 152
　　六、疾病发生率的影响 153
　参考文献 153

第九章　基于空间异质性的村级公共服务需求度与满意度 156
　第一节　成都市村级公共服务供给宏观分析 159
　　一、村公资金投入时空变化 159
　　二、村公资金投入冷热点分析 162
　　三、村级公共服务资金投入的作用与效果 166
　第二节　村级公共服务需求及其时空变化趋势 169
　　一、村级公共服务需求信息获取 169
　　二、村级公共服务需求强度现状 171
　　三、村级公共服务需求时空变化趋势 172
　　四、村级公共服务差异化需求的影响因素 176
　第三节　村（居）民对村级公共服务知晓度和满意度 177
　　一、村（居）民对村公服务知晓度 177
　　二、村（居）民对村公服务的满意度 179
　第四节　当前村级公共服务和社会管理中存在的矛盾 181
　　一、多元化需求与统一性供给之间的矛盾 181
　　二、村公资金规范管理与农村社会文化之间的矛盾 182
　　三、基层民主治理与村公服务均衡性之间的矛盾 183
　　四、当前利益与长期发展目标之间的矛盾 183
　　五、公共服务项目实施与村干部畏难的矛盾 183
　第五节　深化村级公共服务和社会管理改革的对策建议 184
　　一、优化村公资金投入指标体系，健全村公资金差异化投入机制 184
　　二、优化管理程序，提高村公资金利用效率 186
　　三、加强基层党建，发挥基层组织核心作用 188
　　四、构建评价体系，开展村公服务专项绩效评估 189
　　五、完善保障机制，促进村公服务与社会管理改革 191
　参考文献 192

第十章　城镇空间差异与公共服务配置 193
第一节　公共服务提升城乡宜居性 193
一、城乡宜居性的内涵 193
二、公共服务提升城乡宜居性 194
三、新型城镇化背景下宜居城乡建设对公共服务的要求 195
第二节　城镇化进程中公共服务合理布局 198
一、城乡公共服务合理布局 198
二、城郊公共服务合理布局 198
三、城市内部公共服务合理布局 199
四、山区和平原公共服务合理布局 199
第三节　城市不同地形区公共服务配置 200
一、案例区概况 200
二、地形对公共服务配置的影响 201
三、不同地形区公共服务的配置 202
第四节　城市不同功能空间公共服务配置 202
一、成都市空间结构与功能 202
二、数据处理与研究方法 203
三、不同圈层的空间公共服务配置 204
四、公共服务与功能空间的耦合关系 208
五、不同功能区公共服务效率增进策略 208
参考文献 209

第十一章　老龄化社会与山区公共服务 211
第一节　国内外老龄化问题 211
一、人口老龄化定义与老龄化社会 211
二、发达国家与发展中国家老龄化差异 212
三、中国的人口老龄化 213
第二节　四川省人口老龄化 214
一、四川省人口老龄化概况 214
二、四川省县域人口老龄化特点 214
三、老龄人口结构状况 218
四、养老负担状况 220
五、老龄人口健康状况 221
第三节　四川省公共服务空间分布与老龄化 222
一、四川省公共服务现状 222
二、四川省县域医疗卫生水平空间分布 223
三、现有公共服务应对老龄化社会的能力分析 225
参考文献 230

第十二章　大都市多层级医疗服务空间均衡性与缺医区识别　232
 一、引言　232
 二、数据与方法　234
 三、研究结果　238
 四、讨论与结论　243
 参考文献　245

第十三章　展望　247
 第一节　面临的挑战　247
  一、山区公共服务设施建设应注重生态环境保护　247
  二、乡村振兴中公共服务体系建设的长远谋划　249
  三、山区公共服务体系建设的金融保障缺口是"短板"　250
 第二节　主要的问题　250
  一、发展的不平衡性，"短板"限制明显　250
  二、缺乏差别化的政策，扶持力不足　251
  三、公共服务体系运行的资金和人员短缺，保障力不足　251
 第三节　研究导向　251
  一、山区公共服务研究的特殊性与重大意义　251
  二、重点研究导向　252
 参考文献　253

第一章 山区与山区公共服务[①]

中国是山地大国，山区面积占全国总面积的2/3。在现代经济发展中，山区自身发展能力有限和发展动力不足的问题仍然比较突出，山区在经济上属于发展滞后的欠发达地区，公共服务供需矛盾和公共资源利用公平性和效率性问题更加突出。本书以理论与实践相结合的方法，在总结现有相关理论研究进展的基础上，分析公共服务的空间差异，剖析山区公共服务的现状及面临的问题，探究和阐释其公共服务的公平性、效率性及影响因素和增进机制，通过实证研究对山区的公共服务能力建设、基本公共服务均等化和公共服务效率增进机制等提出建议和对策，为我国山区公共服务差异化供给与山区民生保障及可持续发展提供理论依据和科学参考。

地理空间的复杂性除了缘于经度和纬度的地带性影响因素，还受到海拔梯度的影响，这些因素增加了山地表层的复杂性。了解和把握我国山地的自然特征，认识山区经济社会发展的制约性，以及公共服务的特别性与差异性，对促进山区可持续发展具有现实意义，这也是认识国情的需要。

第一节 山地的基本特征

一、山地的概念与内涵

山地由一系列独特的景观要素组成，是具有一定海拔、相对高度和坡度的多维空间结构的地理单元[1]，关于山地的概念与内涵的综合阐述当推钟祥浩编著的《山地学概论与中国山地研究》[2]和钟祥浩等编著的《山地环境理论与实践》[3]，钟祥浩等从人类对山地认知的历史和近现代研究的积累方面，根据古今中外地理学家对山地的描述与刻画，系统地阐述了山地研究的发展历史与知识体系，基于不同山地概念的综合，明确地给出了山地的概念与内涵。首先，就地貌学而言，山地是正向地貌，具有海拔和坡度，与此特征相关联的同质性自然体可谓之山地，据此，丘陵和高原都属于山地范畴；其次，山地具有复合概念性质，"山地是个体的山与群体的山区的复合"（图1-1，引自百度），即将山、山区的概念融合在山地概念中，丰富了山地的内涵；再者，强调山地的人文属性，就算是人迹罕至的深山区，也会通过提供服务或受到胁迫（如气候变化）而对人类社会发展产生作用与影响，即不能孤立地看待山地自然体。

[①] 本章执笔人：邓伟、宋雪茜、万将军、南希。

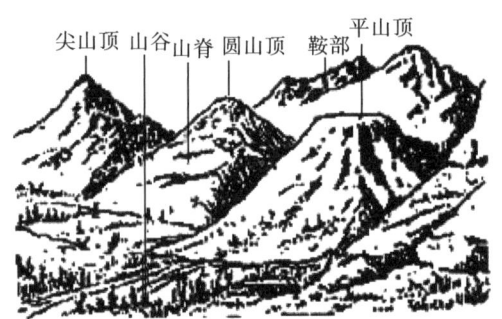

图 1-1 山地的基本形态

不同学科对山地含义的理解差别很大。地质学强调的是造山运动形成的地壳隆升；地貌学注重气候、流水、风等外营力对地表的塑造；生态学关注的是流域能量、物质流的垂直梯度差异；而经济学考虑的是山区空间联系与阻隔关系。

二、山地的基本特征

(一) 山地的分布

彼此关联的山体形成山系，构成了广阔的地域空间。根据第一幅竖版中国数字山地图编制成果显示[4]，我国山区面积占全国总面积的 2/3，不同海拔的陆域国土面积统计和县(市)数量统计分别如表 1-1 和表 1-2 所示。其间分布着重要的山系和山脉，如喜马拉雅山系、横断山系、冈底斯-念青唐古拉山系、喀喇昆仑-唐古拉山系、巴颜喀拉山系、帕米尔-昆仑-祁连山系、天山-阿尔泰山系、秦岭-大巴山系、大兴安岭-阴山山系、燕山-太行山系、长白山脉、东南沿海山系、乌蒙山-武陵山系、台湾山脉和海南山脉等。

表 1-1 不同海拔的陆域国土面积统计

海拔/m	国土面积/km²	山地面积/km²	山地面积占比/%
500~1500	3191627.03	1630179.8	51.08
1500~2500	929332.79	727420.85	78.27
2500~3500	547871.00	433503.22	79.13
3500~4500	745515.18	703943.82	94.42
>4500	1448066.18	1275386.9	88.08

表 1-2 不同海拔的县(市)数量统计

指标	海拔/m				
	500~1500	1500~2500	2500~3500	3500~4500	>4500
县(市)个数/个	706	224	62	72	60
面积/km²	3196820.74	1218988.42	511479.24	851701.00	1240979.15

我国省级行政区山地面积占比居前十位的是：贵州(山地面积占 98.1%)、云南(山地面积占 97.7%)、福建(山地面积占 96.2%)、四川(山地面积占 95.3%)、重庆(山地面积占 95.2%)、广西(山地面积占 90.7%)、西藏(山地面积占 89.3%)、陕西(山地面积占 87.1%)、山西(山地面积占 84.2%)、湖南(山地面积占 84.1%)。

(二)山地的特征

我国山地纵横交织，总体上以三大阶梯式的地形构成山地空间分布的基本格局。我国既有东西走向、南北走向和北东走向的山系，还有南方丘陵山地，而西部高山林立，海拔 6000m 以上的高山都分布在西部，不仅是中国甚至亚洲的"水塔"，也是不可替代的区域生态屏障，地理、生态和资源的意义与价值非常突出，并导致人文地理的空间分异，形成受山地制约的人地关系。例如，胡焕庸线是中国人口、地理分布的分界线，其西北面 64% 的国土分布着 6% 的人口，东南面 36% 的国土分布着 94% 的人口，西北地区年降水量小于 400mm，85% 的面积为山地，并受地震、山洪、泥石流、滑坡、雪崩、冻土融化、冰湖消长溃决灾害等影响，而东南地区年降水量大于 400mm，是经济社会发展的重点区域，其生产力发达，社会繁荣程度高，并汇集了长江三角洲城市群、珠江三角洲城市群、京津冀城市群等重要的区域发展空间，是我国城市化、工业化和现代化步伐最快的标杆区域。

山地不仅控制着地理格局，也控制着气候分区，一些山地是重要的地理气候分界线，如秦岭就是我国南北气候的分界山脉(秦岭以南多属亚热带气候，秦岭以北多属暖温带气候)。除了南北差异，还有东西差异，又因海拔不同，垂直分异也十分明显。山地地理生态的多样性，为生物多样性创造了良好的环境条件，也是水资源、土地资源和生物资源的富集区域，生态服务效应巨大。

山地是地表过程最活跃、最复杂的区域，也是自然和人文要素相互作用条件下制约性、敏感性最强的区域，其所占国土生态空间比例大，少数民族集聚，凸显文化多样性。很显然，山地的重要性、脆弱性和敏感性并存，人地关系特殊且重要，是不可忽视的自然与人文空间。

第二节　山区的经济社会发展

山区在自然条件的种种限制下，长期处于传统农业发展的大环境，现代经济社会发展相对滞后于平原和东部沿海地区，这也是山区公共服务体系建设不平衡、不充分的根源所在。

一、山区县分布概况

据有关研究统计[5]，我国山区县(含丘陵县)共有 1651 个，其中丘陵县有 291 个，半山区县有 198 个，准山区县有 192 个，显山区县有 377 个，整山区县有 593 个，山区县数量(含丘陵县)占全国县级行政区总数的 57.93%(表 1-3)。

表 1-3　我国山区县分级概况

分类	数量/个	占全国县级行政单位比例/%	占国土面积比例/%
非山区县	1199	42.07	27.98
丘陵县	291	10.21	6.72
半山区县	198	6.95	11.65
准山区县	192	6.74	7.27
显山区县	377	13.23	22.82
整山区县	593	20.81	23.56
山区县合计	1651	57.93	72.02

由表 1-3 可以看出，我国典型的山区县主要分布在中西部，如秦巴山区、云贵高原、横断山区和西藏高原，而东部的典型山区县主要分布在浙江、福建和台湾。

二、山区经济发展与差异

(一) 山区县域经济发展

自 2000 年起，陈国阶先生率领的研究团队以《中国山区发展报告》[6]对中国山区经济发展进行了比较系统和深入的研究，阐释了中国经济三大地带的差异性。中国山区约承担了我国 16%的工业生产能力，尤其是能源与矿产资源的开发产业居多，山区经济总量约占国家经济总量的 30%，在现代经济发展中，其自身发展能力有限和发展动力不足的问题仍然比较突出。

2013 年，笔者在参与中国科学院院士咨询项目中，实际对川滇黔、秦巴山、太行山进行考察和调研，明显发现山区的经济发展不仅与平原差距很大，而且内部差距也在增大。就 2010 年我国山区经济发展等级看，绝大部分山区县经济发展处于较落后水平，并呈现集中连片特征，重点是在太行山、秦巴山区、横断山区、乌蒙山区和黔桂喀斯特山区等，这些山区也正是贫困集中分布区。以人均 GDP 进行衡量，山区县域经济的增长速度明显落后于平原县，并且其增长的幅度也十分有限。就中国县域经济水平相似的地区在空间上集聚分布而言，1990 年以前，全国县域经济发展的水平差距并不十分明显，1990 年以来，3.61%的县级行政区经济发展呈现"高-高"集聚。2000 年，"高-高"和"低-低"经济发展水平的县级行政区数量显著增加，分别占全国的 6.85%和 20.28%，但高出全国平均水平的县级行政区仅有 459 个，而 2010 年经济发展水平呈现"低-低"格局的县级行政区数量继续增加(占 21.09%)，表明县域经济差距在逐渐拉大[7,8]。

经过 40 多年的发展，我国区域经济增长主要依靠改革开放政策的先导支持而逐见成效。为了比较东、中、西部的经济发展，本书选择东部的江苏和浙江、中部的湖北和湖南、西部的四川和云南六省，通过对 2000~2014 年三次产业比例(图 1-2~图 1-4)进行分析可知，东部的江苏省、浙江省这 15 年来第二产业比例平均为 52.1%和 51.4%；西部的四川省和云南省这 15 年来第二产业比例平均为 44.4%和 42.1%；中、西部的省份第一产业比例都在 11%~15%,而东部省份仅为 5%左右,表明东部省份第二产业和第三产业相对发达,这与东部工业化、城镇化快速发展有密切关系。

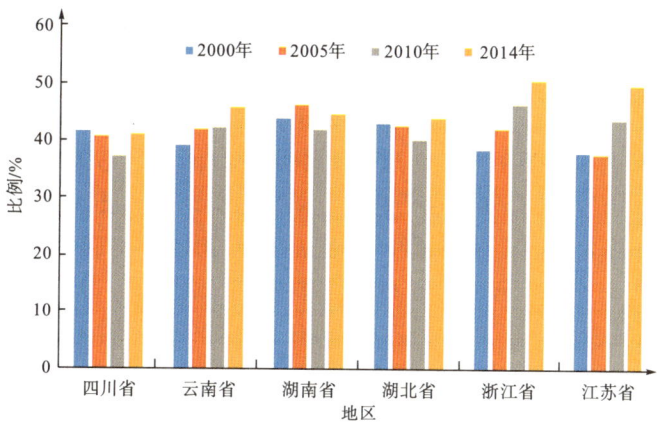

图 1-2　东、中、西部六省第三产业比例变化(2010~2014 年)

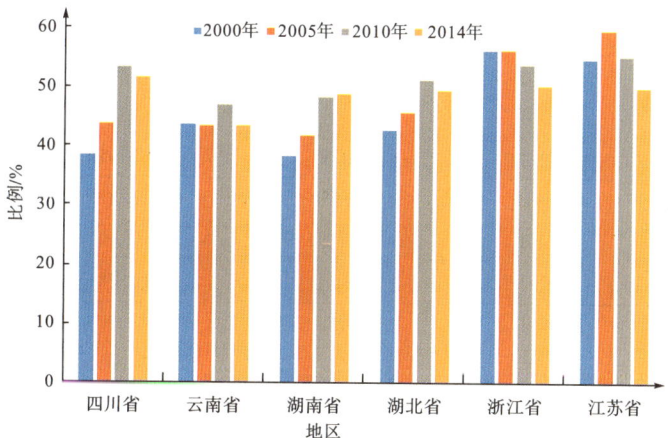

图 1-3　东、中、西部六省第二产业比例变化(2010~2014 年)

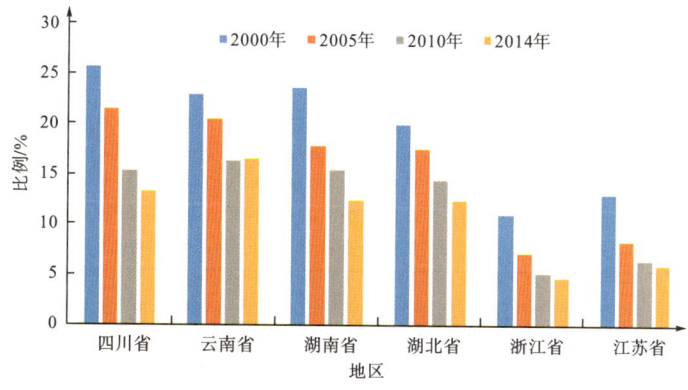

图 1-4　东、中、西部六省第一产业比例变化(2010~2014 年)

(二)东中西部县域经济差距极大

较早的研究就发现,1995~2000年,东部人均GDP与西部人均GDP的差距已由3216.8元扩大到6647.9元;第一产业劳动力占农村总劳动力比例由东向西提高,第一产业增加值占GDP比例由东向西提高,第二产业增加值占GDP比例由东向西降低,表明东部的工业化程度远高于西部,这也是东、西部经济差距拉大的重要原因。2000年,人均GDP低于4000元的县几乎占山区县的一半,达到了46.89%,而人均GDP高于平原县的山区县大部分集中在东部。经济社会发展水平总体上是平原县>丘陵县>山区县。

考察东、中、西部六省的山区县域经济状况,对其2016年GDP排名前十位的县(市)[①]进行比较(表1-4)。东、中、西部六省GDP各排在第一位的县(市),其县域GDP差值最大为270.29亿元,最小也相差3.2565亿元;排在第五位的县(市)其县域GDP差值最大为238.00亿元,最小也相差32.66亿元;排在第十位的县(市)其县域GDP差值最大为120.30亿元,最小也相差9.6亿元。

表1-4 东、中、西部六省2016年山区县域经济总量比较

省	县(市)	类型	GDP/亿元	排名
四川省	仁寿县	丘陵	367.8982	1
	大竹县	丘陵	283.5561	5
	绵竹县	丘陵	237.7653	10
云南省	安宁市	山区	272.87	1
	开远市	丘陵	168.00	5
	陆良县	山区	150.78	10
湖南省	桂阳县	丘陵	347.3365	1
	石门县	山区	239.8633	5
	茶陵县	丘陵	174.0028	10
湖北省	谷城县	丘陵	344.08	1
	长阳土家族自治县	山区	135.34	5
	保康县	山区	117.47	10
浙江省	东阳市	丘陵	543.16	1
	永嘉县	丘陵	373.34	5
	天台县	丘陵	227.71	10
福建省	闽侯县	丘陵	484.00	1
	永安市	山区	337.24	5
	建瓯市	丘陵	218.11	10

地域发展的不均衡直接导致山区县域经济突破性提升困难重重,而山区国土空间还要承担必要的生态服务,这种发展的限制性使其发展面临更多的挑战。

---

① 排除市辖区和地市州府所在地的县级行政区。

(三)内部差距性也在显著增加

由表 1-5 可进一步知道,不仅县域经济的东、中、西部差别大,而且同一地区县域经济总量差异也较大。就一个省或一个地区而言,其内部的发展差距也在扩大。以四川省凉山州为例,西昌市 2000 年人均 GDP 为 7564 元,2010 年达到 33125 元,而昭觉县和美姑县 2000 年人均 GDP 为 1802 元和 1550 元,2010 年分别为 5876 元和 6166 元,差距由 2000 年 4 倍增加到 2010 年的 5 倍多,人均 GDP 最高(西昌市)与最低(昭觉县)的差距分别由 2000 年的 5762 元增加到 2010 年 27249 元,差距拉大的趋势非常明显。

表 1-5　四川省凉山州各县(市)2000~2010 年人均 GDP　　　(单位:元)

	县(市)	2000 年	2005 年	2010 年
安宁河谷地区	西昌市	7564	13292	33125
	德昌县	3864	8549	17647
	会理县	4662	9503	29830
	会东县	3873	8837	23008
	宁南县	3793	6451	15311
	冕宁县	3498	7844	14560
边远山区	木里县	1843	3706	11483
	盐源县	1796	4300	14505
	普格县	2389	4649	9701
	布拖县	1830	3286	9376
	金阳县	1987	3298	11245
	昭觉县	1802	2890	5876
	喜德县	2648	4097	8443
	越西县	2128	4412	8680
	甘洛县	3802	4797	11943
	美姑县	1550	3060	6166
	雷波县	1959	4224	12511

三、山区的贫困

我国 14 个集中连片贫困区有 11 个分布在山区,而且约 90% 的贫困人口也分布在山区,"老、少、边、穷"无不与山区有关,且主要集中分布在西部,而西南地区的贵州、云南、四川、重庆是贫困县和贫困人口分布较多的省(市),云南是边境贫困县分布最多的边疆省之一。山区因灾、因病致贫问题比较普遍,也导致贫困现象在村落、农户层面反复出现,成为山区解决民生的一大难题。

我国的贫困地区大多为生态脆弱地区，山区居民赖以生存的资源环境支撑能力弱，人地关系矛盾大，如喀斯特地区，人多地少，生产力低下，农业增产增收困难，贫困人口多。少数民族地区贫困占比较大，2019年仅少数民族贫困县数量就约占全国贫困县总数的44%，贫困人口也占较大比例，如贵州的贫困人口中，80%为少数民族，贫困民族乡数量占全国贫困民族乡总数的48%。

据陈国阶等的研究认为，山区的贫困是一种长期的贫困，贫困程度深，减贫脱贫难度大，返贫容易；东部贫困山区属于相对贫困，中、西部山区为绝对贫困；山区贫困人口的生存基础差；山区经济贫困，知识贫乏，公共产品匮乏。陈国阶等指出，山区贫困缘于发展的自然环境差、人力资源不足、市场化水平低、商品交易困难，以及政策性影响[9]。

四、山区的城镇化

由于我国山区的差异性、复杂性、阻隔性和脆弱性，并且远离中心城市，其社会经济发展严重滞后。近年来，随着我国工业化、现代化进程的快速推进，山区的城镇化进程也在加快，但山区城镇化率不到30%，远低于全国平均水平(57.4%)。

我国的城市分布明显受地势影响。第一阶梯中，地级以上城市数量占全国地级市总数的1%，第二阶梯为23%，第三阶梯为76%。山地城镇的分布与海拔有密切关系，东部山区城镇多分布于海拔200～300m区域，村落多分布于海拔1300～1500m区域；中部山区城镇多分布在海拔800m以下区域，村落分布于海拔1500m～2000m区域；在西部，城镇分布海拔的上限可达4000m，一般多分布在海拔1500～2500m区域，村落多分布在海拔1500～3500m区域。

山区城镇化与所在地区整体城镇化水平的差距，在东部经济发达省份表现得更为明显，如表1-6所示，2010年，北京、广州、江苏三个经济较发达的省(市)整体城镇化率分别为86%、52%、60%，而这三个省(市)山区的城镇化率则分别33%、21%和31%，城镇化率的差距分别达到53%、31%和29%。四川、重庆两个经济相对落后的区域，其山区城镇化与整体城镇化水平的差距则相对较小。这也进一步说明，山区城镇化发展滞后具有普遍性。

表1-6 2010年山区城镇化率与所在地区整体城镇化率比较(%)

地区	山区城镇化率	整体城镇化率	二者相差
北京	33	86	53
广东	21	52	31
江苏	31	60	29
四川	17	40	23
云南	12	17	5
重庆	23	34	11

山区的城镇规模比较小，而且功能也比较单一，经济的带动性有限。早期的城镇发展大多依赖矿产资源的开发，并由此产生了一批资源型城市。例如，三线建设时期培育的攀枝花、六盘水，以及由于矿产资源开发而不断发展的铜仁、个旧、北票、东川等。当下，旅游业是促进山区经济多样化发展、增加山区居民就业、减少山区贫困、促进山区参与经济全球化活动、缩小山区发展差距的潜在工具。值得注意的是，相对于平原城镇而言，山区城镇规划严重滞后于城镇建设，规划理论落后，缺少符合我国山区实际的创新思路。目前，山区一些城镇的城区低水平扩张和土地低效率使用问题在山区城镇尤其是坝区城镇建设中普遍存在，山地城镇规划的短视化和浅薄化，也使山地城镇特有的山水人居环境及传统建筑地域文化几乎丧失殆尽。

山区城镇化具有其自身的特殊性，即山区城镇的边缘性和封闭性、生态与环境的脆弱性、经济结构的单一性、城镇空间组织的离散性、文化保护的重要性。因此，我国山区城镇化的发展应当坚持"科学统筹、规划先行、中小城市为主、规模适度、高标准、集约化、特色化、功能化、可持续化"的方向，并通过相应的对策推进和政策法规保障，以期全面、系统、有序地推进山区城镇化建设与可持续发展[10]。

第三节 山区的公共服务

社会的发展离不开社会公共服务体系的支撑，社会公共服务体系也是保障民生问题的基础。1949年以来，随着经济社会的不断发展，我国基本公共服务体系框架已经建立，特别是改革开放以来，国家实施了多项区域发展战略，极大地促进了经济社会的快速发展，尤其是西部大开发战略的实施，以交通等为主的基础设施的建设不断加强，区域公共服务能力不断得到提升，相应地也带动了山区公共服务体系的建设，特别是在交通、通信、供水、环保等方面。

然而我国山区多是"老、少、边、穷"地区，特困地区集中连片，还是少数民族聚居地和革命老区。山区在经济上属于发展滞后的欠发达地区，公共服务供需矛盾和公共资源利用效率问题更加突出。近年来，国家综合实力不断增强，山区经济也获得新的发展，为解决山区民生问题奠定了物质基础。中央政府为解决公共服务的区域差异制定了相关政策，"十一五"规划提出"按照公共服务均等化原则，加大对欠发达地区的支持力度，加快革命老区、民族地区、边疆地区和贫困地区经济社会发展"。2009年全国财政工作会议强调，加快以改善民生为重点的社会建设，重点加大教育、就业、住房、医疗卫生、社会保障等民生领域投入，并向中西部地区倾斜。这些政策的实施，对改善山区经济水平和人民生活水平起到了重大的作用。然而，由于地域差异大，相应的制度和政策的统筹性、差别化不足，影响了公共服务能力建设的实际效果。当前，我国尚未形成针对山区可持续发展的财政支持体制，没有建立规范的山区公共服务管理机制，没有形成地区间资源的公平配置制度。因此，所提供的山区公共服务数量和质量都受到严重影响，公共服务的效率也得不到提升，制约了公共服务基本功能在山区的有效发挥。

一、山区公共服务研究的必要性

(一)山区公共服务研究是解决民生问题的基础

山区公共服务是关系山区人民住有所居、劳有所得、学有所教、病有所医、老有所养的基本民生问题。提高山区公共服务水平,是经济社会发展到一定阶段的必然要求,是促进科学发展、社会和谐的重要内容。"十二五"规划提出,要坚持把保障和改善民生作为加快转变经济发展方式的根本出发点和落脚点。我国山区经济发展相对滞后、人地关系调控复杂,导致公共资源相对稀缺。山区聚落的闭塞性、边缘性、分散性等特点,使山区公共资源投入成本高、效益低,公共服务效率不高。山区人才缺乏、资源统筹管理能力差,导致山区公共服务管理水平一般。我国要实现全面建成小康社会的发展目标,必须对山区公共服务效率问题进行深入的研究。

(二)山区公共服务研究是促进基本公共服务均等化的依据

2006年3月,国家"十一五"规划纲要首次提出"基本公共服务均等化"政策目标。2012年,《国家基本公共服务体系"十二五"规划》提出实现这一目标的操作性意见。党的十七大报告把"围绕推进基本公共服务均等化和主体功能区建设,完善公共财政体系"确定为深化财政体制改革的一个基本方针,报告中指出,"缩小区域发展差距,必须注重实现基本公共服务均等化,引导生产要素跨区域合理流动"。党的十八大报告也提出"必须加快建立政府主导、覆盖全民、可持续的公共服务体系"。实施主体功能区规划以后,区域之间差距的缩小将主要体现在公共服务方面。主体功能区规划就是由以往强调控制区域间经济总量的差距,转向强调缩小不同地区间的基础设施状况、医疗卫生条件、社会保障、教育条件、交通等各种公共服务供给水平的差距,体现"以人为本"的发展理念。国务院颁布的《关于编制全国主体功能区规划的意见》中明确提出:"以实现基本公共服务均等化为目标,完善中央和省以下财政转移支付制度,重点增加对限制开发和禁止开发区域用于公共服务和生态环境补偿的财政转移支付。"山区由于担负着重要的生态环境屏障功能,生态系统又具有较强的脆弱性,限制开发区与禁止开发区面积占有较大比例,是实现我国基本公共服务均等化的难点地区,因此对其公共服务效率进行研究有利于促进基本公共服务均等化向纵深推进。

(三)山区公共服务研究是推进山区城镇化健康发展的保障

推进城镇化是我国全面建成小康社会的载体,是解决制约经济持续健康发展的重大结构性问题的重点。城镇化是加快山区发展不可逾越的阶段,是实现山区与全国同步建成小康社会的重要过程。党的十八届三中全会提出"完善城镇化健康发展体制机制。坚持走中国特色新型城镇化道路,推进以人为核心的城镇化"。近年来,随着我国整体现代化和工业化进程的推进,山区的城镇化进程也在逐步加快,促进了山区的发展,但也出现了许多违背自然、经济、社会发展规律的非理性、政绩化和教条式城镇化现象。要实现以人为核心的城镇化,其内涵应该是"公共服务下乡,公共服务上山",不仅要关注中小城市,更要关注农村，不仅要关注平原，更要关注山区。要实现山区城镇化健康发展，必须提高山区农村公共服务水平，但仅靠增加投入既不现实也不经济，研究山区公共服务效率就是要探讨在资源有限的既有约束条件下，如何对公共资源进行合理配置，对公共服务进行科学管理，从而为山区城镇化提供保障支撑。

（四）山区公共服务研究是缩小区域差距、实现社会和谐的基石

当前我国经济社会发展的区域差距显著体现在平原、丘陵地区与山区的差异上，为了达到全面小康的目标，必须实现山区的经济增长。政府的公共投资性支出为经济增长提供了必要条件，公共投资因具有乘数效应而对地区经济增长具有重要的作用，且不同类别的公共服务投资对不同区域经济增长有不同的影响。研究山区公共服务效率在实践上能够为包括政府在内的各级供给主体有效供给山区公共服务，促进地区经济发展提供参考和依据。提高山区公共服务效率，有利于缓解和抑制利益分化进程及其引发的社会矛盾，使公共服务逐步扩展到整个社会，实现基本公共服务均等化，消除公共服务领域存在的不公平现象，有利于山区社会稳定。

二、本书的逻辑框架

对山区公共服务空间公平性和效率性的研究除了要从经济角度来分析，还应注重公平与效率的多元性和系统性[11]。在缩小公共服务的空间差异性和基本公共服务均等的条件下，根据受众需求的多元性，公共服务的效率还应满足供给与需求的均衡性，根据公共服务的内在系统性，其效率还应体现在数量和质量带给受众满意的感知。在公共服务供给过程中实现需求者机会均等的条件下，供给方能够达到资源配置最优，即在一定的资源条件下实现产出最大化，并且所提供的公共服务能让受众感知，从数量和质量上符合其基本的需求，从而实现公共服务受众满意的结果，才是真正实现了公共服务的效率。

本书研究以山区公共服务体系分析为核心，将公共服务效率作为改善山区发展与惠及民生的切入点，在空间公平的理念下，借鉴国际运用较为广泛的"3ES"[economy（经济性）、efficiency（效率性）、effectiveness（效果性）]公共服务效率评估体系，构建"4ES+IOO"公共服务效率评估逻辑框架，结合研究区的自然和人文特点，构建山区公共服务效率评估体系，对其公共服务效率进行综合性评估，并提出效率增进策略。以公共服务空间公平（spatial equality）为价值取向，以公共服务财政支出分析为经济性（economy）评估，以公共服务投入产出（input-output）比为效率性（efficiency）评估，以公众满意度所表现的公共服务产出结果（outcomes）为效果性（effectiveness）评估。在公平性和效率性评估的过程中，分别从宏观、中观和微观尺度分析公共服务效率，构建多尺度、多维度的山区公共服务效率立体评估体系。既要分析公共服务的数量，又要分析公共服务的质量；既要关注公共服务产出的客观有用性，还要关注结果是否能被公众感知；既要分析影响山区服务效率的外部要素，又要分析内部要素，最终以公共服务的投入是否实现了政府和公众共同的目标为宗旨。

"4ES"原则是公平性（equality）、经济性（economy）、效率性（efficiency）和有效性（effectiveness）的有机结合。一般意义的公平所关心的问题是，接受服务的团体或个人是

否得到公平的待遇，需要特别照顾的弱势群体是否得到更多的服务。本书将在我国公共服务区域差异和城乡差异大、国家实施基本公共服务均等化政策背景下，分析山区与平原地区之间，以及山区内部之间公共服务差异现状以及如何缩小差异，在权利公平、机会公平和规则公平的价值取向下，研究公共服务的空间公平。经济性考虑成本与资源，要求政府要树立成本意识；效率性考虑资源与产出，测定政府的投入产出比；有效性考虑产出与结果，关注的是组织工作的质量和最终结果，效益最终要体现在人民的满意度和社会经济发展层面上。

本书在图 1-6 所示逻辑框架下，研究山区公共服务空间配置的公平性与效率性，并在山区公共服务的经济注、效率性和效果性分析的基础上，进行典型公共服务空间配置的案例分析，包括多层级医疗资源的空间配置、基于空间异质性的村级公共服务需求度与满意度、城镇空间差异与公共服务配置、人口老龄化与山区公共服务等。通过大量的理论分析和实证研究，提出山区公共服务优化配置的增进策略。

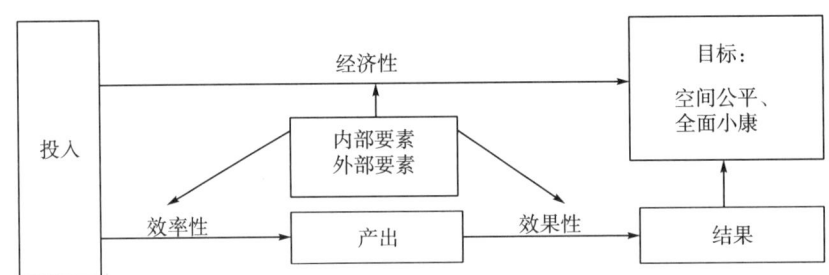

图 1-6　山区公共服务效率立体评估体系逻辑框架

参 考 文 献

[1] 王明业，朱金国. 中国的山地[M]. 成都：四川科学技术出版社，1988.

[2] 钟祥浩. 山地学概论与中国山地研究[M]. 成都：四川科学技术出版社，2000.

[3] 钟祥浩，刘淑珍. 山地环境理论与实践[M]. 北京：科学出版社，2015.

[4] 邓伟，李爱农，南希. 中国数字山地图[M]. 北京：中国地图出版社，2015.

[5] 范建容，张子瑜，李立华. 四川省山地类型界定与山区类型划分[J]. 地理研究，2015，34(1)：65-73.

[6] 陈国阶，方一平，陈勇，等. 中国山区发展报告[M]. 北京：商务印书馆，2004.

[7] 周扬，等. 1982—2010 年中国县域经济发展时空格局演变[J]. 地理科学进展，2014，33(1)：102-113.

[8] 李小建，乔家君. 20 世纪 90 年代中国县际经济差异的空间分析[J]. 地理学报，2001，56(2)：136-145.

[9] 陈国阶，方一平，高延军. 中国山区发展报告[M]. 北京：商务印书馆，2010.

[10] 邓伟，唐伟. 试论中国山区城镇化方向选择及对策[J]. 山地学报，2013，31(2)：168-173.

[11] 江易华. 当代中国县级政府基本公共服务绩效评估指标体系的理论构建与实证研究——基于社会公正的视角[M]. 北京：中国社会科学出版社，2010.

第二章 公共服务公平、效率与空间[①]

居民日益增长的公共服务需求与公共服务总体供给不足、质量不高之间的矛盾已经成为我国社会的主要矛盾之一。随着区域经济发展的不平衡，差距日渐扩大，导致区域间公共服务水平不平衡的差距加大，公共服务供给的效率与公平成为重要的社会问题。从空间视角对公共服务进行研究对于提升其公平性与效率性具有重要的意义。当前，空间视角的研究已经被运用于公共服务差异与格局、公共服务资源配置及优化、公共服务的区位选择、公共服务空间治理等领域。公共服务的空间差异对民生问题和区域可持续发展均会产生重要的影响，协调平衡地区间和城乡间公共服务供给、促进基本公共服务均等化发展受到越来越多国家和地区的重视。考虑到不同空间因自然、文化、经济社会发展水平等因素而产生的对公共服务不同的需求，因地制宜地配置公共服务资源和实施公共服务相关的统一性和针对性政策，才能实现公共服务的供需均衡。在分析公共服务体系内在的系统性特征，把握不同类别和层次的公共服务空间结构规律，剖析公共服务的空间相关性和异质性的基础上，实现公共服务资源的空间优化配置，既是体现公共服务公平性的途径，也是提高其效率的重要手段。

第一节 公共服务概念

"公共服务"(public service)这一概念的提出和定义源自19世纪后半叶的德国社会政策学派和20世纪初期的法国公法学者。德国社会政策学派的代表人物瓦格纳最初提出了公共服务的概念。1912年，法国公法学者莱昂·狄骥将公共服务定义为"任何因其与社会团结的实现和促进不可分割而必须由政府来加以规范和控制的活动就是一项公共服务，只要它具有除非通过政府干预，否则便不能得到保障的特征"。[1]

界定公共服务主要有三种方式。

(1)从物品的角度，即根据物品的特性来界定公共服务。经济学领域对公共服务的研究主要集中于对"公共物品(public good)"的讨论，对公共物品给出准确定义的第一人是萨缪尔森，他在"公共支出的纯理论"一文中提出公共物品的严格定义：公共物品是指每个人对这种产品的消费，都不会导致其他人对该产品消费的减少[2]。根据此定义，公共物品具有非排他性和非竞争性，这就决定了没有一个由市场决定的价格体系能够有效控制公共物品的消费。2000年，美国学者埃利诺·奥斯特罗姆提出公共服务是指以服务形式存在的公益物品，并指出公共服务具有不排他性、不可分性和不可衡量性(其生产绩效难以

[①] 本章执笔人：宋雪茜。

用市场价格指标衡量)。然而绝大部分已知的"公共物品"实际上属于从个人物品到纯公共物品的过渡类型,"公共物品""准公共物品""有益物品""混合物品""中间物品"等概念相继出现。按此逻辑,公共服务具体可以分为三类。第一类:具有非竞争性和非排他性的服务,如国防服务、公共安全服务等。第二类:非竞争性和非排他性弱的服务,包括邮政、电信、民航、铁路、水电气服务等。第三类:非竞争性和非排他性强的服务,包括公共环境服务(如垃圾处理、公园、道路管理、公共卫生、气象服务)、公共科教(如基础教育、基础研究等)、文体事业(如公共体育馆、图书馆、博物馆服务)、公共医疗、公共交通以及社会保障等。

(2) 从政府的角度,即根据政府的特性来界定公共服务。2003 年,格鲁特和史蒂文斯提出"公共服务的提供过程存在着潜在的严重市场失灵,这说明了政府干预的合理性,政府干预的方式包括生产、资助和监管",此界定方式把公共服务表现为政府基本职能之一。公共服务广义上可以理解为不宜由市场提供的所有公共产品,如国防、教育、法律等,狭义上一般指由政府直接出资兴建或直接提供的基础设施和公用事业,如城市公用基础设施、道路、通信、邮政等[3]。

(3) 从服务的角度,即根据服务的特性来界定公共服务。公共服务是指为社会公众提供的、基本的、非营利性的服务。①公共服务是大众化的服务。公共服务不是只为特定少数人提供的服务。②公共服务是基本服务。人们日常生活离不开水、电、气、安全、教育、文化等方面的服务,否则人们就不能正常地生活。公共服务是满足人们日常生活基本需求的服务。③公共服务是内容广泛的服务,公共服务既要提供物质产品(水、电、气、路、通信、交通工具等),又要提供非物质产品(安全、医疗、教育、娱乐等)[4]。

党的十六届三中全会提出要完善政府社会管理和公共服务职能,为全面建设小康社会提供强有力的体制保障,自此建设公共服务型政府成为政府改革的重点,公共服务也成为社会关注的热点。如何理解公共服务,实质是一种范围的界定,也是一种价值理念的涵盖。国内学者借鉴西方的理论,围绕公共服务和公共产品的关系对公共服务的内涵进行了讨论。一种观点认为公共服务就是公共产品,是具有效用的不可分割性、消费的非竞争性和收益的非排他性三个特点的商品和劳务。另一种观点认为公共服务是公共产品的一部分,是以服务形式存在的公共产品。还有一种观点是,公共服务不仅包括公共产品,还包括其他内容,如政府行使社会管理、市场监管和经济调节的职能。

本书研究以公共服务区域差异为宏观背景,以山区为研究对象,对山区公共服务进行研究,将公共服务的含义界定为:满足居民基本生存与发展需要的,能够以物质和非物质形态表现出来的公共服务,具体包括道路、水利、环卫、电力、教育、医疗、信息等服务和政府服务能力与态度。

第二节 公共服务公平与效率

一、公共服务公平性

(一)公平与平等

公平是指在追求自己所选择的生活方面,个人应享有均等机会,而且最终不应出现极端贫困的结果。公平和追求长期富足是相辅相成的,增加公平,能对总体的长期发展发挥潜在和稳定的作用,以及为社会的较贫困群体提供更多的机会[5]。"平等"和"公平"是两个相似却有本质区别的概念。公平是一种机会平等的状况。在这种状况下,个人努力、偏好和主动性,而不是家庭背景或社会性别,成为导致人与人之间不平等的主要原因。

(二)公平与公共服务

当人们在谈及国家和地区间的不平等时,首先会关注教育、健康和基础设施等公共服务的不平等。婴儿死亡率、婴儿营养水平、预期寿命、受教育程度等指标通常被用于衡量国家之间和国家内部发展的不平等程度。社会发展的目标不是追求结果的平等,而是提高公平的程度,扩大对贫困人口的医疗、教育、就业和资金通道。公平程度提高可以使民众更多地参与发展并从中受益,同时也可以改善制度,使社会资源得到充分利用。

美国哥伦比亚大学的萨瓦斯提出,评判公共服务供给是否公平,可以使用支出公平原则、效果公平原则、投入公平原则和需求满意程度来衡量。支出公平是指支出能力与公共服务相匹配。效果公平原则强调不同的地区以不同的资源配置产生相同的效果。投入公平不是指货币形式的投入,而是使用价值数量的投入公平,包括社区同等投入、单位面积同等投入和人均同等投入。需求满意程度公平原则又可以用每单位需求平等、每单位报怨平等和每单位政治抱怨平等指标来衡量[6]。

(三)我国的公共服务公平性

社会发展惠及民生,必须依靠公共服务能力的建设和服务效率的提高。我国已经发展成为世界第二大经济体,但区域发展的不平衡和差距仍然很大,尤其是山区发展的滞后,使得差距更加明显。随着经济转轨和社会转型,中国开始由生存型社会步入全面小康的发展型社会。发展阶段的跨越,给我国经济社会带来了巨大活力。伴随着经济的快速增长,工业化、信息化、城镇化、市场化、国际化深入发展,城乡居民收入水平不断提高,消费结构加快转型升级,我国居民对教育、医疗、社会保障等方面的公共需求也开始全面、快速增长,现有的公共服务难以满足快速变化的需求。因此,居民日益增长的公共服务需求与公共服务总体供给不足、质量低下之间的矛盾已经成为我国社会的主要矛盾之一。随着区域经济的不平衡,差异程度日渐加深,进而也导致了区域间公共服务水平不平衡的加剧,公共服务供给的效率与公平成为重要的社会问题。近年来,公共服务体制改革是我国一项重大改革任务,政府出台的构建公共服务体系、推行基本公共服务均等化、加强政府公共服务职能等一系列政策,根本目的就是要提高公共服务水平,向社会公平、有效地提供公共服务。

二、公共服务效率性

(一)公共服务效率的本质问题

经济学的效率是指社会能从稀缺资源中得到尽可能多的东西,如果经济可以利用所得到的全部稀缺资源,就可以说这种结果是有效率的[7]。也就是说,效率是指在资源约束条件下实现效用最大化,或以一定的效用为目的的成本最小化。从这个定义出发,公共服务的效率涉及三个问题:①哪些东西是社会可以或者应当得到的,即效率的标准如何确定;②如何衡量社会得到的东西是最多的,即效率的测度;③是否可以利用所得到的全部资源,即效率实现的可能性。

西方学者非常关注公共服务供给过程中的效率与公平的价值取向矛盾。早期的福利经济学家认为公共产品最公平的就是最有效率的,追求"完全平等"。萨缪尔森提出当公共品与每一种私人品的边际转换率等于所有家庭(私人品)边际替代率之和时就实现了公共品的帕累托最优供给,即公共品供给有效。但这种假设实际难以付诸实现。迈尔斯认为,公平与效率本质上存在差异,因此提高效率的政策往往是高度不公平的,而促进公平的政策则往往会对经济造成很大扭曲和产生抑制作用。福利经济学家阿马蒂亚·森却关注能力的平等问题,认为能力是人发展的根本途径,对于贫困地区的人来说,要实现效率,就要使他们拥有摆脱贫困的能力。在公平和效率之间,在政策层面可能存在各种短期的取舍,但通常政策制定者在评估各种政策优劣时,会使用成本效益计算模式,忽视增进公平所带来的长期效益。增进公平意味经济运行的效率更高,冲突更少,信任更多,制度更合理,对投资和发展具有动态的效益。同时,公平的增进也不能忽视短期的取舍,否则将会影响发展的进程。

(二)公共服务效率的评价

目前,西方的公共服务效率评价主要有以下几种观点。第一种观点认为应以社会分配结果来衡量公共品供给效率[8]。第二种观点是由新公共管理学派提出的,以公共服务的结果为导向,把社会公众视为政府的"顾客",以"顾客满意"为宗旨对公共部门的绩效进行评估,并建立了顾客满意度指数(customer satisfaction index, CSI),将顾客期望、购买后感知、购买价格等多方面因素组成计量模型,即费耐尔模型,来测度公共服务的效率[9,10]。第三种观点是基于公共服务的过程对效率进行测度,主要运用数据包络分析(data envelopment analysis, DEA)对公共服务的投入产出比进行测评以获得公共服务的相对效率,这在对农业社区公共品供给[11]、卫生机构所提供的健康服务[12,14]、环境保护效率的研究方面运用得尤为广泛。目前,各种公共服务效率评价方法都被综合运用于公共领域绩效评价当中,许多学者和政府机构开始根据不同的目标运用不同的效率评价方法,如针对业绩采用结果性评价，而针对预算和分配决策进行效率性评价。目前，国际上运用得较为广泛的综合效率评估模式是"3ES"评估体系和"IOO"评估体系，这是一种用多元价值标准体系取代传统的单一财务和预算标准的公共服务效率测度体系。近年来，学者们将二者融合，形成了"3ES+IOO"公共服务效率评估的逻辑框架，其主要内容是指从经济性（economy）、效率性（efficiency）和效果性（effectiveness）三个维度，评价公共服务的投入（input）、产出（output）和结果（outcomes），从而评价公共服务的综合效率[15]。目前，"3ES+IOO"已经被广泛运用于美国和英国等西方国家的政府公共服务绩效管理当中[16]。

（三）公共服务供给效率的影响因素

关于效率的经济学观点，是建立在理性经济人和完全竞争市场的假设之上的。然而，经济社会中不可能人人都是理性的，也很难有完全竞争的市场，许多市场以外的因素会干扰效率的实现，产生不是由市场因素引起的低效率。制度经济学认为，判断资源的每一种配置是否有效率取决于经济深层的制度结构——产品的所有权、经济主体的财富状况和其他界定交换领域和范围的"博弈规则"[17]。因此，对于效率的分析，还必须从制度的角度切入。欧美和日本的学者多从体制的角度对公共品供给效率的影响因素进行分析，认为集体行动中的决策形式[18]、公共服务的社会成本[19]、政府的挥霍现象和逃税行为[20]、地方政府的税收竞争政策[21]、产权制度[22]、公共产品私有化[23]、公共部门业绩和公共部门效率[24]等因素对公共服务的效率有较大的影响。世界银行专门针对贫困地区公共服务效率进行了分析，认为外部和内部的资源投入、对民众的授权、信息的公开与渠道的畅通以及公共部门的制度改革是提高贫困地区公共服务效率的重要因素。

（四）我国公共服务效率研究

近年来，国内学者借鉴西方的公共服务效率研究方法进行了大量的实证研究，主要集中于运用定量分析方法对公共服务满意度及影响因素、公共服务供需关系、公共服务投入产出效率进行研究。

1. 公共服务满意度及影响因素研究

目前，国内对公共服务公众满意度的研究主要是在借鉴美国的CSI满意度指数法的基础上进行的。在运用过程中，对评价指标进行了符合我国国情的修正，并结合各种回归模型对满意度的影响因素进行了分析。由于农村公共服务是近年来研究的热点，因而针对农村的公共服务满意度实证研究成果颇丰，不仅有针对医疗、教育、饮用水和灌溉设施等单项公共服务的研究，也有包括道路、基础教育、医疗、农田水利设施、饮水设施、清洁能源、公共卫生、文化娱乐、农业科技推广与培训、公共服务供给农民参与情况、农民对村委会的评价、农民对政府的评价等多项内容的综合公共服务满意度的研究。就公共服务满意度影响因素而言，与西方研究偏重制度因素不同的是，国内学者多从公众个体特征与地域经济、区位和社会文化特征角度进行研究。学者们通过研究指出农村公共服务满意度的主要影响因素包括：农民受教育年限、医疗可及性、农民收入水平、农户有效灌溉面积占比、农户距乡镇政府距离、农林技术站服务次数、被调查者年龄[25]以及是否属于环境敏感地区[26]。虽然不同的满意度评价指标和不同的影响因素变量选择会出现不同的结果，但农民对农村公共服务的需求具有一定的多元性、层次性和阶段性，农民满意度根据其需求状况具有一定的次序性则是所有研究公认的结论。

2. 公共服务供需关系研究

供需失衡是造成公共服务结构性失衡的主要原因，公共服务的性质使得公众对公共服务的需求无法通过市场机制反映在价格上，尤其是在我国农村，公共服务水平尚不高，农民缺乏公共服务需求表达的渠道和供理性选择的信息，公共服务的供给往往与需求错位，由此可见，对公共服务需求信息的主动获取尤为重要。近年来，国内学者运用农户追踪调查、参与式快速评估等方法，对我国农村公共服务的需求进行了研究，对公共服务需求与供给序列以及融资的关系进行了分析，研究结果表明，当前农民的公共产品需求呈现出三种状态，即公共产品需求普遍得不到满足、对已有的公共产品评价不高以及对公共产品需求强烈但表达不足。农民出于对自身需要的理性计算，对公共产品的需求普遍呈现出先生产、后生活，先发展、后维持，先个体分享、后集体分享的特点[27-29]。公共服务需求位序结构因社会经济发展水平差异及农户个体差异而有所不同，经济发达地区对生活类公共服务需求强度较高[30]，而经济不发达地区还偏重对生产类公共服务的需求[31]。对农村公共服务供需关系的研究结果表明，部分公共项目供给如农村村级饮用水设施和灌溉设施等实施与需求强度相关度较高，但是实施项目最多的道路的投资却并非都是村民最需要的，除道路以外的公共服务其融资意愿与需求强度相关度不高。有学者指出，无差别的供给政策、供给角色混淆、政府投资的马太效应、普遍存在的社会排斥以及农村发展能力低下是造成目前农村公共服务供需错位、效率低下的主要原因[32]。

3. 公共服务投入产出效率研究

针对公共服务投入产出效率的研究，国内学者多借鉴西方的 DEA 法进行评价，具体在对公共财政支出效率，农村公共服务效率[33]，医疗[34]、教育等单项公共服务效率的评价方面运用最为广泛。国内学者在运用该方法时，对指标选择和评价结果的分析不断进行修正与创新，如运用因子分析法[35]、帕斯托尔(Pastor)法[36]等筛选 DEA 指标，利用多元线性回归模型、Tobit 模型对影响公共品供给效率的因素进行分析[37]，并把私人支出也纳入分析的范畴，解决在政府与公众偏好不一致情况下的公共支出的效率评价问题[38]。部分学者运用 DEA 模型对我国不同地区公共服务效率进行了研究，但主要集于东部和中部[39,40]。

目前，国内对公共服务的研究大都以城乡差异为视角，"基本公共服务设施均等化"的概念提出之后，学者们对基本公共服务设施均等化的实现途径进行了广泛的讨论，但是落实到空间配置效率方面的研究并不多见。关于中国公共服务区域差异的研究中少有明确对山区公共服务问题的专门研究，对公共服务效率的地区差异也缺乏专门研究和系统研究，研究方法也不完善。基于省级统计数据的公共服务宏观差异研究较多，从区县、乡镇等微观层面研究较少；对东西部之间的区域差异研究较多，对平原与山区之间的公共服务差异研究较少；从政治、经济、管理角度研究较多，从自然、环境、文化角度研究较少；针对各区域的特点，以人地关系为核心，研究公共服务效率地区差异的实证研究更不多见。目前，虽然已有学者对于中西部地区公共服务供给水平进行了研究，但都着重从外部因素和投入角度分析公共服务供给问题，而要实现区域可持续发展，还必须结合区域的内在特点，从提高效率的角度，研究公共资源的合理配置和公共服务的科学管理。

国内对公共服务效率的研究虽然已经取得了较为丰硕的成果，但是对公共服务效率进行系统性评价，从自然、经济、社会和心理角度全面分析效率影响因素以及将相关研究成果运用于指导政府绩效评估等方面，与西方相比还有较大的距离，相关实证研究主要是针对东部沿海地区进行的，对中西部地区的研究很少。针对不同地区公共服务的发展策略进行深入的研究，特别是对东、中、西部地区进行"域化"研究很有必要。尤其是在中西部山区，公共服务供给水平更为低下，效率提高更为困难，亟待学术界对其进行系统、深入的研究，以期探究可行的解决方案。

第三节 公共服务与空间

一、公共服务的空间观

空间是衡量区域发展正义性的重要参考维度。从哲学层面理解公共服务的空间，主要涉及公共服务的空间权利、空间生产、空间抗争和空间正义四个方面。公共服务的空间权利是指公共服务的对象能够在一定的社会空间或一定的社会关系中选择公共服务供给的主体、地点、形式、种类、数量等的权利。空间生产既是空间被开发、设计、使用和改造的过程，同时又是对空间所反映的社会关系、权力关系的反作用过程。空间的生产本质上是资本特有的增值方式和社会关系的再生产。空间社会抗争就是公众为维护自身空间权益或捍卫公共空间、防止空间权利被剥夺而采取的偶发性诉求行动及其过程。空间正义是指存在于空间生产和空间资源配置领域中的公民空间权益方面的社会公平和公正，它包括对空间资源和空间产品的生产、占有、利用、交换、消费的正义。公共服务空间的不均衡性以及公众对公共服务"空间权利"的争夺，使得公共服务的空间正义问题受到越来越多的关注。

从不同的层面理解公共服务的空间主要包括作为物质语境的物理空间、作为系统性发展的功能空间和作为获得感提升的心理-行为空间。物理空间对公共服务的最基本意义在于为公共服务的发生提供场域，如行政区、地区、城市与乡村等。公共服务的供给要满足一定的空间布局和地理位置层面的空间要求，以提高公共服务可达性并避免重复供给，提高供给效率。例如，医疗、教育等公共服务资源的配置应实现合理的空间地理分布，实现与人口、数量相匹配的供给，使城乡间、地区间和城市和乡村不同功能区之间的基本公共服务供给满足公众的需求。作为系统性发展的功能空间的含义是功能性的，而且这种功能要以整体性、系统性和动态性的特征呈现。例如，道路、水利、环卫、电力、教育、医疗、信息等各类公共服务应作为整体供给，如出现某一方面的明显的短板，就会降低公众的生活质量，并影响其他类型公共服务项目的有效供给。又如，在医疗服务体系内部也应有不同层级和类型的医疗资源，以满足公众对急性病、慢性病、常见病、疑难重症、诊疗和康复等不同类型的医疗需求，并且多层级医疗服务体系内部应有良好的纵向整合与横向合作机制，以保证公众不同就诊类型和阶段的需求。因此，医疗服务的空间优化应充分考虑医疗资源的系统性，通过优化层级间的功能组合，实现功能空间的正义，从而实现供需均衡的医疗资源空间配置，提升公众的满意度。作为获得感提升的心理-行为空间观要求公共服务的最终目的是满足人的需求和发展。公众对公共服务需求和偏好会因个体特征和区域特征不同而存在很大的差异，公共服务的空间生产和空间消费与空间分配等既要能够满足多数公众的公共服务需求，又能对少数群体和个人的公共服务偏好做出有效回应，这就要求统一性和针对性政策联合作用，并且要注重公共服务决策者、供给者和接受者之间的沟通渠道，才能有效提高公众对公共服务的满意度[41]。

受社会科学空间转向的影响，空间的思想在公共服务领域得到日益广泛的运用。空间视角被运用于公共服务差异与格局、公共服务资源配置及优化、公共服务的区位选择、公共服务空间治理等领域。从空间视角对公共服务进行研究对于提升其公平性与效率性具有重要的意义。公共服务空间差异性特征使学界和决策制定者既要考虑通过提高基本公共服务的空间均衡性以实现社会发展的公平性，同时也要在充分承认区域差异的前提下因地制宜地实施区域针对性政策以提升资源的利用效率。公共服务的空间相关性特征要求对公共服务空间结构、空间溢出效应和公共服务要素的空间流动等论题进行深入剖析，科学指导公共服务的空间布局规划和空间治理，从而提高公共服务资源的空间配置效率，并促使人们在更深的层面思考公共服务空间公平性。

二、公共服务的空间差异性

(一)公共服务的空间差异

受经济、社会、文化和自然因素等影响，各场域的公共服务的需求与供给存在不可忽视的差异性。公共服务的空间差异会直接体现区域发展程度的差异，世界银行《2006年世界发展报告：公平与发展》提出"空间贫困陷阱"概念，即在相对贫困的地区，其相应的基础公共设施(如道路)也较少，同时，由于该原因，这些地区的家庭生产率也相对较低。即便在控制了家庭非地理因素的特点之后，空间仍旧能够影响生活标准。在孟加拉国，居住地是造成贫困的重要决定因素。即使是在城市地区，也有较大的空间差异，在某个地区的家庭明显比本国其他城市地区的家庭状况好。秘鲁的沿海和高地地区的人口平均支出差异显著，而这种差异与高地地区较少而薄弱的基础设施服务密切相关[42]。由此可见，在贫困与基础设施之间的联系方面，地理空间(也包括区位)差异产生了重要的影响。

公共服务的空间差异可从世界各国改善的水源比例窥见一斑。改善的水源比例是指从改善的水源合理获得足够用水的人口比例。改善的水源包括接入家庭的输水管线，公共水管，蓄水池，受到保护的井、泉以及雨水收集系统。未经改善的水源包括售水机、水罐车、未加保护的井和泉。合理地获得水源意味着每人每天从距离居所1km距离内的水源可获取至少20L水。欧洲、北美、澳大利亚等地区，绝大多数人口都能获得改善的水源，中国、印度等在近20年取得了较大的进步，但非洲大部分地区、南美洲和南亚部分地区，仍有较多人口无法获得充足的改善的水源。

在尼泊尔，一个地区每千人拥有水龙头数被认为是比每千人拥有医院床位数更能表征居民健康水平的指标[43]。在柯西河流域山区,自然、体制、技术和社会文化等因素共同作用,造成该空间的居民无法获得足够、安全的水源。在自然因素方面,地质和水文条件、山区地形、气候类型与气候变化以及水资源时空分布不平衡是该区域水资源缺乏的主要原因。在体制方面,权利过分集中于中央政府,地方政府资源少,没有足够的预算、技术和能力为社区提供服务。在技术和社会文化方面,该地区的居民缺乏先进技术以解决水的存储、运输等问题,更缺乏现代先进技术以保证水的质量。农村大量青壮年劳动力外出打工,且以到国外打工为主,老人和妇女留守,许多家庭的生活用水都难以保障,更无法考虑灌溉的问题(图 2-1)。

图 2-1　尼泊尔柯西河流域山区居民在小水塘取生活用水

与此同时,在发达国家,人们则可以方便地享用净化后的直饮水。例如,美国国家环境保护局(United States Environmental Protection Agency,USEPA)负责制定了美国饮用水水质标准,将标准分为国家一级饮用水规程(NPDWRs 或一级标准)和国家二级饮用水规程(NSDWRs 或二级标准),分别对水中的污染物、微生物等制定了强制性和非强制性的标准。欧盟也制定了严格的饮用水水质标准,称为"饮用水水质指令"。澳大利亚饮用水指南(1996 版)综合了世界卫生组织(World Health Organization,WHO)、欧洲经济共同体(European Economic Community,EEC)和 USEPA 三大标准,分列了健康指标和感官指标。不仅考虑了所列项目可能对健康、设备管道的影响,还考虑了人们感官上的要求(图 2-2)。

图 2-2　澳大利亚社区图书馆提供的直饮水

儿童发育水平是衡量公共服务投入结果的重要指标，随着经济发展和医疗卫生事业在全世界范围内的发展，儿童发育不良人数在世界各地区均有减少，但南亚、东亚和太平洋地区以及撒哈拉以南非洲地区与北美和欧洲相比，仍有较多儿童处于发育不良的状态（图2-3）。

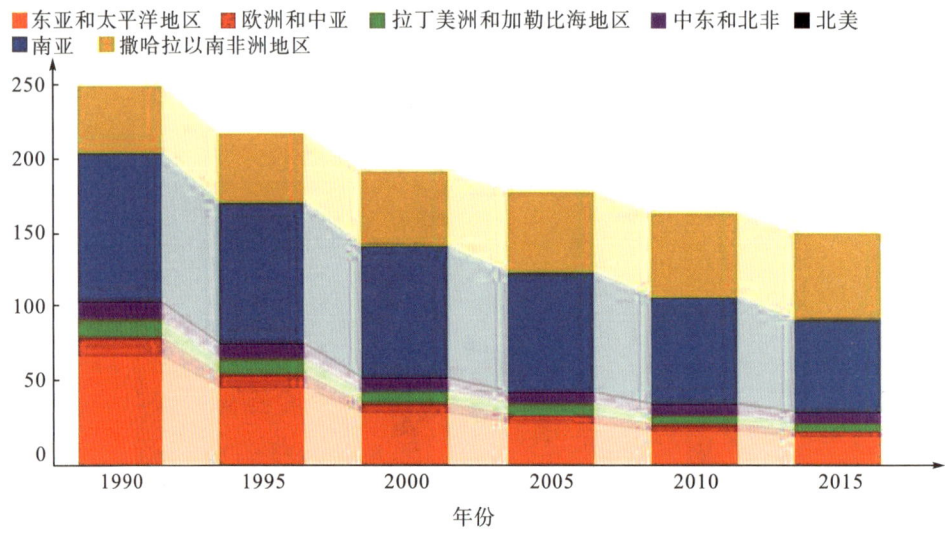

图2-3 五岁以下儿童发育不良人数（百万人）

资料来源：UNICEF-WHO-The World Bank:Joint child malnutrition estimates 2016

中国区域间公共服务差异明显，在健康、行政和治安方面的差异最为显著，除教育和健康的差异有缩小的趋势外，其他则有扩大的趋势[44]。城市之间基本公共服务差距明显，基本公共服务质量总体不高，空间差异明显，呈现从东部沿海到中、西部逐步降低的特点；基本公共服务质量较高的城市呈"群"状分布，与城市群有较好的拟合；基本公共服务水平与城市经济发展水平呈正相关，与城市规模存在对应关系；公共服务水平中各单项水平不均衡[45]。区域内也存在较大的公共服务空间差异性，吴晶以长三角城市群26个城市为研究对象对区域内公共服务差异进行分析，发现2008～2015年多数城市基本公共服务水平呈上升趋势，空间分布上形成以上海为核心，以沪宁和沪杭方向为轴线向外衰减的圈层结构。市域差异先升后降，江苏省内部差异成为城市群总体差异的主要来源。基本公共服务的空间正相关性逐渐增强，产生空间集聚效应[46]。

公共服务的空间差异除了体现在国家和地区之间，城市内的空间差异也很显著。Judy L. Baker等分析了东亚和太平洋地区的城市空间上的不平等与城市贫困人口问题，认为城市内部不同空间的主要差距在于获得住房、基础设施和服务以及可负担交通的机会，并从覆盖率、负担能力、质量和安全性三个角度，分析了公共服务与城市空间不平等的关系。资源、能力的制约和地方的限制性政策使得基本服务覆盖率受到限制，导致城市贫困人口获得基本服务的水平有很大差异。向低收入地区特别是城市边缘社区提供网络化服务的成本高、风险大，加之贫困人口工作和居住身份的非正式性限制了其融资能力，使得这些空间的居民的公共服务负担能力弱。非正规性和不合标准的公共服务会带来健康和安全的隐患，如得不到公用事业部门服务的地区依靠不受监管的私营供应商供水，可能会使消费者受到健康问题的困扰[47]。

(二)公共服务差异性与空间均等化

1. 地区间公共服务均等化

公共服务的空间差异对基本的民生问题和区域可持续发展均会产生重要的影响，协调、平衡地区间公共服务供给、促进基本公共服务均等化受到越来越多国家和地区的重视。基本公共服务均等化大致有人均财力的均等化(财政均等化)、公共服务标准化和基本公共服务最低公平三种模式。人均财力的均等化是指中央政府按每个地区人口以及每万人应达到的公共支出标准来计算向地方政府补贴的制度。以中央对地方补助为主，以区域内人口数和人均财政支出水平为主要依据，以"地方财力＋中央转移支付"财政体制构成各个地方政府的财政均等化。该模式被欧盟和加拿大采用。基本公共服务的标准化指政府在综合考虑全国财政资金总体情况和经济社会各领域实际基本需求的基础上，颁布基本公共服务具体项目的标准，对其进行量化和标准化测算，并以此为依据建立专项转移支付的模式。该模式被美国的义务教育所采用。基本公共服务最低公平是为了守住公平的底线而提供的基本公共服务，坚持人人享有最低公平的基本公共服务原则，在保障最低公平基本公共服务的基础上，允许并鼓励有较强经济实力的地方政府提供更多、质量更高的公共服务[48]。

转移支付是政府实现区域公平性发展的重要手段，是基于各级政府收入能力与支出需求不一致的状况，以实现各地公共服务水平均等化为目标而实行的一种财政平衡制度。在区域经济发展不平衡的情况下，按照公共需要的层次性划分事权、按照税源的普及性和调节功能的强弱划分税种的财权，形成的财政分权体制有可能造成各地提供公共服务的水平产生差异，政府通过政府间转移支付制度可以调节各地公共服务供给能力的差异。许多国家的政府通过加大地区间的财政转移支付力度，缩小了区域之间公共服务供给的财力差距，从而有力地推动了区域之间公共服务均等化的实现。澳大利亚联邦政府通过专项转移支付对公共服务差距进行调节。澳大利亚政府有联邦、州和地方政府三个层级。联邦和州在公共服务供给方面有比较明确的分工。比如，联邦教育部负责幼儿园、高等教育和职业教育，州和领地自行负责本区域的义务教育。由州和领地自行负责本区域的义务教育会造成区域间差距过大，因此由联邦政府对公共服务的均等化水平进行调节，通过专项转移支付对农村和边远地区的义务教育实行专项补贴。日本政府直接用财政转移支付和税收调节来提高落后地区的财政能力。通过实行交互地方税制度，用中央财政下拨给地方财政的税收补足地方自主财源的不足部分，以此缩小地区间人均财政支出或人均公共支出的差距。

加大对落后地区的扶持也是各国和地方政府平衡公共服务空间差距的重要手段。一是加大对落后地区的财政援助。加拿大通过实行均等化的财政援助制度对没有能力为本省居民提供基本公共服务的省份给予财政援助。二是采取税收优惠政策，促进落后地区经济发展。例如，法国在洛林、诺尔-加莱的两个重点地区实行"无税特区"。三是在落后地区直接进行重大开发性项目投资和建设。有些国家对一些急需办而地方又无力办的大型开发和建设项目直接投资。例如，美国联邦政府曾在落后地区直接投资建设三大开发工程和项目；巴西政府在开发北部亚马孙地区时，对具有战略意义和长期效益的重点项目也进行直接投资和扶持，并为此专门设立了"亚马孙投资基金"。四是通过立法保障落后地区发展，如为了提高偏僻地区教育水平，日本1954年制定了《偏僻地区教育振兴法》。

2. 城乡间基本公共服务均等化

发达国家在20世纪60~90年代普遍经历了城镇化高速发展的时期，农村人口大量涌入城市，农村地区活力丧失，区域之间和城乡之间发展差距扩大，成为许多国家亟待解决的问题。通过向欠发达地区和农村增加公共服务投入，促进城乡基础设施和公共服务均等化，成为各国缩小区域差距和城乡差距的重要发展战略与对策。

美国非常注重农村公共服务体系的建设。以良好的市内公共交通体系连接城市中心与郊区农村，并由政府和社会组织共同向农村提供基础设施，尤为注重社会化服务体系的建设。除了重视农村交通运输、农田水利和电力供应等基础设施的供给以外，还重视创造便利的商品流通环境，并通过兴办学校、供给社区公共设施、环境保护设施等，建设良好的生活环境，提高宜居性。采取以农业保险为特征的农业扶植政策，涵盖农作物保险、牲畜保险、巨灾保险、农业总收入保险。建立农业教育、科研和技术推广"三位一体"知识服务体系。此外，还注重多层级、多主体参与的农村公共服务投入机制的构建与政策扶持。

欧盟建设现代化的农村基础设施网络，促进城乡一体化融合。大部分村镇均修建有高等级公路与通达的高速公路网络密切连接，水利工程、集中供水、污水处理、垃圾处理、农村用电、道路和土地改良等设施完备，并制定实施了严格的规划管理制度。欧盟通过发达地区对落后地区、富裕的成员国对较贫穷成员国发展基础设施和服务的农业扶持政策，把改善农村基础设施和为欠发达地区农村提供基本公共服务作为重点，设立地区发展基金和农业指导与保证基金，以推动落后地区基础设施和生产环境建设，设立社会基金为农业提供技术培训、教育投入和社会保障等公共服务，以鼓励农村采用新技术和保护环境，提高农村生命力和凝聚力，缓解或消除乡村衰落，实现可持续发展。

日本除重视农业基础设施的硬件建设外，更重视农村公共软服务，涵盖了农业生产、流通和生活等各个方面，包括农村社区建设、农民自身素质的提高、农民协会的综合服务，而且非常重视农村的信息服务。大力倡导和扶持农协组织的发展，并以《农业协同组合法》明确农协提高农业生产力，提高农民的社会经济地位，实现国民经济发展的目标，由农协提供生产指导、组织会员进行信用合作、集中采购生产生活资料和销售农产品、提供社会福利和号召会员互助协作。日本政府非常重视城乡基础教育的均衡发展，加大农村的教育投入，以便为国民提供均等享受教育的机会。家境困难的家庭可以向政府申请减免孩子教育方面的费用，农村最好的建筑是校舍。日本的城乡差别小，农民收入不低，没有因为经济问题而让农民家庭的学童辍学的情况发生，同时国家是教育经费的主要负担者。

韩国在城市化快速发展的同时，也坚持为农村地区提供更好的社会公共服务，以促进农村发展。韩国一直致力于在农村地区改善教育、健康、街道和卫生等公共服务。对农村公共服务的供给主要包括公共基础设施类服务、就业技能培训以及农业科技推广，尤其重视帮助农民自主创业、增加收入、改善生计。始于1970年的韩国"新村运动"，把加大农村的基础设施建设作为首要任务。"新村运动"的第一阶段主要是农村基础设施建设，国家提出包括草屋顶改造、道路硬化、改造卫生间、供水设施建设(如集中建水池或给水井加盖)、架桥、盖村活动室等 20 种工程项目,由村民民主讨论、自主选择。在增加政府投入的同时,韩国政府通过多种形式调动农民参与农村基础设施建设的积极性。

从上述国家经验来看,对农村公共服务的投入普遍经历了从以硬服务为主到以软服务为主,从提高外生发展能力到提高内生发展能力,从单项公共服务数量与质量的提升到构建完善的公共服务体系的转变过程(图 2-4)。

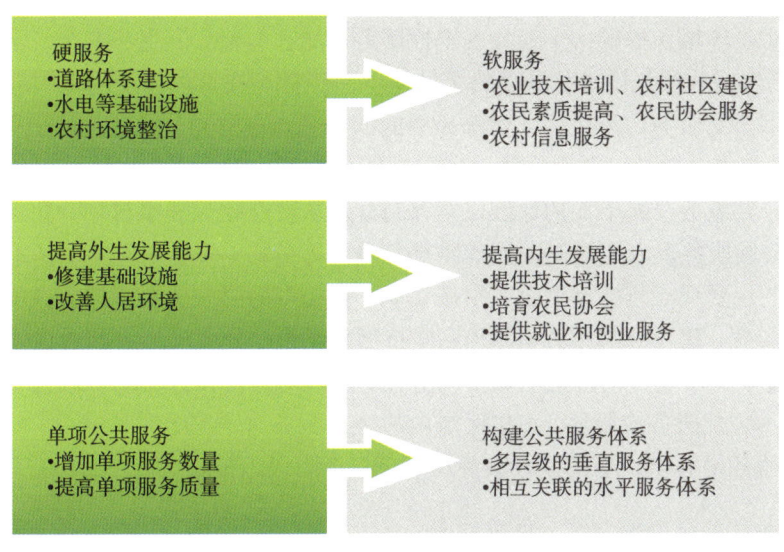

图 2-4 发达国家农村公共服务供给的转变趋势

大多数发展中国家也对城乡间公共服务的均衡性问题十分关注,并根据各国的具体国情实施了相应的政策。

印度政府注重通过农村基础设施建设缩小城乡之间的差距。20 世纪 60~90 年代,印度各级政府推进"反贫困和农村发展计划"。农田水利基础建设的大部分资金由政府直接投资。政府组建了农业科研、教育和技术推广相结合的专门机构并设立各级政府专项经费。通过各级行政组织执行诸如"给茅屋送光明计划""公路发展计划"完成村庄通电、通路、通电话等农村基础设施建设。但是,印度政府间基本公共服务职责分工也出现事权下放、财权不下放的状况,导致一些欠发达地区无法实现基本公共服务均等化。

在经济发展水平不高、资源有限的情况下,许多发展中国家将教育作为均衡城乡和区域间发展水平的关键点。东南亚许多国家都重视城乡义务教育在城市和乡村间的均衡发展。马来西亚、菲律宾、泰国实行了农村初等教育免费普及制;文莱的大、中、小学出国留学的一切费用由国家提供。马来西亚、菲律宾、泰国政府也十分重视基础教育。古巴特别注重解决教育、就业、医疗等社会领域的问题,尤其注重城乡基础教育的公平。古巴已实行 12 年义务教育,学生不但免交学费和书本费,学校还向学生提供餐点以及校服。

3. 我国基本公共服务均等化

推进基本公共服务均等化是我国政府实现公共服务供给公平的重大战略,其目的是缓解社会成员的公共需求全面、快速增长与公共产品短缺、基本公共服务不到位的矛盾,实现共享改革发展成果的目标。2006年3月，国家"十一五"规划首次提出"基本公共服务均等化"的政策目标。基本公共服务均等化是指政府要为社会成员提供基本的、与经济社会发展水平相适应的、能够体现公平正义原则的大致均等的公共产品和服务，是人们生存和发展最基本的条件的均等。从我国的现实情况出发，基本公共服务均等化的内容主要包括：①基本民生性服务，如就业服务、社会救助、养老保障等；②公共事业性服务，如公共教育、公共卫生、公共文化、科学技术、人口控制等；③公益基础性服务，如公共设施、生态维护、环境保护等；④公共安全性服务，如社会治安、生产安全、消费安全、国防安全等。基本公共服务均等化是要将公共服务差距控制在可以接受的范围之内并逐步缩小差距。基本公共服务均等化的方案选择中的四个基点是财力、能力、服务及基本消费的均等化。在现实中一般是以财力均等化或财政能力均等化为实现基本公共服务均等化的基点。对基本公共服务分配不均的原因，学者们分别从政府收入和事权划分角度、财政转移支付制度、公共服务供求地区间发展差距等角度进行分析。关于如何实现基本公共服务均等化，学界的主要观点包括健全公共财政体制，把更多的财政资金投向公共服务领域；加快政府职能转变，建设公共服务型政府；坚持循序渐进、分层次推进和通过体制改革与体制对接来推进。有学者提出应当从城乡均等化、区域均等化和群体均等化三个方面进行理解和把握基本公共服务均等化，并按区域内的公共服务水平差距明显缩小、城乡间和区域之间的公共服务均等化、全民公共服务均等化三个阶段来推进。

(三)公共服务空间差异性与供需均衡

戴维·哈维在《正义、自然和差异地理学》中指出"'公正的地理差异的公正生产'问题是全部争论的交点。需要批判地理解生态、文化、经济和社会条件上的差异是如何生产出来的(特别地，通过那些我们大体上能够改变和控制的人类活动)，也需要批判地评价这样生产出来的差异之正义或非正义性质。像多数社会主义者那样，我们也会依赖平等原则，但这并非简单地意味着抹去各种地理差异[49]"。考虑到不同空间因自然、文化、经济社会发展水平等级因素而产生的对公共服务的不同需求，因地制宜地配置公共服务资源和实施公共服务相关的针对性政策，而非"一刀切"式地实施统一性政策，既是体现公共服务公平性的途径，也是提高其效率的重要手段。

澳大利亚国家统计局对地区的偏远性进行了统计学地理标准(Australian statistical geography standard)定义，并在每个统计时段更新，将全国不同区域按其偏远程度分为五种类型：主要城区、内部区域、外部区域、偏远地区、非常偏远地区。相关研究指出应根据不同类型区域的人口分散程度，进行差异化的公共服务资源配置，才能更好地实现服务的均衡性[50]。四川省成都市在城乡统筹改革进程中，实施村级公共服务和社会管理改革，将村级公共服务资金直接纳入政府预算，提出应由村级自治组织提供村级公共服务和社会管理项目，推行财政"定额补贴"制度，根据不同地区、不同类别的村(社区)公共服务和社会管理需要，由政府按年度对村级自治组织给予定额补贴，并根据户籍人口、区位、小组数、面积，对远郊、近郊或丘陵区、山区制定额外补贴标准，对于缩小城乡差距、平衡区位差异起到显著的效果。

三、公共服务的空间相关性

(一)公共服务空间结构

空间结构理论是一定区域范围内社会经济各组分及其组合类型的空间相互作用和空间位置关系,以及反映这种关系的空间集聚规模和集聚程度的学说[51]。公共服务的区位、空间关系以及要素的区间流动等问题是空间结构理论考察的重要对象。空间结构理论中的增长极理论指出市场机制的作用会扩大地区间的差距,使经济空间产生功能极化和地域极化,而极化过程不仅是一个自组织过程,也是一个可控过程。因此,政府可以通过经济计划和投资重点来建立增长极、缩小地区间的公共服务水平差距;倒"U"形假说认为区域发展差距会随着经济发展呈现先扩大后缩小的趋势,经济增长与区域发展之间存在不平衡的依存关系,该理论为解释不同经济社会发展阶段欠发达地区与发达地区公共服务水平的不同特点和区域间公共服务水平差距的动态发展趋势打下了基础;核心边缘理论则认为任何区域的空间系统都是由中心和外围两个空间子系统组成,区域空间结构和形态的变化是与经济发展的阶段相联系的,这一理论对于城市和中心乡镇的公共服务向周边乡村辐射、发达地区的公共服务发展带动落后地区公共服务水平的提高等具有重要的现实指导意义。陆大道的"点-轴"渐进式扩散模式理论[52]在解释公共服务要素的空间扩散格局方面也有重要的理论指导价值,公共服务各要素会在"梯度"和"压力差"的作用下,沿着扩散通道(线状基础设施束)渐次扩散。乌尔曼提出的空间相互关系概念和博芬特尔提出的空间结构理论,对于分析运费在公共服务的投入产出效率和公共服务要素空间流动的分析方面都有重要的启发。马歇尔提出的技术溢出因素对经济的空间集聚作用也可用于分析公共服务财政投入的溢出效应及其对公共服务空间结构的影响。新经济地理学的理论可以很好地解释城镇化和聚落重构背景下公共服务空间布局、地形地貌对公共服务运输成本的影响以及社会文化背景对公共服务供需关系和居民对公共服务的预期影响等问题。其中,对技术和资金外部性、要素流动、投入产出联系的性质等问题的分析为公共服务投入的空间溢出效应和投入产出效率分析打下了重要的基础;其由于行政界线等分割因素阻碍而对经济发展产生影响的思想对公共服务效率因行政区划和社会文化的分割而降低的分析也有很大的启示性。

(二)公共服务的空间相关性与溢出效应

大量的理论分析和实证研究证明,公共服务具有空间相关性。公共服务的相关性特征要求在宏观层面进行公共服务配置规划时不仅要考虑行政辖区内的服务需求,还要根据不同空间公众的实际需求配置资源。例如,在进行医疗服务配置时,就应考虑公众跨辖区就医的空间行为配置相应的卫技人员、床位和设备。在微观层面,则应考虑公共服务空间范围的遮蔽效应,如邻近大型综合医院的社区卫生中心必须有差异化的服务战略,形成与大医院的服务互补而非竞争的关系。

公共服务的溢出效应也日益受到学界的关注。溢出效应又称外部效应或者外部性,是指人们的行为(个人消费或企业活动)给他人(另一个人的效用或另一家企业的生产函数)

带来了有利或不利的影响。这种影响可能为正，也可能为负。外溢性使得私人成本与社会成本、私人收益与社会收益发生偏离。在存在正的外溢性的情况下，物品与劳务的提供不仅使直接消费者得到收益，还会使其他人间接得到收益，而这种收益并没有完全内在化，从而存在"免费搭车者"行为。公共服务就是这种典型的正外溢性产品，其溢出效应所提供的社会效益使享受它的人们获得外在的利益。相关研究表明，我国地方政府间公共服务呈现出日益明显的正自相关关系和空间依赖性，省际间公共服务存在空间溢出效应[53]。由于公共服务存在空间外溢性，有必要对公共服务辐射力强的地区进行更多投入，以保证其正外部性的效果得以进一步发挥[54]。不同类型和层级的公共服务具有不同的空间相关性和外溢性特征，应根据这些差异性特征实施针对性的公共服务空间配置规划，以提高有限的公共资源的配置效率[55]。不同类型的公共服务在经济发展不同阶段也有不同的影响，如经济性公共服务的投资效应在低层次产业结构升级阶段更显著，而社会性公共服务的科技效应则更利于高层次的产业结构阶段升级[58]，因此各地区应根据异质性公共服务对地方经济的影响机制，实施阶段性公共服务配置策略。

（三）公共服务与要素流动

劳动力、资本、技术和信息等与区域经济发展过程息息相关，空间可流动的发展要素具有显著的区域性特点，不同的区域通过不同的要素禀赋、不同的要素组合与流动，最终形成各具特色的区域经济。要素的需求量和价格引导着区域要素流动的规模与路径。以利润最大化为目的，要素总是由价格低的区域流向价格高的区域。区域间公共服务水平差异会成为要素流动的拉力或推力，形成经济的聚集或扩散效应。随着区域间联系日益紧密，各资源要素在区域间的流动日益频繁，区域公共服务供给量越多、质量越高，对生产要素就越具有吸引力，从而对区域经济社会发展和区域空间功能产生巨大的影响。因此要缩小地区间的经济差距，必须重视公共服务供给的均衡性。要素的聚集可提高资源配置的效率，如山区聚落重构进程中，分散居住于偏远山区的居民适度集中居住，降低了公共服务供给的成本，提升了规模效益。但要素过度聚集则会使周边地区的资源向中心地汇集，产生负外部性，因此在政策层面应通过公共服务跨区域配置等调控手段促进发达地区对周边地区公共服务产生更多的正外部性影响。

由于公共服务具有空间相关性和溢出效应，多数国家主要根据公共服务的受益范围原则安排公共服务财政支出。公共服务的受益范围原则是指按照基本公共服务的受益范围来划分各级政府财政支出责任。如果某一项基本公共服务的受益范围是全国性的或者是关系整个民族共同利益的，该项财政支出责任就应当由中央政府承担；如果某一项基本公共服务的受益范围仅仅涉及一定区域和地方利益，该项财政支出责任就应当由地方政府承担；如果某一项基本公共服务的受益范围跨越了不同的行政区域或者关系地方和中央的共同利益，该项财政支出责任就应当由中央和地方政府共同承担。

四、公共服务的空间配置优化

公共服务的空间配置优化能够提高资源的使用效率。资源配置亦称资源分配，不同学科领域的研究者对资源配置的认识有一些差异,但归结看,资源配置可以认为是在一定时空条件下,社会主体通过一定的方式把有限的资源在不同主体、不同用途、不同领域之间予以选择、安排、搭配、使用的过程,以实现资源的最佳利用,产生最佳预期的效率。公共服务资源的配置效率是指在资源约束条件下实现效用最大化,或以一定的效用为目的的成本最小化,还应满足供给与需求的均衡性,及其数量和质量带给受众满意的感知。公共服务的空间优化能够通过公共服务资源在空间上的合理配置,提高公共服务的效率。

(一)基于系统性特征的公共服务空间优化配置

以供需均衡和可持续发展为目标,合理规划公共服务的空间配置格局,根据功能的差异性和关联性系统进行不同类别和不同层级的公共服务空间布局,能让有限资源得到充分的利用,提高其配置效率。不同类型、不同等级的公共服务具有不同的空间辐射范围,这是由公共服务的特点与服务对象的空间行为规律共同作用的结果。

不同类型公共服务的服务范围不同,如信息服务显然比环卫服务具有更大的服务范围,气象服务可以以一个城市为尺度单位,而治安服务则必须精准到社区。国防等全国性公共服务的受益对象是整个国家疆域的全体公民,而城市消防、通村道路等地方性公共服务的受益对象则主要是当地居民。Leonardi 把公共服务划分为三大类[57,58]:出行设施(消费者为了获得服务需要移动,如学校、医院、图书馆、剧院和公园等)、保险服务设施(消费者由于纯设施的存在而受益,如消防队和警察局等)、传送设施(消费者在其居住地接受到的利益或损失,如污染物和广播等)。对于出行设施和保险服务设施,其距离效应十分明显。保险服务设施属于具有距离衰减效应的纯公共服务。只要保持应急应用能力,那么其周围的居民将获得联合效用。一旦该种能力已被使用,其效用将下降。但保险设施的价值并非空间不变的,而是随着使用者与其之间距离的增加而递减。出行设施具有准公共服务性质。由于消费者必须离开家才能享受到该类服务,因而其距离衰减效应更为明显。

不同等级公共服务的服务范围也有差异,高等级的公共服务相对于基本公共服务具有更强的扩散能力,如三甲医院相对于社区卫生服务中心的医疗服务范围更广,高等学校面向全国乃至全世界的学生,而义务教育阶段的中小学则主要服务于本学区的学生。

不同等级和不同类型的公共服务的系统性优化配置是整体提升公共服务均衡性和效率性的关键。例如,在偏远山区,医生携带设备跋山涉水为贫困农户提供出诊服务,但到达后却因为没有稳定的电力而无法开展工作。城市中某些区域对大型综合医院有较高的可达性,却缺乏社区医疗机构,使得分级诊疗的改革无法有效推进。城市中不同类型的公共服务配置组合对各区域的空间功能和房价会产生不同的影响[59]。同类型公共服务业态的区位选择趋同,而不同类型业态的区位选址则表现出明显差异[60]。现有文献中,关于各种类型和层级的公共服务空间优化配置研究成果已颇为丰富,但系统性地分析多类型、多层级公共服务空间布局和优化的研究尚不多见,该方向应该成为学界关注的重点。

(二)基于异质性和相关性的公共服务空间优化配置

一方面,由于不同空间的自然、经济和社会条件的差异性,公共服务的空间布局和居民的空间行为存在巨大的差异,公共服务的空间优化配置应在充分考虑这些差异的基础上进行。平原、丘陵和山区之间，城市和乡村之间，中心和腹地之间，公共服务的供给能力和服务范围，可选择的交通方式和交通通达性，人口的分散程度，服务接受者的经济水平、文化习俗等方面的差异都会影响公共服务的投入产出效率、公众需求和满意度。因此针对异质性的空间，在进行公共服务空间分析时应采用不同的指标或参数，在进行公共服务配置决策时应设置不同的标准和制定不同的规划，才能做出更符合实际的公共服务研究和更具操作性的决策。例如，在进行医疗服务的空间配置优化分析时，应计算不同区域医疗服务的供给能力，以及不同空间居民可接受的就医最大距离和可选择的交通方式，对不同类型空间设置不同的距离摩擦系数，动态分析医疗服务的空间可达性和空间配置均衡性，并根据不同空间人口的空间分布特征计算缺医区，以此作为空间优化配置的依据。

另一方面，由于公共服务的空间相关性和溢出性特征，在进行公共服务空间优化配置时应根据其空间结构特征，将有限资源投入到关键的点位，并通过提升交通通达性、实施区域间的互联互通政策、加强公共服务提供者系统内部的资源共享和对口帮扶、提升信息化水平促进远程服务等方式，提高公共服务空间配置效率。

参 考 文 献

[1] 莱昂·狄骥. 公法的变迁:法律与国家[M]. 沈阳：辽宁出版社，1999.

[2] 斯蒂格利茨. 公共部门经济学(3版)[M]. 郭庆旺，等译. 北京：中国人民大学出版社，2005.

[3] 刘旭涛. 行政改革新理念：公共服务市场化[J]. 中国改革，1999(3)：32.

[4] 柏良泽. "公共服务"界说[J]. 中国行政管理，2008(2)：17-20.

[5] 世界银行. 2006年世界发展报告：公平与发展[M]. 北京：清华大学出版社，2006.

[6] 孙田妮. 基本公共服务均等化问题研究综述[J]. 辽宁行政学院学报，2010，12(12):16-18.

[7] 曼昆. 经济学原理[M]. 北京：机械工业出版社，2005.

[8] Rawls J. The Agenda of Social Justice[M]. Delhi：Anamika Publishers & Distributors(P) Ltd.，1999.

[9] 李成威. 公共产品的需求与供给：评价与激励[M]. 北京：中国财政经济出版社，2005.

[10] 刘武，刘钊，孙宇. 公共服务顾客满意度测评的结构方程模型方法[J]. 科技与管理，2009，11(4)：40-44.

[11] Andrew C W. Frontier efficiency measurement in healthcare: A review of empirical techniques and selected applications[J]. Medical Care Research and Review，2004，61：135-170.

[12] Behn R. Why measure performance? Different purposes r-quire different measures [J]. Public Administration Review，2003，63(5)：586-604.

[13] Renner A，Kirigia J，Zere E，et al. Technical efficiency of peripheral health units in Pujehun district of Sierra Leone: A DEA application[J]. BMC Health Services Research，2005，5(1)：77-81.

[14] Worthington A C. Cost efficiency in Australian local government: A comparative analysis of mathematical programming and econometric approaches [J].Financial Account Management，2000(16)：201-223.

[15] Boyne G A. Concepts and indicators of local authority performance：An evaluation of the statutory frameworks in England and Wales[J]. Public Money & Management，2002(6)：17-24.

[16] Jana S，Michal S. Methodology for the efficiency evaluation of the municipal environmental protection expenditure[J]. IFIP International Federation for Information Processing，2011: 327-340.

[17] 丹尼尔·W. 布罗姆利. 经济利益与经济制度[M]. 上海：上海人民出版社，2006.

[18] Olson M. The Logic of Collective Action[M]. Cambridge: Havard University Press Ltd.，1965.

[19] 速水佑次郎. 发展经济学——从贫困到富裕[M]. 北京：社会科学文献出版社，2003.

[20] 加雷斯·D. 迈尔斯. 公共经济学[M]. 北京：中国人民大学出版社，2001.

[21] Brown C V，Jackson P M. 公共部门经济学[M]. 北京：中国人民大学出版社，2000.

[22] Barzel Y. 产权的经济分析[M]. 上海：三联书店，1997.

[23] James M B. Federalism and fiscal equity[J]. International Library of Critical Writings In Economics，1998，(88)：347-363.

[24] António A，Ludger S，Vito T. Public sector efficiency: an international comparison [J]. Public Choice，2005，(123)：3-4.

[25] 李燕凌，曾福生. 农村公共品供给农民满意度及其影响因素分析[J]. 数量经济技术经济研究，2008，25(8):3-18.

[26] 李强，罗仁福，刘承芳，等. 新农村建设中农民最需要什么样的公共服务——农民对农村公共物品投资的意愿分析[J]. 农业经济问题，2006，27(10)：156.

[27] 陶勇. 农村公共产品供给与农民负担 [M]. 上海：上海财经大学出版社，2005：35-38 .

[28] 白南生，李靖，辛本胜. 村民对基础设施的需求强度和融资意愿——基于安徽凤阳农村居民的调查[J]. 农业经济问题，2007，28(7)：49-53.

[29] 易红梅，张林秀，Denise H，等. 农村基础设施投资与农民投资需求的关系——来自5省的实证分析[J]. 中国软科学，2008(11)：106-115.

[30] 陈俊红，吴敬学，周连弟. 北京市新农村建设与公共产品投资需求分析[J]. 农业经济问题，2006，27(7)：9-12.

[31] 李霞，蒲春玲. 新疆北疆地区农村基本公共产品需求位序的典型性调查[J]. 安徽农业科学，2010，38(31)：17892-17894.

[32] 张鸣鸣. 农村公共产品效率的参与式评估研究[J]. 中州学刊，2010(2)：135-137.

[33] 李燕凌. 基于DEA-Tobit模型的财政支农效率分析——以湖南省为例[J]. 中国农村经济，2008(9)：52-62.

[34] 唐娴，廖菁，钟若冰，等. 基于DEA-Tobit两步法分析四川省公立医院技术效率及其影响因素[J]. 实用医院临床杂志，2010，7(6)：101-103.

[35] 孙璐，吴瑞明，李韵. 公共服务绩效评价[J].统计与决策，2007(24)：65-67.

[36] 梁文艳、杜育红. 基于DEA-Tobit模型的中国西部农村小学效率研究[J]. 北京大学教育评论，2009，7(4)：22-34.

[37] 李燕凌，曾福生. 农村公共品供给效率实证研究[J]. 公共管理学报，2008，5(2)：14-23.

[38] 郭小东，章力. 公共支出效率评价——带非自主决定输入的两阶段数据包络模型[J]. 江西社会科学，2009，6(3)：69-76.

[39] 彭国甫. 基于DEA模型的地方政府公共事业管理有效性评价——对湖南省11个地级州市政府的实证[J]. 中国软科学，2005(8)：128-133.

[40] 罗良清，刘逸萱. 基于DEA模型评估江西省五市政府绩效实证研究[J]. 统计与信息论坛，2005，20(4)：10-15.

[41] 曹现强，顾伟先. 公共服务空间研究的维度审视：反思、框架及策略[J]. 理论探讨，2017(5)：7-14.

[42] 世界银行. 2006年世界发展报告：公平与发展[M]. 北京：清华大学出版社，2006.

[43] Dongol R，Khadka M. Deeds not words: Performance and management analysis of community water supply system at Pasthali，Kavre，Nepal[J]. Nepal Journal of Environment Science, 2016(4)：11-17.

[44] 郭琪. 实现地区间公共服务均等化的途径——浅析中国政府间均等化转移支付[J]. 当代经理人，2006(3)：6-7.

[45] 马慧强，韩增林，江海旭. 我国基本公共服务空间差异格局与质量特征分析[J]. 经济地理，2011，31(2)：212-217.

[46] 吴晶. 长三角城市群基本公共服务的区域差异及空间演变研究[J]. 上海经济，2017(6)：46-58.

[47] Gadgil G U，Baker J L. East Asia and pacific cities：Expanding opportunities for the urban poor[M]. Washington D. C.：World Bank，2017.

[48] 郭厚禄. 我国基本公共服务均等化研究[D]. 北京：中共中央党校，2009.

[49] 戴维·哈维. 正义、自然和差异地理学[M]. 胡大平译. 上海：上海人民出版社，2010.

[50] McGrail M R, Humphreys J S. Measuring spatial accessibility to primary health care services: Utilising dynamic catchment sizes[J]. Applied Geography, 2014, 54: 182-188.

[51] 陆大道. 区域发展及空间结构[M]. 北京：科学出版社，1998.

[52] 陆大道. 关于"点-轴"空间结构系统的形成机理分析[J]. 地理科学，2002，22(1): 1-6.

[53] 刘寒波，李晶，柴江艺. 公共服务空间溢出及其对要素流动的影响[J]. 财政研究，2014(4): 22-25.

[54] 邹文杰. 医疗卫生服务均等化的减贫效应及门槛特征——基于空间异质性的分析[J]. 经济学家，2014(8): 59-65.

[55] Song X Q, Deng W, Liu Y. Spatial spillover and the factors influencing public service supply in Sichuan province, China[J]. Journal of Mountain Science, 2014, 11(5): 1356-1371.

[56] 李斌，卢娟. 异质性公共服务对产业结构升级影响路径与溢出效应研究——基于286个地级市数据的实证分析[J]. 现代财经，2017(8): 75-86.

[57] Leonardi G. A unifying framework for public facility location problems-part1: A critical overview and some unsolved problems[J]. Environment and Planning, 1981, a(A13): 1001-1028.

[58] Leonardi G. A unifying framework for public facility location problems-part2: Some new model and extensions[J]. Environment and Planning, 1981, b(A13): 1085-1108.

[59] 张少尧，宋雪茜，邓伟. 空间功能视角下的公共服务对房价的影响——以成都市为例[J]. 地理科学进展，2017，36(8): 995-1005.

[60] 伍芳羽. 基于POI大数据的南京公共服务业态空间布局均等化研究[J]. 建筑与文化，2017(6): 43-45.

第三章　公共服务空间分析理论与方法[①]

空间分析理论与方法逐渐运用于公共服务研究领域，促进了公共服务空间定量化分析，提升了公共服务研究能力和创新性。空间结构理论、地方和区域发展理论及行为地理学理论等对于指导公共服务的空间公平性与效率性研究具有重要意义。公共服务研究具有典型的学科交叉性，将空间分析方法与管理学和经济学相结合，拓展了公共服务研究的广度与深度。公共服务空间格局、空间可达性、空间配置影响因素及空间优化的相关研究方法，阐述了空间分析方法相对于传统经济学、统计学等方法的优势，以及不同空间分析方法对不同的公共服务研究目标的适用性，这一结论可为公共服务研究者提供方法借鉴与应用。

第一节　公共服务空间分析理论

一、空间结构理论

空间性是地理学的本质特征之一，地理学必须注意地域现象的空间格局而非现象本身[1]。空间既与社会关系相关，也是调整这些关系的约束[2]。空间被人的社会关系赋予了形式、功能和社会意义。因此，把空间作为空间结构的表达来分析，就是要系统地考虑经济因素、社会因素和意识形态因素，分析它们彼此间的关联以及由它们所产生的社会实践对其所产生的塑造作用。同时，空间结构也是由空间形式经验性的持续决定的，这种空间形式由先前的社会结构创造，并在更特殊、更具体的条件下与新形式密切相关，它还是由个体和社会组织在与环境的相互作用中的具体活动决定的[3]。空间的定位是当前具有主导地位的外在生产方式和内在社会构成因素相互作用的结果，内在社会构成因素包括局部的社会关系、自然因素及过去的建构形式[4]。

空间结构理论是一定区域范围内社会经济各组分及其组合类型的空间相互作用和空间位置关系，以及反映这种关系的空间集聚规模和集聚程度的学说[5]。空间结构理论的发展经历了三个主要阶段：第一个阶段为19世纪初至20世纪40年代，在德国先后出现了杜能的农业区位论、韦伯的工业区位论、克里斯泰勒的城市区位论、廖什的市场区位论和胡佛的运输区位论[6]，这些理论主要对企业的区位选择、空间行为和组织结构规律性进行研究；第二阶段为第二次世界大战以后至20世纪80年代，以区域总体空间结构与形态演化规律研究为主，出现了佩鲁的增长极理论、哈格斯特朗的空间扩散理论、缪尔达尔的循

[①] 本章执笔人：宋雪茜。

环累积因果理论、弗里德曼的核心-边缘论、威廉逊的倒"U"形假说、赫希曼的不平衡增长理论和陆大道的"点-轴"渐进式扩散理论等；第三阶段为20世纪80年代以后的新空间经济学阶段，新产业空间理论、新区域经济发展理论和新经济地理学是这一时期的主要理论，以克鲁格曼、藤田昌久、维纳布尔斯所倡导的新经济地理学理论与模型方法为主要代表。新经济地理学是基于不完全竞争、报酬递增和市场外部性等概念构建的新经济地理模型，将经济地理学纳入主流经济学，运用主流经济学分析方法分析空间因素的作用，通过离心力和聚集力的互动，模拟聚集经济的形成过程。克鲁格曼等新经济地理学认为由于历史、偶发事件和人们预期变化影响，经济发展状态存在多种均衡，在规模报酬递增的前提下，微小事件和偶发事件对经济的空间过程影响将被放大，从而使经济的空间分布状态呈现出不可预测性和多态均衡性。运输成本、报酬递增、空间集聚和路径依赖是新经济地理学的四个命题[7-9]。

公共服务的区位、空间关系以及要素的区间流动等问题是空间结构理论考察的重要对象。空间结构理论中的增长极理论指出市场机制的作用会扩大地区间的差距，使经济空间产生功能极化和地域极化，而极化过程不仅是一个自组织过程，也是一个可控过程。因此，政府可以通过经济计划和投资重点来建立增长极，缩小地区间的公共服务水平差距；倒"U"形假说认为区域发展差距会随着经济发展呈现先扩大后缩小的趋势，经济增长与区域发展之间存在不平衡的依存关系，该假说为解释不同经济社会发展阶段欠发达地区与发达地区公共服务水平的不同特点和区域间公共服务水平差距的动态发展趋势打下了基础；核心边缘理论则认为任何区域的空间系统都是由中心和外围两个空间子系统组成的，区域空间结构和形态的变化是与经济发展的阶段相联系的，这一理论对于城市和中心乡镇的公共服务向周边乡村辐射、发达地区的公共服务发展带动落后地区公共服务水平的提高等具有重要的现实指导意义。陆大道的"点-轴"渐进式扩散理论[10]在解释公共服务要素的空间扩散格局方面也有重要的理论指导价值，公共服务各要素会在"梯度"和"压力差"的作用下，沿着扩散通道(线状基础设施束)渐渐扩散。乌尔曼提出的空间相互关系概念、博芬特尔提出的空间结构理论，对于分析运费在公共服务的投入产出效率和公共服务要素空间流动的分析方面都有重要的启发。马歇尔提出的技术溢出因素对经济的空间集聚作用也可用于分析公共服务财政投入的溢出效应及其对公共服务空间结构的影响。新经济地理学的理论可以很好地解释城镇化和聚落重构背景下公共服务空间布局、地形地貌对公共服务运输成本的影响以及社会文化背景对公共服务供需关系和居民对公共服务预期的影响等问题。其中，对技术和资金外部性、要素流动、投入产出联系的性质等问题的分析为公共服务投入的空间溢出效应和投入产出效率分析打下了重要的基础；由于行政界线等分割因素阻碍而对经济发展产生影响的思想对公共服务效率因行政区划和社会文化的分割而降低的分析也有很大的启示性。

当前学界运用空间结构理论对公共服务的选址、空间布局的均衡性和差异性、空间溢出效应等问题进行了讨论，主要集中于公共服务设施的空间配置及其优化、具有外溢性的外商直接投入(foreign direct investment，FDI)、研究与开发(research and development，R&D)、技术和知识等公共服务溢出效应及要素流动过程等问题。近年来，空间结构理论研究的迅速发展，拓宽了研究视角，将相关理论运用于公共服务的空间结构及其演变规律的研究，能够有力地推动公共服务空间公平和效率提升的研究。

二、地方和区域发展理论

　　发展的概念始终处在演变过程中，存在时空差异，已由历史上只关注经济维度的发展观扩展到包括社会、生态、政治和文化等因素的发展观，即从最初的纯经济增长观到以人为中心的综合发展观，也使发展的目标经历了"国内生产总值—实际人均收入—减缓贫困—扩展选择范围—自由"的演变。满足人们的基本需求是一种以人为本的发展目标，其中最重要的是健康长寿、适当的教育水平及能够利用足够的资源以使个人的基本需求得到满足[11]，公共服务水平提升是以人为本的区域发展的重要保障。

　　区域是地球表面上占有一定空间的、以不同的物质客体为对象、客观存在的地域结构形式[12]。发展观的历史演变决定了区域发展的概念确定，不同的发展定义和方式对区域发展强调的重点不同。区域发展的定义随着地域不同而有差别，并随着时间发生变化。区域发展研究最初也局限于区域经济发展，随着研究的深入，区域发展观延伸到更多的维度，如我国经济地理学家陆大道提出经济、社会和生态环境保护三维发展模式，艾肯斯和马科斯尼弗考虑了伦理维度，认为区域发展是一个包括道德、经济、生态和社会政治四个方面的复合概念[13]。社会经济的发展在宏观层面遵循从不平衡到较为平衡的一般规律，而中国今后主要的长期发展趋势仍是空间集聚。在此基础上，中国学者确定了中国未来15~20年社会经济发展和综合保护、治理的功能区划方案，阐述了各主要功能区的主体功能和发展原则，以及促进不同功能区可持续发展的支撑条件[14]。在经济社会空间聚集地的进程中，实施基本公共服务均等化，是保障不同功能区人民可以共享我国经济社会发展成果、防止因资源过度聚集造成空间不公平的关键，同时也是伦理维度在区域发展中的重要表现。

　　区域政策是国家和地区政府部门制定并组织实施的调整地区间差异和宏观运行机制的政策与措施[4]。区域政策的制订应关注空间所造成的差异。地方性研究思潮认为空间和社会是结合的，空间不是平铺、静止的社会关系(条件)平面，也不是一种消极的限制，而是一种积极的、综合的生产环境[15]。每一种空间结构都暗示着不同形式的地理差异和不平衡性。地方多样性是以生产方式的空间差异，以及由此形成的社会结构和阶级关系上的地理空间差异为基础的[16]。社会联系发生在空间的舞台中，制度发展了形式，形式实现了物理定位(如形成了环境)。空间中的社会事物之间的空间联系具有多样性，这可以影响制度的实际运行方式[17]。传统的公共服务区域差异的分析倾向于用二维的方式解释，把空间看成一种平面结构，而新区域地理学则把空间看成一种综合的环境，而不是最初地理学所阐释的二维空间问题。因此，公共服务的空间差异与空间公平不应停留在区域描述的方法层面，而是应作为一般与特殊关系的方法，即如何进行公共服务供给的普遍问题。新的公共服务供给政策被运用到地方，所引起的变化程度取决于地区的特点和复杂的历史基础(地方并非是简单的"自上而下"变化的被动接受者)。

　　地方和区域发展是地方性思潮在区域发展研究中的重要领域。在哪里实现地方和区域的发展、以何种形式发展以及为谁而发展是地方和区域发展定义要讨论的基本问题。在哪里实现地方和区域发展是需要考虑的首要问题，空间、地域、地方及范围等地理概念是地方和区域发展定义的中心因素。地理(geography)是经济、社会、生态、政治和文化过程与地理条件等因素的完整组合。空间(space)是经济增长的动因和解释要素，而不仅仅是发展结果的接受场所。地域(territory)是指处于行政机构管辖范围内的、有限的、划出边界的空间单元，如一个国家、城市或地区，地域决定地方和区域发展空间的地理及体制特征。地方和区域发展的社会空间由拥有各自独特的历史、体制、文化、经济和环境特征的地方(place)构成。展现特定的经济、社会、政治、生态和文化过程的地理范围(scale)是地方和区域发展的核心，具体的范围从宏观尺度到微观尺度分别是：全球、宏观区域(如亚太地区)、国家、次国家级区域(如中国西部)、地区(如我国的省)、次级地区(如自治州)、城市、镇、村、社区、邻里、家庭、个人。地方和区域发展关注的范围主要是中观及微观层次的发展问题。"为谁发展"是决定地方和区域发展的定义和类型的关键问题。理解发展的主体、客体和社会福利的结果是地方和区域发展定义的核心。地方和区域发展的主体是"发展"的行为所依附的主题和论题，客体是指"发展"行为所指向的实体性事物。例如，地方和区域发展的客体是城市，其主体可能是城市的增长战略，如客体是镇，其主体可能是市镇复兴。地方和区域发展关注社会福利是否能均衡地让不同区域的人所享有，追求缩小社会福利的空间差异性。"什么形式"的地方和区域发展涉及不同地理环境中以不同方式演进的发展，如均衡发展式的绝对发展，或不均衡发展式的相对发展；以定量维度衡量的发展，或定性维度衡量的发展；基于高生产力、高工资、高技能和高附加值的"高端道路发展"，或基于低生产力、低工资、低技能和低附加值的"低端道路发展"。不同的地方和区域因有不同的历史和空间特点，应该选择不同的发展形式，没有一个普遍适用的发展道路，也不能完全照搬其他地区的发展经验，每一个区域都应探索符合自身特点的发展道路。

新古典主义理论、凯恩斯理论、结构与时段变化理论、制度主义和社会经济学理论、扩展的新古典主义理论、可持续发展理论和后发展主义理论等都对地方与区域发展问题进行了讨论。

新古典主义理论重点解释区域增长的差距以及从长期来看这些差距的减小和趋同。凯恩斯理论则强调区域趋异，认为市场作用的结果往往趋于扩大而不是缩小地区间的差异。新古典主义理论过于简单化的理论假设和相互矛盾的实证结论受到了批判，凯恩斯理论也因其提出的核心与外围地区存在两级分化的观点而存在争议，但这两种理论都分别对地方和区域发展政策中的"自由市场"和"国家干预"的政策产生了重要的影响。

结构和时段变化理论认为地方和区域发展是一个历史的进化过程，伴随着周期性的结构或系统性的变化。阶段论、周期理论和波浪理论用时间框架解释区域发展以及特定地区的特殊的历史演进。马克思主义和激进的政治经济学运用"劳动的空间分工"揭示地区之间的层级关系，并将区域增长解释为周期性趋同和趋异的片段。转型理论(制度主义、交易成本和调控主义理论)解释了在资本主义发生了本质变化条件下的地方和区域发展。社会、科技和制度特征是解释特定类型的地方和区域经济复苏的关键。转型理论因过于依赖宏观结构的变化，也因没能解释地方和区域发展实践的多样性而受到批评，但该理论却导致对依靠本土资源和"自下而上"发展政策的实施。

制度主义和社会经济学强调非均衡的地方和区域发展的社会和制度环境。独特的地方和区域特征是解释不同发展轨迹的核心,尤其是处于市场与政府之间的中介机构的作用更是不容忽视。地域上的不均衡是不同的社会与制度结构对地方与区域发展造成的影响。受到该理论的启发,地方与区域发展政策致力于从体制上培育创新能力、集体型的知识创造和应用及学习型社会,从而出现了基于地方与区域发展视角扩展的新古典主义理论。

扩展的新古典主义理论寻求解决传统的新古典主义理论存在的问题,主要包括内生增长理论、经济地理学、新贸易理论、战略性贸易政策、竞争优势和集群理论等内容。内生理论将以前的新古典主义理论视为外源或外生因素,如将人口增长、储蓄率、人力资本和技术进步等纳入理论模型当中,解释区域趋同和趋异以及高增长和低增长地区在地域空间上的分布。该理论重塑了地方和区域发展政策的焦点,重视所有地方和区域的经济表现以增强地方和区域发展的作用,最终达到国家层面的发展。经济地理学在其概念和理论框架中强调不完全竞争、收益递增、外源性经济以及行业内部和企业内部的贸易。与传统的新古典主义理论强调长期趋同的观点不同,内生理论从促进多核心与边缘区的角度来解释区域趋同的问题。战略性贸易政策旨在支持地方和区域发展专业化、具有国际竞争力和在地域上高度集中的出口产业。竞争优势理论解释国家经济体内产业集群在地方和区域层面对提升该地区竞争力的能动作用。集群政策对地方和区域发展产业集群以提升竞争力有深远的影响,并为地方和区域发展机构提供了实施干预的空间。

可持续发展理论着眼于理解和解释长期、更持久、更少损害并综合考虑经济、社会和环境效益的地方和区域发展形式。可持续的地方和区域发展形式已经成为国家、地区和地方政府机构和政策所面临的重大挑战。"温和"的可持续发展形式对地方和区域发展思维的影响较大,并采取了具体的措施进行政策实践。后发展主义理论来源于后结构主义理论,对被广泛接受的主流"发展"观进行批判,并倡导替代型、地方自主且融资本主义经济活动为一体的新的发展形式。

地方和区域发展应该是一个更加平衡、协调一致和可持续的过程,是在现有的社会不公正及空间不均衡背景下,以减小地方和区域之间及其内部的社会与空间上的差异和不平等为目标的发展;是关注地方和区域发展中经济、社会、政治、生态和文化等方面的紧密关系,并力图从整体上全面考虑经济效益和福利(公共服务)关系的全面发展。地方与区域发展观强调政府同其他民间社会机构在处理地方和区域的劣势、不平等以及贫穷中的作用,同时强调必须对市场加以控制和规范,以防止其不稳定性及其可能造成的破坏。地方和区域发展观是涉及健康、福利和生活质量的可持续的发展理念,关注特定形式的经济增长是否会对社会和生态造成影响甚至破坏,从长远角度考虑当代和后代对资源享有和利用的权利[18]。

研究山区公共服务效率,就是要在区域发展差异和不均衡背景下,运用地方与区域发展相关理论和方法,研究有特殊的历史、体制、文化、经济和环境特征的山区的独特发展形式,以山区为地域空间,以城镇及其辐射的村和聚落为主要研究范围,探索如何以公共服务均等化为手段实现区域均衡发展。不同空间尺度的公共服务效率及其影响因素具有差异性,在进行公共服务效率分析时,应该在不同的空间尺度展开,构建多尺度的分析框架,才能深入地剖析复杂的公共服务体系中的效率问题。因为不同空间的公共服务效率问题与其所处的空间关联及互馈过程密不可分,该研究虽然以山区为研究的客体范围,但其公服务供给和需求却涉及国家、省、市(州)、区(县)、镇、村、聚落、家庭和个人等一系列相关层次。

三、行为地理学理论

行为地理学一般是指在考虑自然地理环境与社会地理环境条件下，强调从人的主体性角度理解行为和其所处空间关系的地理学方法[19]。行为地理学是人文地理学中心理学方向的转向，在协调环境和空间行为的关系时强调认知和决策变量的作用[20]。

20世纪初，学者们开始从地理学角度对人类行为进行研究，30年代对行为因素的分析出现于区位论研究当中，主要表现在从政治、社会、心理行为角度对工业区位进行综合研究。第二次世界大战以后，地理学发展的一个突出特征和趋势就是交叉化，在围绕"空间"这一核心概念的基础上批判地吸收经济学、管理学等学科的理论，促进了地理学理论和方法的发展。人类决策与行为成为科学领域尤其是社会科学领域关注的焦点。古典经济学的公理性假设是"经济人"假设，认为人是理性的、寻求自我利益最大化的。第二次世界大战后，经济学家对"经济人"假设进行了反思与批判。诺贝尔经济学奖得主赫伯特·西蒙(Herbert Simon)提出了"有限理性(bounded rationality)"，从而使经济学的研究更加贴近现实的行为决策过程。经济学和管理学在行为决策研究上的发展影响到地理学，激发了行为地理学的产生。20世纪60年代，美国地理学家朱里安·沃伯特(Julian Wolpert)将"有限理性"概念作为重要研究工具，将其引入区域和空间专题研究领域，并通过建立"非经济人"的实际行为的样本人口，阐明行为决策的空间变化、影响变量和影响程度，从而构建空间和行为模型以替代古典理论。沃伯特的《空间背景下的决策过程》一文通过对瑞典中部农民的行为决策及其空间变化状况的实例研究，以空间分析和区域分析的视角和方法重新考察"经济理性"概念的适用程度，验证了有限理性在实际空间行为中的合理性，将行为研究与地理学很好地结合起来[21]。这一阶段，即20世纪60~70年代，被视为行为地理学的早期阶段，其研究的核心是空间中人类行为决策背后的认知模式，学者们借鉴经济计量学和心理学分析方法，形成个人偏好-选择模型，认知的特点与个体差异性成为解释空间现象的一个新维度。20世纪80年代中期以后，行为地理学研究开始向空间行为分析外的领域拓展，与文化地理学和景观生态学等人文地理学其他分支相关联[22]。行为地理学从构建行为过程理论框架转向解决地理学现实问题。90年代以后，行为地理学强调个人与环境互动关系的研究，认为人们会针对不同目的和不同环境形成不同的认知模式以指导决策[23]。近年来，行为地理学的研究重点开始从空间行为、例外行为向空间中的行为、日常行为转变，认为必须将行为放入环境、社会、文化背景中来考察，而人与环境关系的研究也从环境对人的影响转向人与环境的互动研究[24]，将空间视为被个人赋予意义的有机体，把认知的研究发展到人如何接受外界信息，进而如何利用信息以实现空间中行为的立意上。

目前，行为地理学在中国的应用研究还比较薄弱，主要集中在消费者行为地理学研究[25]、感应与行为地理学研究[26]、认知地图[27]、城市意象[28]、居住空间[29]、购物行为空间决策研究[30,31]和土地利用研究[32]方面，从行为地理学视角对公共服务的空间问题进行分析的研究刚刚起步。前人的相关研究成果对于从有限理性及人与环境的互动分析视角，分析居民对公共服务的预期，研究居民的公共服务需求与满意度的空间差异，揭示公共服务供需决策行为之心理、社会因素的空间特性等方面均具有重要的理论借鉴意义和指导性。

第二节　公共服务空间分析方法

随着人文社会科学研究的空间转向日渐深入，各种空间分析方法被引入公共服务相关研究中。所有的公共服务数据均可表达为空间数据，空间数据是指用来表示空间实体的位置、形状、大小及其分布特征等信息的数据，是一种用点、线、面以及实体等基本空间数据结构来表示人们赖以生存的自然世界的数据，以坐标和拓扑关系的形式存储。探索性空间数据分析(exploratory spatial data analysis，ESDA)和确认性空间数据分析(affirmable spatial data analysis，ASDA)是公共服务空间分析的主要方法，ESDA对应空间统计方法，ASDA对应空间计量模型。在公共服务空间分析的相关研究中，可采用探索性空间数据分析直观地描述公共服务的空间数据，探索公共服务空间数据中的关系、模式和趋势，然后运用空间计量经济学方法更深入地分析公共服务空间格局的影响因素和趋动机制。

一、公共服务空间格局分析方法

对公共服务空间格局进行研究的传统方法包括标准差、变异系数、基尼系数及泰尔指数。探索性空间分析可度量属性值在空间上的分布特征及其对邻域的影响程度，是一种具有识别功能的空间数据分析方法，将统计学和现代图形计算技术结合起来，用直观的方法展现空间数据中隐含的空间分布(随机、分散、聚集)、空间模式(时空关联)以及空间相互作用等特征。近年来，ESDA被广泛运用于分析公共服务空间格局和空间均衡性(或差异性)方面。

(一)全局空间自相关

空间自相关系数可用来度量属性值在空间上的分布特征及其对邻域的影响程度[33-35]，其中Moran's I和Geary's C统计广泛地应用于区域单元和间隔尺度变量的公共服务空间分析中。Moran's I用矢量积来测度观测值的关联性，Geary's C用平方差来衡量。这两种方法都表明了空间关联度为整个数据集的汇总[36]。全局空间自相关指数(Global Moran's I)计算公式如下：

$$I = \frac{n\sum_{i=1}^{n}\sum_{j=1}^{n}W_{ij}(X_i - \bar{X})(X_j - \bar{X})}{\sum_{i=1}^{n}\sum_{j=1}^{n}W_{ij}\sum_{i=1}^{n}(X_i - \bar{X})^2} = \frac{\sum_{i=1}^{n}\sum_{j=1}^{n}XW_{ij}(X_i - \bar{X})(X_j - \bar{X})}{S^2\sum_{i=1}^{n}\sum_{j=1}^{n}W_{ij}} \quad (3-1)$$

式中，n 为观测点个数；W_{ij} 为空间权重；X_i 和 X_j 代表地区 i 和地区 j 的变量数值；$\bar{X} = \frac{1}{n}\sum_{i=1}^{n} X_i$ 是 X_i 的平均值，$S^2 = \frac{1}{n}\sum_{i=1}^{n}(X_i - \bar{X})^2$ 是 X_i 的方差。Moran's I 指数的取值范围为[-1,1]，正数表示空间集聚分布特征，即存在空间正相关性，值越大，集聚特征越明显；负数表示空间发散分布特征，即存在空间负相关性，值越小，发散特征越明显；等于 0 表示空间的随机分布特征，即不存在空间相关性。

Geary's C (C) 的表达式为

$$C = \frac{(n-1)\sum_{i=1}^{n}\sum_{j=1}^{n}W_{ij}(x_i - x_j)^2}{2\sum_{i=1}^{n}\sum_{j=1}^{n}W_{ij}\sum_{i=1}^{n}(x_i - \bar{x})^2} \tag{3-2}$$

式中，变量同上式。C 的取值一般为[0,2]，大于 1 表示负相关，等于 1 表示不相关，而小于 1 表示正相关。

(二) 局部空间自相关

局部空间自相关分析可以帮助本书研究更准确地把握空间要素异质性特征的局部空间相关性[37,38]，分析局部空间相关性通常使用 G 统计量、Moran 散点图和 LISA (the local indicator of spatial association，空间关联的局部指标) 方法来测度。

采用 LISA 方法计算的 Local Moran's I 指数 (I_{LISA})，计算公式为

$$I_{\text{LISA}} = \frac{(X_i - \bar{X})}{S^2}\sum_{j}W_{ij}(X_j - \bar{X}) \tag{3-3}$$

局部 Moran's I 指数为正值时表示同类型要素属性值的地区相邻近，负值表示不同类型要素属性值的地区相邻近，绝对值越大，邻近程度越高。根据 Moran's I 散点图和局部 Moran's I 指数可以划分出 4 种局部集聚模式，分别是高高集聚(H-H)、高低集聚(H-L)、低低集聚(L-L)和低高集聚(L-H)。

Getis 和 Ord 于 1992 年开发了 Geary'C 的局部聚类检验方法，用 G_i 和 G_i^* 度量每个观察值 i 在包括 n 个观察值的一组数据中的局部关联程度。它们包括由一个给定的距离范围所确定的邻里区域的总值与所有观测值之和的比率(G_i 统计不考虑区域 i 的值，而 G_i^* 统计则要考虑)。其计算公式如下：

$$G_i(d) = \frac{\sum_{j \neq i}^{n}W_{ij}(d)z_j}{\sum_{j \neq i}^{n}z_j}, \quad G_i^*(d) = \frac{\sum_{j=1}^{n}W_{i,j}x_j - \bar{X}\sum_{j=1}^{n}W_{i,j}}{S\sqrt{\frac{n\sum_{j=1}^{n}W_{i,j}^2 - \left(\sum_{j=1}^{n}W_{i,j}\right)^2}{n-1}}} \tag{3-4}$$

式中，d 表示给定空间距离；z_j 表示空间位置为 j 的地理要素值；x_j 是要素 j 的属性值，$W_{i,j}$ 是要素 i、j 之间的空间权重，n 为要素总和；$\bar{X} = \left(\sum_{j=1}^{n}x_{i,j}\right)/n$；$S = \sqrt{\frac{\sum_{j=1}^{n}x_j^2}{n} - (\bar{X})^2}$。

G_i 和 G_i^* 显著的正值表示在该区域单元周围,高观测值的区域单元趋于空间集聚,而显著的负值表示低观测值的区域单元趋于空间集聚,与 Moran'I 指数只能发现相似值(正关联)或非相似性观测值(负关联)的空间集聚模式相比,具有能够探测出区域单元属于高值集聚还是低值集聚的空间分布模式。

二、公共服务空间可达性分析方法

(一)公共服务可达性

公共服务可达性表示区域内部公共服务的相对区位价值与融入社会经济活动的便捷度,事关公共资源分配的社会公平与公正,是反映居民生活质量的重要标志[39]。公共服务的可达性也称为便捷度,是指从给定地点获取某种公共服务的方便程度。公共服务可达性根据隐性与显性、空间与非空间两个维度的不同组合可划分为四种类型(图 3-1)。隐性可达性是指对公共服务使用潜在的可能性;显性可达性是指对公共服务的实际使用程度;空间可达性关注的是供给和需求的距离屏障和克服这一屏障的交通渠道;非空间可达性涉及人口和社会经济的相关变量。空间可达性是公共服务空间研究的关键问题。

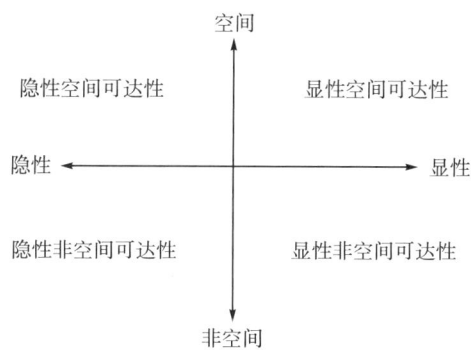

图 3-1 公共服务可达性分类

(二)公共服务空间可达性

空间可达性又称为地理可达性,是特定区域内居民访问公共服务或公共设施的便利程度,这种便利程度包含服务或设施的可用性与邻近性。可用性指服务或设施能够满足居民的公共服务需求,而邻近性则指居民能够在自身能力范围内到达并访问服务或设施。所以在计算空间可达性时,需要对可用性和邻近性都进行度量,才能表征完整且有意义的空间可达性。空间可达性的度量方法主要包括四种。

(1)供需比法,即一定地域范围内资源供给量与需求量的比值,如每千人口医生数。

(2)就医最近距离法,如欧氏距离、路网距离和时间距离,但这种方法没有考虑供需的匹配。

(3)重力模型和潜能模型(gravity model & potential model)。1959 年,Hansen 运用重力

模型表示可达性，但只考虑了供给方的因素，在此基础上，1982年，法国学者Joseph在医疗服务可达性研究中提出了引力潜能模型的概念，通过比较医疗服务供给规模与需求人群规模的比值随距离的衰减变化，评估区域内的就医便捷度。公式表达为

$$A_i = \sum_{j=1}^{n} \frac{S_j d_{ij} \beta}{V_j}, \quad V_j = \sum_{k=1}^{m} P_k d_{kj} \beta \qquad (3\text{-}5)$$

式中，A_i表示可达性值；n和m分别表示公共服务点和居民点的数量；S_j为服务点j的服务能力(如医院床位数、学校教师数)；d_{ij}、d_{kj}分别为居民点i、居民点k与服务点j之间的出行阻抗(距离或时间)；β为普查单元到公共服务设施的阻抗系数；V_j表示医疗机构j的人口潜能；P_k表示居民点k的人口数量。

虽然在空间距离、人群规模、医疗设施服务能力等指标的衡量上不断改进与创新，但该方法阻抗系数取值困难、取值具有区域差异性，计算结果不稳定。

(4) 两步移动搜索法(2-step floating catchment area，2SFCA)，通过定义公共服务供给与需求主体的搜寻阈值范围，实现一定区域内就医便捷度的计算[40,41]。公式表达为

$$A_i = \sum_{j \in \{d_{ij} \leq d_0\}} R_j = \sum_{j \in \{d_{ij} \leq d_0\}} \frac{S_j}{\sum_{k \in \{d_{ij} \leq d_0\}} P_k} \qquad (3\text{-}6)$$

式中，A_i表示可达性指数；R_j是设施j的服务能力(S_j)与搜寻域i(即$d_{ij} \leq d_0$)内的人口数量比值；P_k是普查单元k的人口数；d_{ij}是普查单元i与设施j之间的出行距离或时间；d_0表示出行极限距离或时间。

近年来，2SFCA不断改进，如增强的两步搜索法(enhances 2-step floating catchment area，E2SFCA)将出行时间分段来赋予不同权重，间接反映距离衰减的渐变效应；可变搜寻区两步搜寻法(2SFCA with variable catchment area，V2SFCA)针对不同地域环境的人们采用"可变搜寻区"获取公共服务的合理出行时间差异。此外，还有学者根据不同区域和不同类型公共服务的不同态势的距离衰减规律，采用不同类型的距离衰减函数，如重力函数、高斯函数、核密度函数等刻画距离衰减作用，以使公共服务可达性评估更为精确。而要选择何种函数，则应该充分分析人们获取不同类型和层次公共服务的空间行为偏好，如人们就医出行交通方式选择，不同人群(如不同经济状况、不同文化背景的人群)、不同区域(如城市和农村)的交通方式选择的差异性(私家车、公共交通)对不同类型和不同层级公共服务主观选择的优先级和空间偏好等(如选择三甲综合医院与社区卫生服务中心就医的不同交通选择和可接受的距离)。

三、公共服务空间配置影响因素分析

大量的实证研究结果表明，除了政策因素以外，自然和经济社会等外部因素对公共服务的配置具有重要的影响，传统的研究通过简单线性回归模型，如Tobit模型、Probit模型、Logistic回归模型、泊松回归模型和分层贝叶斯模型等计量经济学方法分析公共服务水平的影响因素，而空间计量经济学理论认为一个地区空间单元上的某种经济地理现象或某一属性值与邻近地区空间单元上同一现象或属性值是相关的[42]。因此，空间分析方法

逐渐被引入公共服务空间配置的影响因素研究当中,此处主要介绍几种常用的空间分析模型。

(一)空间计量经济学模型

1. 空间滞后和空间误差模型

该模型适用于截面数据的空间常系数回归模型,包括空间滞后模型(spatial lag model,SLM)与空间误差模型(spatial error model,SEM)。

空间滞后模型主要是探讨各变量在某一个地区是否有扩散现象(溢出效应),可表达为

$$Y = \rho WY + \beta X + \varepsilon \tag{3-7}$$

式中,Y 为因变量向量;W 为空间权重矩阵;WY 是空间滞后的因变量;X 为外生解释变量矩阵;ρ 是空间自回归系数;β 为参数向量,ε 是随机干扰项向量。由于 SLM 模型与时间序列中自回归模型相类似,因此 SLM 也被称作空间自回归模型(spatial autoregressive model,SAR)。

空间误差模型可表达为

$$Y = \beta X + \varepsilon;\quad \varepsilon = \lambda W\varepsilon + \eta \tag{3-8}$$

式中,λ 为空间自回归系数;η 为正态分布的随机误差向量。λ 衡量了样本观测值中的空间依赖作用,即相邻地区的观测值 Y 对本地区观测值 Y 的影响方向和程度,参数 β 反映了自变量 X 对因变量 Y 的影响。空间误差模型的空间依赖作用存在于扰动误差项之中,度量了邻接地区关于因变量的误差冲击对本地区观察值的影响程度。由于 SEM 模型与时间序列中的序列相关问题类似,也被称为空间自相关模型(spatial autocorrelation model,SAC)。

2. 地理加权回归模型(geographical weighted regression,GWR)

传统的 OLS 只是对参数进行"平均"或"全域"估计,不能反映参数在不同空间的空间非稳定性。空间变系数回归模型(spatial varying-coefficient regression model)中的地理加权回归模型(geographical weighted regression,GWR)是一种解决这种问题的有效方法。

假定有 $i=1,2,\cdots,m$,$j=1,2,\cdots,n$ 的一系列解释变量观测值 $\{x_{ij}\}$,及一系列被解释变量 $\{y_j\}$,全局线性回归模型表示为

$$y_i = \beta_0 + \sum_{j=1}^{n}\beta_j x_{ij} + \varepsilon_i \quad (i=1,2,\cdots,m;\ j=1,2,\cdots,n) \tag{3-9}$$

式中,β_0,β_j 为参数向量,ε_i 是第 i 个区域的随机误差。

地理加权回归模型扩展了普通线性回归模型,它将数据的地理空间位置纳入回归参数之中。特定区位的回归系数不再是利用全部信息获得的假定常数,而是利用邻近观测值的子样本数据信息进行局域回归估计而得到的,是随着空间上局域地理位置变化而变化的变量,GWR 模型可以表示为

$$y_i = \beta_0(u_i,v_i) + \sum_{j=1}^{k}\beta_j(u_i,v_i)x_{ij} + \varepsilon_i \tag{3-10}$$

式中,(u_i,v_i) 是第 i 个样本点的空间坐标;$\beta_j(u_i,v_i)$ 为连续函数 $\beta_j(u,v)$ 在 i 点的值。GWR

可以对每个观测值估计出 k 个参数向量的值。

(二)空间杜宾模型(spatial Durbin model,SDM)

SLM 和 SEM 模型仅考虑了因变量的空间相关性,没有考虑自变量的空间相关性。Elhorst 提出的空间杜宾模型[43]不仅考虑了因变量的空间相关性,还考虑了自变量空间相关性,表达式为

$$y_{it} = \delta + \rho \sum_{j=1}^{n} W_{ij} + y_{jt} = \sum_{k=1}^{m} x_{itk}\theta_k + \sum_{k=1}^{m}\sum_{j=1}^{n} W_{ij} x_{jtk}\varphi_k + \varepsilon_{it} \quad (3\text{-}11)$$

式中,y_{it} 为因变量;i 代表研究空间单元;t 为时期数;δ 为常数项;ρ 和 φ 为空间滞后参数;φ_k 为第 k 个自变量的空间滞后参数;n 为空间单元总数;W_{ij} 为空间权重矩阵;m 为自变量个数;x_{itk} 为自变量;θ_k 为第 k 个自变量的参数;ε_{it} 为随机误差项。由于空间杜宾模型包含因变量和自变量的空间相关项,以及自变量的非空间相关项,使得模型具有非线性结构,因此回归系数无法反映自变量对因变量的影响。LeSage 和 Pace[44]通过求偏导矩阵给出了空间杜宾模型的参数释义,提出了总效应、直接效应和间接效应的概念。

(三)地理探测器模型(geodetector)

地理探测器是是王劲峰等通过提出"因子力"度量指标,结合地理信息系统(geographic information system,GIS)空间叠加技术和集合论,用以识别多因子之间交互作用的模型[45],是探测空间分异性,以及揭示其背后驱动力的一组统计学方法。地理探测器既可以探测全局驱动力,也可以探测不同地区、不同尺度的驱动力,可以用小于 30 的样本量达到其他模型需更大样本量才能达到的统计精度,对多自变量共线性免疫、不要求必须空间连续[46],公式如下:

$$q = 1 - \frac{\sum_{h=1}^{L} N_h \sigma_h^2}{N\sigma^2} = 1 - \frac{SSW}{SST} \quad SSW = \sum_{h=1}^{L} N_h \sigma_h^2 \quad (3\text{-}12)$$

$$SST = N\sigma^2$$

式中,$h = 1,2,\cdots,L$ 为影响因变量的因子 X 的分类;N_h 和 N 分别为层 h 和全区的单元数;SSW 和 SST 分别为层内方差之和及全区总方差。q 的取值范围为[0,1],值越大,表明该因素对因变量的影响越大。

四、公共服务空间优化方法

空间优化的跨学科研究发展迅猛,已深入到地理学、计算机科学与技术、应用经济学、理论经济学、社会学、建筑学等多个学科,并衍生出多个交叉学科主题。

通过优化公共服务供给的空间分配,可以提高公共服务的公平性和效率性。优化的目标包括服务覆盖范围最大化、获取服务所需的出行时间最小化、公共服务设施网点数量最少化、效益最大化及可达性的空间差异最小化。

(一)公共服务设施区位-配置模型

公共服务设施的优化布局可基于一些经典的区位配置模型。1963 年，Cooper 将工业区位论延伸到公共服务领域的多设施选址模型中，开创性地提出了公共服务设施区位-配置(location-allocation，LA)模型[47]。LA 模型致力于解决设施最佳布局选址，也可以优化公共服务设施空间分布，该模型一经提出，即在公共服务设施空间布局方面得到极大的应用和推广，出现了一系列基于 LA 模型的公共服务空间优化的解决方案，如 p-中位问题(p-median problem)是在服务设施数据一定的约定条件下，优化目标为所有需求点到选取的服务设施点总的出行距离(时间)最小。最少服务点模型(location set covering problem，LSCP)以在规定的距离或时间范围内，寻求覆盖所有区域的最少服务设施点位置为目标。最大服务面模型(maximum covering location problem，MCLP)旨在规定的距离或时间范围内，将有限数量的服务设施点进行优化布局，使其服务人口最多。中心模型(center model)的优化目标是优化有限数量的服务设施的空间布局，使其覆盖所有需求点时最远服务距离最小化[48]。

随着多设施、多目标、多等级的公共服务设施布局相关研究的兴起，单纯依靠 LA 模型出现了求解困难，而地理信息系统受到了学者的重视。将 GIS 技术和 LA 模型有效融合，成为公共服务设施布局的新途径。但是计量模型对现实情况的模拟能力有限，此外人的行为并非受制于客观环境，而是更多受主体感知环境的支配。20 世纪末以来，公共服务设施布局研究朝更具人本思想的方向发展，学者们通过问卷调查、实地调研等方法来获得居民的属性以及对设施的使用偏好，从而指导或优化公共服务设施空间布局。

(二)粒子群算法

LA 模型主要关注设施布局的效率，并非以公平性作为目标。随着研究的深入，近年来，学者们提出了以公平最大化为目标的设施布局优化模型，具体方法是使需求点到设施的可达性差异最小化，较好地解决了设施布局公平性问题[49]。

粒子群优化算法(the particle swarm optimization method，PSO)最初由 Kenned 等(1996)提出，并得到了广泛的应用，可用来求解公平最大化目标的优化模型[50]。运用 MATLAB 软件对公共服务资源空间优化进行分析，从随机解出发，通过迭代寻找最优解，通过适应度来评价解的品质，追随当前搜索到的最优值来寻找全局最优。

$$V_i^{t+1} = \omega V_i^t + c_1 r_1 (\text{Pbest}_i^t - X_i^t) + c_2 r_2 (\text{Gbest}^t - X_i^t)$$
$$X_i^{t+1} = X_i^t + V_i^{t+1}$$

(3-13)

式中，ω 是惯性权重；V_i^t 是粒子的速度；X_i^t 是当前粒子的位置；Pbest_i^t 和 Gbest^t 是个体极值和全局极值；c_1、c_2 是学习因子；r_1 和 r_2 是介于 0 和 1 之间的随机数。

所有的粒子都有一个由被优化的函数决定的适应值(fitness value)：

$$\text{fitness} = \sum_{i=1}^{m}(A_{li}^F - a)^2$$

$$a = \sum_{i=1}^{m} \frac{D_{li}}{D_l} A_{li}^F = \frac{S_l}{D_l} \tag{3-14}$$

式中，A_{li}^F 是指 i 居民点 l 类公共服务的空间可达性值；S_l 是指某类公共服务的总供给；D_l 是相应的总需求；D_{li} 为 i 居民点 l 类公共服务的需求。

（三）GeoSOS 地理模拟与优化系统

为了在时空上最佳地配置或使用公共服务资源，使其产生最大效益值，一些优化工具可用于辅助产生规划方案。地理模拟与优化系统（geographical simulation and optimization systems，GeoSOS）可以解决地理信息系统在对空间过程进行模拟和优化方面存在严重功能不足的问题，能够模拟、预测、优化及显示地理格局和空间过程，作为模拟优化平台，是 GIS 的重要补充工具。GeoSOS 包括三个组成部分：元胞自动机（cellular automata，CA）、多智能体系统（multi-agent systems，MAS）、生物群智能（swarm intelligence，SI）。GeoSOS 可解决三类空间优化问题：①点的优化问题（如大型公共服务基础设施点位选择）；②线的优化问题（如地铁、公路选线等）；③形态的优化问题（如公共服务区域规划等）。

公共服务的空间优化往往属于多目标优化问题，如在栅格中寻找连接医疗服务机构和居民居住点的最佳线路，要求覆盖人口尽量多，而总的就医距离尽量短；或在给定公共服务设施数量和面积的前提下，需要在空间上确定设施的最佳位置，并对形状进行优化，以获取最大的效用。采用一般的方法很难求解这种最优化问题。GeoSOS 基于群智能的优化子系统则能较好地提供优化方案。智能的搜索方法可以大大提高空间的搜索能力。例如，在蚁群算法（ant colony algorithm，ACA）智能搜索中由大量蚂蚁形成的集体行为能够表现出一种信息正反馈现象：某一路径上走过的蚂蚁越多，则后来者选择该路径的概率就越大[51]。其优化的本质包括选择机制、更新机制和协调机制[52]。与传统的优化算法相比，群智能算法不需要目标函数的解析性质，这一点更能满足解决实际问题的要求，该方法可被用于解决公共服务空间优化问题。

随着公共服务空间研究的深入，越来越多的方法将被运用到空间优化的分析中，如将地理信息系统与大数据、云计算等技术相结合，可用于对公共服务的基本信息进行处理，根据公众对公共服务的需求量、需求点与服务点间的地理距离、各公共服务机构的服务能力等情况综合做出决策，优化公共服务资源的空间配置。

参 考 文 献

[1] Schaefer F K. Exceptionalism in geograhphy: A methodological examination[J]. Annals of the Association of American Geographers，1953，43：226-249.

[2] John C, Raymond H, Jimmy L, et al. Regions in Crisis: New Perspectives in European Regional Theory[M]. New York: St. Martin's Press：1980：60-75.

[3] Manuel C. The Urban Question:A Marxist Approach[M]. Cambridge：The MIT Press，1977.

[4] Milton S. Society and space:Social formation as theory and method[J]. Antipode，1977(9)：3-13.

[5] 陆大道. 区域发展及空间结构[M]. 北京：科学出版社，1998.

[6] 马国霞，甘国辉. 区域经济发展空间研究进展[J]. 地理科学进展，2005，24(2)：90-99.

[7] Fujita M，Krugman P. The new economic geography:Past，present and the future [J]. Regional Science，2004，83：139-164.

[8] Krugman P. Increasing returns and economic geography[J]. Journal of Political Economy，1991：483-499.

[9] Fujita M，Krugman P，Venables A J. The Spatial Economy：Cities，Regions，and International Trade[M]. Cambridge：The MIT Press，1999.

[10] 陆大道. 关于"点-轴"空间结构系统的形成机理分析[J]. 地理科学，2002，22(1)：1-6.

[11] 费景汉、古斯塔夫·拉尼斯. 增长和发展:演进观点[M]. 北京：商务印书馆，2004.

[12] 崔功豪，魏清泉，陈宗兴. 区域分析与规划[M]. 北京：高等教育出版社，1999.

[13] 伊思·莫法特. 可持续发展——原则、分析和政策[M]. 宋国君译. 北京：经济科学出版社，2002.

[14] 陆大道，樊杰. 2050：中国的区域发展[M]. 北京：科学出版社，2009.

[15] Doreen M. Regionalism：Some current issues[J]. Capital and Class，1978(6)：106-125.

[16] Richard P. 现代地理学思想[M]. 周尚意，等译. 北京：商务印书馆，2007.

[17] Simon D，Mike S. Space，scale and locality[J]. Antipode，1989(21)：179-205.

[18] Andy P，Andres R，John T. Local and Regional Development[M]. London and New York：Routledge，2006.

[19] 柴彦威，颜亚宁，冈本耕平. 西方行为地理学的研究历程及最新进展[J]. 人文地理，2008(6)：1-6.

[20] 约翰斯顿 R J. 人文地理学词典[M]. 柴彦威，等译. 商务印书馆，2005.

[21] Wolpert J. The decision process in spatial context[J]. Annals of the Association of American Geographers，1964，54(4)：537-558.

[22] Garling T，Evans G W. Environment，Cognition and Action: An Integrated Approach[M]. New York: Oxford University Press，1991.

[23] Aitken S C. Person-environment theories in contemporary perceptual and behavioural geography I：Personality，attitudinal and spatial choice theories[J]. Progress in Human Geography，1991，15(2)：179-193.

[24] Aitken S C，Rushton G. Perceptual and behavioural theory in practice[J]. Progress in Human Geography，1993，17(3)：378-388.

[25] 柴彦威，王茂军. 日本消费者行为地理学研究进展[J].地理学报，2004，59(增刊)：167-174.

[26] 张晓虹，张伟然. 太白山信仰与关中气候——感应与行为地理学的考察[J]，自然科学史研究，2005，19(3)：197-205.

[27] 白光润. 现代地理科学导论[M]. 上海：华东师范大学出版社，2003.

[28] 冯健. 北京城市居民的空间感知与意象空间结构[J]. 地理科学，2005，25(2)：142-154.

[29] 张文忠，刘旺，李业锦. 北京城市内部居住空间分布与居民居住区位偏好[J]. 地理研究，2003，22(6)：751-759.

[30] 朱玮，王德. 南京东路消费者的回游消费行为研究[J]. 城市规划，2006，30(2)：9-17.

[31] 冯健，陈秀欣，兰宗敏. 北京市居民购物行为空间结构演变[J]. 地理学报，2007，62(10)：1083-1096.

[32] 陆汝成. 地方政府耕地保护效应——基于行为地理学视角[M]. 北京：科学出版社，2012.

[33] 谢花林，刘黎明，李波，等.土地利用变化的多尺度空间自相关分析——以内蒙古翁牛特旗为例[J]. 地理学报,2006,61(4)：389-400.

[34] 吴玉鸣，徐建华. 中国区域经济增长集聚的空间统计分析[J]. 地理科学，2004，24(6)：654-659.

[35] Fischer M M，Wang J F. Spatial Data Analysis[M]// Springer Briefs in Regional Science. Berlin: Springer，2011：6-8.

[36] 王劲峰，Manfred M F，刘铁军. 经济与社会科学空间分析[M]. 北京：科学出版社，2012.

[37] Anselin L，Rey S. Properties of tests for spatial dependence in linear regression models[J]. Geographical Analysis,1991,23(2)：112-131.

[38] 陈斐. 区域空间经济关联模式分析理论与实证研究[M]. 北京：中国社会科学出版社，2007：68-72.

[39] 彭菁,罗静,熊娟,等. 国内外基本公共服务可达性研究进展[J]. 地域研究与开发,2012,31(2):20-25.

[40] Radke J, Mu L. Spatial decomposition, modeling and mapping service regions to predict access to social programs[J]. Geographic Information Sciences, 2000, 6(2):105-112.

[41] Luo W, Wang F. Measures of spatial accessibility to health care in a GIS environment: Synthesis and a case study in the Chicago Region [J]. Environment and Planning B: Planning and Design, 2003, 30(6):865-884.

[42] Anselin L. Spatial Econometrics: Methods and Models[M].Dordrecht: Kluwer Academic publisher, 1988.

[43] Elhorst J P. Matlab software for spatial panels[J].International Regional Science Review, 2012, 37(3):389-405.

[44] LeSage J, Pace R K. Introduction to Spatial Econometrics[M]. New York: CRC Press, 2009:27-41.

[45] 刘彦随,李进涛. 中国县域农村贫困化分异机制的地理探测与优化决策[J]. 地理学报,2017,72(1):161-173.

[46] 王劲峰,徐成东. 地理探测器:原理与展望[J]. 地理学报,2017,72(1):116-134.

[47] COOPER L. Location-allocation problems[J]. Operations Research, 1963, 11(3):331-343.

[48] 施迅,王法辉. 地理信息技术在公共卫生与健康领域的应用[M]. 北京:高等教育出版社,2016.

[49] Wang F H, Tang Q. Planning toward equal accessibility to services: A quadratic programming approach [J]. Environment and Planning B: Planning and Design, 2013, 40(2):195-212.

[50] Tao Z L, Cheng Y, Dai T Q, et al. Spatial optimization of residential care facility locations in Beijing, China: Maximum equity in accessibility[J]. International Journal of Health Geographics, 2014, 13(1):33.

[51] 黎夏,李丹,刘小平,等. 地理模拟优化系统 GeoSOS 及前沿研究[J]. 地球科学进展,2009,24(8):899-907.

[52] 陈崚,沈洁,秦玲. 蚁群算法求解连续空间优化问题的一种方法[J]. 软件学报,2002,13(12):2317-2323.

第四章 山区公共服务基本构成及特性[①]

发展公共服务事业是政府的一项职责，由于我国处于社会主义初级阶段，公共服务体系建设尽管从中华人民共和国成立以来取得了辉煌的成就，但总体上与发达国家还有很大差距，特别是广大山区，这种差距就更加明显。发展我国公共服务事业，必须要全面考虑我国的现实国情。我国山区面积广，区域地理环境和气候差异大，社会文化、民族和经济发展水平差别也极大，公共服务产品的提供必须要根据国家、地方总体规划目标，因地制宜地统筹和科学布局，要充分考虑山区经济社会发展制约性问题，以及国土开发的限制性、山区乡村聚落的分散性，以惠及民生为根本，以全面发展为基点，既要建立起利益相关者多渠道信息互馈机制，也要从大局着眼，远近结合，突出重点，把握针对性，统筹全面性和公正性，科学决策，有序推进，持续加强和改善公共服务能力与水平。基本公共服务的供给要把握其基础性、同等性（无差别、均等化）和阶段性，真正使基本公共服务成为保障人权、促进社会和谐的有效手段。

山区是特殊的地理空间和社会发展空间，也是传统农耕文明的发源地，历史上长期处于封闭的自然与人文环境，现代社会发展的福祉传递较慢，与民生改善的关系极为密切，公共服务体系建设滞后。随着社会的进步，特别是改革开放和西部大开发以来，基本公共服务体系建设不断加强，区域性的改善日益明显。在快速城市化进程中，城乡公共服务需求也在不断增加，国家"十二五"规划就明确提出：逐步实现不同区域基本公共服务均等化。党的十八大报告也进一步强调指出，"必须从维护最广大人民根本利益的高度，加快健全基本公共服务体系，加强和创新社会管理，推动社会主义和谐社会建设"。由此可见，深刻认识山区公共服务基本构成及其需求变化特点，对于全社会更切实际地为山区提供公共服务产品、缩小城乡（包括山区与平原的差距）差距、支撑政府有关决策等具有重要的社会进步意义。

第一节 山区公共服务基本构成

山区公共服务体系的建设主要是中华人民共和国成立以后，乡村治理深入到村级（生产队）。改革开放以来，特别是党的社会发展思想树立了"以人为本"的理念，即保护个人最基本的生存权和发展权，强调基本社会条件要服务于人的全面发展。以解决民生问题为导向的公共服务供给能力和水平在不断提高，使山区公共服务体系建设与发展进入一个

[①] 本章执笔人：邓伟。

新的时期。

一、基本公共服务的基点

综合一些学者的研究观点[1-4]，笔者结合自身的研究实践，提出社会基本公共服务的基点如下。

（一）保障人的基本生存权

生存权和发展权是其他人权实现的基本前提。马克思、恩格斯曾指出，人们首先必须吃、喝、住、穿，然后才能从事政治、科学、艺术、宗教等活动。这表明了人的需求层次先由物质层面而后上升到精神层面。人权史上具有里程碑意义的文件《世界人权宣言》，第一次规定了基本人权应得到普遍保护。一般而言，生存权包含生命权、健康权、适足的生活水准权、食物权等基本权利。从社会保障与服务角度看，生存权必须依赖一定的公共服务能力支撑而加以保障，这也是政府职能的核心价值之一。

（二）满足人的基本尊严和基本能力的需要

人的尊严以人的主体性为基础，是宪法的最高价值，具有普遍性，许多国家对此都在宪法中给予明确。实际上，保障一个人的尊严权，反映了一个社会文明进步的程度。一般而言，尊严权包含人在生活、就业、社交等方面享有人格尊严、男女平等，民族、风俗习惯得到尊重等。人的基本能力是适应生存与发展的度量和标志，既有先天性，也有后天性，而且先天性也需要必要的公共服务加以促进和形成，并且人的基本能力是有差异的，需要通过公共服务进行培育和提升。

（三）满足人的基本健康的需要

从劳动力角度看，人的健康是劳动力体格素质的根本。随着社会的发展和人民生活水平的提高，人均寿命也在明显提高，其中很重要的原因就是医疗救助和康复起到了重要作用。但是，目前山区的医疗保障条件与城市相比仍然很差，存在极大的短板，其公平性有待全面加强。

（四）变化环境下人的生计适应性的需要

工业化、城市化和全球化对我国山区发展既有带动和促进作用，也存在一系列的挑战，乡村农户生计与策略都面临较大的市场风险，其生存和发展必须依靠技能培训与教育进行提高，从而促进和保障其面对社会转型发展的适应能力。但从现实来看，供给侧方面明显动力不足，需要极大地提高广泛性，这也是基本能力提升的基础。

二、山区公共服务基本体系

基本公共服务的属性在于它的公共性、普惠性和社会公平性。公共服务的内容随着社会的发展不断丰富和提高，由经济社会发展的水平和政府建设的能力而确定。一般而言，公共服务的内容包括基础教育、公共卫生与基本医疗、公共文化等社会事业,也包括公共交通、公共通信等公共产品和公用设施建设,还包括解决人的生存、发展和维护社会稳定所需要的社会就业、社会分配、社会保障、社会福利、社会秩序等公共制度的建设。

(一)基础教育

基础教育是造就人才和提高国民素质的奠基工程,我国的基础教育包括幼儿教育、小学教育、普通中等教育。

根据国务院的部署,2006~2010年,国家根据"明确各级责任、中央地方共担、加大财政投入、提高保障水平、分步组织实施"的基本原则,按照"两年实现、三年巩固"的目标,已将农村义务教育全面纳入公共财政保障范围,建立中央和地方分项目、按比例分担的农村义务教育经费保障机制。2006~2010年,中央财政和地方财政分别累计新增农村义务教育经费1258亿元和924亿元,合计约2182亿元。2007年全国农村已全面实行免费义务教育。

(二)公共卫生与基本医疗

基本公共卫生服务由疾病预防控制机构、城市社区卫生服务中心、乡镇卫生院等城乡基本医疗卫生机构向全体居民提供,是公益性的公共卫生干预措施,主要起到疾病预防控制作用。基本公共卫生服务均等化有三方面含义:①城乡居民,无论年龄、性别、职业、地域、收入等,都享有同等权利;②服务内容将根据国力改善、财政支出增加而不断扩大;③以预防为主的服务原则与核心理念。

基本医疗包括两大部分:①公共卫生服务范围,包括疾病预防控制、计划免疫、健康教育、卫生监督、妇幼保健、精神卫生、卫生应急、急救、采血服务、食品安全、职业病防治和安全饮水等12个领域;②基本医疗,即采用基本药物、使用适宜技术,按照规范诊疗程序提供的急慢性疾病的诊断、治疗和康复等医疗服务。

(三)基本社会保障

社会保障制度是现代国家最重要的社会经济制度之一。其作用在于保障全社会成员基本生存与生活需求,特别是保障公民在年老、疾病、伤残、失业、生育、死亡、遭遇灾害、面临生活困难时的特殊需要,主要由社会福利、社会保险、社会救助、社会优抚和安置等各项不同性质、作用和形式的社会保障制度构成整个社会保障体系。2007年7月,国务院发布了《国务院关于在全国建立农村最低生活保障制度的通知》,2009年9月,国务院发布《国务院关于开展新型农村社会养老保险试点的指导意见》,都是惠及广大农民的政策,对解决劳动者的后顾之忧、促进社会和谐具有重大的社会进步与文明意义。

(四)基础设施

基础设施(infrastructure)是指为社会生产和居民生活提供公共服务的物质工程设施,是用于保证国家或地区社会经济活动正常进行的公共服务系统,是社会赖以生存发展的一般物质条件。基础设施包括交通、邮电、供水供电、商业服务、科研与技术服务、园林绿化、环境保护、文化教育、卫生事业等市政公用工程设施和公共生活服务设施等。

基础设施建设具有所谓的"乘数效应",即能带来几倍于投资额的社会总需求和国民收入。山区的振兴与现代发展,其基础设施规模化、体系化建设,是实现山区有活力的可持续发展的重要基础。

(五)公共安全与环境保护

公共安全是指社会和公民个人从事和进行正常的生活、工作、学习、娱乐和交往所需要的稳定的外部环境和秩序,包含信息安全、食品安全、公共卫生安全、公众出行安全、避难者行为安全、人员疏散的场地安全、建筑安全、城市生命线安全及突发事件应急处置等。

环境保护是国家整体可持续发展、全面建成小康社会与社会和谐的基石。党的十八届五中全会提出:加大环境治理力度,以提高环境质量为核心,实行最严格的环境保护制度,深入实施大气、水、土壤污染防治行动计划。山区环境保护重点内容是乡村环境治理和水系水质安全保障,特别是河道的环境管控任务十分艰巨(图4-1)。

图4-1　太行山区某村外河道中布满垃圾(2017年拍摄)

(六)公共文化

公共文化是相对于经营文化而言的,是指由政府主导、社会参与形成的普及文化知识、传播先进文化、提供精神食粮,满足人民群众文化需求,保障人民群众基本文化权益的各种公益性文化机构和服务的总和。公共文化是为满足社会的共同需要而形成的文化形态,强调的是以社会全体公众为服务对象的公共行政职能,目标是人人参与文化,人人享受文化,人人创造文化。

在工业化、城市化背景下，青壮年劳动力进城务工，导致山区公共文化服务体系建设暴露出一些问题，仍然存在许多制约和不利。如何运用现代信息技术，构筑符合山区空间特点的乡村公共文化服务体系值得探究。

第二节　山区公共服务的地方性

公共服务的地方性是相对于国家性或全国性而言的。由于我国是多山的国家，地域差异也不同程度地受山地形态和区位及自然环境的影响，社会公共服务在特定区域或空间上具有明显的地方性或地域性要求，主要由地方政府提供。因此，认识山区公共服务的地方性，对于针对性、实效性地提供公共服务产品具有重要的导向和帮助，可为明确山区地方性公共服务的优先序提供指导。

山区地理空间与环境具有复杂性和巨大差异性，包括地方经济发展水平也具有差别性，因此凸显公共服务产品的地方性。

一、地域性特点

地域性公共服务产品主要是由空间地理环境的特殊性决定的，即由地质地貌、气候条件和区位决定的。就山区而言，由于海拔梯度因素的影响，地理环境的差异在小尺度上表征突出，这就导致公共服务产品的供给差别很大。例如，就自然灾害风险管理而言，北方少雨多旱情，抗旱性水利设施基础建设就具有比较突出的诉求，特别是在一些山区，田在山上，水在山下，提水灌溉设施具有特殊性，因此地方政府（除了国家投入）在财政资金安排方面就要优先统筹；在南方，山洪、泥石流、崩塌及滑坡时有发生，灾害点的治理和应急管理及其风险防范需要专项投入；而在高寒的草原牧区，为应对冬季雪灾，牧草的储存与布局就显得尤为重要。此外，一些公共服务设施的布局与建设还应考虑气候条件（如土木工程可施工的季节性）、地形条件（如地形起伏度小与地形起伏度大的山区工程的难易程度）、少数民族地区（如特色民居建筑）等在工期、工程造价和成本方面都有较大的差别，公共服务的成本显然是不同的。

在山区，区位条件的制约更加明显。在地形复杂的深山区或偏远山区，一些基本公共服务与靠近中心城镇的地方是有很大差别的，如医疗和教育服务体系如何补缺堵漏，如何克服和消除短板影响；道路体系的建设、教育设施能力保障等需求的急切性是不一样的，而不同的地区经济社会发展水平有很大差异，满足温饱、小康和现代化的公共服务需求层次和公众意愿也是不同的。因此，在地方性公共服务产品的供给方面，必须重视和尊重地方政府在经济增长中扮演的角色，发挥好职能，关键是根据地方性特点，紧密结合实际，统筹做好资源配置，既要兼顾投资效率，更要兼顾空间公平，还要做好配套的政策支持，才能有效提供公共服务产品。为此，既要有统一性政策宏观指导，也需要地方性微调和偏远性补贴相结合的举措，才会更好地体现基本公共服务的公平与正义。

二、治理能力特点

地方公共服务产品的供给能力在一定程度上反映了地方各级政府的治理能力和价值导向,这也会直接影响资源配置的决策层面。地方政府应真正做到以人为本,以公平发展、和谐发展为基点,而不是只搞政绩工程浪费资金,能够科学合理地统筹地方公共服务体系的建设、完善与提高,真正做到执政为民,做到为人民而发展。地方公共服务产品供给的数量、质量和公众满意度,是对政府治理能力的重要检验与测度。

在社会组织治理体制中,不同层级的政府对发展公共服务事业承担着各自的使命和责任。如何做到、做好统筹兼顾,既有整体又有重点,而不是顾此失彼,是衡量社会治理能力的重要标准。我国社会结构的复杂性在山区的乡村表现极为突出:①小农意识还很强,集体意识淡薄,集体议事私立性明显,公益性不足;②乡村文化落后,劳动技能仍然较弱,普遍受教育程度低,生计适应性差,自主发展能力不足;③社会治理人才的匮乏,人才很难到偏远山区工作,政策性、待遇性鼓励缺乏,选派和提拔机制尚未建立起来,基层发展的领导力显得薄弱;④经济水平千差万别,东部、中部和西部差异很大,其内部也存在很大的差距。这些不利因素的交织,导致了社会治理能力的差别很大,也是山区公共服务体系建设困难大的主客观因素所在。

基于上述分析,山区社会治理能力的全面提升对促进基本公共服务体系的建设至关重要,至少在决策和资金投向方面会统筹考虑和部署,做到远近结合,实事求是,切不可一刀切、运动式推开,要因地制宜,要分清轻重缓急,有序发展与供给,应务实建设,发展山区基本公共服务体系。

三、制约的特点

公共服务的供给水平与经济发展基础有密切关系,也是一个充满变化的动态过程,必须切合国家政策和财政支付能力的实际。山区的县域经济发展很不平衡,区位的制约性也很明显,而财力不足是最大的制约。在国家主体功能区划限定下,一些山区县、乡镇属于限制开发区或邻近禁止开发区,经济发展方式受到多方面制约,产业选择门槛很高,以绿色低碳循环产业为主导,而且受到山区空间地形的限制,规模化的工业产业集聚空间十分有限,对发展第二产业存在诸多不利因素,必然会影响经济总量的提高,影响地方政府的财政收入,进而影响公共服务事业的投入。

另外,值得注意的是山区山地灾害的制约性,特别是地形变化大、不良地质环境影响较大的山区,不仅公共服务体系建设成本上升,而且维护的成本也相对较高,特别是遭受山地灾害破坏情况下,应急、恢复或重建等都会增加基本公共服务建设的投入。例如,山区各级道路设施建设和保通都会相应增加成本,包括村与村、村与组的路网建设不仅线路长,还包括相应的水土保持设施的建设,整体性投入也明显增高。

因此,提供地方性公共服务产品要量力而为,不可贪多求大,要把握关键和精准,要处理好几个关系。一是处理好急切发展和长远发展的关系,关键是长短结合,突出投向重点,特别是与解贫、增加生计多样性、可持续富民关联的基本公共服务的供给,兼顾好一般和整体的公平;二是服务于地方发展的配套,特别是交通、信息化、环境保护等的规划与建设,并注重向偏远山区延伸;三是多考虑、解决与山区民生问题紧密相关的公共服务项目,不做虚工,务求解决实际问题,发挥好资金效率和效益;四是统筹好城乡公共服务产品供给的均衡性与效率性,不断为缩小城乡差距起到促进作用。

四、民族的特点

我国是多民族的国家,少数民族大多居住在山区,地域空间的边缘性、偏远性突出,而且每一个少数民族都有自己的民族文化和传统习俗,对于公共服务的需求也是多样化的,具有自身特点。例如,游牧民族随着季节变换而转场,存在很大的流动性和分散性,尽管相当一部分已经定居,但还是存在一些仍然保持游牧生活方式的牧民,那么游牧民的基本公共服务的改善和提高也就必须要考虑适应其特点而发展,要考虑基础教育和基本医疗服务的流动性问题并加以完善。还有如彝族比较喜欢在海拔高的地方生活,而不喜欢在海拔相对低的平坝生活,所以彝族的基本公共服务体系建设要考虑其适宜居住地的山地环境,要循序渐进地改变,不可硬性安排而违背民族生活适宜区环境要求。因此,公共服务既要考虑少数民族地区的地理环境差异与适应性,也要考虑大多少数民族居住地一般不具有区位优势,还要考虑其对外联系偏弱、经济发展水平落后的问题,明确发展公共服务能力建设的优先领域(交通、通信、医疗、教育等),并在新型城镇化建设中充分考虑民族文化特点,注重少数民族人才的培养和培训,发展既尊重民族文化传统、又体现现代化理念的基本公共服务体系,促进文化交流与融合,促进地方发展能力的提升。

第三节 山区公共服务供需的差异性

前文已述及我国山区的自然环境千差万别,社会经济发展水平也参差不齐,并且山区凸显民族文化的多样性,公共服务的需求意愿和保障能力客观上存在明显的差异性。认识这些差异性,目的在于因异施策,促进精准对接公共服务(考虑公共服务资源的有限性),提高其投入与产出的效率和效益。

一、环境导致的差异

自然环境是人类社会发展做出决策选择的重要参考,自然环境对经济社会发展影响甚大,其中也包括气候变化(变暖)的影响。我国地域辽阔,国土空间形态、结构和气候等的环境差异非常大,客观上也就使得同一政策条件下的公共服务能力和水平存在很大的差异。

(1)我国总体地形条件的制约影响。三大阶梯式地势格局决定了东、中、西部的空间差异,促使经济社会的空间显著分异,区位专制突出(一定技术水平下),水分与热量条件差异很大,同一地区也因山地海拔不同显现出较大差异,这也是胡焕庸线东西差异的内在因素。伴随这些环境制约,公共服务建设布局在空间优先序方面产生了明显差别。应该先易后难,重点向支撑国家经济社会发展的重要区域优先布局。

(2) 生态保护对开发的限制。生态保护区的划定,包括对水源涵养区的保护,特别是国家主体功能区的设立,与其毗邻的国土空间开发对环境保护设施的要求就更高些,环保门槛比较高,产业选择限制比较强,配套的公共服务设施布局很多要服从国家生态保护目标的大局,如各类废水收集、管道输送,污水综合处理技术体系建设,生态保育技术研发等。公共服务主导方向必须与绿色发展相衔接和匹配,要有严格的标准控制。同时,一些基础设施建设也带有地域功能保护的要求。例如,水土保持设施主要是针对干旱、半干旱地区丘陵山地(也包括干旱、干暖河谷区)的土壤侵蚀防治和水源涵养。这些设施建设的公益性也间接有助于民生问题的解决与保障,更好地促进了如一些水利设施的可持续利用,减缓土壤侵蚀对通信、输电设施的破坏性影响等。

(3) 气候变化的影响。全球变暖导致天气异常,气象灾害加剧,也增加了公共服务应对的难度和强度。例如,干旱天气的增多导致灌溉设施数量急需增加,在山区备用水源和储水设施建设尤为重要;因暴雨山洪的频发,山区防灾减灾能力急需提升,特别是山洪、泥石流的监测和预警体系建设需求日益增加;气温升高导致冰川、积雪融化加快,冻土层退化,带来一系列寒区水文、生态与环境问题,如面临冰湖溃决、冻融侵蚀、路基沉陷等灾害和风险的挑战,导致公共服务建设与保障的投入明显增加。很显然,响应与适应气候变化的公共服务体系建设与常态化环境下的思路有所不同,必须充分考虑气候变化对地区的可能影响,加强预估和应急管理,及早采取措施加以防范。

二、人口分布导致的差异

公共服务的根本出发点之一就是以人为本,人口高度集聚的地方也是公共服务投入汇集的地方。尽管山区广袤,但除去生态空间,适合生活和生产的空间是有限的,而且聚落在空间上的分散性增加了公共服务均衡性的难度。山区的市、县、乡镇人口相对比较多,公共服务达到了一定的水平,但到了乡、村、组一级,公共服务就比较一般化了,特别是一些自然村落,差距还是很大的。受城市化影响,山区青壮年劳动力大多进城务工(部分已经定居城市),乡村空心化问题也使得公共服务供给产生难度。例如,教育资源的配备,尤其是师资指标的确定与行政村的生源严重不足产生矛盾,一些山区乡村援建的希望小学废弃(图4-2),一些适龄小学生不得不到中心村或集镇上学,家人陪读(租房子)花销成为山区孩子教育的新负担。很显然,人口迁徙与流动对公共服务的科学配置提出了新的问题和挑战,值得深入研究和应对;路网没有全覆盖户,包括水土流失治理措施在农户尺度上还没有跟上,这些都与山区人口分布空间的非均衡性有密切关系,从而也导致山区公共服务体系建设和维护的难度较大。

还有一些地方是不适宜居住的,但由于历史原因分布了一定数量的聚落,在现有条件下还不可能全面搬迁,短期内的公共服务改善问题也是一个关注点,这就要求公共服务供给方式要进行相应的调整,如教育和医疗问题,应该动员社会力量,发挥志愿者的积极作用，以及相应的政策鼓励和激励，创新思路，使得偏远山区的教育、医疗等不存在盲点，真正体现社会主义的优越性，彰显人本关爱的社会温暖和公共服务的社会公平性。

图 4-2　废弃的学校（2017 年拍摄）

三、国家战略导致的差异

国家战略是促进区域公共服务加快发展的巨大驱动力。中华人民共和国成立初期，东北和重要都市是各类公共服务发展最快的区域，至少领先国内其他地区 20 多年。在三线建设部署下，西南地区的交通设施建设一度布局较多，如成昆铁路，川藏公路、滇藏公路和青藏公路等的建设，但由于山地地形和气候的复杂性与灾害影响的严重性，基础设施建设周期很长（限于财力和技术）。改革开放率先在东部发展，公共服务能力提升快，覆盖面广，惠民福祉效益突出。2000 年国家开始实施西部大开发战略，以交通基础设施建设等为标志的公共服务能力建设进入新的时期，带动了区域性公共服务能力的整体性、配套性建设和提升。例如，青藏铁路、省际高速公路、航空港、城际快速轨道交通设施建设等，全面加强了空间联系，促进了经济社会要素的流动与集聚，"蜀道之难，难于上青天"的情景将永远停留在历史的诗境中。

当前，国家"一带一路"倡议的实施，区际性互联互通进一步带动和推进交通、通信等基础设施建设，也给密切关联地区的公共服务体系的加强和完善提供了重要机遇。新部署的川藏铁路和高速公路建设，包括跨境交通联通等，都会进一步带动地方基础设施的配套建设，在相关产业发展的基础上又可促进其他门类的公共服务的发展，综合社会效益将会不断放大。

还有一点值得提及，就是转移支付政策对欠发达地区的公共服务事业发展起到了重要支持作用，也包括对口支援政策等，都显示出非常大的社会进步意义。例如，"5·12"汶川地震的灾后重建，由于发挥了对口支援建设的作用，短时间内就使得重灾区的各类重建工作完全到位，特别是公共服务事业得到极大的提升，经济社会综合发展竞争力显著提高，全面促进了区域发展和繁荣。

四、经济导致的差异

公共服务的投入与国家和地方财政收入密切相关，发达地区经济发展速度快，GDP增长很快，财政支付能力强，公共服务投入迅速增加，交通、通信、教育、医疗等体系不断完善，功能不断增强，便民、利民、惠民产生了良好的经济、社会和生态效益，但也在一定时期、一定程度和范围拉大了沿海和内地的差距，特别是经济发展迟缓的山区，国家投入的有限性，导致公共服务领域的差距短期内不会得到根本性改变。因此，因地制宜发展地方经济是促进公共服务发展的基础。尤其是成都市人民政府在统筹城乡发展中，充分发挥市、县两级财政的积极性，配套支持村级公共服务，2009~2016年，累计投入村级公共服务资金77.9亿多元，极大地完善了村级公共服务体系，实例证实了加强城市的发展对城郊，特别是远郊地区的乡村公共服务建设起到了积极的促进作用。因此，山区的公共服务事业发展一定是在区域经济不断发展的基础上得以提高和完善的。

第四节　山区公共服务政府目标与公众满意度

公共服务的公众满意度是对各级政府公共服务目标的检验，不仅是对政府提供的公共服务产品的质量和效率检测，也是对公众意愿的测度。科学地分析和客观的阐述，对强化公共服务政府目标导向下供给侧结构性改革和建立公众满意度互馈机制等有积极的意义[6-8]。

一、公共服务政府目标的确立

赫伯特·考夫曼(Herbert Kaufman)曾经指出：行政机构是为了在不同时期追求不同的价值观而得以组织和运作的。提供公共服务是服务型政府最重要的职责，即政府在市场机制无法满足社会公共需求的情况下，为社会发展环境和公平竞争创造条件，为社会提供安全与公共产品和社会保障服务等。在中国特色社会主义建设的进程中，每个五年计划的制定都把发展公共服务放在了很重要的层面，并确立了发展目标。特别是党的十八大以来，以全面建成小康社会(包括全社会脱贫)为标志的社会发展，都极大地促进了以民生改善为导向的公共服务体系建设，惠民、利民、便民方面都实现了较大的改善与提高。

一些发达国家将公共服务置于民主、社区和公共利益这一更广泛的框架体系之中，我国的基层社会治理也越来越注重基层民意的收集和表达，未来的乡村公共服务会进一步以公共利益为基础,加强协商机制,更加充分地体现公共服务产品供给的利益相关者的意愿。

地方政府在公共服务体系建设方面要有总体规划和分期实施的计划,要从山区长远发展考虑,确立阶段性目标,把关乎长远性、基础性、关键性和惠民性有机结合起来,还要因地制宜,充分考虑山区地质地理环境的特殊性。例如,一些山区的县级公路要考虑错车路段的设计,道路单车通行路段过长,畅通性受到严重影响;在山地灾害频发的地带,就要加强应急性的公共服务设施建设,必须把保障人民群众生命和财产安全放在优先层面考虑。这就要求政府在公共服务体系建设的决策中,用支撑发展、助力发展和惠及民生的思想,做到既总揽好全局,又要彰显高瞻远瞩,把战略性和务实性(远近)紧密结合起来,使山区公共服务目标不断提升,体系不断完善,功能不断强化。

二、公共服务的公众满意度

公共服务的公众满意度是公共服务效率性的重要检验,也是衡量一个地区发展是否符合当地客观规律的重要参考。公共服务的公众满意度研究是国际公共服务效率研究的重要领域,其空间公平问题也是近年来相关研究的热点。一个地方的公共服务水平和公众对其满意程度,标志着社会的进步与文明。国外的研究者通过建立指标体系、设计居民满意度调查问卷获取满意度的实际数据,运用多种模型方法计算满意度指数,并结合各种回归模型对满意度的影响因素进行分析。公共服务的公众满意度分析,既有单项的研究(医疗、教育、饮用水、灌溉设施等),也有综合性的研究。公共服务满意度影响因素涉及经济、社会和政策等不同角度,也包括居民个体特征和村镇环境特征对公共服务满意度的客观影响,公众对公共服务的满意程度还取决于公众的期望值,也包括公众对其公平性的感知,以及经济、社会、地理等因素在民众主体意识中的渗透性影响。研究发现,欠发达地区的公众对某些公共服务的满意度大于发达地区,这就是主体期望的差异,也表明现实社会中城乡之间、不同区域之间公共服务的差异是明显的,即东、中、西部之间和平原、丘陵、山区之间的公共服务满意度差异是很大的,其研究也较少,而针对山区公共服务满意度的研究更不多见。

提高公共服务的公众满意度,是政府工作的公信力内涵构成之一,是建设和谐社会的必要基础,也是体现国家制度优越性的重要方面。政府作为公共服务产品的供给者,有着良好的出发点和明确的目标,但如何让公众满意,的确是个大问题。必须克服公共服务产品提供的盲目性和任意性,更不能大搞形象工程,更不能为了政绩而任性决策。

提高公众对公共服务的满意度,一是要实事求是,服务发展;二是要坚持惠民为本的原则,支撑小康社会建设;三是要科学决策,正确处理供需关系,提高供给效率;四是要引入评估机制,强化科学引导,提高公平性。

三、供需互馈机制问题

山区公共服务的特殊性、差异性决定了其供需间必须要建立起一种互馈机制,才能最大限度保证公共服务的针对性和适宜性,以及确保投入的经济性和效率性。为山区提供公众满意的公共服务,需要建立第三方评估机制,从中立的角度实时了解公共服务的民情民意,及时向政府反馈,让政府真正了解老百姓在公共服务方面满意什么,不满意什么,需要什么,以及需求的迫切性,政府会因需发力施策,精准提供公共服务。

政府要按照公众公共服务意愿的最大公约数进行布局,通过建立"自上而下"和"自下而上"的公共服务供需信息渠道,定期互馈,逐渐提升公众参与度,形成公共服务体系建设、维护与更新的社会多元力量,增加社会的凝聚力和公众的认同感与获得感。

可以探究建立不同层次的公共服务听证会,加强对社区和村组的公共服务宣介力度,还要发挥互联网的作用,包括采用APP(application,手机软件)模式,广泛获取公众对公共服务满意度的信息,并利用大数据进行研判,通过自评估和第三方评估,寻找问题和差距,为确立公共服务的投向提供决策依据,为公共服务体系建设规划提供科学指导。

参 考 文 献

[1] 敬海新.当前基本公共服务体系建设中存在的问题及其对策[J]. 理论与现代化,2012(1):37-40.

[2] 尹栾玉. 基本公共服务:理论、现状与对策分析[J]. 政治学研究,2016(5):83-96.

[3] 张晓杰. 快速城市化过程中基本公共服务均等化研究[M]. 上海:生活·读书·新知三联书店,2013.

[4] 孙晓莉,宋雄伟,雷强. 改革开放40年来我国基本公共服务发展研究[J]. 理论探索,2018(5):5-14.

[5] 邓伟,李爱农,南希. 中国数字山地图[M]. 北京:中国地图出版社,2015.

[6] 张引. 公共服务供给侧结构性改革:内涵、价值、理念和路径[J]. 特区经济,2018(8):77-81.

[7] 姜晓萍,陈朝兵. 中国基本公共服务改革40年[R]. 中国社会科学报[2018-04-17].

[8] 肖航. 区域经济发展与基本公共服务水平的协调性分析[J]. 城市,2018,223(10):21-32.

第五章 山区公共服务经济性评价[①]

本章运用空间自相关模型对四川省各市州及川西南各区县公共服务财政投入的空间分布格局进行分析,并运用空间滞后与空间误差模型等计量经济学方法对公共服务财政投入的影响因素进行研究。研究结果表明:①不同尺度、不同类型公共服务供给具有不同空间格局特征,四川省公共服务投入具有较明显的空间相关性和空间溢出效应,川西南山区公共服务供给虽然也有显著的空间相关性,但空间聚集和扩散效应均不显著,且空间溢出效应也不明显,各因素对不同尺度和类型公共服务供给效率影响作用和程度明显不同;②经济、社会、空间和政策等因素在不同尺度上,对不同类型的公共服务供给效率影响的方向和程度均有显著差异;③由于山区经济发展水平低、区位条件差、经济要素流动不畅、公共服务投入成本高、人力资源和管理能力较低等原因,山区公共服务供给水平普遍较低且呈"低-低"相关空间特征;④提高山区公共服务经济性的策略,统一性政策与地方性政策相结合,外部资源和内部能力相结合,提高山区城镇化率,调控山区人口密度,在山区培育新的公共服务供给增长极并提高其辐射能力,探索偏高级公共服务供给多元化途径,实现灾后重建中公共服务投资的科学管理。

第一节 山区公共服务经济性评价与影响因素分析

对公共服务供给的效率进行分析是"4ES+IOO"公共服务效率评估逻辑框架中经济性评估的重要指标。公共服务财政支出不仅直接决定了公共服务的供给水平,影响当地人民的生存环境和生活质量,也影响生产要素的流入,对于提高区域发展能力起着重要的促进作用。由于受自然、经济、制度等多种因素的影响,公共服务供给在空间分布上的不均衡现象普遍存在,并受资源有限性制约而导致其差异更为明显。因此,公共服务供给的空间不均衡性及其影响因素成为学界研究的热点。王磊、郭琪等通过研究指出公共服务区域差异受区域经济差异、人口迁移和社会性公共服务发展的滞后性等因素的综合影响。刘寒波等运用空间分析方法研究指出,提高地区公共服务供给的数量和质量,才能弱化经济聚集的力量,促进经济均衡发展[1]。由于中国东西部经济发展水平差异较大,公共服务供给地区差异研究多围绕东西部差异展开。陈诗一和张军通过分析中国省级地方政府服务供给的相对效率,指出西部省份比东中部地区省级服务供给效率低[2],张明玖进一步指出西部地区基本建设支出对经济增长的贡献明显高于东部地区,而东部地区科教文卫支出对经济增长的贡献远高于西部地区[3]。随着空间特征被引入公共服务效率的分析中,从空间溢出

[①] 本章执笔人:宋雪茜。

效应的角度讨论公共服务供给的空间相互作用成为研究热点。相关研究结果表明，财政竞争[4-6]、竞标竞争[7-10]和支出外溢[11-15]是地方政府间公共服务投资相互影响从而形成空间聚集效应的主要原因，并有大量理论和实证研究成果证明地方政府的公共服务投入具有明显的溢出效应。前人的研究成果为公共服务供给的空间相关性分析奠定了基础，但现有研究主要集中于对公共服务空间差异的描述或统计分析，公共服务供给的空间相关性研究较少。对公共服务空间分布格局影响因素的分析多集中在经济、政策和社会因素等方面，从地理因素角度进行深入的研究较为少见。根据我国公共服务供给的实践，本书推测公共服务供给差异及其集聚的原因应与地理位置、空间尺度、地形、距离等空间因素有关。为了从空间统计及计量的角度验证本书的猜测，研究中引入了空间自相关模型，检验不同类别公共服务供给在地理空间上是否具有相关性，从地理、经济和政策等角度对公共服务供给空间相关性和空间溢出效应及其影响因素进行探究，并针对不同尺度和不同类别的公共服务提出差异化的空间供给策略。

一、研究方法

根据空间统计学与空间计量经济学的理论和方法，对公共服务供给的空间关系进行分析，具体步骤是建立空间自相关模型，检验自变量的空间相关性，通过空间依赖性检验（lagrange multiplier，LM），分析拉格朗日乘子误差和滞后及其稳健性，再选择恰当的空间计量经济学模型，检验公共服务供给的空间溢出效应，并对其进行影响因素分析。

(一) 空间自相关模型

1. 空间权重矩阵

在明确空间相互作用特征的基础上构造空间邻近性矩阵，将空间邻近性矩阵归一化，就得到空间权重矩阵 W[16]。由于四川省各地级城市面积相对较小，且各城市分布相对密集，因此本书采用一阶"后步"邻接空间权重矩阵（queen first order contiguity-based spatial weights），即

$$W_{ij}=\begin{cases}1, & \text{当区域}i\text{和区域}j\text{相邻}\\ 2, & \text{当区域}i\text{和区域}j\text{不相邻}\end{cases}$$

2. 全局空间自相关

空间自相关系数可用来度量属性值在空间上的分布特征及其对邻域的影响程度[17]。相关的指标和方法主要有 Moran's I、Geary's C、Ripley's K 和 join count analysis 四种[18]。在实际的应用研究中，Moran's I 更为常用[19]，全局空间自相关指数（global Moran's I）常用来分析研究对象在全局空间内表现出的分布特征，计算公式如下：

$$I=\frac{n\sum_{i=1}^{n}\sum_{j=1}^{n}W_{ij}(X_i-\bar{X})(X_j-\bar{X})}{\sum_{i=1}^{n}\sum_{j=1}^{n}W_{ij}\sum_{i=1}^{n}(X_i-\bar{X})^2}=\frac{\sum_{i=1}^{n}\sum_{j=1}^{n}XW_{ij}(X_i-\bar{X})(X_j-\bar{X})}{S^2\sum_{i=1}^{n}\sum_{j=1}^{n}W_{ij}} \tag{5-1}$$

式中，n 为观测点个数；W_{ij} 为空间权重；X_i 和 X_j 代表地区 i 和 j 变量数值；$\bar{X} = \frac{1}{n}\sum_{i=1}^{n} X_i$ 是 X_i 的平均值；$S^2 = \frac{1}{n}\sum_{i=1}^{n}(X_i - \bar{X})^2$ 是 X_i 的方差。

为了进行显著性检验，可计算 Z 统计量：

$$Z(I) = \frac{I - E(I)}{\sqrt{\text{Var}(I)}} \tag{5-2}$$

式中，$E(I)$ 为 Moran's I 指数的期望值；$\text{Var}(I)$ 为 Moran's I 指数的方差。如果 $Z>1.65$，表明在 5%（1%）的显著性水平下具有空间自相关性。

Moran's I 指数的取值范围为 $[-1,1]$，正数表示空间集聚分布特征，即存在空间正相关性，值越大，集聚特征越明显；负数表示空间发散分布特征，即存在空间负相关性，值越小，发散特征越明显；等于 0 表示空间的随机分布特征，即不存在空间相关性。

3. 局部空间自相关

局部空间自相关分析可以帮助我们更准确地把握空间要素异质性特征的局部空间相关性[20]，分析局部空间相关性通常使用 LISA 方法计算的 local Moran's I 指数，该分析有两个目标：①可以解释指标的非定常性（如热点和冷点）；②可以评估独特的地方性对全局统计的影响并找出异常值，计算公式为

$$I_{\text{LISA}} = \frac{(X_i - \bar{X})}{S^2} \sum_j W_{ij}(X_j - \bar{X}) \tag{5-3}$$

式中，I_{LISA} 为正表示变量存在局部空间正相关，为负则表示负相关。①HH 型：$I_{\text{LISA}}>0$，市州 i 与相邻市州的服务支出均高于全省平均水平。②LL 型：$I_{\text{LISA}}>0$，市州 i 与相邻市州的服务支出均低于全省平均水平。③HL 型：$I_{\text{LISA}}<0$，市州 i 的服务支出高于全省平均水平，相邻市州服务支出低于全省平均水平。④LH 型：$I_{\text{LISA}}<0$，市州 i 的服务支出低于全省平均水平，相邻市州服务支出高于全省平均水平。

（二）空间计量经济学模型

当我们建立模型对相邻空间单元的截面数据进行分析时，常因缺乏对单元间的非独立性或存在空间自相关性因素进行考虑，而使得分析结果不准确。空间计量经济学方法即包含了对这种潜在误差的考虑，从而使模型能够更精确地对空间相关性进行分析。

与实证研究最相关的两种空间自相关形式为空间实质相关（substantive dependence），即空间滞后关系（spatially lagged），以及和空间扰动相关（nuisance dependence），即空间误差关系（spatial error）。因此，空间滞后模型（spatial lag model，SLM）和空间误差模型（spaital error model，SEM）是最常见的两种空间经济计量模型，空间滞后模型可表达为

$$Y = \rho WY + \beta X + \varepsilon \tag{5-4}$$

式中，Y 为因变量向量；W 为空间权重矩阵；WY 为空间滞后的因变量；X 为外生解释变量矩阵；ρ 是空间自回归系数；β 为参数向量；ε 是随机干扰项向量。

空间误差模型可表达为

$$Y = \beta X + \varepsilon$$

$$\varepsilon = \lambda W \varepsilon + \eta \qquad (5\text{-}5)$$

式中，β 为随机误差项向量；λ 为 $n \times 1$ 的截面因变量向量的空间误差系数；η 为正态分布的随机误差向量。参数 λ 衡量了样本观测值中的空间依赖作用，即相邻地区的观测值 Y 对本地区观测值 Y 的影响方向和程度，参数 β 反映了自变量 X 对因变量 Y 的影响。空间误差模型的空间依赖作用存在于扰动误差项之中，度量了邻接地区关于因变量的误差冲击对本地区观测值的影响程度。

最大似然估计（maximum likelihood estimation，MLE）是空间计量模型的主流估计方法。判断地区间的空间相关性存在与否，一般通过包括 Moran's I 检验、最大似然估计等一系列空间效应检验进行。在 Moran's I 检验显著的情况下，如果最大似然 LM-Lag 检验较 LM-Error 检验更加显著，并且稳健估计 LR-LMLag 显著而 LR-LMError 不显著，则选择空间滞后模型①；反之，则选用空间误差模型。除了拟合优度 R^2 检验外，常用的检验准则还有自然对数似然函数值（log likelihood，LogL）、赤池信息准则（the Akaike information criterion，AIC）和施瓦茨准则（the Schwartz criterion，SC）。LogL 越大，AIC 和 SC 越小，模型拟合效果越好。这几个指标也用来比较 OLS 估计的经典线性回归模型和 SEM、SLM 的拟合优度。

二、研究数据

(一) 样本尺度和指标选择

川西南山区是我国西部山区的一个缩影，由于地形复杂、民族众多、生态环境敏感性高、经济发展相对滞后，公共服务水平的提高更是任重道远。随着全面建成小康社会发展目标导向下的山区经济社会的快速发展，山区人口必将渐趋集中，山区聚落必将逐步重构[21]，促进山区贫困问题和"三农"问题的根本解决，因而加强和加快山区公共服务能力建设将在这一发展趋势中发挥更突出的保障作用。该案例研究具有一定的典型性和代表性。

我国公共服务政府投入的财政数据主要体现在区县级及以上政府层面，乡镇级政府只有事权，没有财权。因此，本章从宏观和中观两个尺度，以地均公共服务支出为基础数据，分析四川省各市州及川西南各区县公共服务供给的空间相关性。

(二) 数据来源

一是公共服务财政支出统计数据。自 2010 年开始，四川省公共财政支出的统计数据包括 17 项，这里运用《四川省统计年鉴 2012》《攀枝花市统计年鉴 2012》《凉山彝族自治州统计年鉴 2012》和《雅安市统计年鉴 2012》数据，选择与公共服务相关性较强的 15 项，包括科学技术、文化体育与传媒、环境保护、农林水事务、交通运输、公共安全、城乡社区事务、资源勘探电力信息等事务、地震灾后恢复重建、国土资源气象等事务、住房保障、教育、医疗卫生、一般公共服务、社会保障和就业。二是地理空间数据。所采用的 DEM 数据为地球电子地形数据 ASTER GDEM，基本格网单元大小为 30m×30m，精度相

---

① LM 代表拉格朗日估计值（Lagrange multiplier），LR 代表似然比（likelihood ratio），Lag 代表滞后，Error 代表误差。

当于 1∶10 万。行政界线数据来自国家遥感应用工程技术研究中心西南分中心,基本比例尺为 1∶10 万。研究中用到的空间权重(邻接)矩阵和各地区地理空间坐标均来源于此。

(三)数据处理

空间数据的处理是利用 ArcGIS 软件对四川省和川西南地区行政区划图进行数字化,使栅格数据转化为矢量数据,将各种属性数据统一到相同的空间坐标参照系中,将空间数据"离散化"到行政单元上,以行政单元直接作为空间单元,便于和属性数据进行匹配分析。对经济数据的处理是将四川省各市州和川西南各区县 15 项公共服务支出的地均数据进行分类,并将每一类的各项得分相加,得到三类公共服务得分,再将各类得分与数字化后的空间数据进行合成,形成空间统计数据。

三、空间分析结果

(一)公共服务供给的分类

四川省各市州公共服务财政支出项目被划分为基本公共服务、高级公共服务及地震灾后恢复重建服务三类(表 5-1);川西南各区县统计年鉴没有地震灾后恢复重建服务支出数据,因此只分析前两类。

表 5-1 公共服务供给项目分类

高级公共服务(APS)	基本公共服务(BPS)	地震灾后恢复重建服务(PER)
科学技术	教育	地震灾后恢复重建
交通运输	医疗卫生	
公共安全	住房保障	
城乡社区事务	文化体育与传媒	
一般公共服务	社会保障和就业	
环境保护		
农林水事务		
资源勘探电力信息等事务		
国土资源气象等事务		

(二)空间自相关检验结果

为度量四川省各市州及川西南各区县基本公共服务、高级公共服务和地震灾后恢复重建服务供给的全局及局部空间集聚程度,采用空间自相关模型,引入一阶邻接"后标准"权重矩阵(queen contiguity),通过 GeoDa 软件对四川省各市州三类公共服务支出空间相关性进行分析。

1. 全局空间自相关检验结果

全局空间自相关分析结果(表 5-2)表明,四川省各市州各类公共服务供给都具有明显的空间自相关性。

表 5-2　各类公共服务供给全局空间自相关结果

地理尺度	变量	全局空间自相关系数	方差	P 值	Z 值
四川省各市州	BPS	0.3294***	0.1239	0.0094	3.0573
	APS	0.2663**	0.1274	0.0166	2.4716
	PER	0.4353***	0.1343	0.0009	3.6088
川西南各区县	BPS	0.6999***	0.0987	0.0010	7.4159
	APS	0.6094***	0.0930	0.0020	6.9308

注：*、**、*** 分别表示在 0.1、0.05、0.01 显著性水平上相关。

基本公共服务和地震灾后恢复重建服务支出通过了 0.01 水平上的显著性检验，基本公共服务支出通过了 0.5 水平上的显著性检验。三类公共服务支出的全局空间自相关系数都为正数且分值较高，说明所有的公共服务都呈聚集性空间分布特征。

将各类公共服务供给的全局空间自相关散点图的各象限地区表达在空间上，可直观再现两个尺度全局空间自相关分布状况（图 5-1、图 5-2）。

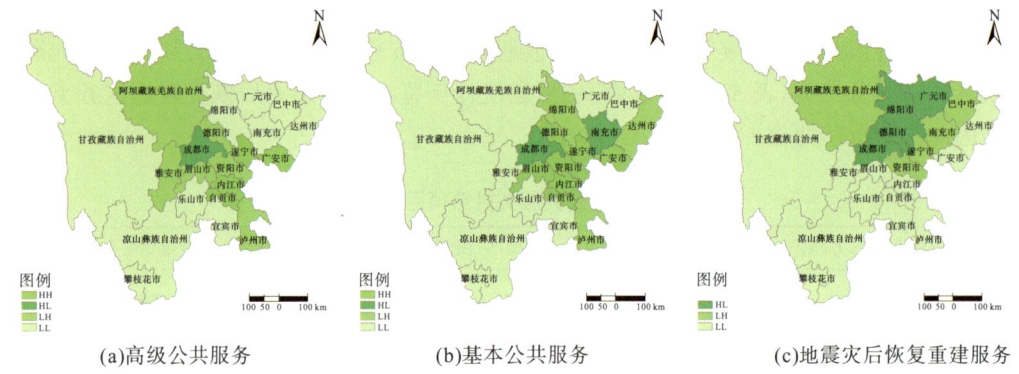

(a)高级公共服务　　　(b)基本公共服务　　　(c)地震灾后恢复重建服务

图 5-1　2011 年四川省各市州公共服务支出全局空间自相关空间分布图

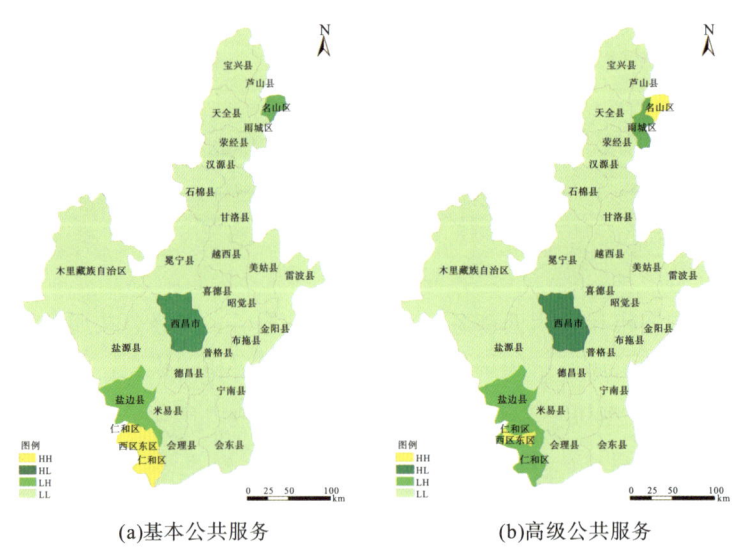

(a)基本公共服务　　　(b)高级公共服务

图 5-2　2011 年川西南各区县公共服务支出全局空间自相关空间分布图

1)四川省各市州公共服务全局空间自相关分布

从 APS 即高级公共服务支出的空间自相关图可知,成都地区属 HL 区,即自身偏高且周边偏低。而与成都相邻的所有市州均属于 LH 区,即支出较低与较高的地区相邻。东部部分城市,如自贡、内江、遂宁和广元都属于 HH 区,表明这些城市自身和周边的相关服务支出都较高。其他市州都属于 LL 区,即支出较低与较低的地区相邻。四川省高级公共服务支出的空间相关性分布呈现出以成都为中心,同心圆式向外扩散,且向东部城市溢出的形态。

从 BPS 即基本公共服务支出空间分布图可以看出,成都、南充属于 HL 区,即支出较高与支出较低的地区相邻;德阳、遂宁、广安、眉山、内江、资阳属于 HH 区,即支出较高与较高的地区相邻;绵阳、泸州和达州属于 LH 区,即支出较低与较高的地区相邻;而西部山区全部都是支出较低与较低的地区相邻。四川省的基本公共服务支出呈现出以成都平原为中心,向东部呈扇形扩散的趋势。

从 PER 即地震灾后恢复重建支出的空间分布图可以看出,成都、绵阳、德阳、广元都是"5·12"汶川地震灾后重建重点区域,都属于 HH 区,即支出较高与较高的地区相邻;阿坝虽然也是灾区,却属于 LH 区。灾区东部邻近的南充、遂宁、资阳、巴中均属于 LH 区,即支出较低与较高的地区相邻,可见灾后重建支出也向东部有一定的空间溢出效应;其余的市州都属于 LL 区,即支出较低与较低的地区邻近。

综合三类公共服务供给全局空间自相关结果可见:三类公共服务供给都呈"低-低"相关,表明该区域各类公共服务供给能力和水平都较低,而成都平原三类公共服务都呈"高-低"相关,表明该区域各类公共服务供给能力都较周边地区丰富。由此充分印证了四川省公共服务资源的聚集与地形条件、都市圈空间关联密切相关。

2)川西南各区县公共服务支出全局空间自相关分布

由川西南地区基本公共服务支出全局空间自相关空间分布图[图 5-2(a)]可以看出:

(1)攀枝花东区、西区和仁和区为 HH 区;

(2)盐边县为 LH 区;

(3)西昌市和名山区为 HL 区;

(4)其他所有区县都为 LL 区。

由川西南地区高级公共服务支出的全局空间自相关空间分布图[图 5-2(b)]可以看出:

(1)攀枝花东区、西区和雅安市名山区是 HH 区,表明这些城市自身和周边的相关服务支出都较高;

(2)攀枝花盐边县和仁和区属于 LH 区,即相关支出较低而周边地区较高;

(3)雅安市雨城区及西昌市高级公共服务属于 HL 区,即自身较高且周边较低;

(4)其他区县都属于 LL 区,即支出较低与较低的地区相邻。

(5)川西南地区高级公共服务支出的空间相关性分布呈现出典型的点状聚集的空间分布格局,且没有形成成片的空间溢出效应。

由此可见,与高级公共服务空间格局相似,川西南地区基本公共服务支出同样呈现点状聚集特征。

2. 局部空间自相关检验结果

1) 四川省各市州公共服务支出局部空间自相关分布

四川省各市州公共服务支出局部空间自相关结果如图 5-3 所示。LISA 空间自相关图呈现了不同变量的局部空间分布，局部空间自相关显著性不明显的地区将不在地图上突出显示。在 APS 即高级公共服务支出方面，甘孜和资阳通过了 0.01 水平显著性检验，眉山通过了 0.05 水平显著性检验，而其他市州则不显著。在高级公共服务支出方面，资阳为 LH 型，甘孜为冷点，眉山为热点，均通过 0.05 相关性水平检验，其他地区空间相关性特征不显著。在基本公共服务支出方面，甘孜、资阳通过 0.01 水平的相关性检验，凉山和眉山通过 0.05 水平相关性检验。甘孜和凉山是冷点，资阳和眉山为热点。在灾后重建服务支出方面，绵阳和德阳是热点区，通过 0.01 水平的相关性检验，凉山、自贡、宜宾为冷点区，通过 0.05 水平的相关性检验。

图 5-3　2011 年四川省各市州公共服务支出局部空间自相关空间分布图

2) 川西南各区县公共服务支出局部空间自相关分布

川西南各区县公共服务支出局部空间自相关空间分布图如图 5-4 所示。基本公共服务和高级公共服务支出的局部空间相关性空间特征相同，东区、西区为热点区，木里藏族自治区为冷点区，盐边县为 LH 型，均通过 0.01 或 0.05 显著性检验，其他地区空间相关性特征不显著。

3. 两尺度公共服务空间自相关分布格局差异

从四川省各市州和川西南各区县公共服务空间自相关空间分布情况可以看出，宏观与中观尺度各类公共服务的空间分布格局有较大的差异。宏观尺度不同类别的公共服务受不同因素的影响，呈现出不同特征的空间分布格局，且都表现出以某地为中心向外扩散的趋势。中观尺度的典型山区的各类公共服务都呈点状分布，几乎没有形成扩散的空间格局。可见山区由于受地形因素制约，公共服务的溢出效应很难形成。尤其值得注意的是，在宏观尺度，高级公共服务投入基本形成了六角顶点区位的景观结构特点，并在此基础上向东部延伸，而基本公共服务投入则难以突破地形地貌的制约达到最优排列。

第五章 山区公共服务经济性评价   69

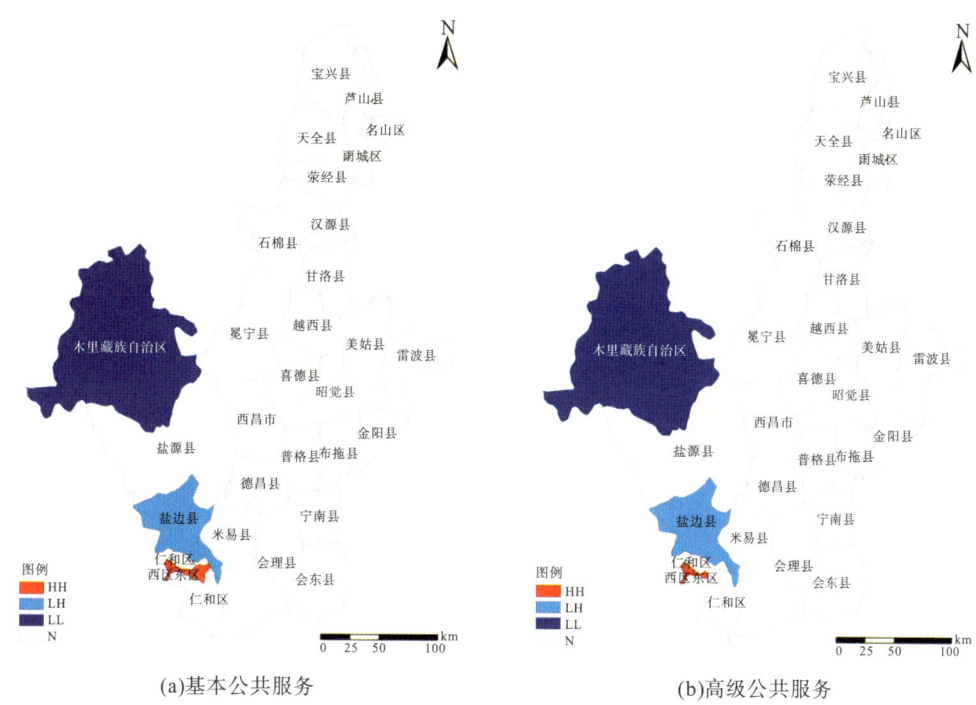

图 5-4 2011 年川西南各区县公共服务支出局部空间自相关空间分布图

(三)地势起伏度结果

采用均值分析法计算最佳统计单元，确定地形起伏度的最佳统计单元为 0.15km^2，以此计算出四川省各市州地势起伏度如表 5-3 所示，川西南各区县地势起伏度结果如表 5-4 所示。

表 5-3 四川省各市州地势起伏度

市州	地势起伏度	市州	地势起伏度	市州	地势起伏度
成都市	212.67	雅安市	779.36	巴中市	433.10
德阳市	236.54	自贡市	90.07	乐山市	441.93
攀枝花	628.93	广安市	168.04	资阳市	86.15
宜宾市	286.70	绵阳市	495.28	达州市	370.07
南充市	170.11	广元市	444.35	凉山州	700.12
泸州市	301.88	遂宁市	108.44	甘孜州	628.20
眉山市	189.67	内江市	93.03	阿坝州	655.65

表 5-4 川西南各区县地势起伏度

区县名	地势起伏度	区县名	地势起伏度	区县名	地势起伏度
西昌市	245.53	昭觉县	206.72	米易县	279.37
木里县	352.74	喜德县	247.28	盐边县	286.38
盐源县	278.77	冕宁县	347.44	雨城区	94.65
德昌县	312.44	越西县	258.53	名山区	36.94
会理县	229.75	甘洛县	343.00	荥经县	146.32
会东县	276.84	美姑县	248.76	汉源县	166.62
宁南县	319.87	雷波县	389.68	石棉县	203.54
普格县	269.21	东区	207.38	天全县	180.52
布拖县	277.17	西区	195.29	芦山县	164.91
金阳县	359.9	仁和区	215.83	宝兴县	204.55

(四) 空间计量经济学模型的检验与构建

1. 变量的解释与选择

空间自相关分析结果表明，四川省各市州各类公共服务供给都具有明显的相关性，由此可见，各地方政府对当地公共服务财政投入会产生空间溢出效应，可以通过空间计量经济学模型，进一步分析影响各类公共服务空间溢出效应的因素。分析显示经济、地形、人口和城镇化率等是影响公共服务空间关系的重要因素。

假设一：为分析经济发展水平对公共服务支出的影响，以人均 GDP(per capita GDP，PCGDP)、农民人均纯收入(rural per capita net income，RPCNI)、城镇居民可支配收入(urban per capita disposable income，UPCDI)三项指标进行分析，并认为这些指标对基本公共服务和高级公共服务都有正向影响。

假设二：为验证地形对公共服务支出有一定的影响，选择地形起伏度(the relief degree of land surface，RDLS)为解释变量，并推断其对基本公共服务和高级公共服务有负向影响。

假设三：为分析社会因素对公共服务支出的影响，选择人口密度(population density，PD)、城镇化率(urbanisation rate，UR)两项指标进行分析，并推断其对基本公共服务和高级公共服务有正向影响。

2. 空间计量经济学模型的估计与检验

以人均 GDP、农民人均纯收入、城镇居民可支配收入、地形起伏度、人口密度及城镇化率为解释变量，在四川省各市州的尺度上以 APS、BPS 及 PER 为被解释变量，在川西南各区县尺度上以 APS、BPS 为解释变量，建立普通最小二乘法(ordinary least square，OLS)经典回归模型(经对数化处理)，运用拉格朗日乘数检验法对这些模型进行稳定性检验，结果如表 5-5 所示。

第五章 山区公共服务经济性评价

表 5-5 六项变量 OLS 检验结果

检验	四川省各市州			西南各区县	
	APS	BPS	PER	APS	BPS
R^2	0.9142	0.8520	0.5422	0.9228	0.9899
adjR^2	0.8774	0.7885	0.3459	0.9027	0.9873
Log$L$	4.1406	-3.3883	-21.9373	2.4362	30.3298
AIC	5.7188	20.7766	57.8746	9.1276	-46.6596
SC	13.0305	28.0882	65.1862	18.9359	-36.8512
constant	-1.3845 (0.8508)	5.6489 (0.5936)	-20.3676 (0.4292)	-0.5716 (0.9473)	-9.1033** (0.0128)
LogRPCNI	4.0900*** (0.0187)	4.9012* (0.0857)	15.5042* (0.0901)	-0.2456 (0.4608)	-0.3447** (0.0138)
LogUPCDI	-0.8890 (0.7236)	-2.7380 (0.4504)	8.5302 (0.9993)	-0.2521 (0.7994)	0.9685** (0.0241)
LogRDLS	0.3684 (0.2383)	-0.6626** (0.0439)	1.0352 (0.8240)	0.1116 (0.4516)	0.0979 (0.1024)
LogUR	4.6436*** (0.0024)	5.6443*** (0.0073)	4.3547** (0.0354)	-0.0639 (0.6358)	0.0765 (0.1592)
LogPD	0.0999 (0.8086)	-0.1369 (0.8167)	1.4013 (0.2866)	0.7908*** (0.0000)	0.8459*** (0.0000)
LogPCGDP	-2.6200** (0.0316)	-3.2401* (0.0581)	-10.3519*** (0.0164)	0.3592 (0.1248)	0.0936 (0.3039)
Moran's I error	-0.7415 (0.4593)	-1.3626 (0.1730)	2.4868*** (0.0129)	-1.0967 (0.2728)	0.3751** (0.0040)

注：*、**、***分别表示在 0.1、0.05 和 0.01 水平上显著。

四川省各市州公共服务财政投入三个模型调整后的 R^2 表明，只有高级公共服务和基本公共服务模型通过显著性检验，而灾后重建模型则未通过显著性检验。此外，农民人均纯收入、城镇化率和人均 GDP 对高级公共服务和基本公共服务影响较为显著，地形起伏只对基本公共服务影响显著。因此，可以农民人均纯收入、城镇化率、人均 GDP 三项变量建立高级公共服务的分析模型；可以农民人均纯收入、城镇化率、人均 GDP 和地形起伏度四项变量建立基本公共服务的分析模型。为了确认地震灾后恢复重建模型的适用性，农民人均纯收入、城镇化率、人均 GDP 和地形起伏度仍被运用于建模，并对其进行进一步分析。然而，虽然 PER 模型的空间残差检验显著性较高，但 R^2 过低就不适合空间计量经济分析。与预期相符的是，由于灾后重建支出主要集中于地震灾区，既不受当地经济影响，也与当地社会发展状况无关，这主要缘于对口援建。因此，分析地震灾后恢复重建支出的影响因素更适于通过定性而非定量的方法进行。

川西南各区县公共服务财政投入两个模型调整后的 R^2 均较高，表明模型通过显著性检验。人口密度对高级公共服务和基本公共服务的影响都非常显著，农民人均纯收入、城镇居民可支配收入对基本公共服务影响较为显著。其他变量对两类公共服务的影响均不显著。

各模型都筛选出通过显著性检验的变量建立稳定的 OLS 模型,并在此基础上进行 LM 检验,进而选择拟合度高的计量经济学模型,结果如表 5-6 所示。

表 5-6 稳定模型 LM 检验结果

检验	四川省各市州			川西南各区县	
	高级公共服务	基本公共服务	灾后重建	高级公共服务	基本公共服务
Moran's I Error	4.5753*** (0.0000)	4.2151*** (0.0000)	3.7637*** (0.0002)	-2.2221** (0.0262)	3.8472*** (0.0001)
LM-lag	14.2488*** (0.0002)	0.2762 (0.5992)	9.3446*** (0.0022)	7.8295*** (0.0051)	0.3439 (0.5575)
R-LM-lag	1.3384 (0.2473)	1.9074 (0.1673)	3.8023* (0.0511)	12.9670*** (0.0003)	0.7237 (0.3949)
LM-Error	14.2223*** (0.0002)	3.5048* (0.0612)	6.2022** (0.0127)	5.8581** (0.0155)	8.2156*** (0.0041)
R-LM-Erro	1.3119 (0.2521)	5.1360** (0.0234)	0.6599 (0.4165)	10.9957*** (0.0009)	8.595*** (0.0033)

注: *, **, ***表示分别在 0.1,0.05 和 0.01 水平上显著。

在四川省各市州尺度上,对于高级公共服务而言,LM-Lag 和 LM-Error 检验均较显著,且二者的值也几乎相同。通过建立 APS 的 SEM 和 SLM 两个模型,分析结果(表 5-7、表 5-8)表明,在 OLS、SEM 和 SLM 模型中,SEM 模型的 R^2 和 $LogL$ 最高,AIC 和 SC 最低。对于基本公共服务而言,LM-Error 检验结果较 LM-Lag 更为显著,表明 SEM 模型更适合建立 BPS 的模型。同样,在 BPS 的三个模型中,SEM 模型的 R^2 和 $LogL$ 最高,AIC 和 SC 最低,表明空间误差模型对于解释四川省各市州高级公共服务和基本公共服务的影响因素和空间溢出效应均更适合。

表 5-7 四川省各市州稳定 OLS、SLM 和 SEM 分析结果

检验	地震灾后恢复重建服务	高级公共服务			基本公共服务		
	OLS	OLS	SLM	SEM	OLS	SLM	SEM
R^2	0.465936	0.8690	0.8965	0.9118	0.7950	0.8471	0.8951
$LogL$	-23.5542	1.4369	2.0552	2.8723	-3.8727	-3.7539	-1.0451
AIC	55.1085	5.1261	5.8897	2.2555	17.7453	19.5078	12.0901
SC	59.2866	9.3042	11.1123	6.4336	22.9679	25.7749	17.3127
W_APS/BPS	—		0.2121 (0.2523)			-0.1047 (0.6549)	—
λ	—	—	—	-0.6475** (0.0303)	—	—	0.4728** (0.0350)
Constant	-2.5079 0.7939	-8.5083*** (0.0088)	-8.1851*** (0.0011)	-10.1854** (0.0000)	-1.7204 (0.7110)	-1.4884 (0.7112)	-3.0426 (0.3927)
LogRPCNI	5.4698 0.1479	5.9965*** (0.0000)	4.6763*** (0.0002)	7.3772*** (0.0000)	4.2704** (0.0262)	4.9001*** (0.0063)	5.9221*** (0.0001)

续表

检验	地震灾后恢复重建服务	高级公共服务			基本公共服务		
	OLS	OLS	SLM	SEM	OLS	SLM	SEM
LogUR	7.5801* 0.0627	4.8828*** (0.0006)	5.0575*** (0.0000)	4.6202*** (0.0000)	5.8026*** (0.0017)	5.7060*** (0.0000)	5.3076*** (0.0000)
LogPCGDP	-5.8581*** 0.0138	-3.7250*** (0.0000)	-2.9859*** (0.0000)	-4.3983*** (0.0000)	-3.8121*** (0.0010)	-4.2145*** (0.0000)	-4.7931*** (0.0000)
LogRDLS	—	—	—	—	-0.5997* (0.0635)	0.6410 (0.1487)	-0.5572*** 0.0076

注：*、**、***分别表示在 0.1、0.05 和 0.01 水平上显著。

表 5-8 川西南各区县稳定 OLS、SLM 和 SEM 分析结果

检验	高级公共服务			基本公共服务		
	OLS	SLM	SEM	OLS	SLM	SEM
R^2	0.8940	0.8947	0.8989	0.9840	0.9840	0.9843
LogL	-2.3301	-2.2327	-1.8535	23.3374	23.4094	23.5532
AIC	8.6603	10.4654	7.7071	-38.6748	-36.8188	-39.1064
SC	11.4627	14.6690	10.5095	-33.0700	-29.8128	-33.5016
W_APS/BPS	—	-0.0348 0.6450	—	—	0.0112 0.7001	—
λ	—	—	0.2406 (0.2727)	—	—	0.1653 (0.4689)
Constant	-1.0519*** (0.0002)	-1.0290*** (0.0000)	-0.9060*** (0.0004)	-14.5728*** (0.0001)	-14.5309*** (0.0000)	-14.0058*** (0.0000)
LogRPCNI	— —	— —	— —	-0.2228** (0.0407)	-0.2178** (0.0243)	-0.1186** (0.0343)
LogUPCDI	— —	— —	— —	0.2228** (0.0407)	1.5953*** (0.0000)	1.5256*** (0.0000)
LogPD	0.7735*** (0.0000)	0.7869*** (0.0000)	0.7483*** (0.0000)	0.8256*** (0.0000)	0.8208*** (0.0000)	0.8206*** (0.0000)

注：*、**、***分别表示在 0.1、0.05 和 0.01 水平上显著。

在川西南各区县尺度上，对于高级公共服务而言，LM-Lag 和 LM-Error 都较为显著。对于基本公共服务而言，LM-Lag 检验不显著而 LM-Error 检验显著，这表明 SEM 更适合建立 BPS 模型。再通过 OLS、SEM 和 SLM 模型的检验值进一步分析，APS 和 BPS 的 SEM 模型的 R^2 和 LogL 最高，AIC 和 SC 最低。可见，空间误差模型同样也更适用于建立川西南地区两类公共服务的影响因素和空间溢出效应。

为分析四川省各市州公共服务供给的影响因素及空间溢出效应，建立以下计量经济学概念模型：

$$\mathrm{Log}(A_{\mathrm{mac}}) = \beta_1 \log X_1 + \beta_2 \log X_2 + \beta_3 \log X_3 + \varepsilon$$
$$\varepsilon = \lambda W \varepsilon + \eta \tag{5-6}$$

$$\mathrm{Log}(B_{\mathrm{mac}}) = \beta_1 \log X_1 + \beta_2 \log X_2 + \beta_3 \log X_3 + \beta_4 \log X_4 + \varepsilon$$
$$\varepsilon = \lambda W \varepsilon + \eta \tag{5-7}$$

式中，A_{mac} 为四川省各市州 APS 即高级公共服务；B_{mac} 为四川省各市州 BPS 即基本公共服务；X_1 为各市州 RPCNI 即农民人均纯收入；X_2 为各市州 UR 即城镇化率；X_3 为各市州 PCGDP 即人均 GDP；X_4 为各市州 RDLS 即地形起伏度。

为分析川西南山区公共服务供给的影响因素及空间溢出效应，建立以下计量经济学概念模型：

$$\mathrm{Log}(A_{\mathrm{mid}}) = \beta_5 \log X_5 + \varepsilon$$
$$\varepsilon = \lambda W \varepsilon + \eta \tag{5-8}$$

$$\mathrm{Log}(B_{\mathrm{mid}}) = \beta_5 \log X_5 + \beta_6 \log X_6 + \beta_7 \log X_7 + \varepsilon$$
$$\varepsilon = \lambda W \varepsilon + \eta \tag{5-9}$$

式中，A_{mid} 为川西南各区县 APS 即高级公共服务；B_{mid} 为川西南各区县 BPS 即基本公共服务；X_5 为各区县人口密度；X_6 为各区县 UPCDI 即城镇居民可支配收入；X_7 为各区县 RPCNI 即农民人均纯收入。

稳定的 SEM 模型分析结果表明：就四川省各州尺度而言，农民人均纯收入和城镇化率对高级公共服务和基本公共服务供给均呈显著正向影响，人均 GDP 却对两类服务均有显著负向影响，地形起伏度对基本公共服务有显著负向影响；就川西南各区县尺度而言，人口密度对两类公共服务供给均有显著正向影响，农民人均纯收入对基本公共服务供给有显著负向影响，城镇居民可支配收入有显著正向影响。

四、公共服务供给空间相关性影响因素

(一) 经济因素

区域经济发展水平是影响地方政府公共服务投入的重要因素。稳定的空间滞后模型结果(表5-7、表5-8)表明，不同经济指标对于宏观和中观不同类型的公共服务投资有不同的影响效果。

城镇居民可支配收入在宏观尺度上对各类公共服务的影响均不显著，而在中观尺度上则对基本公共服务投入有明显的正向影响，城镇居民收入水平提高，对基本公共服务的需求也会相应增加，从而会影响地方政府增加基本公共服务的投入。

在宏观尺度上，四川省各市州农民人均纯收入在宏观尺度对基本公共服务($c=7.3772$，$p<0.01$)和高级公共服务($c=5.9221$，$p<0.01$)都有显著的正向影响，即农民收入越高，公共服务供给越高。在典型的城乡二元结构背景下，不仅城乡之间收入差距很大，不同区域农民收入差距也较大，因此提高农民收入是实现公共服务供给均等化的关键环节之一。然而，在中观尺度，川西南各区县农民人均纯收入对高级公共服务影响不显著，却对基本公共服务有显著的负向影响，其主要原因在于政府出于基本公共服务均等化考虑，对于非常

偏远贫穷地区有较高的财政转移支付。

与假设相反的是，人均 GDP 在宏观尺度上对基本公共服务和高级公共服务均有显著的负向影响。对此结果有两种可能的解释：一方面，出于对均等化的考虑，政府会对经济发展最差的地区提高某些公共服务的供给，此外，地方公共服务供给的统计数据包括区域间的转移支付，促使不发达地区公共投资会相对较高；另一方面，由于山区地广人稀，且多为经济不发达地区，以人均指标计算 GDP 比当地实际的经济发展水平更高，而地均指标反映了山区较低的公共服务供给水平，从而导致这种矛盾的结果。在中观尺度，人均 GDP 对川西南山区各区县两类公共服务影响均不显著，可见仅以 GDP 表征地方经济发展水平，不足以解释公共服务投入与地方经济的关系，如凉山州 GDP 排名全省第七，但二元结构非常严重，GDP 的增长与人民生活水平的提高不成正比。在进行数据分析时要弱化 GDP，运用农民人均纯收入、城镇居民可支配收入等指标进行分析，能更深入地剖析经济发展水平对公共服务政府财政投入即经济性效率的影响。

(二) 地形因素

OLS 和 SEM 模型分析结果表明，地形因素在不同尺度上对不同类别公共服务经济性效率的影响各不相同。四川各市州地形起伏度与其高级公共服务和地震灾后恢复重建服务的投入相关性不强，而对基本公共服务投入呈显著负相关（SEM：$c=-0.5572$，$p<0.01$）。川西南各区县地形起伏度与各类公共服务投入的相关性都不显著。

该结果表明，在宏观尺度上，地形地貌对基本公共服务供给产生了较大影响，地形起伏度越大，基本公共服务投入越低，西部山区基本公共服务投入明显低于成都平原和东部、南部丘陵地区。其原因主要在于山区城镇系统的离散性质使得山区公共服务投入高、收益低；山区城镇空间关联性相对偏弱，内外经济联系较少，要素流动的速度很慢，对周边的带动作用小[22]，导致山区基本公共服务支出溢出效应不明显，呈现"低-低"聚集的空间自相关特征。从成都平原到川西山地，明显的海拔落差导致人流、物流和信息流成本高，使成都平原基本公共服务的高投入很难自然扩散到西部山区，只能依地势向东部呈扇形扩散。

川西南山区虽然地形起伏度对公共服务供给的影响结果不显著，但是从两类公共服务空间相关性分布特征可见，供给"高-高"区和"高-低"区都呈点状分布，主要集中在攀枝花市、凉山州和雅安市内及邻近成都的区县，其余区县除了攀枝花盐边县以外，全部呈"低-低"聚集的空间特征。整体上，川西南山区还没有形成部分地区连片发展的空间格局。

(三) 空间因素

从表 5-7 和表 5-8 可知，四川省各市州的 λ 显著，且高级公共服务 λ 为负，基本公共服务 λ 为正，就高级公共服务而言，目标区域增加高级公共服务投入会导致周围地区减少相应投资，而目标区域增加基本公共服务投入，周围地区也会增加。因此，在宏观尺度高级公共服务供给会产生明显的聚集效应，而基本公共服务会产生一定的扩散效应。川西南地区两类公共服务的 λ 都不显著，说明川西南地区公共服务供给的空间溢出效应不明显。

这进一步说明了由于地形制约，一个地区的公共服务的高投入很难对周边地区产生聚集或扩散影响，公共服务供给的规模效应预期在山区不易实现。

（四）区域一体化因素

宏观层面区域一体化使得高级公共服务高度聚集且对周边地区有溢出效应，而在中观尺度的山区却没有实质性的经济一体化区域，各类公共服务的聚集、扩散效应都很难形成。

四川省高级公共服务空间自相关分布是以成都为中心的同心圆式空间格局，又因SEM模型分析的λ为-0.6475，且通过95%水平的显著性检验，说明高级公共服务供给在成都地区具有极强的聚集效应，同时也表现出典型的弗里德曼（Friedman）"中心—外围"空间相互作用形态。其原因主要有以下几方面：①由于大成都区域经济一体化步伐的加速，经济发展具有明显的收敛特征，在系统内相互作用产生了动态联动效应，成都市高级公共服务的高投入受经济文化联系、人口流动等因素的影响，对周边市州辐射较大；②周边市州享受成都提供的高级公共服务，在制定相应财政预算支出政策时与成都市相互影响；③高级公共服务是具有明显外溢性的公共服务[23]，由于其他地区的私人或企业可以消费成都地区投入的交通运输、科学技术、文体传媒和城乡社区事务等公共服务，使得产业的成本降低，会吸引更多的生产要素，由于规模收益递增，出现了增长极与其腹地间的聚集趋势。

攀西地区虽然在政策层面被定为四川四大城镇群之一，凉山彝族自治州政府和攀枝花市政府于2009年签署《攀枝花市·凉山州区域合作协议》，希望两地立足本地区资源富集的优势，从资源整合、产业布局、要素政策共享、基础设施建设、一体化市场培育、攀西城市群建设等方面，携手打造四川乃至西南地区经济发展新的增长极。但目前该区域由于没有形成实质上的一体化区域经济带，加之山区地形、城镇布局等制约因素，公共服务的溢出效应很难实现，各市州的经济、政治中心的公共服务高投入不易对周围区域产生外部效应，增长极的作用较难发挥。

（五）城镇化因素

城镇化率在宏观尺度对高级公共服务和基本公共服务供给都有较强的正向影响，而在中观尺度的山区影响并不显著。

SEM结果表明，四川省各市州城镇化率与高级公共服务和基本公共服务投入的相关系数分别为4.6202和5.3076，并都通过了0.01水平的显著性检验，说明城镇化率在宏观尺度上是形成公共服务空间格局的重要影响因素。四川省中部与东部地区城镇化程度较高，其公共服务供给也较高。然而由于受复杂的地形、脆弱的生态环境、边缘性的经济及分散化的聚落制约，西部山区的城镇系统规模小、布局与空间结构不经济，从而使得公共服务供给效率低下。因此，在宏观层面提高城镇化率，使农村人口转变成城镇人口，对于提高公共服务的供给效率具有重要的作用。

然而，研究结果表明，川西南山区城镇化率对各类公共服务影响均不显著。可见中观尺度上的城镇人口比率对山区政府财政投资无直接影响。虽然在城镇化率较高的各市州中心区县公共服务投入也较高，但对于城镇人口比率较低的山区各区县，也会因公共服务均等化政策而有较高的转移支付。

(六) 密度因素

在宏观尺度，人口密度对四川省各市州各类公共服务投入影响都不显著。然而在川西南山区，人口密度对高级公共服务和基本公共服务都有非常显著的正向影响，即山区人口密度越高，公共服务投入越高。虽然从宏观尺度计算某一市州的人口密度，山区会体现出地广人稀的特点，但实际上山区由于受可利用土地的制约，人口聚集程度远高于丘陵和平原地区，呈现出点状聚集分布的空间特征，这也是山区公共服务空间自相关分析结果呈点状分布的重要原因。

(七) 政策因素

1. 公共服务均等化政策

2006年3月，国家"十一五"规划纲要首次提出了"基本公共服务均等化"政策目标。2012年，《国家基本公共服务体系"十二五"规划》使这一目标更具操作性，对基本公共服务在各地均衡配置起到了重要作用。四川省公共服务因子分析结果表明，四川省三类公共服务空间差异程度有所不同，基本公共服务配置相对均衡，其原因主要在于当前中国公共服务供给政策是以实现基本公共服务均等化为重点的。由经济因素影响的分析可知，四川省各区县人均GDP对基本和高级公共服务投入都有负向影响，川西南地区各区县农民人均纯收入对基本公共服务的负向影响表明，国家和地方在公共服务，尤其是在基本公共服务方面的均等化的投入倾向明显。

值得注意的是，尽管中央政府加大了财政转移支付力度，但以项目为载体的垂直转移支付，并没有从根本上解决地区间财政不平衡的困境。通过实地调研得知，许多典型山区公共服务供给的主要来源是当地政府争取各种项目，且要得到项目的先决条件是地方要配套相应的资金，偏僻落后的地区往往因无力配套经费而得不到急需的项目，或因项目获准而负债深重，而更深次层的矛盾则体现在上级的统一性政策及当地人对于经费使用不合理等问题上。在信息不对称和人的有限理性制约下，公共服务资金利用效率大大降低。在"用别人的钱办别人的事，用别人的钱办自己的事，用自己的钱办自己的事"哪个更合理、更有效的质问下，地方政府和学界发出的"免除或减少贫困地区公共服务项目配套经费"的呼呼仍不能完全改变现实状况。

2. 灾后重建政策

"5·12"汶川地震灾后重建大大增加了灾区公共服务的供给，灾后重建支出全局空间自相关结果表明，受灾影响大的市州该类公共服务支出都较高，同时还向东部城市有一定的溢出。局部自相关性结果表明，阿坝州的灾后重建支出低于周边灾区，这与该地区灾后重建成效显著似乎有些矛盾。究其原因，除了与阿坝州地广人稀，地均指标得分较低有关，还与国内其他地区对灾区的对口援建有关。"5·12"汶川地震灾区恢复重建中，全国18个城市对口支援四川灾区，支援的主要形式是建设和修复灾区的公共服务设施，使得大量资金短期内投入到灾区的公共服务建设领域，公共服务能力建设有快速提升的态势。

3. 地方性特殊政策

1）扶贫政策

川西南山区大部分地区属于各级扶贫区，乌蒙山连片扶贫区是国家级扶贫区，四川省四大连片特困地区包括高原藏区、秦巴山区、乌蒙山区和大小凉山彝区，其中后两个片区主要集中在川西南山区。为了推动民族地区、革命老区、贫困地区跨越发展，中央和地方政府制定和实施了多项规划和项目布局，如国家"十二五"藏区规划建设项目方案、四川省"四大片区"连片扶贫攻坚规划、四川省藏区"三大民生工程"、彝区综合扶贫开发工程，这些扶贫政策对于涉及山区民生的公共服务水平的提高具有十分重要的作用。地方政府通常会由地方党政部门牵头，成立专项小组，将发改局、住建局、扶贫局、教育局、卫生局等各单位项目经费打包，统一投入山区贫困地区公共服务供给项目，在川西南许多地区取得了较好的成效。

2）多点多极支撑政策

四川省提出"提升首位城市、着力次级突破、夯实底部基础"的战略构想，突出做强市州经济梯队、做大区域经济板块，提出推动攀西地区加快战略资源创新开发，加快建设安宁河谷经济发展带和金沙江下游沿江经济带。攀西地区被规划为四川省四大城镇群之一，在宏观层面对该区域的城市规划、建设用地、产业项目布局、交通建设等方面加大支持力度，有利于地方大型公共服务项目的实施。在微观层面，则着力发展县域经济，推进扩权强县改革试点，探索扩权强镇改革，对于地方公共服务水平的提升有重要的促进作用。

3）扩权强县政策

川西南山区在公共服务呈以各地中心城区为聚集中心的点状分布特征的空间格局下，攀枝花盐边县的两类公共服务都呈"低-高"分布格局，其公共服务投入水平优于川西南山区其他地区，除了受攀枝花经济社会总体状况良好的影响，政策因素也是非常重要的原因。盐边县不仅是省级扶贫开发重点县、二滩电站库区主淹没县、享受少数民族待遇县，还于2007年被定为扩权试点县。扩权县享有部分市级经济管理权限，包括直接上报、财政审计直接管理、税收管理权部分调整、项目直接申报、用地直接报批、资质直接认证、部分价格管理权限下放、统计直接监测发布部门8个方面共56项权限。因此，扩权县可直接向省级部门申报专项资金，省下达的专项补助、资金调度直接到扩权试点县，在财政政策上注重地方政府事权与财权相统一。从效率上讲，扩权强县政策使公共服务供给管理审批链条变短、管理层次减少，且由省直接管理比由市管理更宏观，县的自主权扩大，有利于创新公共服务供给机制、理顺公共服务供给责权关系、提高公共服务决策效率；从资源上讲，地方上交税收不再被市截流，省直接批项目会给县增加扩权县的公共服务资源，但市给予县的资源也相应减少，从而使扩权县资源总量增加，资源结构发生变化。目前除盐边县以外，川西南地区攀枝花市米易县，雅安市荥经县、汉源县、石棉县、天全县、芦山县、宝兴县均被定为扩权强县试点县，这对川西南山区公共服务供给水平提升起到了重要的政策支持作用。

第二节　基于效率性评估的山区公共服务效率增进策略

　　山区公共服务空间结构特点决定了其效率提升的特殊性和复杂性。公共服务的空间不平衡是公共服务均等化存在的前提，山区公共服务分布疏密不均衡，在人口和经济密集的平原、丘陵地区的公共服务供给和管理方法并不一定适用于山区。山区与平原、丘陵地区的不同类型公共服务辐射和聚集能力、增长极的作用均有显著差异。本书研究表明，虽然高级公共服务在山区基本符合增长极的极化作用和核心边缘空间结构，公共服务投入产出综合效率的空间格局也遵循"点-轴"渐进式扩散模式系统规律，但山区公共服务空间组织的构架或脉络有其特殊性，城镇规模小、城镇空间分散、交通和信息轴的功能弱，运费成本高，导致山区基本公共服务水平难以形成平原地区近似六边形的理想空间结构，也难以形成典型的"点-轴"式空间结构模式。因此要提高山区公共服务供给效率，应在深入把握山区公共服务空间结构特点基础上进行合理的规划与管理。山区公共服务供给中心的规模与空间相关的等级体系有其独特性，山区不同尺度的供给重点、集聚效应各有不同，因此针对不同层级地区的公共服务政策应有所不同。由于公共服务差异不仅体现在山区与平原、丘陵之间，山区内部地区间的公共服务差异更加显著，山区基本公共服务均等化亟需在微观层面向纵深推进。山区公共服务的人流、物流和信息流的成本高，流出不流进，如何反抗自然落差、经济落差导致的各种"流"的"地心吸引"是提高山区公共服务效率需要突破的重大难题。山区公共服务空间结构在社会经济发展不同阶段的特点和变化也与平原地区不尽相同。从空间角度对公共服务体系进行研究，必须通过结构看体系，分析山区公共服务发展的阶段，山区公共服务的分布、演变趋势和调整方向及途径。不同地区公共服务发展的阶段不同，因此要提高山区公共服务效率，必须提高公共投资的靶向性，着力解决各地人民最急迫的公共服务需求。

　　基于此，根据山区公共服务效率"4ES+IOO"立体多维评估及其影响因素的研究结果，分别从经济性、效率性和效果性三方面对山区公共服务效率增进策略进行探讨。

一、统一性政策与地方性政策相结合，外部资源和内部能力相结合

　　实现我国基本公共服务均等化的重要条件是每一个公民都具有享受法定基本公共服务的财政支出能力，只有在服务成本相同的情况下，财政能力的均等才等同于基本公共服务结果的均等。统一性政策忽视了"空间"这一选择性媒介，在不同空间采取同一政策会带来深层次的不平等。因此，在山区应充分考虑地形地貌对公共服务溢出效应的制约影响和山区公共服务投资成本大、收益低的特点，在中央政府基本公共服务均等化政策下，制定特殊的地方性基本公共服务供给扶持政策。继续加强对山区的转移支付和专项投资力度，降低山区基本公共服务投资项目的配套资金要求，同时通过发展本地特色产业实现经济水平提升，并不以 GDP 增长作为唯一政绩考核指标，而是更加注重城镇居民和农民收入水平的提高，从而为提高公共服务供给奠定科学管理基础。

二、提高山区城镇化率，调控山区人口密度

通过山区城镇化建设、产业发展、移民政策、就业引导等措施进一步促进山区人口的合理聚集，根据地方资源环境承载力科学规划和控制山区城镇人口密度，解决山区分散聚落基本公共服务供给效率低下的难题。针对现阶段仍大量存在的山区分散聚落，可完善地区间对口帮扶政策，建立发达地区对山区的医疗、教育等基本公共服务对口帮扶长效机制，并结合山区地形和交通特点，实施"马帮式"公共服务供给方法，即形成可向边远分散聚落提供流动式教育、文化和医疗服务的体系。

三、在山区培育新的公共服务供给增长极并提高其辐射能力

培育新的经济增长极，进一步加强地区间的交通、通信基础设施水平，并促进区域间经济、社会合作与交流，提高中心区域与辐射区的各种区域流的强度，以实现山区公共服务供给水平的空间溢出效应。考虑到高级公共服务"中心-外围"空间格局和溢出效应及其过分聚集在成都平原的特征，应在宏观层面考虑在空间自相关"低-低"地区选择新的增长极进行重点投资。针对山区基本公共服务供给区的投入难以产生聚集和扩散效应的问题，应大力实施交通和通信基础设施的改善，并切实加强区域间经济社会合作，才能使山区公共服务供给水平较高的地区逐渐成为区域经济增长极，带动周边区域发展；为了通过区域一体化提高公共服务供给效率，各市州之间需加强基础网络共享建设，推进城镇化进程，促进教育和信息分享，加强金融联系，储备人力资本，普及科技知识以及推广创新成果，利用增长极效应，加快公共服务从集聚到扩散的步伐，缩小地区差距。

四、探索高级公共服务供给多元化途径

由于政府投资主要用于实施基本公共服务均等化，高级公共服务供给对当地经济社会发展水平有较强的路径依赖，因此应积极探索高级公共服务供给多元化途径，地方政府可以考虑适度放开高级公共服务供给的市场进入与价格管制，引入适度的市场竞争机制，提高高级公共服务的供给效率。

五、实现灾后重建中公共服务投资的科学管理

对于灾后重建区域的公共服务供给，应注重建立规范化、长期性的管理机制。川西山区往往是各种地质灾害的高发地区，因此，应利用灾后重建机遇促进山区发展。重建资金除了注重道路、农田水利设施、医院、校舍等硬件建设投入外，还应注重人才引进与培养等软件建设的投入；除了注重基本公共服务以外，还要注重对高级公共服务的投资，才能实现受灾地区的可持续发展。根据空间自相关分析，灾后重建的投资也存在空间外溢性的现象，所以也可引导重建资金投入外溢性较强的公共服务领域，促进周边地区的共同发展。

参 考 文 献

[1] 刘寒波,王贞,刘婷婷. 地方公共服务供给对区域间要素流动的影响——不考虑本地交易成本的均衡分析[J]. 系统工程,2007,25(9):73-79.

[2] 陈诗一,张军. 中国地方政府财政支出效率研究:1978~2005[J]. 中国社会科学,2008(4):65-78.

[3] 张明玖. 东西部公共服务与经济发展关系的实证研究[J]. 重庆工商大学学报(社会科学版),2009,26(5):50-56.

[4] John D W, David E W. Capital tax competition: Bane or boon[J]. Journal of Public Economics, 2004, 88(6): 1065-1092.

[5] Besley T, Coate S. Centralized versus decentralized provision of local public goods: A political economy approach[J]. Journal of Public Economics, 2003(87): 2611-2637.

[6] 沈坤荣,付文林. 税收竞争、地区博弈及其增长绩效[J]. 经济研究,2006(6):16-26.

[7] Thenbürger M K. Tax competition and fiscal equalization[J]. International Tax and Public Finance, 2002, 9(4): 391-408.

[8] Revelli F. Reaction or interaction? Spatial process identification in multitiered government structures[J]. Journal of Urban economics, 2003, 53(1):29-53.

[9] Sandy F. Spatial analysis of horizontal fiscal interactions on local public expenditures: The french case[J]. Working paper, 2006, 16(3): 49-56.

[10] Gebremeskel H G, Tesfa G G, Peter V S. County—level determinants of local public services in appalachia: A multivariate spatial autoregressive model approach[J]. Working paper, 2006, 22(4): 52-60.

[11] Dalhby B. Fiscal externalities and the design of intergovernmental grants [J]. International Regional Science Review, 1994, 18(3): 397-412.

[12] Conley J, Dix M. Optimal and equilibrium membership in clubs with the presence of spillovers[J]. Journal of Urban Economics, 1999, 32(46): 215-229.

[13] Sato M. Fiscal externalities and efficient transfers in a federation[J]. International Tax and Public Finance, 2000, 7(2): 119-139.

[14] Boadway R. Inter-governmental fiscal relations: The facilitator of fiscal decentralization [J]. Constitutional Political Economy, 2001, 12(2): 93-121.

[15] Brueckner J k. Strategic interactions among governments: An overview of the empirical literature[J]. International Regional Science Review, 2003, 26(2): 175-188.

[16] 陈彦光. 基于Moran统计量的空间自相关理论发展和方法改进[J]. 地理研究,2009,28(6):1449-1463.

[17] 谢花林,刘黎明,李波,等. 土地利用变化的多尺度空间自相关分析——以内蒙古翁牛特旗为例[J]. 地理学报,2006,61(4):389-400.

[18] Liu Z, Li M, Sun Y. Study on spatial autocorrelation of urban land price distribution in Changzhou city of Jiangsu Province[J]. Chinese Geographical Science, 2006, 16(2): 160-164.

[19] 吴玉鸣,徐建华. 中国区域经济增长集聚的空间统计分析[J]. 地理科学,2004,24(6):654-659.

[20] 陈斐. 区域空间经济关联模式分析理论与实证研究[M]. 北京:中国社会科学出版社,2007.

[21] 陈国阶,方一平,陈勇,等. 中国山区发展报告——中国山区聚落研究[M]. 北京:商务印书馆,2007.

[22] 邓伟,方一平,唐伟. 我国山区城镇化的战略影响及其发展导向[J]. 中国科学院院刊,2013,28(1):66-73.

[23] 许箫迪,王子龙,谭清美. 知识溢出效应测度的实证研究[J]. 科技管理,2007,28(5):76-86.

第六章　山区公共服务效率性评价[①]

本章对川西南山区30个区县4个时段的教育和医疗卫生类公共服务进行了DEA投入产出效率分析，对教育和医疗卫生的综合技术效率、纯技术效率和规模效率，各投入指标的冗余变量和松弛变量以及DEA综合技术效率分级的时空变化趋势进行了分析，通过大量文献和实地调研所得信息对川西南地区教育和医疗卫生事业发展现状和存在的问题进行了较为深入的探讨，并结合Tobit回归分析和定性分析，从政策、经济、地理、人文和社会因素等层面，分析了效率影响因素。DEA 效率分析结果表明，川西南地区的三种效率得分都呈现先上升、后下降的趋势。教育及医疗投入产出效率均有较大地区差异，效率水平与地区经济社会发展水平相符，各项效率于区域中心城区最高，边远山区最低。通过 DEA 模型定量分析和深入实践调研，本书研究认为川西南山区教育发展存在的主要问题突出表现在中小学学校布局调整难度大、优质教育资源分布不均衡、教师队伍建设困难和统一性政策不适合山区特点四个方面。医疗卫生事业则主要存在投入不足、专业技术人员紧缺、基层卫生机构综合服务能力差和地区间发展极不平衡等问题。Tobit 回归分析结果表明，统一性政策和地方性政策、区域经济与区位条件、地形与海拔、生存环境和人文因素以及人口密度及城镇化率，是影响川西南山区公共服务投入产出效率水平和空间差异的主要原因。提高山区公共服务投入产出效率的策略主要包括：增加投入以提高规模效率并实现规模报酬最优；优化资源结构，提高山区公共服务统筹管理水平以提高纯技术效率；加强山区教育和医疗卫生人力资源建设；立足山区实际，因地制宜地制定和实施公共服务政策。

第一节　山区公共服务效率性评估与影响因素分析

效率性评估是对公共服务投入产出效率及其空间格局的研究，是更为具体地分析各项公共服务投入产出效率的具体影响因素。采用DEA-Tobit二阶段模型对川西南地区30个区县2008～2012年的四个时段公共服务投入产出效率时空变化趋势进行分析，并从地理、经济和社会等多角度解析效率影响因素。受数据可得性和有效性制约，本书仅选择与山区居民生存与发展息息相关的、在基本公共服务当中最具代表性的教育和医疗卫生两类公共服务进行投入产出效率的深入分析。

[①] 本章执笔人：宋雪茜。

一、研究方法

(一)数据包络分析模型

数据包络分析(data envelopment analysis,DEA)是由著名运筹学家查尼斯(A. Charnes)和库伯(W.W. Cooper)以"相对效率"概念为基础、根据多指标投入和多指标产出对相同类型的单位进行相对有效性或效益评价的一种系统分析方法。这种方法是以决策单元(decision making unit,DMU)的投入、产出指标的权重系数为优化变量,借助数学规划将 DMU 投影到 DEA 前沿面上,通过比较决策单元偏离 DEA 前沿面的程度来对决策单元的相对有效性做出综合评价,并可获得许多反映决策单元的管理信息。自从 1978 年第一个 DEA 模型被用于评价部门间的相对有效性以来,DEA 方法不断完善并在实际中广泛应用,特别是在对非单纯盈利的公共服务部门的评价方面被认为是一个有效的方法。目前,国内外在医疗[1-4]、教育[5-7]和环境[8]等单项公共服务效率评价以及农村公共服务效率评价[9,10]和政府公共服务绩效评价[11]等方面运用 DEA 模型较多。我国部分学者运用 DEA 模型对我国公共服务效率进行了区域化研究,但主要集中于东部和中部地区[12,13],对西部的相关研究相对较少,尤其是对西部山区的公共服务效率研究更不多见。

1. CCR 模型

CCR 模型是 DEA 的第一个模型,设某个 DMU 在一项生产中的输入向量为 $x_j=(x_{1j}, x_{2j},\cdots,x_{mj})^T$,输出向量为 $y_j=(y_{1j},y_{2j},\cdots,y_{sj})^T$。$m$ 为输入指标数目,s 为输出指标数目,$x_{1j},x_{2j},\cdots,x_{mj} \geqslant 0$,$j=1,2,\cdots,m$,构建投入导向(input oriented)的 CCR 模型:

$$\max h_{j_0} = \frac{\sum_{r=1}^{s} u_r y_{rj_0}}{\sum_{i=1}^{m} v_i x_{ij_0}}$$

$$\text{s.t.} \quad \frac{\sum_{r=1}^{s} u_r y_{rj}}{\sum_{i=1}^{m} v_i x_{ij}} \leqslant 1 \quad (6\text{-}1)$$

$$v=(v_1,v_2,\cdots,v_m)^T \geqslant 0$$
$$u=(u_1,u_2,\cdots,u_s)^T \geqslant 0$$

式中,v、u 分别为输入权系数向量、输出权系数向量;j 表示第 j 个决策单元(模型中共有 n 个决策单元)。j_0 表示以该决策单元的效率指数为目标。

经过 Charnes-Cooper 变换且由线性规划的对偶理论再引入松弛变量 $s^+=(s_1^+,s_2^+,\cdots,s_s^+)^T \in E^s$,和剩余变量 $s^-=(s_1^-,s_2^-,\cdots,s_m^-)^T \in E^m$,可将上述问题化归为

$$\min \theta$$
s.t.
$$\sum_{j=1}^{n} \lambda_j x_j + s^+ = \theta x_0 \quad (\lambda_j \geqslant 0; \ j=1,2,\cdots,n) \quad (6\text{-}2)$$
$$\sum_{j=1}^{n} \lambda_j y_j - s^- = y_0$$

θ 无约束，$s^+ \geqslant 0$，$s^- \geqslant 0$。

θ 即为技术效率（technical efficiency，TE），反映了一个单位在给定一系列的投入后获得最大产出量的能力。如果 $\theta=1$，表示技术有效率；如果 $\theta<1$，则技术无效率。

2. BBC 模型

在 CCR 模型的基础上，Banker 等放宽模型中固定规模报酬(constant returns to scale，CRS)的假设，将其变为可变规模报酬(variable returns to scale，VRS)，发展出 BCC 模型：

$$\begin{aligned}
&\min_{\theta,\lambda} \theta \\
&\text{s.t.} \\
&-y_i + Y\lambda \geqslant 0 \\
&\theta x_i - X\lambda \geqslant 0 \\
&I1'\lambda = 1 \\
&\lambda \geqslant 0
\end{aligned} \quad (6\text{-}3)$$

式中，$I1'$ 是 $I \times 1$ 的向量。

BCC 将技术效率分解成纯技术效率(pure technical efficiency，PTE) 和规模效率（scale efficiency，SE）：

$$\text{TE} = \text{PTE} \times \text{SE} \quad (6\text{-}4)$$

（二）面板数据 Tobit 回归模型

运用 DEA 分析法测算了公共服务居民满意度后，可进一步分析造成 DEA 效率差异的影响因素。由于 DEA 效率值 θ 是右截断的，可将 θ 与可能的环境变量进行 Tobit 回归。其计算公式如下：

$$\theta_{it} = \alpha_i + \beta X_{it} + \varepsilon_{it} \quad (6\text{-}5)$$

式中，θ_{it} 为川西南地区各区县 2008~2012 年四个时段的 DEA 综合技术效率评价值；α_i 为不可观察且不随时间变化的个体异质性；X_{it} 为会对综合技术效率造成影响的地理、经济和社会变量；i 为评价主体的个数；t 为时段个数。

二、指标体系

（一）指标选择

公共服务效率评价是以公共服务的投入产出关系为基础的，各公共服务部门投入产出指标体系的构建直接涉及评价结果是否客观、完整和准确。借鉴国内公共服务效率研究常用的评价指标，根据数据的可得性和统计数据口径一致性，并结合山区特征，选择教育和医疗两类涉及民生的重要公共服务，进行川西南地区 DEA 效率的时空变化分析，其投入产出指标体系如表 6-1 所示。教育方面主要针对山区基础教育进行评价，即每百位在校学生专任教师数等于小学与普通中学教师数之和除以小学与普通中学在校学生数之和再乘以 100；每百平方公里学校数等于普通中学数加小学数除以该县（市）行政面积乘以 100；每百平方公里医院数等于医院数加卫生院数之和除以该区县行政面积乘以 100；每万人拥有病床数为医院与卫生院床位数除以人口总数乘以 10000，每万人拥有医生数为执业（助理）医师数除以人口总数乘以 10000。

表 6-1　川西南地区教育及医疗类公共服务效率 DEA-Tobit 两阶段模型指标体系

部门类别	投入指标	产出指标	待分析影响因素
教育事务	人均教育事务支出(y_1)	每百位在校学生专任教师数(x_1) 每百平方公里学校数(x_2)	地形起伏度（RDLS） 城镇化率（UR） 人口密度（PD） 人均 GDP（PCGDP） 农民人均纯收入（RPCNI） 城镇居民可支配收入（UPCDI）
医疗卫生事务	人均医疗卫生事务支出(y_2)	每百平方公里医院数(x_3) 每万人拥有病床数(x_4) 每万人拥有医生数(x_5)	

在 DEA 模型中，决策单位的数量 n 和投入指标数量 m 以及产出指标数量 s 之间应满足如下表达式，$n \geq \max[m \times s, 3 \times (m+s)]$。本书研究构建的指标决策单位为 30 个区县，投入指标有 2 个，产出指标有 5 个，符合该经验法则，可以保证结果的可靠性。

在 DEA 效率影响因素方面，选择地形起伏度作为地理影响因素指标，城镇化率和人口密度作为社会影响因素指标，人均 GDP、农民人均纯收入和城镇居民可支配收入为经济影响因素指标，对 DEA 综合效率进行 Tobit 回归定量分析，并且通过调研获得数据信息，对影响 DEA 效率的政策和文化因素进行定性分析。

（二）数据处理

由于公共服务的投入并不一定在当前产生相应的产出，投入的效果往往有滞后性，因此选择当年投入数据与次年产出数据进行 DEA 效率分析。利用 2009～2013 年《凉山彝族自治州统计年鉴》《雅安市统计年鉴》和《攀枝花市统计年鉴》，对 2008～2009 年、2009～2010 年、2010～2011 年及 2011～2012 年四个时段教育及医疗类公共服务 DEA 效率进行分析。

三、DEA 效率评价结果

（一）DEA 效率模型稳健性检验

使用 DEAP 2.1 软件，选择 CCR 模型及 BBC 模型和投入导向，计算各区县公共服务的 DEA 技术效率（TE）、纯技术效率（PTE）和规模效率（SE），以及各决策单元规模效益状况（return to scale，RTS），"irs"表示规模效益递增，"drs"表示规模效益递减，"-"表示规模效益不变。DEA 模型的结果有可能因存在异常点而受到影响，当剔除异常值，可以改变整个效率得分、平均效率得分及其排序情况。由于 DEA 是一种线性规划方法，无法直接进行各种统计学检验，所以我们运用刀切法(Jackknifing method)对 DEA 模型进行稳健性检验。具体做法为：每次删除一个有效率的 DMU，再进行 DEA 分析，然后把包含所有 DMU 的模型与删除一个有效 DMU 的模型的排序结果进行斯皮尔曼秩相关系数检验，并计算每次 DEA 分析效率得分的平均效率，再计算这些平均效率得分的标准差。运用刀切法，对川西南各区县公共服务效率的 DEA 分析模型进行稳健性检验，结果如表 6-2 所示。两个模型分别逐次剔除有效异常值后，区县的排序与总体排序均显示出显著的相关性，平均效率得分与迭代的效率得分平均值差异很小，效率得分标准误差也很小，证明现有模型具有较高的稳健性。

表 6-2 DEA 模型稳健性检验结果

时段	模型	有效率的区县个数/个	斯皮尔曼秩相关系数		平均效率得分	迭代的效率得分平均值	效率得分标准误差
			最小值	最大值			
2008~2009 年	CCR	3	0.883	0.994	0.49	0.51	0.0397
	BBC	5	0.791	0.961	0.68	0.62	0.0580
2009~2010 年	CCR	4	0.82	0.978	0.65	0.63	0.0421
	BBC	5	0.798	0.956	0.78	0.80	0.0359
2010~2011 年	CCR	3	0.889	0.998	0.56	0.55	0.0456
	BBC	4	0.762	0.941	0.75	0.76	0.0597
2011~2012 年	CCR	4	0.822	0.986	0.46	0.49	0.0475
	BBC	4	0.792	0.973	0.68	0.63	0.0338

注：斯皮尔曼秩相关系数均在 0.01 水平上显著相关。

(二)三类效率时间变化趋势

2008~2012 年四个时段 30 个区县的教育和医疗投入的三种 DEA 效率得分平均值的变化趋势(图 6-1)表明，川西南地区三种效率得分都呈现先上升、后下降趋势，综合技术效率平均值在 2009~2010 年达到了 0.65，在 2011~2012 年则下降到了 0.46。纯技术效率

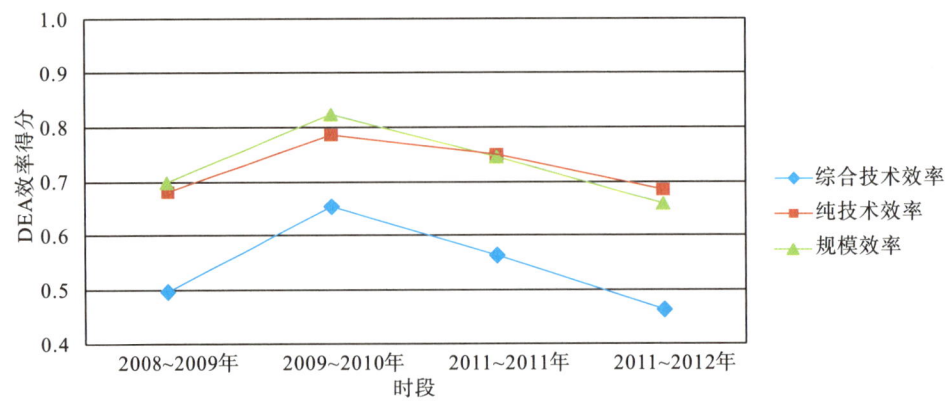

图 6-1 2008~2012 年川西南 30 个区县三种技术效率得分平均值趋势变化

和规模效率也先上升后下降,均于2009~2011年达到顶峰。在2008~2009年、2009~2010年两个时段规模效率均值高于纯技术效率均值,2010~2011年二者得分持平,2011~2012年纯技术效率均值高于规模效率均值。其主要原因可能是2008年"5·12"汶川地震灾后重建资金大量投入到受灾区域的教育和医疗领域,使得规模效率大大提升,到2010年左右,教育和医疗领域产出得到明显提升,使得纯技术效率得以提高。

(三) 三类效率空间分布格局

从30个区县四个时段的平均效率分析来看,川西南地区教育及医疗投入产出效率有较大的地区差异,其中纯技术效率的地区差异最大。毗邻四川省会成都市的雅安市名山区三类效率均值都排名第一。攀枝花市和雅安市区三类效率平均得分较高,而凉山州的州府西昌市各项效率得分均较低,虽然在州内西昌市教育和医疗卫生投入产出相对更高,但与攀枝花和雅安市区相比,其医院数、学校数、教师数等各项指标都明显较低,造成其总体效率偏低。雅安市各区县各项效率均值相对较高,凉山州大部分区县排名都相对靠后,各项效率均值最低的两个县分别为凉山州木里县和布拖县。

1. 综合技术效率结果

由图6-2可知,近五年来,川西南山区30个区县中,综合技术效率较高的两个区县是雅安市名山区和攀枝花市东区,雅安市雨城区和攀枝花市西区得分也远高于其他区县,作为区域的经济文化中心,并兼有良好的区位条件,这些区域能在教育和医疗卫生领域具有相对充分的投入,并能对投入资源进行较优管理,从而使其投入产出综合技术效率在该区域内名列前茅。攀枝花市与雅安市其他区县全部位于川西南地区第5~12名,而凉山州所有区县全部位于13名以后,这一结果与地区的经济社会发展水平相符。

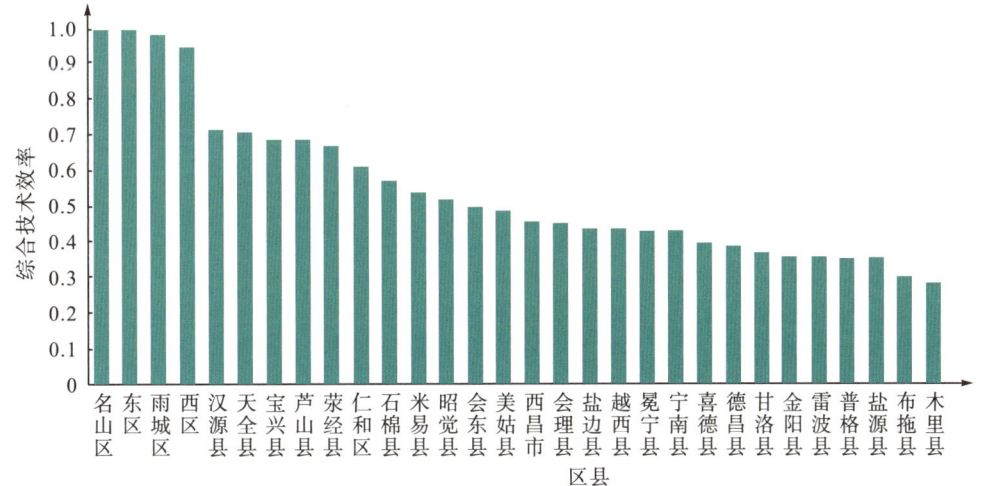

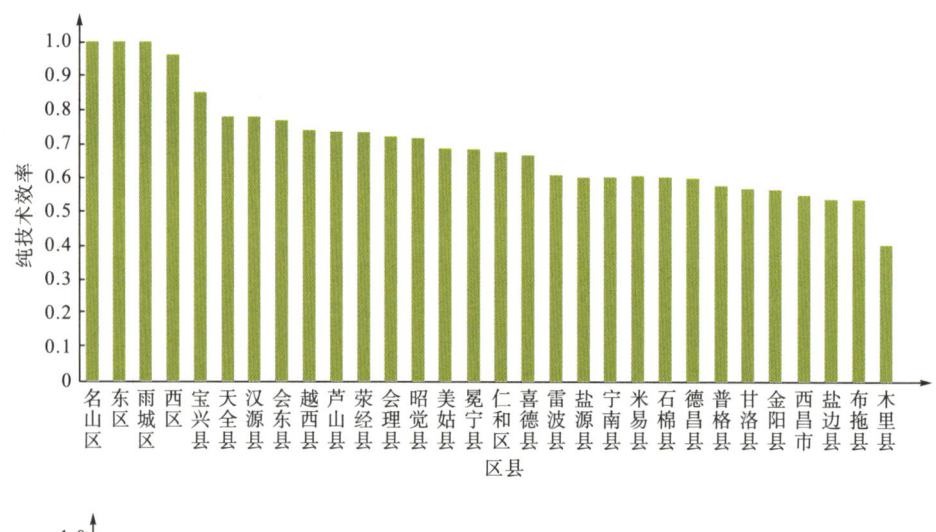

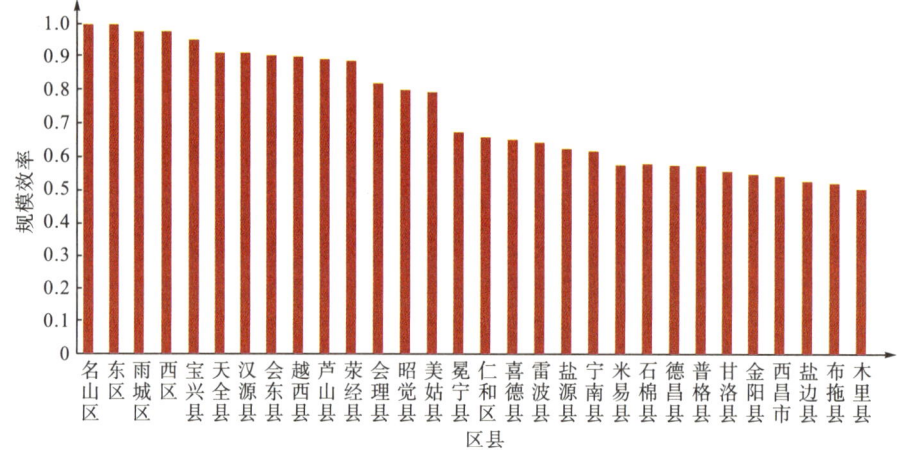

图 6-2　川西南各区县四时段 DEA 平均效率排序

2. 纯技术效率结果

纯技术效率反映了在教育和医疗投入规模一定的前提下,地方政府预算管理水平和地方政府教育和医疗区域规划和管理的合理程度。四个时段平均纯技术效率较高的区县有 3 个,分别为雅安市名山区、雨城区以及攀枝花市东区;攀枝花市西区和雅安市宝兴县得分在 0.8 以上;雅安市天全县、汉源县、芦山县和荥经县,以及凉山州会东县、越西县、会理县和昭觉县得分在 0.7 以上;其余各区县得分都低于 0.7,其中木里县得分低于 0.4,大大低于其他区县。

3. 规模效率结果

规模效率表示在一定的投入条件下,技术效率的生产边界的产出量与最优规模下的产出量的比值。规模效率越大,表示该生产单元的生产规模越接近最优生产规模。由图 6-2 可见,川西南山区 30 个区县中,只有攀枝花市东区和毗邻成都的雅安市名山区四时段的规模效率平均值达到 1,即有效,可归为第一等级;其他 28 个区县均为规模效率无效,说明这些区县在现有投入下的产出没有达到最优规模,为达到规模经济,这些区县必须提高教育和医疗卫生领域投入要素的综合利用水平，为此可以采用政策引导，促进各地调整教育和医疗卫生资源结构，提高有效利用度，而不是盲目地追求高投入高产出。在无效区县中，攀枝花市西区及雅安市的雨城区可归为第二等级，雅安市其余所有区县及凉山州会东县可归为第三等级，会理县、昭觉县和美姑县可归为第四等级，其余所有区县为第五等级。除了给出规模效率得分外，通过变换约束条件，可变规模报酬的 DEA 模型还可以判断该生产单元的规模报酬类型。

川西南山区各区县规模报酬类型如表 6-3 所示，在川西南山区 30 个区县中，规模报酬不变的地区主要集中在攀枝花市和雅安市内及邻近省会的区县，表明其教育和医疗公共服务投入达到最优规模；规模报酬递减区域主要集中于雅安市和凉山州个别县，说明这些区县的教育和医疗卫生领域是通过缩小投资规模来提高效率，其中雨城区在 2009 年以后达到了最佳规模。在四个时段中，大多数区县都表现为规模报酬递增，并且有递增区县数目逐年增长的趋势，昭觉县于 2009 年后变成了规模报酬递增，天全县、宝兴县也于 2011 年开始呈现规模报酬递增，石棉县、汉源县也在出现了短暂的规模报酬递减后变成递增，表明川西南地区教育和医疗投入综合技术效率低下的重要原因是在量上没有达到最优规模，可以通过扩大投资规模以提高其效率。但考虑到近年来全国实施撤并村小、优化教育空间布局和医疗卫生事业改革等政策，仅从量的规模分析投入产出效率并不能完全客观反映效率真实情况，后文将对此进行更详细的分析，此处暂不详述。

表 6-3　川西南各区县四时段教育、医疗卫生 DEA 效率规模报酬类型

RTS	2008~2009 年	2009~2010 年	2010~2011 年	2011~2012 年
irs	其余所有 23 个区县	其余所有 23 个区县	其余所有 24 个区县	其余所有 26 个区县
drs	雨城区、天全县、宝兴县、昭觉县	石棉县、天全县、宝兴县	汉源县、天全县、宝兴县	无
—	东区、西区、名山区	东区、雨城区、名山区、荥经县	东区、雨城区、名山区	东区、西区、雨城区、名山区

（四）综合技术效率分级时空变化

为了进一步分析各区县教育和医疗类公共服务效率的时空差异及其变化趋势，对 DEA 进行相对有效性测度做出如下改进。首先，对所有 DMU 进行第一次评价；然后，剔除有效的 DMU，对其余无效的 DMU 进行第二次评价，如此重复进行，直至剩余 DMU 均无效或有效时停止。其中，第一次评价值为 1 的 DMU 称为第一级有效，第二次评价值为 1 的 DMU 称为第二级有效……其余以此类推，得到 DEA 综合技术效率等级。四个时段的 DEA 综合技术效率分级研究结果(图 6-3)表明，川西南地区的教育和医疗投入产出效率有较大的空间差异，且有一定的时间变化规律。西区和名山区在四个时段中均属 DEA 综合技术效率一级，雨城区在三个时段中属一级，东区在两个时段中属一级，会东区和荥经县有一个时段属一级，可见攀枝花市和雅安市区县在近五年内综合技术效率一直位于该区域领先地位。在四个时段综合技术效率都属最低级别的是位于该区域西北角的木里县和盐源县，越西县在 2008~2009 年也属最低级别，但在接下来的三个时段内级别逐年上升。

2009~2010 年雅安市域内的区县综合技术效率级别多数都有所上升，主要是灾后重建的大量投入所致。除雅安外，南部区域也在 2009~2010 年综合效率出现了级别上升趋势，在 2010~2011 年普遍下降。2011~2012 年，从北部雅安地区到中部凉山州安宁河流域至南部攀枝花市区及会理、会东三角地带，形成综合技术效率级别沿成雅(成都到雅安)—雅西(雅安到西昌)—西攀(西昌到攀枝花)高速连片提升的良好态势，说明川西南地区公共服务效率逐渐呈现出从低度有序的空间结构向高度有序的分形结构演化的点-轴系统特征。

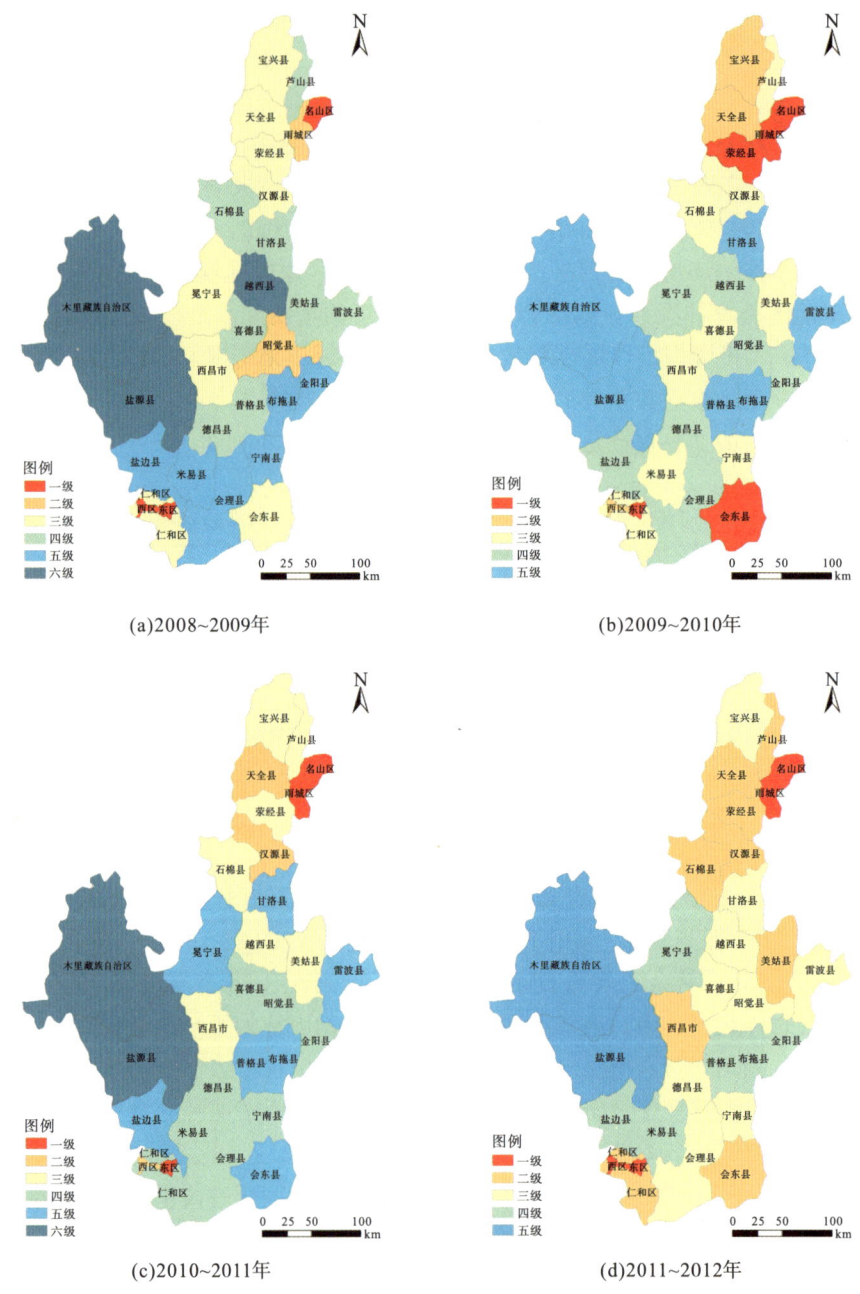

图 6-3　川西南各区县公共服务 DEA 效率分级时空演变

(五)松弛变量和冗余变量时空变化

1. 投入冗余变量时空变化

川西南山区各区县教育及医疗投入冗余变量时间变化趋势如图 6-4 所示，总体呈下降趋势，表明教育和医疗投入资金的利用效率在 2009 年以后明显提高。此外，教育投入总体冗余度小于医疗投入总体冗余度，说明教育投资利用效率更好。

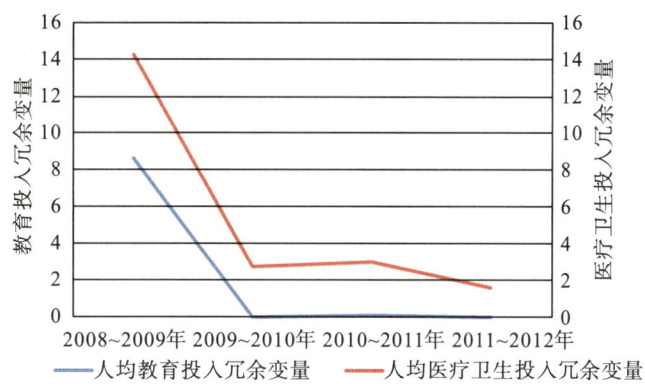

图 6-4　各区县教育及医疗投入冗余变量均值

图 6-4 表明了教育和医疗投入的空间差异。在教育投入方面，2008~2009 年有 7 个 (23%)区县教育投入未达到拟合值，平均冗余指数为 8.627。接下来的三个时段内，除 2010~2011 年汉源县有 3.35 的冗余外，其他所有区县教育投入均达到拟合值，表明川西南山区大多数区县不存在投入冗余的现象，说明教育资金投入得到较为有效的利用。

医疗卫生投入方面，2008~2009 年，有 18 个(60%)区县医疗投入未达到拟合值，冗余指数平均值为 14.282。而自 2009 年以来，大多数区县都有了较大的进步，只有天全县在后三个时段冗余指数值分别达到了 80、43 和 47，布拖县在 2009~2010 年时段有 2.042 的冗余值，荥经县在 2010~2011 年时段有 46.28 的冗余值，说明川西南山区医疗卫生投入的利用效率较教育投入低，但总体情况在 2009 年后总体得到好转。

2. 产出松弛变量时空变化

1) 教育产出松弛变量时空变化

川西南各区县教育产出松弛变量四时段变化趋势如图 6-5 所示，每百位学生专任教师数松弛变量均值在 2008~2012 年呈"V"形变化趋势，即从第一时段的 3.67 到第二个时段降至 0.64，但又于第三时段上升到 1.88，在第四时段达到 4.23。在空间上，如图 6-6 所示，攀枝花市和雅安市内的所有区县该指标松弛变量相对较低，在前两个时段都为 0 或极小值，但在后两个时段，尤其是 2011~2012 年出现了较大幅度的增长。凉山州各区县该指标松弛变量在整个川西南地区相对较高，在时间变化上表现为第一时段较高，第二时段下降，第三、第四时段逐步上升，甚至在有些区县达到新高。这说明教师数的缺口仅在 2009~2010 年较小，其余时段都较大，且有上升趋势，攀枝花和雅安师生比相对合理，而凉山州教师人才紧缺。

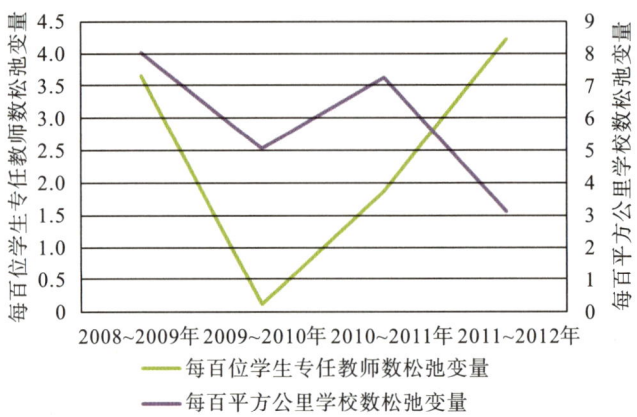

图 6-5　各区县教育产出松弛变量变化趋势

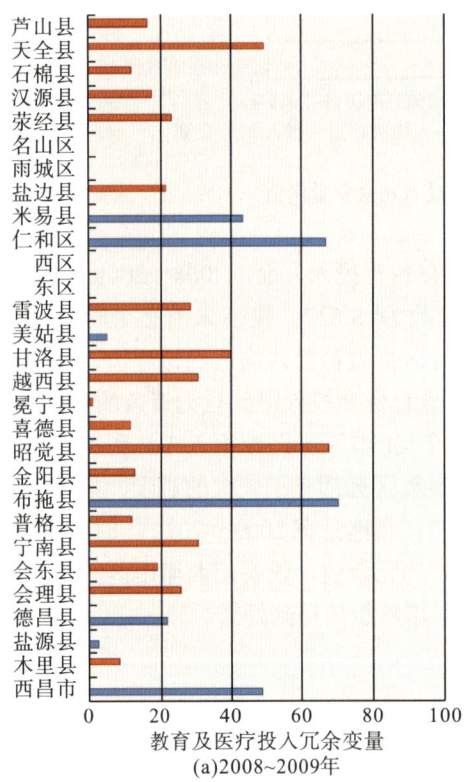 

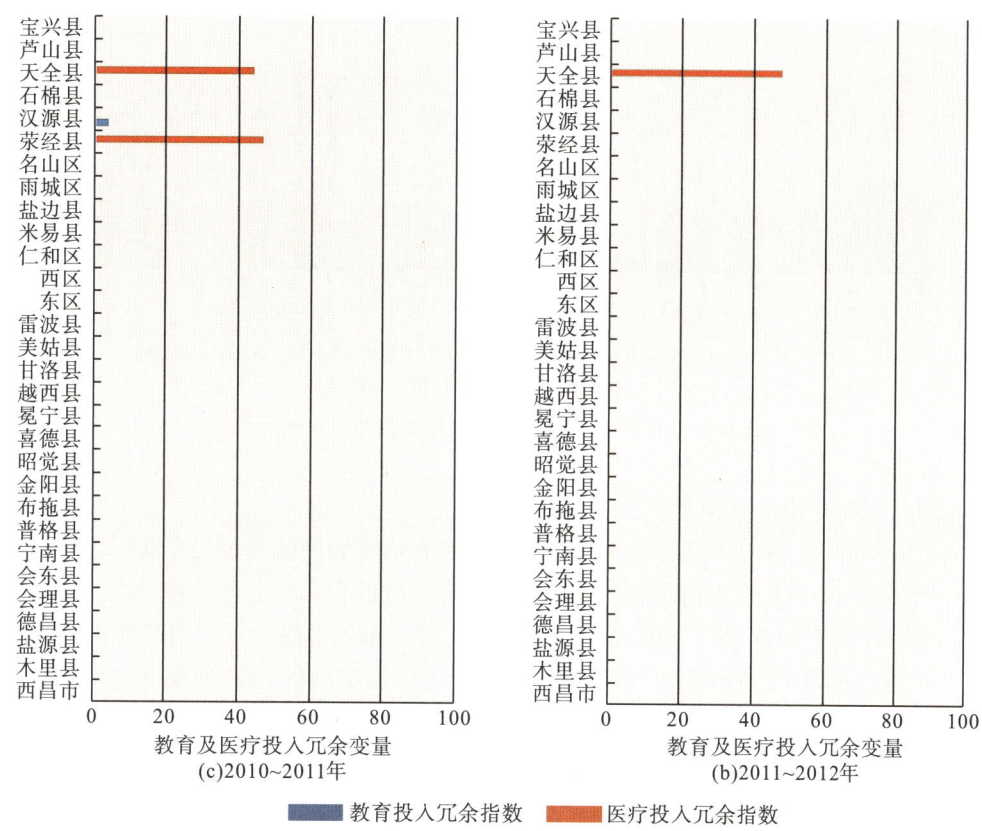

图 6-6 川西南山区各区县四时段教育及医疗投入冗余变量

每百平方公里学校数的产出松弛变量除在 2010~2011 年有一定程度的上升，总体呈下降趋势，说明在既定投入的前提下，以学校密度为指征的产出效率在近五年以来逐步提升。在空间分布上，攀枝花市东区和雅安市雨城区和名山区在四个时段的学校数松弛变量都为 0，说明达到了产出的最佳规模。攀枝花市除西区，其他区县学校数松弛变量在各阶段都较高，说明学校密度相对较低。除了变量值为 0 的区县和雅安市天全县和宝兴县，其余区县在 2011~2012 年的该项变量得分都有了较大幅度下降，说明在既定投入的前提下，学校密度产出指标趋于合理(图 6-7)。

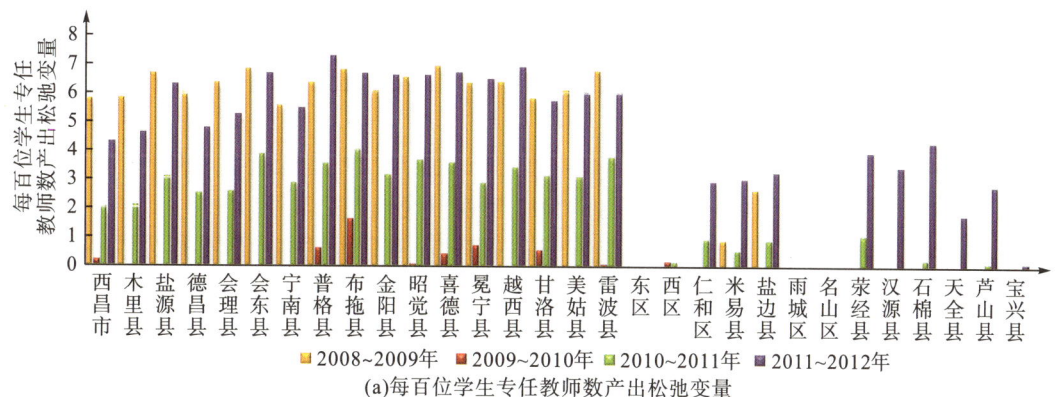

(a)每百位学生专任教师数产出松弛变量

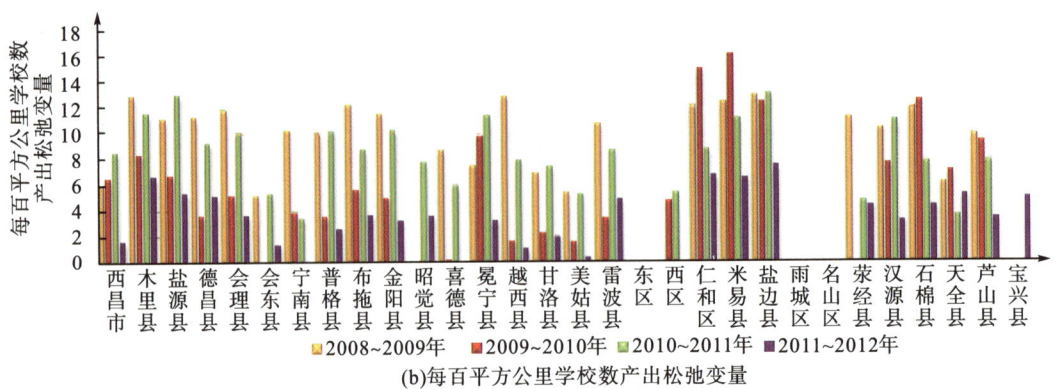

(b)每百平方公里学校数产出松弛变量

图 6-7 川西南山区各区县四时段教育产出松弛变量

2) 医疗卫生产出松弛变量时空变化

如图 6-8 所示,每万人拥有医生数和每万人拥有病床数松弛变量均在前三个时段逐步下降,于 2010~2011 年达到最低,但又于最后一个时段有大幅上升,甚至达到五年内的新高,说明在既有投入前提下的人均医生和病床的产出效率经历了一段时间提高后,于 2012 年出现了明显的下降趋势,同时这也从另一方面说明,自 2011 年实施"四川省民族地区卫生发展十年行动"后,医疗卫生事业增加了投入,但产出因具有滞后性,在次年并未明显达到预期。每百平方公里医院数松弛变量在近五年以来都较为稳定,但得分较低,说明在既有投入下其医院密度产出效率较高且相对平稳。

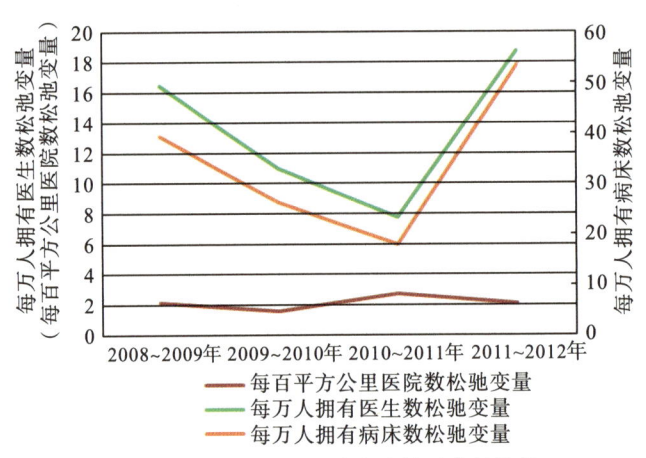

图 6-8 各区县医疗卫生产出松弛变量均值

如图 6-9 所示,东区、雨城区和名山区医疗卫生类产出松弛变量都为 0,宝兴县前三个时段三项松弛变量都为 0,但在 2011~2012 年都出现较大的增幅。

就每百平方公里医院数产出松弛变量而言,攀枝花市区外的其他区县得分较高,尤其在 2009~2010 年达到最高峰;而凉山州普遍于 2010~2011 年达到最高峰,之后有较大幅度好转;雅安市除雨城区、名山区和宝兴县,其余区县该项指标变量幅度不大。总体而言,该项指标各区县变化幅度都较其他两类医疗卫生产出指标变化幅度小。

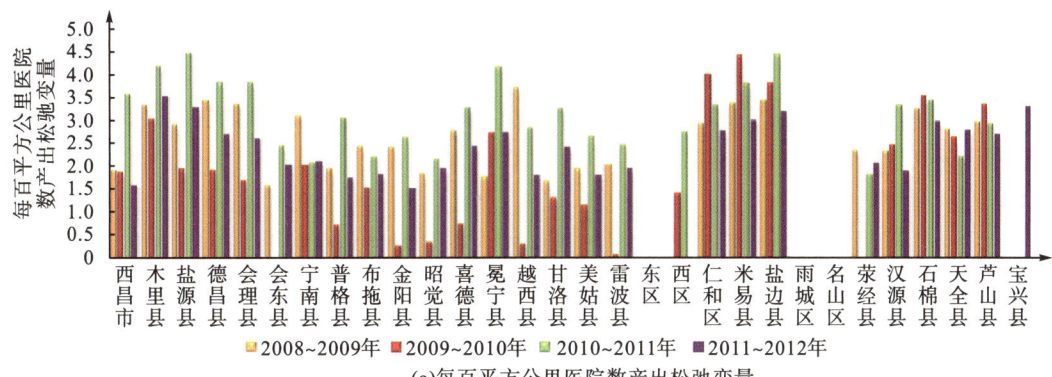

(a) 每百平方公里医院数产出松弛变量

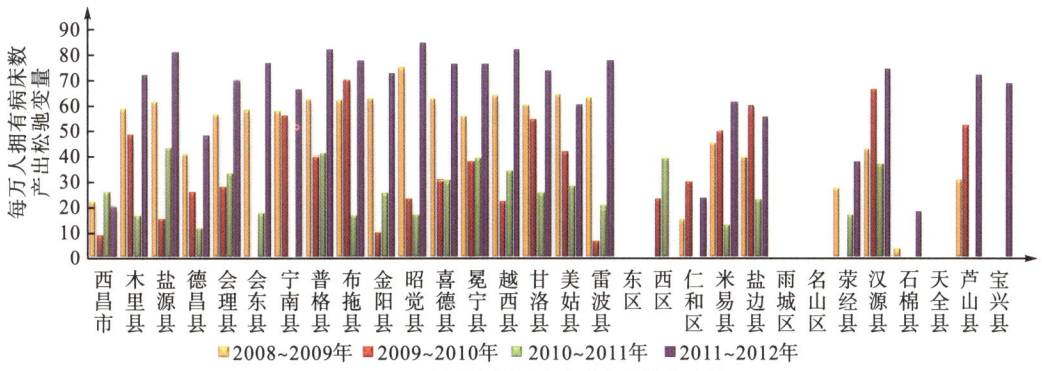

(b) 每万人拥有病床数产出松弛变量

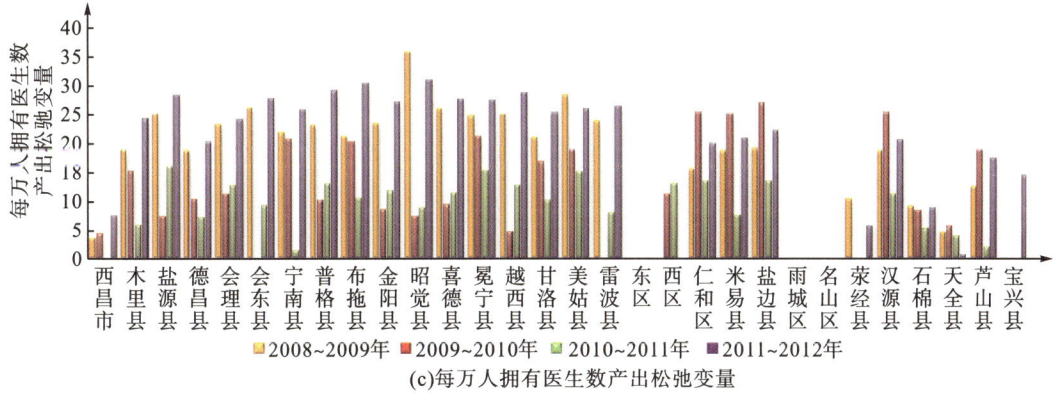

(c) 每万人拥有医生数产出松弛变量

图 6-9 川西南山区各区县四时段医疗产出松弛变量

从每万人拥有病床数产出松弛变量的时空分布格局可以看出，东区、雨城区、名山县和天全县该指标得分为 0，说明病床数产出相对有效。凉山州除州府西昌，各区县该指标得分都很高，雅安市汉源县和芦山县、攀枝花市的米易县和盐边县得分也较高，说明这些地区在既有投入下人均病床数的缺口相对较大。川西南地区大部分区县该项指标在近五年内变化幅度都较大，且在最近时段达到新高。这说明病床数投入产出效率不稳定，且有进一步降低的趋势。

每万人拥有医生数总体时空格局,除各区域中心效率较高,其他区域变化幅度较大。其中,凉山州各区县呈"高—低—高"变化趋势,且变化幅度很大,在最近时段该项效率明显低于其他地区。攀枝花市的仁和区、米易县、盐边县和雅安市的汉源县和芦山县的每万人拥有医生数产出效率较低,均在2009~2010年达到最低后逐步上升,而区内其他区县效率相对较高。

综上所述,教育和医疗卫生各项产出指标松弛变量时空变化格局在硬件和软件上表现出不同的规律。表征硬件效率的"每百平方公里学校数"和"每百平方公里医院数"产出效率相对均衡,总体均值和分区县变化均呈"高—低—高—低"起伏趋势,且在三个市州间时间变化趋势相似,说明政府在校舍和医院上的均等化投入政策在数量上达到了较好的效果。而软件指标的产出效率差距较大,总体均值呈"V"形变化,但三个市州的变化趋势不尽相同,其中表征专业人才产出的指标"每万人拥有医生数"和"每百位学生专任教师数"的效率,在凉山州大多数区县都呈先升后降的态势,且许多区县都在最近时段效率达到近五年最低;而攀枝花和雅安则多数呈效率先降后升的态势,说明攀枝花和雅安的教育和医疗卫生领域的人力资源状况有所改善,但凉山州的情况却不容乐观。这一结果说明专业人力资源向区域中心聚集的趋势日益明显。

四、DEA效率结果讨论

(一)川西南山区教育发展状况及存在的问题

教育投入产出DEA效率分析结果表明,川西南山区各区县近年来教育投入较医疗投入高,且投入资金得到了较好的利用,说明国家和地区的教育政策取得了良好的效果。国家针对西部地区实行"基本实施九年义务教育和基本扫除青壮年文盲"的"两基"攻坚计划,实行农村义务教育阶段贫困家庭学生"免杂费、免书本费、补助寄宿生生活费"。四川省公共服务发展战略中,优先发展教育是现行政策的重点,学前教育建设工程、免费职业教育计划逐步扩大到革命老区、集中连片扶贫地区和农村地区,大力发展民族地区教育,极大地提高了山区教育水平。

但DEA效率研究结果表明,仅有10%的区县"每百位学生专任教师数"和"每百平方公里学校数"达到拟合值,说明虽然国家对西部地区的教职工工资发放和提高中小学办学条件等方面有了较大投入,但地区差异仍十分明显,川西南地区整体教育设施和专业人员数量还有待提高。由于山区独特的地理、经济、文化等特点,川西南山区教育仍然存在不少问题,主要表现在四个方面。

1. 中小学学校布局调整问题突出

在城镇化、农村行政区划调整、学龄人口减少、农村学校标准化建设以及推进基础教育内涵发展的大背景下,为保障农村适龄儿童就近入学,科学合理规划农村义务教育资源,促进农村义务教育发展,我国各级政府都出台了关于农村义务教育布局调整的意见,如《国务院办公厅关于规范农村义务教育布局调整的意见》(国办发〔2012〕48号)、《关于规范农村义务教育学校布局调整的实施意见》(川办发〔2013〕13号),川西南山区各市州也大力推动中小学布局调整,由于DEA效率评价主要是分析公共服务投入产出量的效率,没有涉及对公共服务效率质的评价。近年来，撤并村小减少了农村小学的数量，因此出现了教育类产出 DEA 效率下降的结果，但撤并村小总体上适应了提高义务教育办学效益，客观上提高了学校的教学质量。当前，川西南山区各市州和各区县还对下一阶段学龄人口进行了预测，考虑了每一个区县的地貌类型和各乡镇中小学的服务半径，制定了较为详细的规划，包括拟撤并学校数、拟新建学校数、拟恢复学校数，以及各中小学新的服务半径和办学规模，对于提高地区教育投入产出效率具有重要的作用。

然而，盲目撤并村小是将效率简单理解为规模经济而忽视了公共服务的社会效益、公平和可及性的结果。相对于我国东、中部地区和平原地区，山区城镇化、集约化发展速度较慢、农村学龄人口并未出现大幅度递减，一些地方并不具备农村中小学布局调整的条件。过于强调降低教育成本、减轻财政负担，盲目加大调整力度，没有充分考虑布局调整的复杂性和给就读学生家庭增加的负担，加之山区不少区县由于地方财政状况较差，布局调整后的寄宿制学校生活设施建设和对家庭经济困难学生寄宿生活补助资金投入严重不足，引发了一些新的问题。在川西南山区主要表现在以下几个方面：①学生上学路程普遍变远，一些非寄宿学生在村里学校撤并后要起早上学，个别的甚至来回要走两三个小时；②学生上学交通安全隐患增多，学校撤并后很多学生需要乘坐交通工具上学，由于农村道路条件较差，车况良莠不齐，交通状况复杂，学生上学途中的安全难以得到保障；③寄宿制学校办学条件不到位，由于撤并学校过快，农村寄宿生大量增加，一些地方寄宿制学校办学条件跟不上，生活管理人员缺乏，不少寄宿制学校床铺紧张、食堂简陋、厕位不足，冬季取暖和夏季防暑条件得不到保障；④并入学校大班额问题突出，一些地区在并入学校办学条件难以满足的情况下，盲目撤并学校，致使并入学校出现大班额问题，如在大小凉山地区部分学校最大班额高达 150 余人，教学资源严重不足，教育教学质量难以保证；⑤部分群众经济负担加大，村小或教学点撤并后，学生需要乘坐交通工具上学，增加了交通费用，寄宿生还要承担部分或全部伙食费，有的家长在县、镇陪读，另需支付房租等生活费用。

虽然经过几年的实施，国家对中小学校布局调整的政策进行了修正，要求各地根据不同年龄段学生的体力特征、道路条件、自然环境等因素，合理确定学校服务半径，尽量缩短学生上下学路途时间；要因地制宜调整农村义务教育学校布局；农村小学和教学点要在方便学生就近入学的前提下适当合并，在交通不便的地区仍需保留必要的教学点，防止因布局调整造成学生辍学。但客观情况是，部分地区在相关政策制定和整合调整实施过程中仍存在各种偏差，如强调学校规模效益，造成山区交通不便地区学生不能就近入学；强调减少地方财政压力，却增加了山区贫困学生家庭经济负担；过分强调学校标准化和统一整合，违背了经济社会发展的客观规律，导致山区小学及教学点撤并速度过快、撤点过度现象，客观上造成部分地区尤其是交通不便的农村边远山区中小学生上学远、上学难的问题。

值得庆幸的是，这些问题引起了各方关注，四川省于 2013 年出台《关于规范农村义务教育学校布局调整的实施意见》（川办发〔2013〕13 号）(以下简称《意见》)，规定规划获批前不得撤并农村义务教育学校，撤并后群众意见大的学校按程序恢复办学，并提出提高村小学和教学点的生均公用经费标准，要通过政府购买服务方式解决寄宿制学校学生的生活管理服务、保安人员短缺问题，所需经费由同级财政予以保障，各级财政要加大经费投入，通过新建、扩建、改建学校和合理分流学生等措施，使学校班额符合国家标准。

并要求通过各种方式解决学生上学交通问题。川西南地区各地纷纷开始针对中小学学校布局中出现的问题进行调整。例如，雅安市名山区根据辖区内丘陵台地面积占全区面积61.2%的特点，考虑到部分乡村居住人口较少且分散，学校服务半径偏大等因素，于2013~2015年恢复6个乡村教学点，芦山县计划恢复10个校点。但值得注意的是，目前川西南地区所有的学校布局规划几乎都由本地教育部门根据经验摸索着进行，缺乏专业机构和人员对其进行系统、科学的分析论证，更无先进的规划理念和技术进行科学规划，造成学校布局调整过于依赖经验而缺乏科学指导。

2. 优质教育资源不足且分布不均衡

教育投入与当地发展水平有很大关系，经济社会发展差异造成了教育资源的巨大差异。例如，攀枝花东区银江镇是攀钢所在地，乡镇的经济排名位于全市首位。在教育上，该镇出台了地方性的优惠政策，为了鼓励村民小孩读书的积极性，对考上大学的学生进行奖励，2005年的标准为考上重点本科院校奖励10000元，考上二本院校奖励5000元。因村民居住较为分散，2007年大政策撤并村小造成部分儿童上学不便，银江镇则在国家实施"三免一补"的基础上实行"三免两补"，即增加了补助交通费用，对一至六年级每人每月补助交通费30元，2008年提升到50元（全年按9个月算），此外还对攀枝花以外的学生每期补助15元作业本费，这部分经费全由镇上支出。此外，镇政府提供了大量的财力物力，把农村教师待遇提高到与城镇教师水平持平，对于吸引教师、稳定人才起到了重要作用。而在川西南地区许多贫困偏远的区县和乡镇，没有任何其他的教育经费来源，只能依靠国家财政拨款，而且当地政府财力有限，导致教育资源欠缺。

教育资源的差异也造成区域之间和城乡之间生源差异巨大。随着社会发展，山区居民对教育的重视程度越来越高，但由于地区之间教育水平差异大，在山区形成了一股学生流动大潮，乡镇往区县、区县往市区、市区往省会的学生流，成为山区生源状况的一种常态，造成教育资源好的地区生源过于饱和、生均用地面积小，大班额问题十分严重，而教育资源差的地区生源不足。生源不足造成生均公共经费不足，如雅安市芦山县生均公共经费为小学520元、初中740元，县政府再补贴小学20元、初中40元。由于生源不足，学校经费不够，而生均公共经费使用要求严格，修缮校舍等经费明显不够。

3. 教师队伍建设困难

川西南山区学校数产出指标效率较高，但师生比指标效率不高，且在近年来有下降的趋势。川西南山区总体上存在中小学教师尤其是农村小学教师缺乏，教师队伍年龄结构老化，青年教师进不去、留不住等问题。经济社会状况较好、教育医疗类服务综合技术效率最高的雅安市名山区，按师生比1∶22的标准配备乡村教师，也存在编制教师配备不够的问题，当地为解决这一问题只好聘请以前的民办教师为代课老师到公办学校教学。师资缺乏问题在川西南山区边远农村小学表现得更为突出，一批贫困山区农村学校近三年来没有大中专毕业生前来任教。山区农村中小学教师学科结构单一，课程教师紧缺的问题较为严重，很不利于山区提高教学质量和推进素质教育。引进人才以山区学校当"跳板"，解决教师身份后即离开，给教育资源配置带来很大影响。国家实施"西部特色教师岗位计划"，为了吸引人才到山区条件艰苦学校任教，招收非师范专业学生和大型招考落榜人员，工作三年后考核合格转正，因招来的人员无专业技能技巧，素质良莠不齐，对山区教师队伍建设产生不利影响。

造成山区农村教师缺乏的主要原因在于：①山区学校工作条件差，教师待遇低；②山区教师职称名额少，许多乡村教师干几十年评不到职称，积极性受挫；③实施山区农村中小学寄宿制，使得教师教育管理负担大，工作任务繁重；④教师周转房不够用，不能实现安居乐教，教师走了，学校成空校；⑤山区教师地位不高，教师培训面不广，出现"守摊子，混日子"的现象。

4. "一刀切"教育政策不适合山区特点

国家制定了许多支持西部地区教育发展的政策，取得了很好的成效，但同时在制定教育统一性政策时，由于不了解山区情况而出现了一些"一刀切"式的政策规定，不利于山区教育的发展。

在教育投入方面，四川省对甘孜、阿坝和凉山三州的教育投入平均化，但三州学生数差距巨大，阿坝州有9万多学生，凉山州有90.25万学生，但三州的教育投入金额却一样，因此，"人多粥少"的凉山州只能采取被当地教育局称为"撒胡椒面"的方式对基层教育进行投入，教育基础设施薄弱。例如，在大小凉山地区，小学、初中、高中生均校舍面积分别为$4.19m^2$、$7.04m^2$、$14.09m^2$，比全省平均生均面积少$1.64m^2$、$3.87m^2$、$2.34m^2$，甚至部分学校还有危房，雷波、美姑、昭觉、普格、盐源、金阳、喜德、甘洛8县校舍有C、D级危房$76879m^2$。教育投资少，使得凉山州成为四川省教育事业最薄弱的地区，因此教育投入应按学生人数投入。省上投入教育项目要求地方按5：5配套，但川西南山区多数地区较为贫困，地方资金主要用于支付教师基本工资，项目经费配不起，教育项目成为"空项目"，甚至出现有项目却不敢要的尴尬局面。实施农村义务教育学校布局调整后，中央和地方财政开始对全国农村寄宿生进行生活补助，2011年秋季将补助范围扩大到所有义务教育阶段的农村学生，中学生每人每天补助3元，小学生每人每天补助2元，随后补助上涨，中学生涨至4元，小学生涨至3元。但是，山区由于山高路远、交通不便，运输成本远高于平原地区，3元钱当中仅运费就可能占到1~2元，因此县级财政需对学生营养餐改善计划进行补贴，如昭觉县2013年为此配套资金达1656万元，给当地十分困难的财政造成较大负担。

在师资方面，国家统一规定小学师生比为1：20，但山区大多数学校达不到。为了提高教学质量，政策规定要清退代课教师，川西南山区各地也将代课教师该转的转、该退的退，清退了大量代课教师，但由于山区引进人才困难，教师不足，按编制师资实际上不够，因此许多地区仍然存在代课教师，仅凉山州在2013年仍然有近3000名代课教师。而且在清退代课教师时，这部分教师的生计问题和社会保障等后续问题得不到解决，使得一些在山区辛勤工作了几十年的老教师生活困难，也给当地教育部门的工作增加了不少困难。山区寄宿学生多，但无后勤服务的指标，经常由教师负责学生食宿，大大增加了教师的工作量。

(二)川西南山区医疗卫生事业发展状况及存在的问题

2005年以来，各级政府加大卫生事业投入，并采取有力措施支持少数民族地区卫生事业发展，着力完善城乡卫生体系、深化医药卫生体制改革。2011年出台《四川省民族地区卫生发展十年行动计划(2011—2020年)》，重点加强卫生人才队伍建设，整合中央和省财政资金，实施公共卫生强化行动，并实施六项重点工作，以促进民族地区医疗卫生事业发展。川西南地区覆盖城乡的医药卫生服务体系基本形成，疾病防治能力不断增强，医疗保障覆盖人口逐步扩大,医疗卫生服务水平快速提高,居民的主要健康指标大幅提升(图 6-10)。但是,由于历史、地理、经济、文化等诸多因素制约,川西南地区医疗卫生事业的发展仍存在许多困难和问题,主要表现在四个方面。

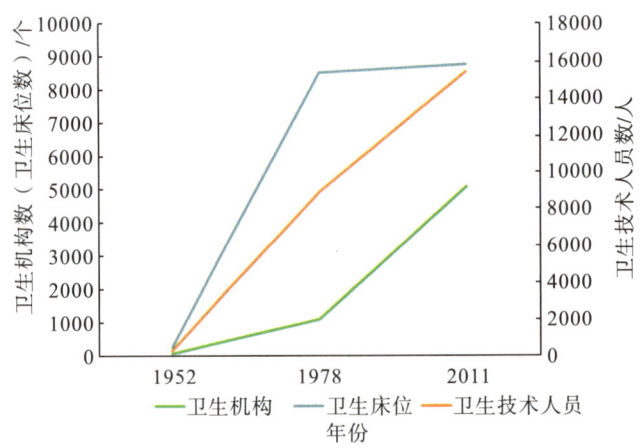

图 6-10 凉山州建州以来医疗卫生事业发展态势

1. 医疗卫生投入不足

虽然近几年国家和地方各级政府不断加大卫生投入,有力推动了改革与发展,但投入力度仍有待加强,由图 6-11 可知,近五年来川西南地区人均教育投入与医疗卫生投入仍存在很大差距。而且由于区域发展水平的差异,在市场为主导的情况下,医疗资源必然向平原地区及中心区域集聚,导致山区基层医疗卫生资源所占份额越来越少,医疗资源分配极不平衡。川西南山区卫生发展历史欠帐较多,加之多数地区地方财政能力有限,更加制约了医疗卫生事业快速发展。

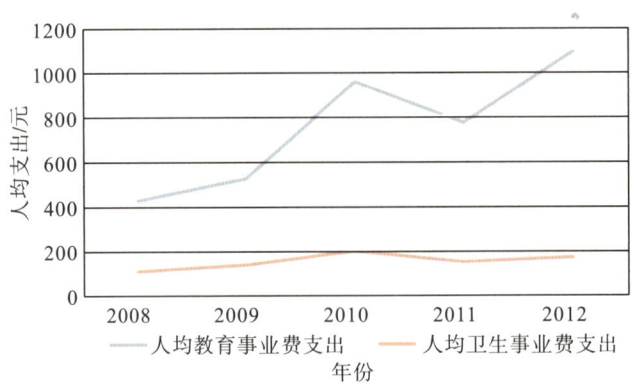

图 6-11 川西南地区近五年来人均教育支出与医疗支出对比

显然,国家对医疗卫生实施的统一性政策由于不符合山区特点,也很难达到预期效果,主要表现在四个方面:①国家下达基础设施建设项目,要求地方财政配套一定比例资金,山区地方政府由于财力有限,虽然承诺,但资金很难到位;②国家、省下达项目按照统一标准补助资金,没有考虑山区地理条件和运输成本,致使很多建设项目难以按照要求完成;③实施公共卫生均等化政策,虽然各级下达了人均经费,但没有计划安排检查督导经费,致使市州县行政和业务部门深入一线指导考核困难;④近年来各级政府努力增加基层卫生机构人员编制,但是招录一名工作人员一年工资开支需要 3 万元左右,人员经费由县财政解决,地方财政困难,导致有编制无人员情况持续存在。

2. 卫生人力资源紧缺

从 DEA 效率分析结果看,医生数松弛变量大且有继续增加的趋势,并在地区间分布极不平衡,可见卫生人力资源紧缺是川西南山区最突出的问题之一。2003 年以后,城乡卫生体系建设实施后,硬件跟上了,软件跟不上,修建了房屋,卫生站数量增加,但人才设备缺乏,医卫人员量少质弱,满足不了居民日益增长的医疗卫生服务需求,主要体现在以下方面。①卫生人力总量不足。川西南地区 2011 年每万人执业(助理)医师数为 13.57 人,为全省水平的 79%,卫生事业编制一直沿袭 1978 年核定的标准,目前仅凉山州就有 2000 多名编制人员没有到位,主要原因在于卫生人员待遇由地方财政提供,州、县两级投入不足而出现"有编制、没招人"的现象,即所谓的"空编"。②基层卫生机构人员紧缺。凉山州、雅安市和攀枝花市乡镇卫生院空编率分别达到了 33%、21% 和 10%,乡镇卫生院总体编制不能满足日常工作需要,且编制内人员落实不到位,部分乡镇卫生院仍存在自筹经费自聘人员现象。实行基本药物制度后,当前乡镇卫生院待遇普遍不高,绩效机制和财政投入相对滞后,又无倾向性待遇政策,招考条件要求较高等因素,致使乡镇卫生院专业技术人员严重紧缺,队伍不稳定,使得川西南山区基层医生年龄结构普遍老化,学历层次较低,业务能力不强。由于缺少专业人才,基层公共卫生服务工作主要由乡镇基层医生承担,但对这项工作并没有专项经济补贴,在财政方面,政策规定卫生院承担 60%,区医院承担 40%,但在现实中很难操作。③人才结构严重失衡。突出表现在县级卫生单位普遍缺乏高学历、高技术学科带头人,乡镇卫生院的医疗卫生专业人员业务素质偏低,技术水平普遍不高,如凉山州昭觉、布拖等贫困县医院本科毕业生只有 3~5 人,能开展接生服务的乡镇卫生院不到 5%。④人才引不进、留不住。由于山区大多数地区为边远贫困地区,条件艰苦、待遇差、个人成长困难,贫困县近几年都难以引进大专院校的本科生,如普格县 2009 年给县医院 10 个编制引进医学本科人才,仅引进 3 人,一年后 1 人辞职。针对基层医卫人员缺乏的情况,国家也制定了相应的政策,如专门针对基层医生进行定时强制培训,但这项政策在山区基层实施时却出现了其他问题,如在雅安市山区的乡镇卫生院医生在考取相关证书后,即会跳槽到更好条件的地方,造成人才流失。⑤有执业医师或有执助资格的人员非常缺乏。山区基层卫生院业务人员大多是中专毕业,学习程度有限,加之基层条件差、人手不够,实践锻炼和进修机会少,按现行标准,他们通过执业考试非常困难,使山区乡镇卫生院具有执业医师或有执助资格的人员非常缺乏,60% 以上的卫生院无一人有执业资格,给群众就近就地医疗带来困难,并给医疗纠纷埋下严重隐患。

3. 基层卫生机构综合服务能力差

川西南山区普遍存在基层卫生机构综合服务能力差的问题,其主要原因有以下两点。①设备配置不科学,上层管理部门对基层医院的设备配置项目规划不科学,没有结合山区实际进行合理安排,如乡镇医院装备 B 超、X 光机、生化分析仪等,由于缺乏专业技术操作人员,多数医疗设备闲置,造成巨大浪费。例如,凉山州乡镇卫生院主要医疗设备使用率不到10%,中心卫生院的使用率不到30%,但同时一些民族聚居区却缺乏基础性诊疗设备。此外,由于其他基本公共服务不到位,使得医疗卫生服务无法开展,如部分乡镇不通电,造成农村居民电子健康档案、基本药物采购数据网报工作和远程行政指导及医疗会诊难以开展。②基本药物制度难以满足居民就医需求。国家基本药物制度和四川补充目录实行后,虽然增加了用药目录,但由于基本药物品种过少,很多临床用药不在目录内,出现了用药范围狭窄,无法满足需求的情况;基础药物实行"零差率"销售后,由于州、县两级基本药物补助未到位,造成一些基层卫生院生存困难;药品集中配送监督管理和竞争机制还未建立完善,由于地理环境和运输条件制约,许多边远乡镇卫生院基药采购困难,经常出现药品配送不到位的情况。

4. 医疗卫生事业地区间发展极不平衡

DEA 效率分析结果表明,川西南山区存在明显的卫生事业发展不平衡现象,综合效率和各产出指标的松弛变量分析结果,都表明攀枝花市和雅安市区内医疗卫生效率远高于其他区域,而凉山州各区县效率大多较低,可见区域之间的医疗卫生事业发展是很不平衡的。贫困县与区域中心及经济社会发展较好的区域卫生服务能力差距不断扩大,如攀枝花市截至 2013 年拥有三级甲等医院 5 家,雅安市和凉山州仅各有 2 家。在凉山州,安宁河流域区县与贫困区县的卫生服务能力差距还在不断扩大。此外,川西南山区典型的城乡二元结构也导致各区域城乡之间卫生事业发展差距巨大,由于医疗保障和新型农村合作医疗的实施,出现了市州、区县级重点医院门庭若市、拥挤不堪,而乡镇和社区等基层医院门可罗雀、冷冷清清的现象。由于床位少、人员紧、任务重,市州和区县重点医院超负荷运转,不堪重负。

五、投入产出效率影响因素 Tobit 分析结果及讨论

(一) Tobit 回归分析结果

以四个时段川西南各区县 DEA 综合技术效率为因变量,人口密度、人均 GDP、城镇化率、农民人均纯收入、城镇居民可支配收入及地形起伏度为自变量,采用受限的 Tobit 随机效应面板模型来进行回归分析,具体表示为

$$\theta_{it} = \alpha_i + \beta_1 PD_{it} + \beta_2 PCGDP_{it} + \beta_3 UR_{it} + \beta_4 RINC_{it} + \beta_5 UINC_{it} + \beta_6 RDLS_{it} + \varepsilon_{it} \quad (6\text{-}6)$$

表 6-4 给出了回归模型的计量结果。

表 6-4 DEA 效率 Tobit 回归分析结果

变量名	模型 1	模型 2
	β	β
α_t	1.0624***	0.9314**
	(0.0000)	(0.0000)
人口密度(PD)	0.0029***	0.027***
	(0.0001)	(0.0007)

续表

变量名	模型 1	模型 2
	β	β
人均 GDP（PCGDP）	0.0018 (0.3222)	—
城镇化率（UR）	0.0216** (0.0464)	0.01876** (0.0482)
农民人均纯收入（RINC）	0.0023 (0.1113)	—
城镇居民可支配收入（UINC）	-0.0017 (0.318)	—
地形起伏度（RDLS）	-0.0181** (0.0000)	-0.0192** (0.0000)
Loglikelihood	54.7858	51.3270
Pseudo R^2	0.7973	0.8566

注：*、**、***分别表示在 0.1%、0.05%、0.01%水平下显著。

模型 1 结果表明，人均 GDP、农民人均纯收入和城镇居民可支配收入对综合技术效率的影响不显著。剔除这三个变量，得到稳定模型 2，结果表明人口密度、城镇化率对 DEA 结合技术效率有显著的正向影响，而地形起伏度则有显著的负向影响。

(二) DEA 效率影响因素分析讨论

1. 统一性政策及地方性政策影响

我国在平衡空间差异上以国家宏观调控为主，并且实施了一系列促进区域协调发展的战略性决策，重点集中在基础设施和生态建设方面，取得了显著的成果。但过于注重提供有形的基础设施和过分强调吸引流动性投资，通常不能完全缩小发达地区与落后地区之间的差距。其他国家和区域实施这种发展模式的失败，加上全球化带来的挑战，导致对"自下而上"促进地方和区域发展模式的重视。这就要求有强势的地方和区域共同治理机制，来关注区域空间一体化发展，进而调动本地所拥有的、能控制的资源和竞争优势。20 世纪 70 年代以来，经济与共同治理的国际化标志着一个新的政策干预时代的到来。共同治理指打破传统的公共和民间以及内部界限的新兴治理模式，其治理机制关注的焦点不再是传统国家主权和法令，而是多方参与者的互动。由于共同治理存在的复杂决策机制、对问题和责任的逃避等缺陷，在倡导共同治理的同时，地方与区域发展必须注意保持政府的主导作用，尤其是国家级政府。地方和区域发展新的共同治理形式，主要由于为了应对在国家层面上中央政府及其共同治理形式的低效性。放权给地方受到欢迎的原因是使政府更接近公众，同时为更多利益相关者参与地方与区域发展政策的制定提供更广阔的空间。在此情况下，权力下放被用来作为以参与制政府形式替代传统的代表制民主形式的一种途径。当代政治体系对于实现可持续的地方和区域发展来说是一个结构性的障碍。政治更替的短暂性和可持续发展长期性的矛盾普遍存在，因此可以采取新的共同治理的形式，建立一个独立于正常政治更替的规划机构以负责制定长期经济发展战略。而这种模式并非只停留于理论层面，如巴西南里奥格兰德州首府实施的"参与式预算制定体系"，以及印度西孟加拉邦和克拉拉邦将发展的责任和预算制定下放给村一级政府的案例，论证了该治理模式的可操作性，强调了地方政策的制定更多地考虑地方和区域的需要及期望的重要性。

公共服务均等化政策、扶贫政策、城镇化、新农村建设、彝家新寨建设、灾后重建政策、教育和医疗专项政策等国家统一性和地方区域性政策，对川西南地区教育及医疗卫生公共服务效率的提高起到了极其重要的作用。但目前川西南山区卫生和教育事业发展模式基本上沿用全国全省统一模式，教育和卫生政策也基本套用国家和全省统一政策。这些政策大多根据平原丘陵和非民族地区的经济社会和卫生发展状况制定，不一定适合山区的实际情况。空间是选择性的媒介，同一生产方式的主导力量(政策)在不同位置的表现会有所差别，一个非空间针对性的政策可能会有显著的地理影响，在地区间经济条件相当悬殊的情况下实行单一政策会存在很多问题，"非地域性"的政府政策也会对地方和区域造成影响，导致区域政策加剧而不是缩小地区间的不平衡。以平等的方式对待本身不均衡的地方和区域的做法，被质疑是否有助于减少地方和区域间经济和社会条件的差异。一个非地区性的政策有可能产生完全不同的空间性效果，因此不存在一种普遍适用的地方与区域发展方式，各地都应根据自身的特点和所处的发展阶段选择不同的发展模式。在公共服务供给和管理方面，我国"自上而下"的决策机制存在不了解、不适合山区发展实际情况的弊端，平均化、"一刀切"的政策不符合地区发展规律。有些政策无法落实，如山区执业助理医师占卫生技术人员的比例达不到国家规定的50%，大多数乡村两级医生不具备执业资格，山区农村小学师生比也达不到1∶20；有些政策行而无效，如一乡一院的乡镇卫生院设置原则不能满足山区的地理覆盖，背离了卫生服务的可及性原则；基层医疗机构建设项目与内地一个投资标准，山区很难实施；学生营养补助也是全国一个标准，没有考虑到山区的交通成本；"不允许代课教师""撤并村小"等政策意愿原本是提高教学质量、提升教育效率，却在实施过程中出现儿童辍学率提高、家庭教育负担加重的现象；有些政策反而带来负效应，如在山区套用平原丘陵地区的下岗分流人事制度改革造成了山区原本不易引入人才和留下的专业人才流失等现象加剧。

山区的特殊情况使得一些看似"低效"的情况存在着合理性。例如，凉山州不足100名学生的设校点(只有1~3年级)，至今仍存在许多20~30名学生的校点，一校一师的情况仍然存在。教师待遇需要县级财政支付，全部转移支付都不够，因此虽然国家不允许，但迫于现实，凉山州还是存在2000~3000名代课老师，山区偏远贫困的乡村只能就地找老师，费用由财政和学校共同承担。人头经费、学校基建维修由公用经费挤出。诸如之类的现象在山区大量存在，不合要求却不得不为，虽然低效，但是必需。地方与区域发展理论中的突破"自上而下"、无差别的实施区域发展政策的传统制度安排方式，实现"自下而上"、根据各地资源条件和历史背景进行决策制定的理念对于我们研究我国山区发展有很强的借鉴意义。成功的发展模式必然是普遍原则与地方化相互妥协的明智结合。由于我国山区在自然、经济、文化、社会等各方面都具有很强的特点，多元化的背景条件决定了国家许多相关的发展政策不能山区平原"一刀切"，国家的区域发展相关政策在面对山区特殊的条件时，必须适当地变通才能达到真正促进山区发展的实际效果。

2. 区域经济及区位条件影响

从三类效率时空分布格局及综合技术效率分级时空变化趋势结果可以看出，区域经济与区位条件对教育和医疗卫生投入产出效率有较大影响。川西南山区教育及医疗卫生投入产出效率较高的地区主要包括三种类型：①各市州的中心城区，如攀枝花的东区、西区和仁和区，雅安市的雨城区，凉山州的西昌市，这些区(市)经济发展状况最好，对各种经济要素具有明显的聚集作用，公共服务效率高；②各地的经济核心区，如凉山州会理县与会东县位于川滇两省五县一区结合部，属于攀西经济开发区，是资源富集的攀枝花、西昌、六盘水西南"金三角"的腹地，经济发展较好，其公共服务效率也较高；③地理区位和交通条件较好的地区，如与毗邻成都西南边缘的雅安市名山区及紧邻雅安市中心的天全县，位于成都—雅安—攀枝花高速公路与成昆铁路沿线区域，如荥经、汉源、石棉、冕宁、西昌、德昌和米易等区县公共服务效率相对较高。

在凉山州，除了安宁河流域五县一市，其余 11 个国家扶贫开发工作重点县效率等级较低。在乌蒙山区、大小凉山等国家级、省级贫困地区，地方财力薄弱，财政收入很大一部分依靠中央财政补助，经济发展水平与教育水平和公共医疗卫生水平基本上保持一致。由此可见，区域经济的发达程度和区位条件对当地公共服务效率有显著的影响。

3. **地形与海拔高度影响**

德国学者博芬特尔指出，运费是投入-产出关系特点与生产要素空间流动的决定性因素，山区运费成本过高，导致公共服务投入产出比较低。Tobit 回归分析结果表明，地形起伏度对川西南山区各区县教育及医疗卫生 DEA 综合技术效率有显著的负向影响。由综合技术效率分级时空变化趋势结果可知，教育及医疗卫生综合技术效率评价结果等级较高的区县都分布在海拔较低的地区，而等级较低的区县则大多都分布在海拔较高的地区。雅安市各区县因位于四川西部山地向成都平原过渡带，效率相对较高，攀枝花及凉山州的会理、会东一带海拔较低，公共服务效率相对较高，凉山州中部和南部平原、丘陵地区公共服务效率相对较高，东西部山地的公共服务效率相对较低。综合技术效率等级为前三级的区县几乎都分布在该区域内东北部、中部和南部，后三级的区县则多数分布于东、西部相对高差大、地势复杂的区域。

在高海拔山区，地广人稀、交通不便，民族聚居县每个中心小学和乡镇卫生院服务面积平均近 200km^2，既加大了提供教育和医疗卫生服务的成本，又降低了居民上学和就医方便程度。这种困境在部分偏远山区乡镇表现得尤其突出，如甘洛县普格镇卫生院因缺少医生和基本的药品，居民为了医治普通的感冒，需坐两个多小时汽车到雅安市石棉县就医；许多高海拔偏远聚落的孩子因上学路途遥远而辍学，或家长因陪伴孩子读书而在乡镇租房陪读而大大增加家庭负担。高海拔偏远地区难以吸引高素质的医疗人员和教师，致使专业技术人员缺乏。山区特殊的地形地貌使得许多居民仍保留着农牧经济式的、以家庭为中心的散居生活方式，信息流通不畅，封闭式的生活方式把教育和卫生服务一并封闭在外，教育和医疗卫生服务鞭长莫及。可见，受地形条件制约，山区基本公共服务效率的提高任重而道远。

4. **生存环境及人文因素影响**

危害川西南山区少数民族群众健康的因素主要是生物因素、地球化学性因素以及传统的生活习惯和生活方式因素。这些因素导致地方病、传染病多发，且仍停留在第一次卫生革命阶段的疾病谱，这种疾病谱直接影响三大健康指标，是造成山区民族地区健康素质低下的直接原因。山区民族地区基层群众受教育程度不高，健康意识淡漠，生产方式简陋，如大小凉山地区居民习惯喝生水、席地而坐等生活习惯导致其极易发生伤病，不良的社会现象也使该地区易出现重大的传染病情，如肺结核、肝炎、菌痢等传染病发病率高，特别是已经成为全国艾滋病重流行地区之一。而且该区域偏远聚落居民伤病后相信"土办法"和封建迷信，比如请毕摩做法事等，不及时就医，从而加重对健康的危害。教育方面，虽然川西南地区大多数居民都非常重视教育，但仍有部分少数民族地区居民不愿接受教育，甚至出现某些乡镇学校平时学生寥寥无几，在上级检查时花钱请学生坐在教室迎接检查的现象。

5. 人口密度及城镇化率影响

Tobit 回归分析结果表明，人口密度越高，地区教育及医疗类公共服务效率越高。在教育和医疗卫生事务产出指标中，人口密度大的攀枝花市西区、东区和雅安市雨城区和名山区多项指标达到拟合值。人口聚集程度高，便于基本公共服务的规模化供给，而且山区人口密度高的地区有利于资本和人力资源的聚集，山区人口密度与经济密度分布格局基本相同，因此在这些区域，教育和医疗的投入更好，硬件和软件产出都较好。而凉山州各区县、攀枝花米易、盐边县及雅安市天全、石棉、芦山县等区县的教育及医疗 DEA 效率相对较低，各项产出指标松弛变量相对较大，说明在这些面积广、人口密度小、地形复杂的山区，医疗公共服务设施相对较少，辐射范围小，投入成本高，产出效益小，不易使投入资源得到有效的利用。

Tobit 回归分析结果表明，城镇化率也与 DEA 综合技术效率成正比。前文的分析说明，在川西南山区农村地区教育和医疗投入少、产出低的趋势比平原地区更加严重。主要原因在于两个方面。首先，山区城乡二元结构更为明显，山区从宏观和中观层面表现为地广人稀，但实际上可利用土地少，山区人口大多数都聚集在狭小的河谷和山间平坝，基本公共服务设施和人才也都聚集在此形成规模效益，而农村聚落则规模小、分散度高，基本公共服务在这些人口密度小的区域无法高效供给；其次，由于山区地形复杂，人流、物流和信息流不畅，城镇中心的教育和医疗服务不易对周边农村地区形成有效辐射，难以带动其提高投入产出效率。

第二节　基于效率性评估的山区公共服务效率增进策略

公共服务投入产出效率及其影响因素分析结果表明，由于川西南山区经济社会发展水平相对较低，教育和医疗资源相对稀缺，投入不足的情况仍然普遍存在；山区聚落的闭塞性、边远性、分散性等特点，使既有投入下的公共服务产出低；山区公共资源投入成本高、效益低；山区人才缺乏、资源统筹管理能力差，导致山区教育和医疗服务水平不高。针对目前存在的问题，本节对川西南山区公共服务效率增进提出四个方面的建议。

一、增加投入以提高规模效率并实现规模报酬最优

川西南山区教育和医疗卫生投入产出综合效率无效的区县较多，说明该地区投入的相关资金没有得到有效利用。规模无效率区县多说明教育和医疗投入还需增加，规模报酬递

增区县多也说明大多数区县教育和医疗卫生投入规模还未达到最优。因此，加大对这些地区教育和医疗资源的投入力度，是提高其效率的必要条件。由于区域经济社会发展状况对区域基本公共服务投入财力有着直接的关系，要实现基本公共服务均等化，必须进一步加大财政转移支付力度，并实施针对贫困山区的帮扶性政策而增加投入项目。要实现基本公共服务均等化的目标，中央政府需高度重视山区的基本公共服务投入，进一步加大扶持力度，省财政应加大对山区教育卫生事业的投入，加大山区贫困县的财政转移支付力度，降低和减少贫困山区教育和医疗卫生项目的配套经费要求，解决山区县级财政对教育和卫生事业投入不足的问题。同时，市州和区县两级政府在财政经费中应逐步加大对教育和卫生，尤其医疗卫生事业的投入比例，确保教育和卫生投入增长幅度不低于财政支出增长幅度。

改善基层医疗基础设施和农村基础教育水平是提高川西南山区基本公共服务效率最为迫切的问题。要加大对乡镇卫生院，特别是偏远、艰苦山区基层的投入，积极改善基层医疗卫生机构基础设施、设备、信息化建设问题和学校寄宿条件及后勤保障问题，着力解决山区基层医卫人员和教职员工周转房，优先将基层教师和医务人员纳入县城公共租赁房保障范围。要按照标准化要求全面推进村卫生站和村小建设及设备配置，改善硬件条件，提升服务水平。按照"因地制宜"的原则，把医疗卫生网络连接、人员培训、网络维护等费用纳入市州级财政统筹安排，积极实施卫生信息网络平台建设和教育信息化及远程教育建设。同时，也要加大公共卫生经费投入，不断推进农村医疗卫生事业的快速发展，真正满足人民群众的就医需求，提高广大人民的健康水平。财政投入向偏远贫困山区倾斜，向条件艰苦的校点和乡镇中小学倾斜，提高山区农村中小学生公用经费投入，并提取部分统筹安排，以支付贫困地区学校修缮校舍等费用。

二、优化资源结构，提高山区公共服务统筹管理水平以提高纯技术效率

川西南地区大多数区县都处于规模效率和纯技术效率均为无效的两难境地，因此纯技术效率的提高也是提高教育和医疗卫生投入产出综合效率的重要途径。尤其对于处于规模效益递减阶段的区县，仅靠加大投入已很难显著地提高其公共服务效率，如雅安市全部区县都处于规模效益递减阶段，要想提高该区域公共服务效率，重点就是提高这些地区的纯技术效率，而纯技术效率的提高又涉及当地的资源禀赋、资源结构、投入政策和人力资源素质等多种因素。因此要提高这些地区的公共服务效率，就必须调整公共资源投入结构以优化资源配置，实施制度创新和政策引导以提供有效激励，平衡地区间、城乡间和不同层级机构间的教育和医疗卫生资源投入。例如，在医疗卫生方面，要提高医疗卫生资源的配置效率，实施平原地区对山区的对口帮扶，通过城乡统筹加强城市医疗资源向乡村辐射的强度，实施医疗卫生管理体制改革，切实落实分级诊疗，以构建"医联体"等方式打破医疗卫生服务资源原有的配置格局，使服务要素从高层医疗机构向基层医疗机构下沉，并在充分把握各利益相关者需求的基础上，通过价值引导、薪酬绩效改革等完善资源优化配置保障机制，并以信息化手段实现科学管理。

在医疗卫生方面应进一步提高山区基层医疗机构的综合服务能力。国家和省级管理部门应完善基本药物政策，及时增补临床常用药品目录；在山区允许州一级按照公开、公平、

公正和竞争择优的原则确定市州基本药物配送企业；加大对山区贫困区县的卫生项目建设、设备配备等方面的支持力度，加强区县医院、妇幼保健院、疾控中心、卫生执法监督所、新农合管理机构与社区卫生服务中心建设，改扩建乡镇卫生院、村卫生室的业务用房和辅助设施，建设乡镇卫生院职工周转房，不断改进山区贫困县各级医疗卫生机构的服务条件。在教育方面应着重加强山区农村中小学建设与帮扶投入，在现有的"三免一补"政策的基础上，对居住分散、上学困难的学生增加交通补助；对营养补贴经费加强监管，严禁挪用，增加对寄宿制学校的后勤专项补贴。

三、加强山区教育和医疗卫生人才队伍建设

制定加强基层教师和医疗卫生队伍建设的政策，积极解决人才引进、培养、管理、使用问题，稳步解决人员不足、人才匮乏问题。通过落实各项政策补助，通过制定增加贫困山区教师、医卫人员津贴等国家特殊政策，提高山区教师和医卫人员待遇，并在编制上予以倾斜。要充分发挥乡镇卫生院和学校用人自主权，引进和留住人才，稳定农村基层医疗卫生和教师队伍，加大教师和医生招聘力度，通过定岗定点招聘，向薄弱学校和卫生院尤其是条件艰苦教学点和乡村卫生所倾斜。制定优秀教育和医务人才引进方案，为其提供周转房和职称评定等方面更多便利条件。要进一步加大对口支援力度，完善对口支援政策，延长支援时间，建立长效管理机制，使优良教育和医务资源向基层倾斜。进一步实施山区农村订单定向对医学专业学生免费培养项目，提高教师培训经费，并开展持续的适宜技术培训、岗位培训、规范化培训及学历教育，提高乡村两级教师和卫生人员业务素质。国家、省级管理部门对山区区县以下医疗机构专业人员放宽执业考试学历、工作年限要求，同时采取考试与考核相结合的办法，发放的执业证书可注明在山区和民族地区乡镇卫生院执业，以促进乡镇卫生院人员稳定。推进退休和养老保险制度，出台乡村教师和医生养老保险指导意见，逐步建立统一规范的乡村教师、医生养老保险、聘用与退休制度。加大在山区农村实施"农村学校教师特岗计划"的力度，将计划实施重心从以初中为主逐步转向初中和小学并重，选派数量应逐年增加，重点补充农村中小学教师岗位。结合实施农村中小学现代远程教育工程和全国教师教育网络联盟计划，扩大国家远程教育布局，确保农村学校教师培训利用优质教育资源。结合国家实施师范生免费制度，加快培养一批面向农村中小学紧缺课程教师，通过专门的政策，引导毕业生到边远山区从教，努力改善中西部边远山区教师年龄老化的问题。

四、基于山区特点，因地制宜地制定和实施公共服务政策

由于山区特定的自然地理条件和经济发展水平，确定了其教育和卫生发展模式的独特性。教育和卫生部门应组织专家对山区尤其是少数民族地区的教育和卫生发展模式及卫生政策开展专项研究，除了提高教育和卫生的经费投入外，提高山区教育和卫生管理水平才是提高效率的关键。在"自上而下"的管理方面应由省级财政、发改委、民委、卫生、教育等部门组成山区教育和卫生发展委员会，专门协调山区教育和卫生发展与经济社会发展

的关系，制定适合山区特点的教育和卫生政策，出台符合山区条件的标准和法规，并通过统筹协调，减少因条块分割而造成的部门间推诿、政策得不到落实的现象，政策应多向基层倾斜，而非仅向基层下达指标，根据百姓迫切希望解决的问题制订政策，避免下达不符合实际情况的指标。同时也应结合基层实际，适度向基层放权，充分发挥当地管理者的地方性知识，适当采纳当地意见，在某种程度上采取"自下而上"的决策机制，提高山区少数民族自治区的教育和卫生自治权，提高政策的灵活性，在提升山区管理者管理水平的条件下，充分发挥当地政府部门在教育和卫生政策制定和制度建设中的作用，因地制宜地制定出适合山区自然、经济、社会和文化特点的教育与卫生政策。

在教育方面结合国家"农村义务教育保障机制""国家贫困地区义务教育工程""中西部农村初中学校建设工程"等项目，加大中央财政对山区中小学薄弱学校的改造力度，尽快使这些地区的中小学校舍及办学条件达到基本要求。县级可统一提取部分生均公共费用统筹协调，促进区内教育的均衡化发展。山区许多地区因经济水平不高，外出务工人员多，留守儿童人数占学校总人数的50%~80%，留守儿童家长教育意识淡泊，家庭配合教育缺乏，应针对山区留守儿童给予专门经费。中央政府和地方政府应当通过规划和空间布局，使每个公民不分城乡、不分地区都能够有机会接近法定基本公共服务设施。因此，在学校布局方面应根据山区经济社会差异、区域自然地理特征以及学龄人口变化地域性特征等因素，重新审视各地农村学校布局调整工作，纠正部分地区不顾客观条件限制、忽视困难地区学生家长的根本利益、过快过度撤并学校及教学点的做法。通过新建、改建和扩建学校，合理分流学生，解决大班额现象。保留和恢复部分村级教学点，采取多种措施改善办学条件，着力提高教学质量，提高教学点的生均公用经费标准，完善符合教学点实际的职称评定标准，职称晋升和绩效工资分配向教学点专任教师倾斜。增加山区寄宿学校学生宿舍面积配给，配备生活教师或寄宿生辅导员，管理学生的生活，减轻班主任及学校领导管理负担，保障学生的安全。对于生活教师及辅导员教师的配备，教师编制紧的地方由国家配备，编制松的学校就在教师富余人员中产生。对山区寄宿制学校按生均追加住宿费的配给，适当提高省、市（州）对山区营养餐的补助标准，并设报账专项解决由寄宿学生管理方面所带来的开支。还可借鉴西方经验，将国家统一领导与地方分权自治相结合，如扩大社区、学校、家长参与教育行政与学校管理的权限，形成国家、地方、学校、家长等共同促进教育发展并相互制约的管理系统。

在医疗卫生方面，要深化基层医疗卫生机构综合配套体制改革。针对基层医卫人才缺乏的情况，可规定医疗卫生人员在基层工作一定年限之后享有编制。实行全员聘用制，逐步建立健全灵活的用人机制、长效的激励分配机制和有效的绩效考核制度，提高乡村卫生机构服务效率。药物供货商因为山区路途遥远，交通不便，销售的利润较少而不愿意送药，造成药物供应不足，国家对医药企业对山区药物的配送给予适当补贴。推进乡村卫生服务一体化管理改革，将乡村卫生医疗纳入公共医疗统筹，体现其公共性和均等性。强力实施对口帮扶计划。积极组织平原地区和城市医疗机构对口支援山区医院和乡镇卫生院，协助开展医疗、公共卫生服务、专业知识培训、制度完善等工作，从整体上提高山区医疗服务能力和水平。

参 考 文 献

[1] Andrew C W. Frontier efficiency measurement in healthcare: A review of empirical techniques and selected applications[J]. Medical Care Research and Review,2004,61:135-170.

[2] Behn R. Why measure performance? Different purposes r-quire different measures [J]. Public Administration Review,2003,63(5):586-604.

[3] Renner A,Kirigia J,Zere E,et al. Technical efficiency of peripheral health units in Pujehun district of Sierra Leone: A DEA application[J]. BMC Health Services Research,2005,5(1):77-81.

[4] 唐娴. 基于 DEA-Tobit 两步法分析四川省公立医院技术效率及其影响因素[J]. 实用医院临床杂志,2010,7(6):101-103.

[5] Worthington A C. Cost efficiency in Australian local government: A comparative analysis of mathematical programming and econometric approaches[J].Financial Account Management,2000(16):201-223.

[6] Boyne G A. Concepts and indicators of local authority performance: An evaluation of the statutory frameworks in England and Wales[J]. Public Money & Management,2002(6):17-24.

[7] 梁文艳,杜育红. 基于 DEA-Tobit 模型的中国西部农村小学效率研究[J]. 北京大学教育评论,2009,7(4):22-34.

[8] Jana S,Michal S. Methodology for the efficiency evaluation of the municipal environmental protection expenditure[J]. IFIP International Federation for Information Processing,2011:327-340.

[9] 张鸣鸣. 农村公共产品效率的参与式评估研究[J]. 中州学刊,2010(3):135-137.

[10] 李燕凌. 基于 DEA-Tobit 模型的财政支农效率分析——以湖南省为例[J].中国农村经济,2008(9):52-62.

[11] 孙璐,吴瑞明,李韵. 公共服务绩效评价[J]. 统计与决策,2007(24):65-67.

[12] 彭国甫. 基于 DEA 模型的地方政府公共事业管理有效性评价——对湖南省 11 个地级州市政府的实证[J].中国软科学,2005(8):128-133.

[13] 罗良清,刘逸萱. 基于 DEA 模型评估江西省五市政府绩效实证研究[J]. 统计与信息论坛,2005,20(4):10-15.

第七章 山区公共服务效果性评价[①]

公共服务满意度是公共服务客观供给与主观感知相结合的产物。因此,运用行为地理学理论,将主观分析与客观分析相结合,是研究山区公共服务居民满意度的重要思路。运用熵权分析法确定公共服务满意度指标的客观权重,运用层次分析法(analytic hierarchy process,AHP)确定主观权重;运用 TOPSIS(technique for order preference by similarity to ideal solution,逼近于理想值的排序方法)+Tobit 定量分析法和 CIT 定性分析法分析公共服务的满意度,并从地理区位条件和空间时序性角度分析客观影响因素,从经济行为偏好和需要层次角度分析公共服务满意度的主观影响因素,能够更为客观地揭示山区公共服务居民满意度的空间分布特点和时空演变规律。山区乡镇公共服务满意度空间分布不均衡。不同类型公共服务的居民满意度的空间分布表现不同。人居环境、教育与就业和政府决策类公共服务满意度空间差距相对较小,社会保障、防灾减灾、信息与金融类公共服务次之,生活能源、医疗卫生、农业生产类公共服务的满意度空间差异较大。山区公共服务总体满意度受山区地理空间区位条件影响显著。人口与经济密度、距中心区的距离(经济距离、感知距离)、社会分割程度、海拔和相对高度等客观因素对公共服务满意度有较大影响。同时满意度也受当地居民个体特征和主观因素影响。个体外显特征如性别和收入来源对公共服务满意度有一定影响,而个体内隐的经济行为偏好如居民的感知公平、需要层次和服务预期对公共服务满意度的影响则更为显著。基于效果性的山区公共服务效率增进策略包括:根据山区公共服务居民满意度的时空规律确定供给重点,促进山区人口适度聚集以提高公共服务供给效率,公共服务供给中心的选择需注重区位,针对山区实施公共服务地方性干预政策,对山区聚落文化分割现象进行适度调控,以及构建"自上而下"与"自下而上"相结合的公共服务供给决策机制。

第一节 山区公共服务效果性评价及其影响因素分析

山区公共服务居民满意度是公共服务效率结果性评价的重要标准,是检验山区发展是否符合当地客观规律的重要参考。对公共服务公众满意度的研究是国际公共服务效率研究的重要领域,对公共服务的空间公平问题研究也是近年来相关研究的热点。研究者通过建立指标体系、设计居民满意度调查问卷获取满意度基础数据,并运用费耐尔模型[1]、SERVQUAL 模型[2]、结构方程模型[3]等计算满意度指数,并结合各种回归模型对满意度的影响因素进行分析。对公共服务公众满意度的实证研究成果颇丰,不仅有针对医疗、教

[①] 本章执笔人:宋雪茜。

育、饮用水、灌溉设施等单项公共服务的研究,也有公共服务综合满意度研究[4]。在公共服务满意度影响因素方面,学者们多从经济、社会和政策等角度,结合居民个体特征和村镇环境特征分析公共服务满意度的客观影响[5-8],许多学者在研究中发现居民主观因素对公共服务满意度有较大影响,如民众对公平性的感知影响满意度[9],经济、社会、地理等因素渗透到民众的主体意识之中,使欠发达地区对某些公共服务的满意度大于发达地区[10,11],但就满意度评价主体的主观因素对满意度影响进行研究,其方法还不完善,实证分析尚不深刻。我国学者在基本公共服务均等化大背景下,开展了一系列公共服务满意度空间差异研究,但重在对东、中、西部之间和城乡之间公共服务差异进行研究,对平原、丘陵和山区的公共服务满意度差异研究较为少见,针对山区独特的区域特点,对公共服务满意度进行的研究更不多见。

本书认为山区居民对公共服务的满意程度是由山区地理空间客观条件与居民主观感知内外营力相互作用的结果,因此运用行为地理学、行为经济学、社会学、服务管理学相关理论和方法,对山区公共服务居民满意度的空间差异进行交叉学科研究,从主观和客观两个方面分析满意度的影响因素,从而揭示山区公共服务居民满意度的时空演变规律,为向山区高效、公平、合理地配置公共资源及其管理提供指导依据和借鉴。

一、研究方法

主要运用复合权重 TOPSIS 分析法定量分析山区公共服务满意度,运用 Tobit 回归分析模型,以乡镇特征和居民个体特征为外生变量,定量分析山区公共服务满意度的影响因素,运用 CIT 关键事件法分析公共服务的内生变量对总体满意度的影响,解析居民个体特征和乡镇特征对满意度的感知程度,从而揭示山区公共服务空间差异演变规律。

(一)TOPSIS 分析法

TOPSIS 分析法是 Hwang 和 Yoon 于 1981 年提出的一种适用于根据多项指标对多个方案进行比较选择的分析方法。TOPSIS 分析法基本思想是:基于原始评价矩阵,建立加权决策矩阵,找出有限方案中的正理想方案(最优方案)和负理想方案(最劣方案),然后计算评价对象与正理想方案和负理想方案的距离,获得各评价对象与正理想方案的相对接近程度,并以相对接近度作为评价排序的依据[12]。TOPSIS 分析法的具体步骤如下。

(1)用熵权层次分析法确定权重后构成加权矩阵 $\boldsymbol{B}=\{b_{ij}\}$,每一属性权重($w_j$)与其对应的矩阵中元素($z_{ij}$)进行相乘,表示为下面点乘的形式:

$$\boldsymbol{B} = \left\{b_{ij}\right\}_{m\times n} = \left[w_j \times z_{ij}\right]_{m\times n} \tag{7-1}$$

(2)确定正理想解 b^+ 和负理想解 b^-, b^+ 的第 j 个属性值为 b_j^+, b^- 的第 j 个属性值为 b_j^-,则

$$\begin{aligned} b_j^+ &= \max(b_{1j}, b_{2j}, \cdots, b_{mj}) \\ b_j^- &= \min(b_{1j}, b_{2j}, \cdots, b_{mj}) \end{aligned} \quad (j=1,2,\cdots,n) \tag{7-2}$$

(3)计算各评价方案与正理想解、负理想解的距离

$$D_j^+ = \sqrt{\sum_{j=1}^{n}(b_{ij}-b_j^+)^2}$$
$$D_j^- = \sqrt{\sum_{j=1}^{n}(b_{ij}-b_j^-)^2} \quad (i=1,2,\cdots,m) \tag{7-3}$$

(4) 计算各方案的综合评价指数，按综合评价指数由大到小排列方案的优劣次序。

$$C_j^* = \frac{D_i^-}{D_i^- + D_i^+} \quad (i=1,2,\cdots,m) \tag{7-4}$$

根据相对接近度对评价对象进行排序，值越大，表明该评价对象的综合评价越好；反之，综合评价就越差。

(二)熵权层次分析法

因层次分析法依赖专家的主观判断来确定指标权重，难免使评价结果带有较为明显的主观性。而科学的评价，指标的权重不仅应该反映主观知识与经验判断，也应该包括数据本身传递的信息。因此，为了克服主观性对评价结果的影响，引进了熵权法，建立熵权层次分析评价模型，即采用层次分析评价模型测算各指标主观权重，采用熵权法测算客观权重，最后将两者进行综合，获得指标层的复合权重。该模型结合了主观和客观两方面的优势，曾用于投资决策、项目管理、可持续发展评价，但在公共服务满意度评价方面运用还较少。

1. AHP

AHP 是常用的主观模糊评价方法，其基本思想是将组成复杂问题的多个元素权重的整体判断转变为对这些元素进行两两比较，然后再转化为对这些元素的整体权重进行排序判断，最后确立各元素的权重。层次分析法计算权重的具体步骤如下。

1) 要素集的确立

将决策问题的有关元素分解成目标层(A)、准则层(B)和指标层(C)等层次。

2) 判断矩阵的构成与权重计算

在 AHP 法中，根据标度理论构造两两比较的判断矩阵，在排序计算中，每一层次的因素相对上一层次某一因素的单排序问题又可简化为一系列成对因素的判断比较。为了将比较判断定量化，引入 1-9 标度法或指数标度法，并写成判断矩阵形式 B。形成判断矩阵后，即可通过计算判断矩阵的最大特征根 λ_{max} 及其对应的特征向量，计算某一层对于上一层次某一个元素的相对重要性权值。进行判断矩阵的一致性检验，计算随机一致性比率 CR，若 $CR<0.1$，则矩阵 B 的一致性满足要求，权重有效。否则，矩阵的一致性不满足要求，须重新给出指标相互对比的重要度矩阵，再行计算。

3) 层次递阶赋权

一旦确定了低层指标对较高层指标的权重后，可以根据 AHP 法的层次递阶赋权定律确定最低层指标对最高层指标的权重。

2. **熵权法**

熵权法(entropy weight theory)来自信息学，熵权系数的确定取决于评价对象的固有信息，是一种客观赋权法，其原理是：对于某项指标，指标值间的差距越大，其熵值越小，表明该指标在综合评价中的权重越大；反之，指标间差距越小，其熵值越大，权重越小；

如果差异为零，表明该指标在综合评价中不起作用。熵权法计算权重的具体步骤如下。

①构建 m 个评价对象、n 个评价指标的判断矩阵：

$$X = \{x_{ij}\}_{m \times n} \quad (i = 1, 2, \cdots, m; j = 1, 2, \cdots, n) \tag{7-5}$$

②根据熵的定义，确定评价指标的熵值：

$$H_j = -\sum_{i=1}^{m} y_{ij} \ln y_{ij} \tag{7-6}$$

③计算第 j 项指标的差异性系数：

$$k_j = 1 - \frac{H_j}{\ln m} \tag{7-7}$$

④进而得熵权

$$w_j = \frac{k_j}{\sum k_j} \tag{7-8}$$

3. 复合权重

将运用层次分析法获得的主观权重 θ_i 与运用熵权法获得的客观权重 w_i 进行综合，继而运用如下公式：

$$\beta = \frac{\theta_i \times w_i}{\sum_{i=1}^{m} \theta_i \times w_i} \tag{7-9}$$

获得评价山区公共服务满意度的复合权重。

4. 熵权层次分析复合权重组合

分别运用 AHP 法和熵权法对元素集指标层的各项指标进行赋权，而后计算出指标层的复合权重；在此基础上再对准则层进行 AHP 法和熵权法赋权，并计算出准则层的复合权重；最后对指标层和准则层的指标进行整合，得出总目标的综合权重值。

(三) CIT 关键事件法

关键事件法(critical incident technique，CIT)是通过搜集关键事件，并利用内容分析法进行分类的一种工具。研究者让受访者用自己的语言对经历的服务体验进行描述，研究者根据获得的描述资料使用内容分析的方式将资料中描述的关键事件分组，即根据定性数据中词语或词组等出现的频率，或被提及的先后顺序处理数据，使其量化。研究者通过编码的方式将受访者的描述进行系统分类，所谓关键事件就是被受访者多次提及或优先提到的事件。关键事件法已经广泛运用于各服务业领域的顾客感知和满意度分析研究当中，但对于公共服务的实践运用还很少见。本书将此服务管理理论运用于公共服务研究领域，通过关键事件法对山区居民公共服务满意度进行分析,深入发掘山区居民对公共服务的需求程度、主观意愿、情感与动机。

(四) 截面数据 Tobit 回归模型

运用 TOPSIS 分析法测算了公共服务居民满意度后，将进一步分析造成满意度差异的外生变量的影响。由于本书研究满意度的数值范围为 0~1，可运用 Tobit 回归模型进行居民个体特征对满意度的解释分析。其计算公式如下：

第七章　山区公共服务效果性评价

$$C_l^* = \alpha_1 + \sum_{l=1}^{n}\sum_{j=1}^{p} \beta_{lj} xlj + \varepsilon_l \qquad (l=1,2,\cdots,p) \tag{7-10}$$

式中，C_l^* 为某个评价主体对公共服务的评价值；l 为评价主体的个数（本书中为 564），p 为满意度影响因素的个数。

二、山区公共服务满意度指标体系构建及实证调研

（一）满意度指标体系构建

借鉴前人的研究成果，结合山区特点和研究区域特征，选择了公共财政投入比例较大、对当地居民生产生活影响较为深刻的公共服务，构建了川西南山区中心镇公共服务居民满意度评价指标体系，既包括生产类又包括生活类，既包括公共服务的量，又包括公共服务的质。根据研究目标和研究对象的复杂程度，将山区公共服务满意度评价指标分为三层。目标层（A），即山区公共服务居民满意度；要素层（B）包括 9 项；指标层（C）包括 39 项。

（二）问卷设计和调研

迄今为止，较成熟和运用较广的顾客满意度指数理论是 1989 年美国的费耐尔（Fornell）提出的顾客满意度指数模型（customer satisfaction index，CSI），该模型吸取成熟的抽样调查和统计理论，对顾客满意度形成要素进行调查，运用偏微分最小二次方求解顾客满意度指数，预测关键要素改进对提高顾客满意度的效果。随着新公共管理运动的兴起，越来越多的国家和地区把 CSI 引入政府公共服务管理的绩效评估中，学者们也将顾客满意度理论引入公共服务效率研究中，并对如何在政府部门建立顾客满意度评估体系做了深入研究。本书借鉴费耐尔顾客满意度指标的理念，对山区公共服务的居民满意度进行评估。

应用 CSI 方法进行公共服务居民满意度调查需确定三个假设条件：①公共服务供给是居民能够感觉和感知的；②被评价的各种公共服务之间相互独立，不存在某种服务对另一种公共服务供给产生交互影响；③居民可以自由、完整地表达自己的判断，即通过合理设计问题，策略性行为对 CSI 方法的影响较小，居民对各种问题的回答符合累积正态分布函数假设条件[13]。

根据费耐尔法则，本书设计了利克特量表半封闭式问卷，即《中心镇公共服务满意度调查问卷》，开展了典型中心镇问卷调查，采用 5 级利克特量表的态度量化法，由居民对 39 个公共服务项目的 5 级态度或感知进行判别，将"非常满意、满意、一般、不满意、非常不满意"分别赋予 5、4、3、2、1 的分值，同时设计部分开放类问题，以弥补封闭性问题的不足。再通过关键事件法，在调研问卷中设计最不满意和最满意的项目选项，并简要回答原因，从而确定山区公共服务满意度的最高和最低界限，分析山区居民对公共服务满意度的深层原因。为了保证居民具有判断能力并防止居民的策略性回答，调查对象年龄为 20～65 岁，为了尽可能提高满意度的有效性和真实性，我们采取一对一访谈式调查，由山区居民口述，调查人员帮助填写，并且全部采取匿名形式。调查区部分乡镇为彝族乡

镇，为了解少数民族居民的公共服务满意度情况，聘请了西南民族大学彝语专业学生担任翻译，每组配一位翻译，全程进行调研工作的口译工作。

为了深入了解调研样本乡镇的情况和公共服务供给的现状，对公共服务供给管理单位人员进行了深度访谈，包括召开小型讨论会和面对面访谈两种形式。具体访谈对象包括区县级和市州级公共服务供给单位(政府办、发改委、卫生局、教育局、水利局、交通运输局、农办、扶贫移民局、统计局、地方志办公室等)管理人员和工作人员。通过访谈，深入了解调研样本区公共服务供给现状、经验及困难，为从供需双方角度分析山区公共服务满意度的原因打下了基础。设计《中心镇社会经济基本情况调研问卷》，深入了解山区乡镇特征，具体包括乡镇面积、总人口、距县政府距离、城镇化率、少数民族比率、是否属于环境敏感地区、是否是自然灾害频发地区等内容。

在成都市龙泉驿区西平镇、洛带镇进行研究预调研，通过预调研效果对调研问卷进行修改。于2013年1月、8月、9月，对攀枝花市、雅安市和凉山彝族自治州3个市州12个样本乡镇进行正式调研。深度访谈公共服务政府管理人员和工作人员98位，向样本乡镇居民发放问卷600份，有效问卷564份，问卷调研对象特征描述性统计数据如表7-1所示。

表7-1 调研对象个体特征

变量	类别	人数/人	百分比/%
性别	男	289	51.2
	女	275	48.8
年龄	18~25岁	54	9.6
	26~40岁	196	34.8
	41~50岁	171	30.3
	51~60岁	67	11.9
	61岁以上	76	13.5
文化程度	小学以下	85	15.1
	小学	157	27.8
	初中	190	33.7
	高中/中专/职高	97	17.2
	大专	22	3.9
	本科	13	2.3
年平均收入	无收入	50	8.9
	5000元以下	97	17.2
	5001~10000元	110	19.5
	10001~20000元	148	26.2
	20001~30000元	79	14.0
	30001~50000元	57	10.1
	50001~100000元	15	2.7
	100001元以上	8	1.4

续表

变量	类别	人数/人	百分比/%
主要收入来源	农业	181	32.1
	经营第二产业	12	2.1
	经营第三产业	155	27.5
	打工收入	104	18.4
	其他	112	19.9

(三)调研数据处理

对《中心镇公共服务满意度调查问卷》所得数据，首先通过 SPSS17.0 软件运用线型趋势法对 30 个缺失值进行了替换，并对问卷的信度进行了检测。在公共服务居民满意度测评中，数据的信度指的是调查所获得的数据所反映公众满意程度的可靠性，其检测的方法为常用的 Cronbach's a 系数法。在一般的探索性研究中，Cronbach's a 高于 0.6 即被认为可靠，高于 0.7 则被认为数据具有很高的可靠性。使用可靠性的信度检测指标 Cronbach's a 对本问卷进行信度分析，使用 Alpha 进行模型检验，结果如表 7-2 所示：问卷的总体 Cronbach's a 为 0.837，各变量的 Cronbach's a 有 5 项为 0.6~0.7，另外 4 项达到了 0.7 以上，说明问卷具有较高的可信度。

表 7-2 问卷信度

变量	标识变量个数/个	Cronbach's a
人居环境	8	0.755
生活能源	3	0.655
教育与就业	8	0.700
社会保障	3	0.619
农业生产	3	0.603
医疗卫生	3	0.803
信息与金融服务	6	0.698
政府决策与服务	3	0.691
防灾减灾	2	0.764
总量表	39	0.837

三、满意度分析结果

(一)熵权层次分析结果

运用熵权层次分析法确定山区公共服务满意度各层权重。首先，根据层次评价模型，构建指标两两对比判断矩阵，为了减少主观判断造成的误差，各层判断矩阵的参数先请 9 位专家各自独立评判确定，再参考专家的判断值确定指标层对准则层的 AHP 权重 θ_C 和准则层对目标层的 AHP 权重和 θ_B，根据判断矩阵求解特征向量及特征值，进行矩阵一致性检验，其计算结果如表 7-3 所示，所有矩阵的随机一致性比率 CR 都小于 0.1，表明一致性满足要求，权重有效。根据调研所得数据，运用熵权法确定指标层 39 项指标的熵权 W_C，加权求和得准则层 9 项指标得分，再次计算准则层 9 项指标熵权 W_B，通过式 (7-9) 分别计算指标层的复合权重 β_C 和准则层的复合权重 β_B，结果如表 7-4 所示。

表 7-3 AHP 判断矩阵特征值

判断矩阵	λ_{max}	CR
A-Bi	9.2977	0.0255
B_1-Ci	8.8689	0.0880
B_2-Ci	3.0015	0.0015
B_3-Ci	7.0746	0.0091
B_4-Ci	3.0000	0.0000
B_5-Ci	3.0000	0.0000
B_6-Ci	3.0142	0.0136
B_7-Ci	6.0603	0.0096
B_8-Ci	3.0012	0.0012
B_9-Ci	2.0000	0.0000

表 7-4 公共服务居民满意度复合权重

目标层 (A)	要素层 (B)	熵权 (W_B)	AHP (θ_B)	复合权重 (β_B)	指标层	熵权法 (W_C)	AHP 法 (θ_C)	复合权重 (β_C)
山区公共服务满意度	人居环境 (B_1)	0.0689	0.0501	0.0263	镇里的道路 (C_1)	0.0147	0.0207	0.0098
					通村道路 (C_2)	0.0245	0.0094	0.0074
					垃圾集中处理 (C_3)	0.0243	0.0059	0.0046
					公共厕所 (C_4)	0.0495	0.0012	0.0019
					生活污水处理 (C_5)	0.0469	0.0077	0.0116
					公共休闲设施 (C_6)	0.0485	0.0014	0.0022
					文体设施 (C_7)	0.0232	0.0019	0.0014
					文体娱乐活动 (C_8)	0.0217	0.0017	0.0012
	生活能源 (B_2)	0.1859	0.1062	0.1505	生活用水 (C_9)	0.0327	0.0783	0.0825
					生活用电 (C_{10})	0.0117	0.0188	0.0071
					生活能源 (C_{11})	0.0110	0.0091	0.0032
	教育与就业 (B_3)	0.0454	0.1581	0.0547	小学数量 (C_{12})	0.0104	0.0657	0.0219
					小学教学质量 (C_{13})	0.0109	0.0344	0.0121
					普通初中数量 (C_{14})	0.0066	0.0188	0.0040
					普通初中教学质量 (C_{15})	0.0075	0.0149	0.0036
					普通高中数量 (C_{16})	0.0033	0.0065	0.0007
					普通高中教学质量 (C_{17})	0.0536	0.0053	0.0091
					9+3 教育政策 (C_{18})	0.0152	0.0124	0.0061

续表

目标层 (A)	要素层 (B)	熵权 (W_B)	AHP (θ_B)	复合权重 (β_B)	指标层	熵权法 (W_C)	AHP法 (θ_C)	复合权重 (β_C)
					就业指导与信息(C_{19})	0.0169	0.1104	0.0599
	医疗卫生(B_4)	0.1616	0.2577	0.3173	医院卫生院数量(C_{20})	0.0198	0.0368	0.0235
					医疗设施设备(C_{21})	0.0510	0.1104	0.1812
					医生水平(C_{22})	0.0516	0.0864	0.1436
	社会保障(B_5)	0.0683	0.1296	0.0675	医疗保险(C_{23})	0.0162	0.0144	0.0075
					社会养老保险(C_{24})	0.0423	0.0288	0.0392
					最低生活保障(C_{25})	0.0114	0.0579	0.0212
	农业生产(B_6)	0.1170	0.0784	0.0699	农田水利设施(C_{26})	0.0296	0.0131	0.0125
					农业技术服务(C_{27})	0.0333	0.0207	0.0222
					农业经济合作组织(C_{28})	0.0374	0.0074	0.0089
	信息与金融服务(B_7)	0.0816	0.0205	0.0127	广播(C_{29})	0.0454	0.0011	0.0016
					有线电视(C_{30})	0.0172	0.0090	0.0050
					电话(C_{31})	0.0192	0.0039	0.0024
					宽带(C_{32})	0.0051	0.0018	0.0003
					金融机构数量(C_{33})	0.0258	0.0009	0.0007
					金融机构服务(C_{34})	0.0180	0.0038	0.0022
	政府决策与服务(B_8)	0.0601	0.0174	0.0080	政府公共服务决策征求意见(C_{35})	0.0207	0.0027	0.0018
					政府办事方便程度(C_{36})	0.0251	0.0132	0.0106
					政府工作人员服务态度(C_{37})	0.0126	0.0014	0.0006
	防灾减灾(B_9)	0.2112	0.1821	0.2931	防灾设施(C_{38})	0.0468	0.1456	0.2195
					防灾宣传(C_{39})	0.0384	0.0364	0.0450

(二)TOPSIS 分析结果

运用 TOPSIS 分析法,结合熵权层次分析确定的复合权重,计算各乡镇(街道)的公共服务总体满意度 C^*(图 7-1)。

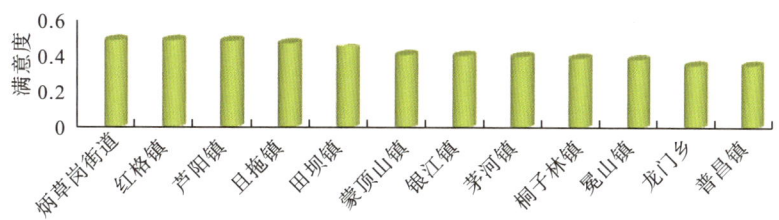

图 7-1 样本乡镇公共服务总体满意度排序

研究结果表明,山区各类公共服务满意度空间不均衡。生活能源、医疗卫生、农业生产类公共服务的满意度空间差异很大,社会保障、防灾减灾、信息与金融类公共服务次之,人居环境、教育与就业和政府决策类公共服务满意度相对均衡(图 7-2)。

其中，对教育的满意度空间差异较小，满意度都在0.5~0.6，表明基础教育均等化政策的实施成效得到山区居民的较高认同。医疗卫生类公共服务的满意度较低，且空间差异很大，只有炳草岗和茅河大于0.5，芦阳、桐子林和银江大于0.4。炳草岗位于攀枝花市中区，茅河是毗邻省会成都的镇，芦阳和桐子林分别是芦山县和盐边县的县城所在地，可见区域中心或区位条件好的地区医疗满意度较高。农业生产类公共服务的满意度的空间差异特征与医疗卫生类相似，在市区、县城所在地满意度较高，原因主要有两点：①市区调研对象多数没有从事农业生产，因此无明显不满意；②毗邻大城市的乡镇（街道）的农业生产类公共服务供给客观较好。

区域经济发展水平和文化分割度较高的凉山州各乡镇对社会保障、信息金融服务和防灾减灾的满意度较低，而经济社会发展水平较高、对外信息沟通最多的炳草岗的人居环境、生活能源和教育就业的满意度却较低（表7-4，图7-2）。

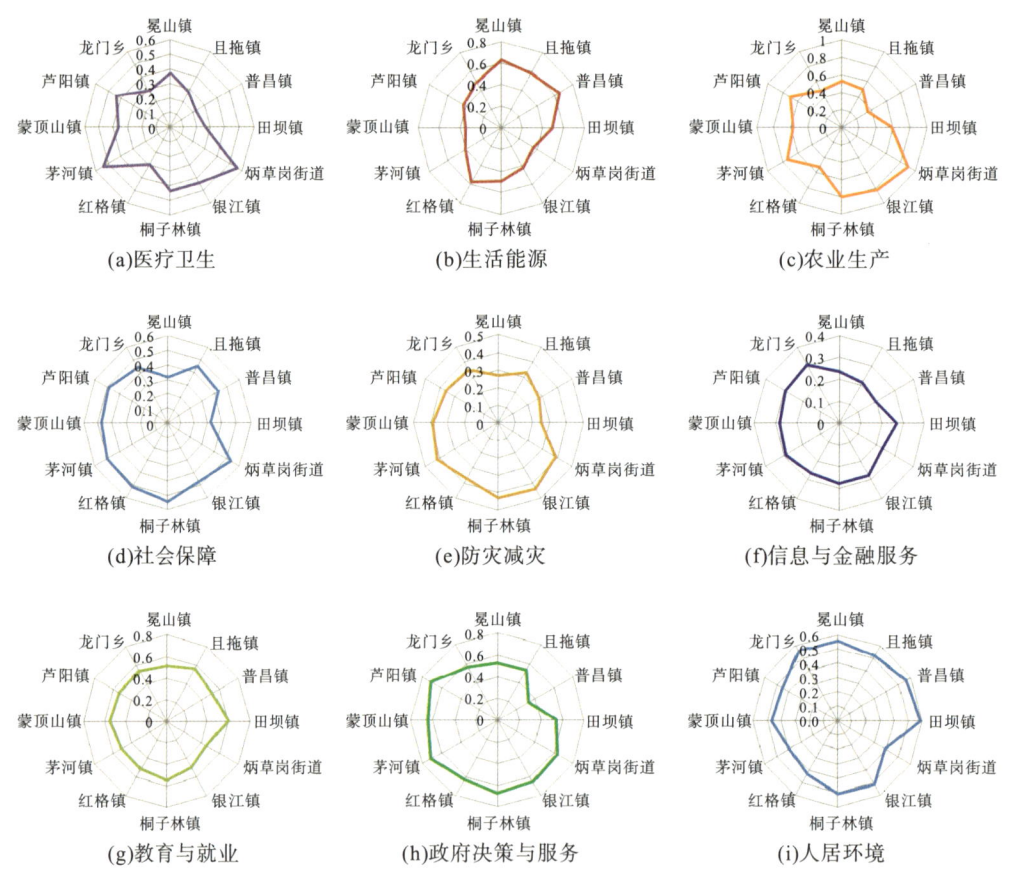

图7-2 各类公共服务居民满意度指数空间差异

(三)CIT分析结果

运用CIT分析法，分别计算每个乡镇（街道）居民最满意和最不满意的公共服务项目出现频率最高的前三项，结果如表7-5所示。

表 7-5　公共服务满意度 CIT 甄别表

乡镇(街道)	最满意频率排序			最不满意频率排序		
	第一	第二	第三	第一	第二	第三
冕山镇	生活用水	医疗保险	小学质量	防灾设施	通村道路	镇里道路
且拖镇	镇里道路	医疗保险	养老保险	农田水利设施	医生水平	通村道路
普昌镇	医疗保险	镇里道路	通村道路	生活用电	镇里道路	生活用水
田坝镇	医疗保险	生活用水	生活用电	镇里道路	医生水平	垃圾集中处理
炳草岗街道	医疗保险	垃圾集中处理	宽带	医生水平	政府工作人员服务态度	生活污水处理
银江镇	医疗保险	镇里道路	垃圾集中处理	垃圾集中处理	镇里道路	生活用水
桐子林镇	医疗保险	镇里道路	农业技术服务	生活用水	医生水平	最低生活保障
红格镇	镇里道路	通村道路	生活用电	生活用水	垃圾集中处理	医生水平
茅河乡	镇里道路	生活用电	医疗保险	最低生活保障	小学教学质量	医生水平
蒙顶山镇	医疗保险	镇里道路	生活用水	镇里道路	最低生活保障	生活污水处理
芦阳镇	镇里道路	医疗保险	生活污水处理	政府工作人员服务态度	最低生活保障	垃圾集中处理
龙门乡	医疗保险	垃圾集中处理	生活用水	政府工作人员服务态度	镇里道路	生活用水

最满意和最不满意的典型事件主要集中在人居环境、生活能源、医疗卫生和社会保障四个方面。8 个乡镇"镇里道路"或"通村道路"排在最满意指标的前三名,但同时也有 6 个乡镇"镇里道路"排在最不满意指标的前三名。蒙顶山、银江和普昌最满意和最不满意排在前三名的都有"镇里道路",说明山区居民对道路的感知非常敏感,而且因微观区位不同而带来的居民感知不公,是道路满意度差异的重要原因。此外,"医疗保险"在 11 个乡镇(街道)都是排在最满意指标的前三名。"生活用水"在 5 个乡镇排最不满意指标的前三名。"医生水平"在 6 个乡镇(街道)为最不满意指标的前三名。此外,CIT 调研结果还表明,对教学质量的不满和部分家庭孩子上学距离太远,是山区居民对教育抱怨的主要原因。

四、Tobit 模型构建

(一)外生变量选择

根据相关研究经验,根据李强、何精华、陈俊红、李燕凌、张林秀、樊丽明和严立冬等学者的相关研究,公共服务的居民满意度与其个体特征和地方特征有一定的相关性。因此,本书从人口学特征、经济特征、地理区位特征和社会特征四个视角,分析个体特征和乡镇特征对公共服务满意度的影响。其中,个体因素包括评价主体的性别、年龄、家庭人均收入、受教育程度、是否务农等 5 项,乡镇因素包括人口密度、城镇化率、少数民族占总人口比例、人均纯收入和海拔等 5 项。关于这些外生变量对公共服务满意度影响方向和影响程度,本书根据公共服务供给的现状和相关的研究成果做出如下假设。

假设 1：在个体特征对公共服务满意度影响方面，由于城乡公共服务供给具有极大差异性，务农的居民比非务农的居民满意度应更低；家庭收入水平和受教育程度越高，对满意度预期也应越高，满意度应越低；年龄较大的居民基于对公共服务供给现状和过去的供给水平的对比，对当前的公共服务满意度应越高；由于山区男性比女性更易获得资源，男性应比女性满意度更高。

假设 2：在乡镇特征对公共服务满意度影响方面，经济发展水平高的地区公共服务供给更好，满意度应越高；人口密度越高、城镇化率越高的地区，公共服务供给越聚集，供给效率越高，居民满意度越高；少数民族人口占比高的地区，由于与外界的分割和资源相对缺乏，公共服务供给较差，居民满意度应较低；海拔越高的地区，公共服务的投入成本越高、效率越低，满意度应越低。

（二）变量赋值及 Tobit 模型建立

以 TOPSIS 分析所得的每个评价主体对公共服务的总体满意度 C_i^* 为被解释变量，以居民个体特征和乡镇特征为解释变量，对定性和分类数据变量进行虚拟变量设定（表 7-6），并在此基础上结合式（7-10）建立山区公共服务居民满意度影响因素回归模型：

$$C_i^* = \alpha + \beta_1 X_1 + \beta_2 X_2 + \cdots + \beta_{10} X_{10} + \varepsilon \tag{7-11}$$

表 7-6　山区公共服务居民满意度影响因素变量界定

变量类型	变量代号	变量简称	变量定义或赋值	变量类型	变量代号	变量简称	变量界定
个体特征	X_1	性别	男为 1，女为 0	乡镇特征	X_6	海拔	500～1000m 为 1；1001～1500m 为 2；1501～2000m 为 3；2000m 以上为 4
	X_2	年龄	18～65 岁		X_7	人口密度	100 人/km² 以下为 1；100～500 人/km² 为 2；500～1000 人/km² 为 3；1000 人/km² 以上为 4
	X_3	受教育程度	小学以下为 1；小学为 2；初中为 3；高中、中专、职高为 4；大专为 5；本科为 6；硕士及以上为 7		X_8	少数民族人口占比	小于 10% 为 1；11%～30% 为 2；31%～50% 为 3；51%～70% 为 4；71%～90% 为 5；大于 90% 为 6
	X_4	家庭人均纯收入	无收入为 1；5000 元以下为 2；5001～10000 元为 3；10001～20000 元为 4；20001～30000 元为 5；30001～50000 元为 6；50001～100000 元为 7；100001 元以上为 8		X_9	城镇化率	小于 0.1 为 1；0.1～0.3 为 2；0.3～0.6 为 3；0.6～0.9 为 4；大于 0.9 为 5
	X_5	户主是否务农	是为 1；否为 0		X_{10}	农民人均纯收入	小于 2000 元为 1；2001～4000 元为 2；4001～6000 元为 3；6001～8000 元为 4；8001～10000 元为 5；大于 10001 元为 6

（三）Tobit 分析结果

运用 Eviews 7 软件对山区公共服务居民满意度影响因素进行 Tobit 估计，结果如表 7-7

所示。总体上，乡镇特征对山区居民公共服务满意度的影响更为显著；在个体特征中，年龄、受教育程度和家庭收入对满意度影响不显著；与预期相同的是，男性的满意度比女性满意度更高；而与假设相反的是，务农居民的满意度比非务农居民满意度高。在乡镇特征方面，海拔越高的地区满意度越低的假设得到了证实，但与假设相反的是少数民族人口占比高的乡镇满意度偏高，农民人均纯属收入和人口密度越高，满意度越低，而城镇化率对公共服务的满意度影响并不显著。

表 7-7 Tobit 回归分析结果

变量名	β 模型 1	β 模型 2	变量名	β 模型 1	β 模型 2
α	0.8449** (0.0474)	0.8098** (0.0396)	海拔 X_6	−0.0468** (0.0101)	−0.0425** (0.0094)
性别 X_1	0.0238* (0.0095)	0.0211* (0.0093)	人口密度 X_7	−0.0464** (0.0085)	−0.0393** (0.0067)
年龄 X_2	−0.0025 (0.0044)	—	少数民族人口占比 X_8	0.0152** (0.0051)	0.0159** (0.0051)
受教育程度 X_3	0.0005 (0.0047)	—	城镇化率 X_9	0.0058 (0.0047)	—
家庭人均纯收入 X_4	−0.0031 (0.0030)	—	农民人均纯收入 X_{10}	−0.0241** (0.0075)	−0.0210** (0.0070)
户主是否务农 X_5	0.0247* (0.0108)	0.0242* (0.0102)	Loglikelihood	449.2204	447.8502
			Pseudo R^2	0.76523	0.83256

注：*、**分别表示在 0.01%、0.05%的水平下显著，括号内数值是标准差。

五、结果分析

根据行为地理学先驱沃伯特的观点，用理性模型解释生产率变化是不合适的，因为相对于古典经济学中规范的"经济人"概念，"空间较满意（spatial satisficer）"概念更能准确地描述样本人口的行为模式。地理学家 Gould 指出，人在环境面前的认知受最优行为规则控制，这既包括最经济行为，也包括最满意行为，最满意行为追求个体某种"满意"变量的最大化，提出了追求风险损失最小化的"零和博弈"规则[13]。行为地理学思想认为个体理性是调适的、有目的的，而不是全知的理性。相对于早期的空间分析，当今的地理学更重视区位决策的过程而非结果，更多地理学家开始进行个体动机和行为模式的研究，认为个体掌握信息的充分程度以及耗费成本影响决策。根据山区居民的空间分布状况，对信息沟通过程中的空间滞后问题，以及期望值、环境的内在不稳定性、规避风险的态度等变量给予考虑，山区居民公共服务满意度的空间变量和影响因素才能得到更清晰的理解。

基于此观点，本书认为山区居民公共服务满意度是由山区地理、经济和社会等客观条件与居民主观感知内外营力相互作用的结果，并通过实证研究证实了这一假设。在主观影响因素中，外显的个体特征因素对满意度的影响并不显著，根据前人研究成果并结合 CIT 分析获取的信息，可知居民的心理特征和经济行为偏好，才是影响公共服务满意度的重要原因。因此，本书将运用行为地理学的理论，重点从山区地理空间区位因素分析满意度的客观影响因素，从经济行为偏好分析有限理性的"现实人"对公共服务满意度感知的主观影响因素，并从主观选择和外在制约两方面来把握行为与空间的相互关系，揭示山区公共服务满意度的规律。

(一) 区位影响居民对不同类型公共服务的公平性感知

美国学者丹哈特指出"政府与公民之间的关系不同于工商企业与其顾客之间的关系。在政府中，公平和平等方面的考虑在服务供给中起着重要作用"[14]。诺贝尔经济学奖获得者丹尼尔·卡尼曼(Daniel Kahneman)和他的合作者特维斯基(Tversky)提出了经济行为偏好的"前景理论"(prospect theory)，其中的"参照依赖"(reference-dependent preferences)概念，认为价值是以一个参照点(reference point)来定义"获得"和"损失"的，参照点不同，价值判断会不同，而且实际情况与参照水平的相对差异比实际的绝对值更重要。服务管理理论也认为，导致顾客不满甚至抱怨的主要原因之一，是顾客对所接受服务的不公平性感知。山区公共服务居民满意度与感知公平性有很大相关性，居民通常在参照对比中确定其接受的公共服务的满意程度。行为学家把这种心理称为"锚定效应"(anchoring effect)，即当人们需要对某个事件做定量估测时，会将某些特定数值作为起始值，起始值像锚一样制约着估测值。空间知识学习理论发现存在着一种等级性的空间信息储存结构，行为地理学家Golledge提出了"锚点"模型，描述了个体在陌生空间中，首先会全力寻找主要节点，并围绕着主要节点，认识次要的节点和其间的通路，最终形成带有等级的认知结构[15]。通过对川西南山区公共服务居民满意度的实证研究，发现公共服务感知公平的参照依赖会投射到时间和空间上，"锚"不是一个脱离于时空孤立存在的参照点，而是存在于具体时空坐标之上的参照点。TOPSIS和CIT分析结果表明，山区不同乡镇居民对不同类别公共服务的公平性感知与参照依赖的区域尺度有关。

(1) 教育类偏向大尺度感知公平性比较。例如，攀枝花市炳草岗街道和银江镇是教育供给最好地区，但因与省会成都比较教育水平而出现感知不公平，导致教育满意度相对较低。

(2) 医疗卫生偏向中尺度的感知公平比较。居民将一般建制镇的医疗条件与县城镇相比而感知不公，而市区和县城镇的医疗卫生满意度明显高于其他建制镇。

(3) 道路和生活能源偏向微尺度的感知公平比较。在山区，居住在同一乡镇不同街区位置和山坡不同相对高度的居民对道路和生活用水等问题感知不公。

实证调查结果说明，不同类型公共服务参照"锚"投射的空间距离不同，这既与不同类型公共服务的空间服务半径和空间溢出效应有关，也与不同开放/分割程度乡镇居民对"锚"的感知距离有关(图7-3)。

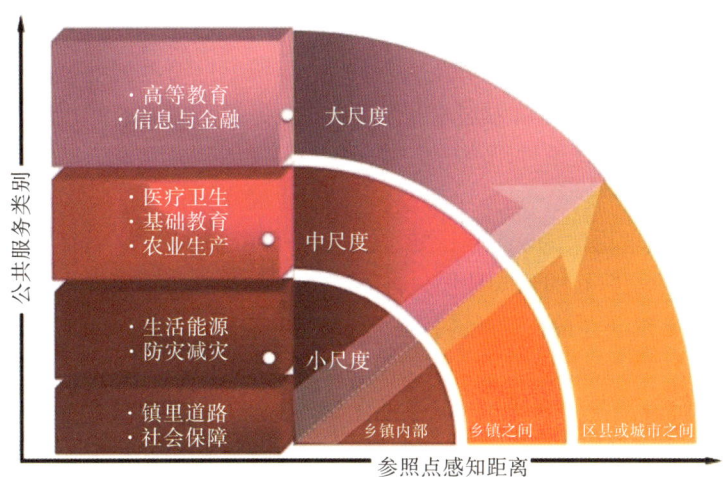

图 7-3 居民对各类公共服务参照点的感知距离

(二)距离和分割影响居民对公共服务的预期

满意度的本质是服务接受者的服务感知与服务预期之间的差距,超过预期则满意,低于预期则不满意。预期理论对于解释 Tobit 分析结果中乡镇人均收入水平与公共服务满意度呈负相关、务农者比非务农者满意度更高以及少数民族人口占比高的区域公共服务满意度高等一系列现象都具有重要意义。服务理论的一般规律表明经济社会发展水平越高,居民对公共服务的预期也越高。在山区,地方的距离和分割程度会对区域的经济社会发展水平产生极大的影响,同时也会对居民的信息获得产生影响,从而影响居民对公共服务的预期。

早在 1955 年,英国地理学家瑞福德·沃森(Wreford Watson)就提出了"作为一门距离科学的地理学"概念,并将时间距离和社会距离纳入讨论,距离变量的研究为地理学家建模和验证假设等提供了良好的基础。"既然交通成本主要取决于距离,最小距离就成为决策的关键变量;既然地理学是关于空间的学科,那么距离应该是将地理学带入社会科学的关键变量"[16]。经济学的"距离"指商品、服务、劳务、资本、信息和观念穿越空间的难易程度。距离不完全是指两个地区的物理距离,还包括时间成本、货币成本和心理成本。山区居民对公共服务的满意度实际上受到空间信息流与地方及个体行为的交互影响。山区居民对公共服务的预期与其所在的乡镇以及城镇体系中上一级密集区节点的距离分割相关,也与文化差异有关。

从客观上讲,乡镇与密集区距离越近、分割度越低,公共服务供给水平越高,山区居民的公共服务满意度也越高。远离密集区,且有较大文化差异的地区,与外界的分割是导致当地发展水平低的重要原因。例如,在调研中发现少数民族乡镇难以获得先进的文化信息、观念与意识,就业更为困难,对社会的发展更难适应,最终加剧与现代文化的冲突与矛盾。分割度过高的地区会因信息的闭塞造成意识欠缺或资源匮乏,从而失去发展机会。例如,大城市周边乡镇可以利用金融运作,先从银行贷款,一次性修好通村公路,再用国家每年财政划拨的经费偿还银行,而边远山区乡镇则每年用同等经费把通村的毛坯路勉强修通，然后每年用钱维修，在山区道路修建和维护成本远高于平原地区的情况下，又因金融资源的缺乏导致山区乡镇公路投资效率极为低下。国家针对不同地区相同的补贴政策和地方项目配套经费的要求对经济发展水平低、公共服务投入成本高的山区已经造成了空间差异的扩大，而分割的地理条件形成的信息、金融等资源差异及意识差异进一步加剧了空间的不平等。

行为地理学相关理论认为，人脑认知地图时存在距离扭曲，所以指导实际行为的并非真实环境，而是心理歪曲后的认知地图。居民对公共服务的满意度会受到被扭曲的认知的影响，使其满意度带有很强的主观性特征。因此，距离远、分割度高也会使山区居民缺乏信息和比较，而具有相对较低的服务预期，从而使公共服务满意度偏高，也就出现Tobit分析少数民族人口占比与满意度呈正相关的结果。例如，凉山州且托乡，少数民族人口占比为93%，各项公共服务供给水平都较低，但总体满意度却排名第四。从行为经济学角度来看，山区居民的满意度还与主观幸福与客观幸福感知差异有关。主观幸福，主要是将参照点投射到时间上，即山区居民相对于过去经历，普遍感觉享受了更多更好的公共服务。但客观幸福感的参照点却投射于空间上，即与同时期其他地区相比，则可真实反映公共服务水平的差距。由于人流、物流和信息流较少，对外沟通的机会更少，分割度高的少数民族乡镇，即便享受的公共服务的质与量明显较差，但仍会因缺乏横向对比而使得预期较低，满意度较高。

(三)海拔与公共服务供给效率负相关

TOPSIS+Tobit 研究结果表明，海拔与公共服务满意度呈显著负相关。在高海拔山区，由于地形起伏大、聚落分散、经济不发达，形成公共服务供给主体单一、供给财力不足，供给成本和维护成本高的两难境地，尤其是高海拔偏远聚落，交通不便，配套不完善，公共服务供给困难极大。调研中了解到，为了解决部分偏远山区聚落安全饮用水问题，水利局工作人员需骑马或步行一整天才能到达这些偏远山区，而且所需的设备根本无法进入。医生携带医疗设备跋山涉水出诊，却因无电无水而无法提供医疗服务。在教育方面，为了提高教育质量，国家实施了撤并村小的政策，国家审计署对全国1185个县农村中小学布局调整情况专项审计调查结果表明，撤并村小的政策虽然提高了办学规模和效益、促进了师资队伍结构和素质的优化、提升了办学标准化水平和教学质量，但同时也造成学生上学耗时偏长、交通安全风险增加、寄宿管理和服务能力不足等问题，使学龄儿童辍学率从2006年到2011年增长了10%[17]。而这一现象在山区表现得尤为明显，虽然有国家"两免一补"的优惠政策，但许多山区学校因缺少后勤管理的资金和人员，让教师兼管学生的食宿，加重了教师的负担，使得山区教育面临更大的困境。此外，部分家庭因孩子太小，不放心寄宿，所以放弃读书。还有家庭为了子女读书到乡镇租房陪读，大大增加了经济负担。在意识到撤并村小存在一系列问题后，四川省又调整政策，规定上学距离不超过"1.5公里"，忽视了山区特殊的地形条件，以"自然距离"取代"经济距离"，同样也会导致政策制定时的良好意愿与实际操作效果不佳的矛盾。由此可见，如何向高海拔、偏远、分散的聚落提供公共服务，是实现基本公共服务均等化需要讨论的重要命题。

(四)山区城镇人口密度影响居民宜居性感知

川西南山区人口的集聚基本上由经济因素而非自然因素决定,因此人口密度与经济密度分布基本相同。受山区自然地理条件限制,川西南地区只能在特定地域空间形成密集区,难以连续分布,人口在地域分布上的不均衡性非常显著。借鉴谢洪等的研究成果,我们把川西南地区乡镇人口密度分为四级,根据该分级指标,对样本乡镇人口密度空间分异情况进行分析,结果如表7-8所示。由于人口密度和经济密度的不均衡分布,城镇公共设施的配置也不均衡,不同区域、不同阶层的居民没有获得城镇公共服务同等的接近性,享受的设施服务水平在城镇之间和城镇内部都有明显差异,这一点在具有离散性、分割性和封闭性的山区城镇表现得尤为突出。

表7-8 样本乡镇人口密度 (单位:人/km^2)

人口高度密集区	人口适度密集区	人口松散区	人口稀少区
>1000	500~1000	100~500	<100
炳草岗	芦阳	且托、普昌、田坝、银江、桐子林、茅河、蒙顶山、龙门	冕山、红格

山区乡镇人口密度过低,公共服务投入成本高,在有限资源约束下,公共服务效率和水平也更低。为了提高公共服务供给效率,必须实现山区人口的合理聚集。但是,山区生态环境脆弱、敏感性强,其微小的变化对山区经济发展的承载能力和城镇建设容量的影响具有放大效应,山区城镇人口密度过大,超过山区资源环境承载力,将导致生态环境退化,生活能源欠缺,加之山区土地资源稀缺、地形复杂,导致生产空间、生活空间与生态空间的不合理布局,使山区城镇宜居性较差,居民对人居环境以及生活能源等公共服务项目满意度较低。

攀枝花是典型的资源型城市,是川西南地区人口密度最高的区域,同时也是自然灾害多发区和干热河谷地区,重工业生产带来的粉尘污染、水源污染、空气污染问题虽经大力整治,但仍未得到根本解决。公共服务居民满意度调研结果表明,攀枝花境内样本乡镇(街道)(包括炳草岗街道、银江镇、红格镇和桐子林镇)居民最不满意的公共服务排名前三均包括生活用水和污水处理。为了解决安全饮用水问题,当地政府实施了大量安全饮用水项目,但仍未完全满足当地居民的需求。在这4个样本乡镇(街道)中,炳草岗街道是市政府所在地,人口密度超过14000人/km^2,远高于研究区内其他乡镇,虽然该区域交通条件和公共休闲设施等供给水平较高,但居民对人居环境类公共服务的满意度却是12个样本乡镇(街道)中最低的,居民普遍抱怨城市规划不合理、太吵闹、污水处理差,表明山区城镇人口密度过高导致环境污染和拥挤感,降低了居民公共服务满意度。银江镇是攀钢集团有限公司的总部所在地,当地居民普遍抱怨工业用车造成道路损坏严重、空气质量不好、生活用水不便等,说明该区域生产空间占用空间太大,居住空间和生态空间太少,导致居民对人居环境和生活能源等公共服务的满意度低。由此可见,人口密度与资源环境承载力的矛盾、工业发展与环境保护的矛盾是提高当地居民公共服务满意度的瓶颈,是山地资源型城市可持续发展亟待解决的难题。

(五)不同发展阶段居民对公共服务需求层次的差异

根据马斯洛需求层次理论和时空等价理论,经济社会发展水平高,需求层次也高。本书的研究结果表明,经济社会发展较好的乡镇(街道),对政府服务、医疗水平及教育质量要求较高,对图书馆等公共文化服务需求更高,居民的需求层次更多表现在社交需求和受尊重的需求方面。例如,攀枝花炳草岗居民大多表达了对政府工作人员服务态度的较高的预期,体现出其对公共服务的需求已经明显地涉及受尊重的层面。发展较差的乡镇(街道)居民则更关注社会福利、道路、医疗的可及性和生活能源价格等公共服务。

随着经济社会的发展,大多数调研乡镇(街道)对教育、医疗的需求都出现了从关注数量转变为关注质量的趋势,调研区每一个乡镇(街道)都有卫生院,床位数量、医生数量等差异不大,而居民的不满主要集中在医院的等级和设施设备,以及医生的专业水平方面,说明居民对医疗卫生类公共服务质量的需求心理对满意度产生了较大的影响。

值得注意的是,随着时间推移,经济社会发展不一定会使公共服务水平和效率逐渐提高,相反,在一定的时空背景下,有可能还会出现降低的情况。调研中的某些案例表明,公共服务供给状况也会随着区域的衰落而变得更坏。例如,攀枝花市银江镇因与攀钢集团存在依托关系,随着企业生命周期变化,其公共服务供给的优势在某种程度上已经变成了劣势。攀枝花建市之初的 1965 年,我国正处于企业办社会的高峰区,企业承担了当地教育、道路、生活能源等多项公共服务的供给任务,在当地公共服务事业发展方面做出了巨大的贡献,攀钢集团有限公司、中国十九冶集团有限公司、华电四川发电有限公司攀枝花分公司、攀枝花煤业(集团)有限责任公司四大企业建立了 50 所普通中小学,拥有 5000 余名教师。直至 2005 年,这些教育资源才移交地方政府管理,企业办学与地方政府办学"两条腿走路"的办学模式才完成历史使命。

随着时间的推移,企业对环境的破坏使得当地居民对环境的抱怨日益增多,如工业用车造成路面损坏严重和尘土较大、空气质量不好等。社会的变革和企业盈利空间缩小,使企业逐渐从公共服务供给主体中退出,企业和当地居民的矛盾也渐渐浮出水面。例如,在兴办工厂时,企业用房屋置换银江镇农民土地,并承诺免其水电费作为补偿,企业目前面临亏损,加之居民因不支付费用而存在浪费现象,攀钢集团有限公司无力继续承担这笔费用。而当地居民对失去免费水电的损失厌恶(loss aversion),使其对即得现状极力保护,拒不缴费,导致停水停电的情况经常发生,成为居民对公共服务不满的重要原因。可见,山区资源型城市产业转型的阵痛会直接反映在公共服务的居民满意度上。

此外,突发事件对需求层次的客观规律也会产生突变影响。例如,地震灾害会导致居民对政府管理能力的需求突然提高,而政府的灾害应急管理水平和灾后重建管理水平较低,使得民众对政府工作人员服务态度等的满意度降低。在"4·20"芦山地震灾区,许多居民认为"政府工作人员服务态度"是令其最不满意的公共服务项目。通过调研得知,灾后基层政府的工作人员工作压力大,强度高,而且灾后重建涉及与老百姓利益息息相关的重建补偿、征地重建等问题,极易引起矛盾。因此,探索灾区公平有效的重建政策、科学规范的管理模式,提高山区基层政府的灾害应急管理水平和灾后重建管理水平都十分迫切。

第二节　基于效果性评估的效率增进策略

一、根据山区公共服务居民满意度的时空特征确定供给重点

在不同地区对不同类型公共服务实行分阶段差异化供给。行为经济学中的"损失厌恶"理论认为，等量的损失要比等量的获得对人们感觉产生更大的影响。公共服务政策的主要关注点应是弥补最不满意的"短板"。例如，现阶段川西南山区教育和医疗的硬件条件大多数已经满足实际需求，就应把供给重点转移到引进专业技术人才、提高其待遇、提供培训等软件建设方面。经济社会发展较好的地区则应注重当地居民更高层次需要的公共服务的改善，如提高政府工作人员工作服务水平，改进服务态度，提高现代化信息服务水平；对发展较差的地区则更应注重基本需求的满足，如农业生产服务、社会保障服务、就业促进服务等供给。特别偏远落后的地区还应针对各类公共服务之间的关联性，着力提高公共服务供给的系统性。此外，由于山区是灾害多发区，不论发展水平高低，对防灾减灾和灾后重建的需要都十分迫切，全面提高山区防灾能力和基层政府应急管理水平非常迫切。

二、促进山区人口适度聚集以提高公共服务供给效率

通过城镇规划、政策引导等方法促进山区人口适度聚集，并使之与资源环境承载力相适应，促进人口与城镇、产业与城镇协同集聚。通过新农村建设、少数民族新寨建设、投亲靠友式移民等方式，使海拔过高、过于偏远和自然灾害隐患大等不适宜居住地区的人口聚集到城镇。并在山区城镇化进程中，通过合理规划，实现生活空间、生产空间和生态空间合理布局，对不同空间进行生产类、生活类和生态保护类公共服务的侧重化投入，确立山区城镇发展的生态观，构建环境友好型生态城镇，提高山区居民居对人居环境的满意度。

三、公共服务供给中心的选择需注重区位

公共服务供给需针对不同外溢性、不同距离参照点的公共服务，选择不同尺度的区域服务供给中心。例如，在各市、州中心重点开办高职教育，省会或其他发展较好的城市对山区学生实施对口教育帮扶；细化村卫生室、乡镇卫生院和县医院三层基层医疗的不同功能，真正实现"小病不出村、常见病不出乡、大病不出县"的目标。在山区尤其要注重公共服务微观尺度的规划，尽量做到居住在不同位置的居民享受到同等的饮用水、道路、垃圾处理等基本公共服务，并在社会保障类公共服务的供给方面严格按国家规定的标准和流程进行，注重过程的透明度，以减少居民的不公平感知。

四、针对山区实施公共服务地方性干预政策

距中心区远、海拔高的地区人烟稀少，将昂贵的基础设施投入这些地区意义不大，而将基本服务推广到各地（即使到达这些偏远地区的成本较高）则具有更重要的意义。发展中国家不同地区不能享受同等的基本公共服务，而发达国家基本公共服务在不同的地区已经没有差异，因此基本公共服务均等化应是我国公共服务供给的基本政策。决策者应将公共服务供给和管理的统一性政策和地理针对性干预政策相结合，根据山区特殊的地理、经济、社会和文化特点，对山区制定差异化公共服务供给政策。例如，在制定政策时充分考虑"经济距离"而非"自然距离"；针对贫困山区减少或降低其公共服务项目的地方配套资金要求；为解决山区人力资源匮乏的现状，应大幅提高山区教师、医务人员等人才的待遇水平等。

五、对山区聚落文化分割现象进行适度调控

山区少数民族乡镇通常会因与外界分割而产生相对独立的社会文化环境，包括语言环境、民族习俗、价值观念等，在山区城镇化的进程中要充分考虑对民族社会文化环境的尊重和合理运用。但是过度的居住空间分异会造成社会群体的隔离，产生"同向强化效应"，加剧社会空间极化、弱势群体边缘化、社会分裂化，导致公共资源的空间分配不公加剧。因此对山区乡镇居住空间分异的调控，可在一定程度上减少居住空间分异现象，弱化居住空间分异的不利社会影响。美国、英国、澳大利亚、法国、新加坡等国家在专门划出特定居住区域的同时，也在实施混合居住政策。美国学者查斯金认为从社会网络角度，混合居住有助于穷人获得更多的社会资本；从社会控制角度，混合居住有利于在居住区中提供一种非正式的社会控制机制；从文化与行为角度，混合居住有利于减弱贫困聚集造成的"贫困文化"的影响；从政治经济角度，混合居住有利于提高居住区的政治经济地位，使居住区有能力争取更好的居住环境和基础设施，也会吸引投资的进入。在山区聚落重组和山区城镇化进程中，在继续推进山区新农村建设、少数民族新寨建设的同时，应注意居住空间分异的适度调控，将民族集中居住和适度分散居住相结合，适度采取混居模式，防止因文化和民族差异而造成的分割强度过大而导致公共服务供给差异过大。

六、构建"自上而下"与"自下而上"相结合的公共服务供给决策机制

影响公共服务决策因素的不仅有决策主体自身的行为偏好，而且有决策主体以外利益相关群体的行为偏好。一个现实中可能实现的与区位相关的公共服务供给决策，应该是相关利益主体协调和博弈的结果。绝对"自上而下"的供给决策体系，常因不了解地方实际情况、忽视地区差异和追求政绩等原因而广受诟病。居民公共服务满意度研究本身就是以需求为导向的新公共管理思想的体现，有利于促进"自下而上"的公共服务供给决策体系的构建。但绝对"自下而上"的决策体系建立在古典经济学的"经济人"假设基础之上，而人的有限理

性就使得"经济人"假设并不成立,"现实人"因经济行为偏好、需要层次、"搭便车"等复杂原因会出现需求表达不明、长期利益和短期利益矛盾、个人利益与全局利益矛盾的现象。因此,绝对"自下而上"的决策体系在任何国家和社会都不是最有效率和最公平的方式。虽然中国的决策体系以"自上而下"为主,但各地的公共服务供给水平也与地方争取项目的能力和地方配套能力密切相关,实际上是主动的"自上而下"和被动的"自下而上"的结合。要提高山区公共服务的效率,就必须以空间公平为基础,制定两种决策机制的合理结合,以实现基本公共服务均等化、统一性政策宏观思路,在操作层面则应结合山区自然、经济、社会、生态和文化的特点,在分析当地居民行为偏好的基础上,实施差异化供给策略。

参 考 文 献

[1] 李成威. 公共产品的需求与供给:评价与激励[M]. 北京:中国财政经济出版社,2005.

[2] Mik W. Using SERVQUAL to assess customer satisfaction with public sector services[J]. Managing Service Quality, 2001, 11(6): 380-388.

[3] 刘武,刘钊,孙宇. 公共服务顾客满意度测评的结构方程模型方法[J]. 科技与管理,2009,11(4):40-44.

[4] 易红梅,张林秀,Denise H,等. 农村基础设施投资与农民投资需求的关系——来自5省的实证分析[J]. 中国软科学,2008(11):106-115.

[5] 李强,罗仁福,刘承芳,等. 新农村建设中农民最需要什么样的公共服务——农民对农村公共物品投资的意愿分析[J]. 农业经济问题,2006,27(10):156.

[6] 陶勇. 农村公共产品供给与农民负担[M]. 上海:上海财经大学出版社,2005.

[7] 邵子南,陈江龙,叶欠,等. 基于农户调查的农村居民点整理意愿及影响因素分析[J]. 长江流域资源与环境,2013,22(8):1117-1122.

[8] Rosanna G, Nicola C A, Domenico L, et al. Measuring citizen satisfaction with aspects of public services from a local authority and determining their importance:A case study[J].Public Organization Review,2008,8(1):1-15.

[9] 樊丽明,骆永民. 农民对农村基础设施满意度的影响因素分析——基于670份调查问卷的结构方程模型分析[J]. 农业经济问题,2009,30(9):51-59.

[10] 朱玉春,唐娟莉,郑英宁. 欠发达地区农村公共服务满意度及其影响因素分析——基于西北五省1478户农户的调查[J]. 中国人口科学,2010(2):82-91.

[11] 李燕凌. 农村公共产品供给效率论[M]. 北京:中国社会科学出版社,2007.

[12] 纪江明. 我国城市公共服务满意度指数研究——基于熵权TOPSIS法的分析[J]. 国家行政学院学报,2013(2):38-46.

[13] Gould P R. Man against his environment: A game theoretic framework[J]. Annals of the Association of American Geographers, 1963, 53(3):290-297.

[14] 珍妮特·V.登哈特,罗伯特·B.登哈特. 新公共服务:服务而非掌舵[M]. 丁煌译. 北京:中国人民大学出版社,2010.

[15] Golledge R G. Learning about urban environments[C]//Timing Space and Spacing Time. London: Edward Arnold, 1978:76-98.

[16] Johnston R, William M. A Century of British geography[J]. Annals of the Association of American Geographers, 2004, 94(4):1006-1007.

[17] 中国新闻网.1185个县农村中小学布局调整情况审计结果公布[OL]. http://www.chinanews.com/edu/2013/05-03/4785526.shtml[2013-04-03].

第八章 多层级医疗资源空间配置[①]

通过多尺度空间探索性分析和地理探测分析，可以把握两层级医疗资源空间均衡性特征，甄别影响其配置的全局性和地方性因素，为医疗资源配置决策提供科学依据。2003～2015年，我国各地区基层和上层医疗资源水平均有大幅提升，但空间差异仍然显著。总体医疗资源水平较高的地区均分布在东部，西部地区相对较低；基层医疗资源冷点区在西部连片聚集，无显著热点区；上层医疗资源冷点区主要聚集在北部区域，江浙地区为显著热点区。两层级医疗资源的空间均衡性与影响机制既有共性也有特性，共性表现为上层医疗资源对外部影响因素响应强度大于基层。特性表现为不同尺度和区域两层级医疗资源的主要决定力及其影响强度各不相同。

2003～2015年，基层和上层医疗资源的空间聚集性的变化分为三个阶段：第一阶段（2003～2005年）为两层级医疗资源水平空间差异同步扩大阶段，且两层级医疗资源空间配置严重失调；第二阶段（2006～2009年）为上层医疗资源水平空间差异缩小阶段，两层级资源空间配置差异迅速缩小；第三阶段（2010～2015年）为两层级医疗资源空间差异同步缩小阶段，且两层级医疗资源空间配置趋于协调。两层级医疗资源水平耦合协调度呈显著提升趋势，但同步型地区数量呈先升后降的倒"U"形变化特征，基层医疗资源滞后型数量呈先降后升的正"U"形变化特征，上层医疗资源滞后型数量从稳定到下降的倒"L"形特征。基层滞后型从北部向南部地区扩展；上层滞后型呈现从中部和南部向西部和北部扩展的演变特征。

在医疗资源配置的影响因素方面，省域研究结果表明，医疗改革政策的变化是两层级医疗资源空间均衡性变化的重要因素，此外区位条件、经济社会发展水平及政府和家庭医疗支出均对两层级医疗资源空间分布有显著影响且产生溢出效应，其中人口密度、平均海拔、产业结构、城镇化水平、教育水平和家庭医疗支出是影响两层级医疗资源空间格局及溢出效应的主要原因，但各因素分别对上层和基层医疗资源产生不同的影响方向和强度。从市域和县域层面分析，就上层级医疗资源配置而言，人口城镇化率、人口密度、经济发展水平是全局性主导因素，老龄化、地形条件、发病率为地方性因素；就基层医疗资源配置而言，人口密度具有全局性决定力，城镇化是重要的影响因素，人口老龄化、经济、地形及发病率也在部分尺度和地区有局部性的影响。为实现分级诊疗改革的目标，各级决策部门需以"全局性和地域性因素相结合，统一性和地方性政策相结合，"自上而下"与"自下而上"决策机制相结合"为思路，统筹不同区域和层级的医疗资源的数量和布局，实施差异化的配置策略，以提高医疗卫生服务体系的整体功能，促进均衡、协同发展。

[①] 本章执笔人：宋雪茜、张少尧、周鹏、邓伟。

第一节 我国公共医疗资源空间均衡性分析与研究方法

一、我国公共医疗资源空间均衡性分析的意义

2017年底～2018年初，流感席卷全国，各大医院人满为患，社区医院却鲜有人问津，这一现象再一次暴露了我国医疗资源配置存在的问题。在我国人民日益增长的美好生活需要和不平衡不充分发展的矛盾中，医疗卫生领域的矛盾比较突出。改革开放以来，我国医疗卫生事业进步显著，但由于地区间自然条件和经济社会发展水平差异，以及各时期不同导向的医疗管理政策，我国医疗资源空间配置不合理现象突出，主要表现在两个方面：一是优质医疗资源向大城市及中心地区集聚，导致空间配置不均，公平性难以保证；二是医疗服务体系的层级功能划分不合理、分工协作机制不健全，医疗资源配置呈严重"倒三角"格局，使医疗卫生服务成本上升、资源利用效率低下。为缓解这些矛盾，近年来国务院出台了一系列有关医疗卫生事业改革的政策，重点推进分级诊疗改革，主要目标是要实现医疗资源的优化配置。"分级诊疗"是指按疾病的轻、重、缓、急与治疗的难易程度进行分级，不同级别的医疗机构承担不同疾病的治疗功能，逐步实现从全科到专业化的医疗过程[1]。分级诊疗改革的实施，有利于加强区域公共医疗资源整合，促进优质医疗资源纵向关联互馈，既可提高医疗资源配置的公平性和效率性，还可提高医疗服务的空间可达性，扩大医疗资源覆盖范围。

提升医疗资源的空间均衡性不是简单的平均分配，而是在充分考虑地域空间异质性和医疗层级功能差异性的前提下，对不同区域和层级的医疗资源进行合理配置，以实现供需均衡。为了提高医疗资源配置效率，英国、美国、加拿大、澳大利亚、日本等国都建立了完善的分级诊疗医疗卫生服务网络，不同等级的医疗机构均有明确的定位和职责，相互分工协作，为居民提供医疗服务。因此，以分级诊疗为背景研究各层级医疗资源空间配置成为国际热点，涉及的内容包括基层医疗机构及全科医生空间分布[2,3]、以双向转诊为目标的多层级医疗资源空间配置优化[4,5]、不同层级医疗机构的空间均衡性差异[6]等。我国对医疗资源空间配置的研究主要集中在基层医疗资源的配置效率[7]、医疗设施的可达性与空间优化[8]和医疗资源布局合理性[9]等方面，但以分级诊疗改革为背景进行医疗资源空间配置的研究尚不多见。虽然近年来也有学者关注医疗资源空间配置的层级性问题[10,11]，但仍缺乏对全国多层级医疗资源空间均衡性的深入研究，更缺乏不同尺度之间的对比分析。在医疗资源均衡性的影响因素方面，地方经济水平[12]、人口学特征[13]和决策机制等[14]被认为是主要的决定力，虽然地形条件对医疗资源配置的影响常在文献和政府文件中被提及，但鲜见将其作为解释变量进行定量分析的研究。与分级诊疗相关的研究主要以卫生经济学和公共管理学为视角[15,16]，缺乏从地理空间视角进行的以分级诊疗为目标的医疗资源空间配置研究。地理学界已经在医疗与健康的空间布局及其优化等研究领域取得了较为丰硕的成果[17,18]，如运用潜能模型、两步移动搜索法等进行医疗机构空间可达性研究[19-21]，运用空间杜宾模型分析居民健康水平的区域差异[22]，运用空间自相关模型、空间滞后和空间误差

模型分析医疗资源空间均衡性及其影响因素[23],运用地理探测器剖析环境与公共健康的关系[24,25]等。这些地理空间分析理论和方法对于解决我国医疗改革所面临的空间配置问题具有重要的价值。要在分级诊疗改革中科学进行医疗资源配置决策,必须首先要回答以下问题:我国多层级医疗资源配置的空间特征是什么?不同尺度和区域的医疗资源配置空间格局有何差异?不同层级医疗资源配置的影响因素有无区别?当前对这些关键问题的研究还很不充分。因此,本书将地理空间分析与医疗改革政策分析相结合,针对我国医疗资源空间配置不均衡、层级功能不合理的突出问题,运用探索性空间分析、空间杜宾模型、地理探测器等方法,剖析全国省域、市域和四川省县域三个尺度之间,以及同一尺度不同类型区之间,上层和基层公共医疗资源的空间配置特征,研判两层级医疗资源空间均衡性及其影响机制,进而针对分级诊疗改革目标提出医疗资源空间优化配置策略。通过多学科交叉模式研究医疗卫生体系这一复杂系统问题,不仅具有重要的学术价值,而且对指导医疗管理科学决策、通过供给侧结构性改革满足公众医疗服务需求也具有重要的现实意义。

二、我国公共医疗资源配置中存在的问题及分级诊疗改革

改革开放以来,我国医疗卫生事业进步显著,取得了巨大的成就。但因不同导向的医疗管理政策和地区间经济社会发展水平差异的影响,医疗资源空间配置不合理问题日益突出。回顾我国医疗政策的变迁,在经历以计划导向为主向以市场导向为主的转变之后,又因市场失灵导致医疗资源配置的严重不均,引发了再次强化公立医院公益性的转向。如图8-1所示,1990~2015年,我国政府卫生支出占GDP比例和占卫生总费用比例都呈先降后升态势,特别是自2006年以来,政府卫生支出占比迅速提高。

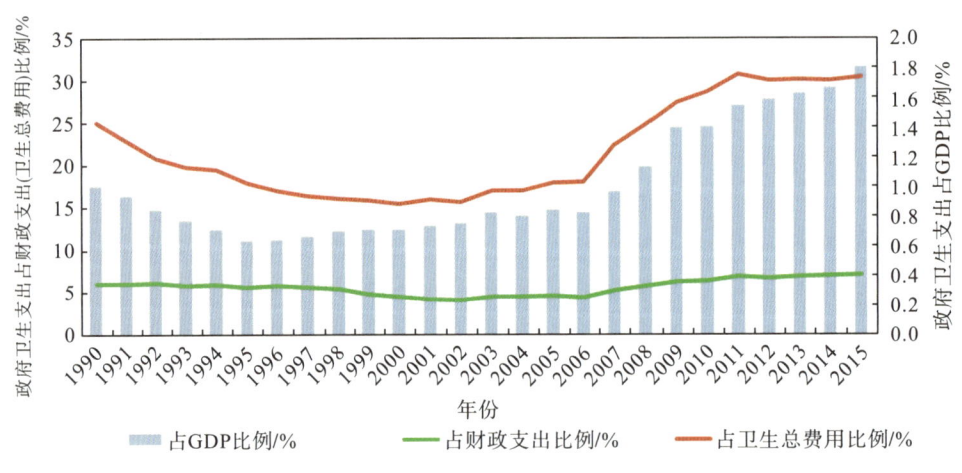

图8-1 我国政府卫生支出比例(1990~2015年)

当前我国医疗资源配置不合理主要表现在两个方面。①优质医疗资源配置过于集中,空间上严重失衡。在城乡二元结构体制下,医疗资源向大城市及中心地区集聚,农村和偏远地区医疗机构所占份额越来越少,城乡之间、地区之间医疗资源配置差异日益增大,导

第八章　多层级医疗资源空间配置

致医疗卫生资源配置呈现严重的"倒三角"格局。②医疗机构的功能层级不合理,不同层级间医疗资源配置不合理,缺乏分工互联互促机制。我国医疗卫生服务体系分为城市大型公立医院、区县级公立医院和社区卫生服务中心及乡镇卫生院三个层级,但由于不同层级的医疗机构资源与其功能不匹配,使得大型综合医院人满为患,而基层医疗机构的诊治作用被明显弱化的问题十分突出。因而导致医疗卫生服务成本上升、资源浪费、效率低下、患者不堪医疗成本重负。

"分级诊疗"是我国新一轮医疗改革的核心与关键,是指按疾病的轻、重、缓、急与治疗的难易程度进行分级,不同级别的医疗机构承担不同疾病的治疗功能,逐步实现从全科到专业化的医疗过程[26]。为了提高医疗资源配置效率,英国、美国、澳大利亚等国家,都建立了完善的多级医疗卫生服务网络,不同等级的医疗机构均有明确的定位和职责,相互分工协作,共享患者的各种诊疗信息,为居民提供优质的医疗服务。2015~2016年,国务院出台一系列有关医疗卫生事业改革文件,明确要求建立完善分级诊疗模式,对不同层级功能进行了明确定位。分级诊疗改革的实施,有利于加强区域公共医疗资源整合,促进优质医疗资源纵向关联互馈,既可提高医疗服务空间可达性水平,还可扩大基于质量和效率的地区医疗服务的空间覆盖度。

三、研究数据来源与处理

(一)数据来源

本书以中国 31 个省(自治区、直辖市),323 个地级市(自治州、盟)(西部部分地区及港澳台两层级医疗资源数据缺失)以及四川省 183 个区(市、县)为基本空间单元,分析两层级公共医疗资源的空间配置特征及其影响机制。省域医疗资源水平的数据来源于 2004~2016 年的《中国卫生统计年鉴》(从 2013 年开始,《中国卫生统计年鉴》更名为《中国卫生和计划生育统计年鉴》)。市域和县域 2015 年的医疗资源和经济社会数据来源于《中国卫生和计划生育统计年鉴》《中国城市统计年鉴》、各省《卫生与计划生育统计年鉴》《卫生与计划生育统计公报》《国民经济和社会发展统计公报》和各省市《统计年鉴》;人口老龄化水平采用 60 岁以上人口占总人口比例来表示,其数据来源于《中国人口普查分县资料(2010)》;地形数据来源于地理空间数据云平台(http://www.gscloud.cn)。

(二)指标体系

卫生技术人员、床位数以及医疗卫生机构数是衡量一个地区医疗卫生资源配置的重要标准[27],根据我国社区卫生服务和医院服务两层卫生服务体系、借鉴国内外相关研究成果[28,29],从数据的可获取性、科学性和代表性出发,建立了上层(upper-level)和基层(lower-level)两层级医疗资源评价指标体系(表 8-1)。

表 8-1　两层级医疗资源评价指标体系

目标层	准则层	指标层	目标层	准则层	指标层
上层医疗资源指数（U）	上层医疗卫生机构数	公立医院数	基层医疗资源指数（L）	基层医疗卫生机构数	社区卫生服务中心(站)、街道卫生院数
		妇幼保健院(所、站)数			
		疾病预防控制中心数			乡镇卫生院数
	上层医疗卫生机构床位数	综合医院床位数		基层医疗卫生机构床位数	社区卫生服务中心(站)、街道卫生院床位数
		专科疾病防治院(所、站)床位数			
		妇幼保健院(所、站)床位数			乡镇卫生院床位数
	上层医疗卫技人员数	医院卫技人员数		基层医疗卫技人员数	社区卫生服务中心(站)卫技人员数
		疾控中心卫技人员数			
		妇幼保健站(所)卫技人员数			乡镇卫生院卫技人员数

我国的人口分布和行政区划面积存在较大的空间差异性，《全国医疗卫生服务体系规划纲要(2015—2020 年)》(国办发〔2015〕14 号)提出医疗机构根据行政辖区面积、服务半径和人口因素综合配置，床位和卫技人员根据常住人口配置，本书以每百平方公里医疗机构数、每千人床位数和卫技人员数为指标计算。对指标原始值进行三种方法计算后再进行无量纲化处理，然后通过熵权法计算各指标的权重，加权求和得到各尺度上层医疗资源指数(U)和基层医疗资源指数(L)。

四、研究方法

（一）耦合协调度测度

借鉴物理学中的容量耦合概念及容量耦合系数模型，构建上层与基层医疗资源耦合度函数[10,12]，表达式为

$$C = \sqrt{(U \times L)/(U+L)(U+L)} \tag{8-1}$$

式中，C 为上层与基层医疗资源两个系统的耦合度；U 为上层医疗资源指数；L 为基层医疗资源指数。$C \in (0,1)$，值越大，表示耦合度越高。耦合度主要反映系统间相互作用的程度，会出现两个子系统的发展水平都较低时耦合度会较高的情况，无法真实反映两个层次医疗资源的协同程度[30]。因此，需引入反映系统协调状况的指标——耦合协调度。耦合协调度反映系统及各要素之间良性耦合的程度，耦合协调度越高，则系统之间或组成系统的诸要素之间的一致性越高。上层和基层医疗资源耦合协调度的表达式为

$$D = \sqrt{(C \times Z)} \quad Z = \alpha U + \beta L \tag{8-2}$$

式中，Z 为医疗资源综合评价指数；D 表示二者的耦合协调度；α、β 分别是上层和基层医疗资源指数的权重，用熵权法确定。

(二) 探索性空间数据分析

分析我国医疗资源空间格局需要考虑省际医疗资源的相互关联,探索性空间数据分析 (explore spatial data analysis, ESDA) 核心在于度量事物或者现象之间的空间关联或依赖程度。其中,全局空间自相关概括了总的空间模式中空间依赖的程度,反映整体上的自相关;局部空间自相关则描述某个空间单元与其领域位置的关联程度,用于解释空间异质性[31]。

全局空间自相关指数 (global Moran's I) 计算公式如下:

$$I = \frac{n\sum_{i=1}^{n}\sum_{j=1}^{n}W_{ij}(X_i - \bar{X})(X_j - \bar{X})}{\sum_{i=1}^{n}\sum_{j=1}^{n}W_{ij}\sum_{i=1}^{n}(X_i - \bar{X})^2} = \frac{\sum_{i=1}^{n}\sum_{j=1}^{n}XW_{ij}(X_i - \bar{X})(X_j - \bar{X})}{S^2\sum_{i=1}^{n}\sum_{j=1}^{n}W_{ij}} \tag{8-3}$$

式中,n 为观测点个数;W_{ij} 为空间权重;X_i 和 X_j 代表地区 i 和 j 变量数值;$\bar{X}=\frac{1}{n}\sum_{i=1}^{n}X_i$ 是 X_i 的平均值;$S^2=\frac{1}{n}\sum_{i=1}^{n}(X_i - \bar{X})^2$ 是 X_i 的方差。Moran's I 指数的取值范围为 [-1,1],正数表示空间集聚分布特征,即存在空间正相关性,值越大,集聚特征越明显;负数表示空间发散分布特征,即存在空间负相关性,值越小,发散特征越明显;等于 0 表示空间的随机分布特征,即不存在空间相关性。

分析局部空间相关性通常使用 LISA 方法计算的 local Moran's I 指数,计算公式为

$$I_{\text{LISA}} = \frac{(X_i - \bar{X})}{S^2}\sum_{j}W_{ij}(X_j - \bar{X}) \tag{8-4}$$

式中,I_{LISA} 为正表示变量存在局部空间正相关,为负则表示负相关。①HH 型:$I_{\text{LISA}} > 0$,地区 i 与相邻地区的医疗资源水平均高于全国平均水平,即热点区;②LL 型:$I_{\text{LISA}} < 0$,地区 i 与相邻地区的医疗资源水平均低于全国平均水平,即冷点区。

(三) 空间杜宾模型

为了检验两个层次医疗资源水平的影响因素及其空间溢出效应,采用空间回归模型进行进一步分析。空间杜宾模型 (spatial Durbin model, SDM) 在因变量中嵌套了空间依赖,自变量和误差项的参数估计不会受遗漏变量空间依赖程度的影响[32],因此采用该模型进行分析,模型如下:

$$y_{it} = \delta\sum_{j=1}^{n}w_{it}y_{jt} + \beta\sum\gamma W_{ij}x_{i,t-1} + \mu_i + \lambda_t + \varepsilon_{it} \tag{8-5}$$

式中,y_{it} 是被解释变量,即医疗资源水平(当分析基层医疗资源时为 L_{it},分析上层医疗资源时为 U_{it});下标 i 表示省级区域($i=1,2,\cdots,31$);t 表示年份(2003~2015 年,$t=1,2,\cdots,13$);δ 为空间回归系数;w_{it} 为空间权重矩阵 w 中的一个元素;y_{jt} 为 j 单元 t 时期医疗资源水平;$x_{i,t-1}$ 为 i 单元和 $t-1$ 年份解释变量的行向量 $(1,k)$;γ 为 k 维列向量,表示空间滞后解释变量的系数;μ_i 为空间固定效应;λ_t 为时间固定效应,ε_{it} 为随机扰动项。

(四)地理探测器模型

地理探测器是王劲峰等通过提出"因子力"度量指标,结合 GIS 空间叠加技术和集合论,用以识别多因子之间交互作用的模型[33],是探测空间分异性,以及揭示其背后驱动力的一组统计学方法。地理探测器既可以探测全局驱动力,也可以探测不同地区、不同尺度的驱动力,可以用小于 30 的样本量达到其他模型需更大样本量才能达到的统计精度,对多自变量共线性免疫,不要求必须空间连续[34]。借鉴地理探测器模型,引入两层级医疗资源配置决定力指标 q,公式如下:

$$q = 1 - \frac{\sum_{h=1}^{L} N_h \sigma_h^2}{N\sigma^2} = 1 - \frac{\text{SSW}}{\text{SST}} \quad \text{SSW} = \sum_{h=1}^{L} N_h \sigma_h^2, \quad \text{SST} = N\sigma^2 \tag{8-6}$$

式中,$h = 1, 2, \cdots, L$ 为影响医疗资源配置的因子 X 的分类;N_h 和 N 分别为层 h 和全区的单元数;SSW 和 SST 分别为层内方差之和及全区总方差;q 取值范围为[0,1],值越大,表明该因素对医疗资源配置的影响越大。

第二节 我国省域公共医疗资源层级协同性与空间均衡性

一、两层级医疗资源空间均衡性变化特征

(一)各地区两层级医疗资源水平排序

根据两层级医疗资源评价指标体系,运用熵权法计算出 2003～2015 年各地区基层和上层医疗资源水平指数,并对其平均值排序(图 8-2)。结果显示,总体医疗资源水平排名前五位的为上海、北京、天津、浙江和江苏,而排名后五位的为西藏、云南、青海、甘肃和宁夏。基层医疗资源水平排名前五位的为上海、浙江、北京、江苏和天津,排名最后五位的分别为宁夏、黑龙江、青海、云南和西藏;上层医疗资源水平排名前五位的为上海、北京、天津、辽宁和山东,排名后五位的为西藏、广西、甘肃、云南和贵州。可见两层级医疗资源水平均呈东部高、西部低的空间特征。

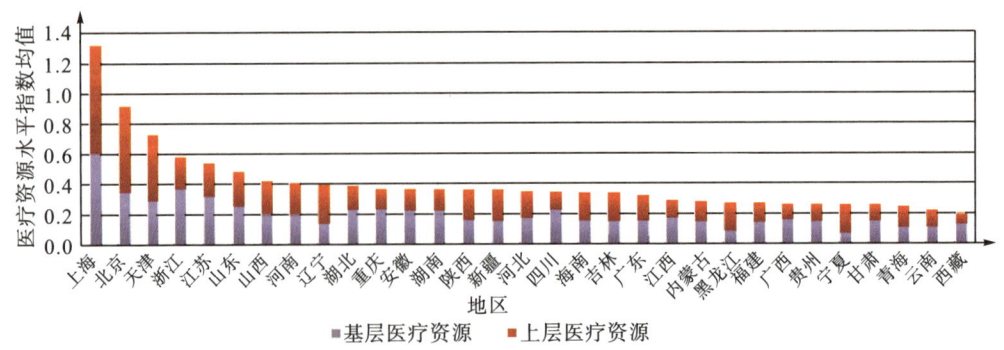

图 8-2 中国各地区医疗资源水平指数均值(2003～2015 年)

将 2003~2015 年每三年划为一个时段，五个时段的基层医疗资源指数(L)和上层医疗资源指数(U)如图 8-3 所示。很显然，尽管我国绝大多数地区基层和上层医疗资源水平均有大幅提升，但空间差异仍然显著。

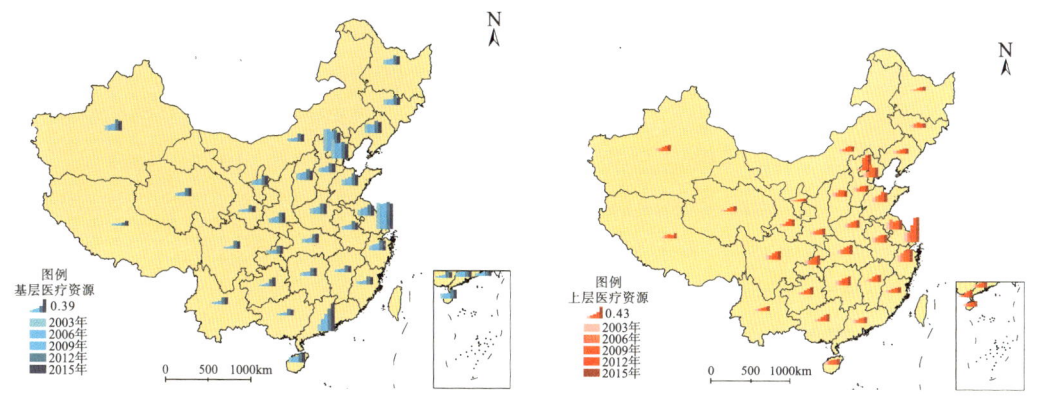

图 8-3 我国基层和上层医疗资源分布时空变化特征

注：港澳台地区数据缺失。

(二)两层级医疗资源空间均衡性特征

为度量两层级医疗资源的空间均衡性，采用空间自相关模型，引入一阶邻接"车标准"权重矩阵(rook contiguity)，分别对各省上层和基层医疗资源空间相关性进行分析(图 8-4)。结果表明，两个层级的医疗资源的空间聚集度总体呈下降态势，基层医疗资源空间分布相对于上层医疗资源而言更为均衡。根据两层级医疗资源的空间聚集性特征，可将近 13 年分为三个阶段：第一阶段(2003~2005 年)为空间差异同步扩大阶段，基层和上层医疗资源配置在空间上逐渐聚集，空间差异至 2005 年达到峰值，尤其是上层医疗资源呈高度聚集态势；第二阶段(2006~2009 年)为上层空间差异性缩小阶段，上层医疗资源空间聚集度显著下降，与基层医疗资源空间均衡性之间的差距逐渐缩小；第三阶段(2010~2015 年)为空间差异同步缩小阶段，两层级医疗资源空间差异均持续缩小，上层医疗资源差异性缩小幅度减弱，而基层医疗资源差异性缩小幅度增加，两层级之间的空间均衡性差距趋于稳定。

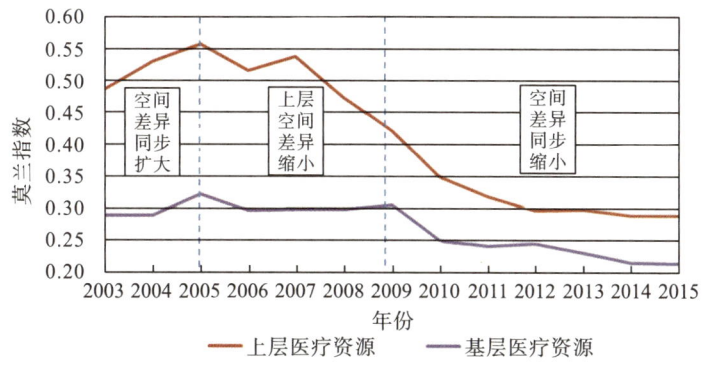

图 8-4 中国上层和基层医疗资源空间均衡性变化特征

二、两层级医疗资源局部空间聚集特征

运用局部 LISA 图分析 2003 年、2009 年、2015 年三个时段的高值簇与低值簇的分布状况，结果（图 8-5）表明我国两层级医疗资源水平的局域空间集聚特征明显。具体而言，基层医疗资源中，冷点区在西部连片聚集，2003 年为新疆维吾尔自治区、青海省、西藏自治区、云南省、贵州省、四川省、重庆市、湖南省、广西壮族自治区、广东省等地，其中西部地区有 7 个（70%），中部地区有 2 个（20%），东部地区有 1 个（10%）；2009 年广西壮族自治区退出冷点区，2015 年西藏自治区退出冷点区。上层医疗资源水平中，热点区集聚在江浙地区，2003 年和 2009 年分别为上海市、江苏省、浙江省和安徽省，2015 年仅为上海市和江苏省；2003 年和 2009 年四川成为次热点区；冷点区主要分布在北部地区，2003 年为新疆，2009 年为内蒙古自治区和甘肃省，2015 年为内蒙古自治区、甘肃省和吉林省。

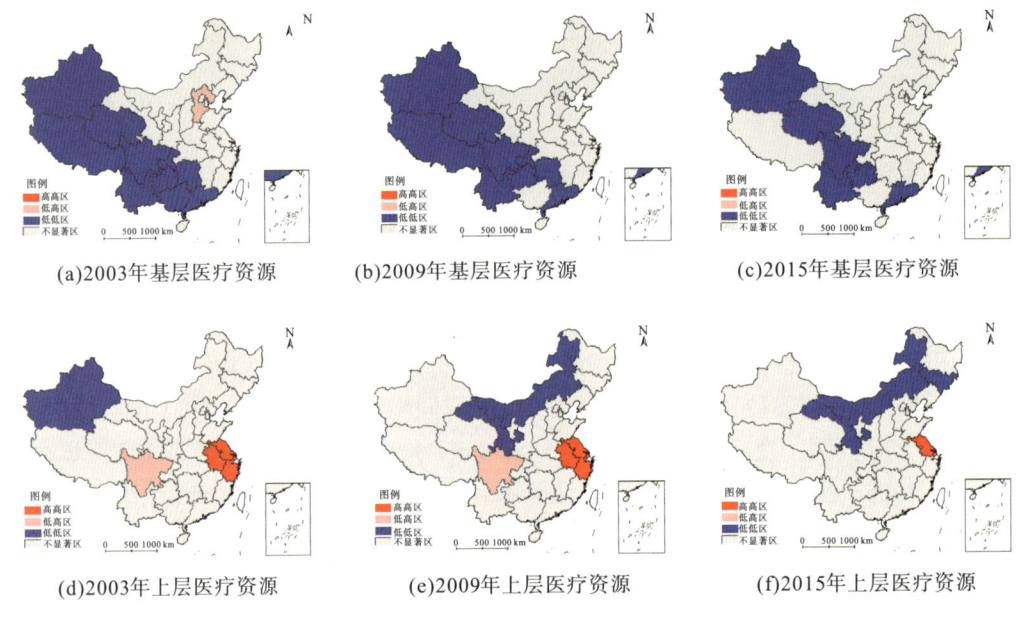

(a)2003年基层医疗资源　(b)2009年基层医疗资源　(c)2015年基层医疗资源

(d)2003年上层医疗资源　(e)2009年上层医疗资源　(f)2015年上层医疗资源

图 8-5　中国基层和上层医疗资源局部 LISA 图

注：港澳台地区数据缺失。

三、两层级医疗资源耦合协调度时空特征

运用耦合协调度模型分别计算上层和基层医疗资源的耦合协调度，通过熵权法计算出式（8-2）中的待定系数 α 和 β，分别为 0.606、0.394。根据计算结果将我国各地区分为基层和上层医疗资源严重失调（0～0.200）、初级失调（0.201～0.350）、初级协调（0.351～0.500）、良好协调（0.501～0.80）四个类型。按照基层和上层高低差异，可以将全国划分为上层医疗资源滞后型（$U<L$）、基层医疗资源滞后型（$U>L$）和同步型（$U=L$ 或基本相当，即差距小于 20%）三种类型。图 8-6 展示了 2003 年、2009 年和 2015 年三个时段的结果。

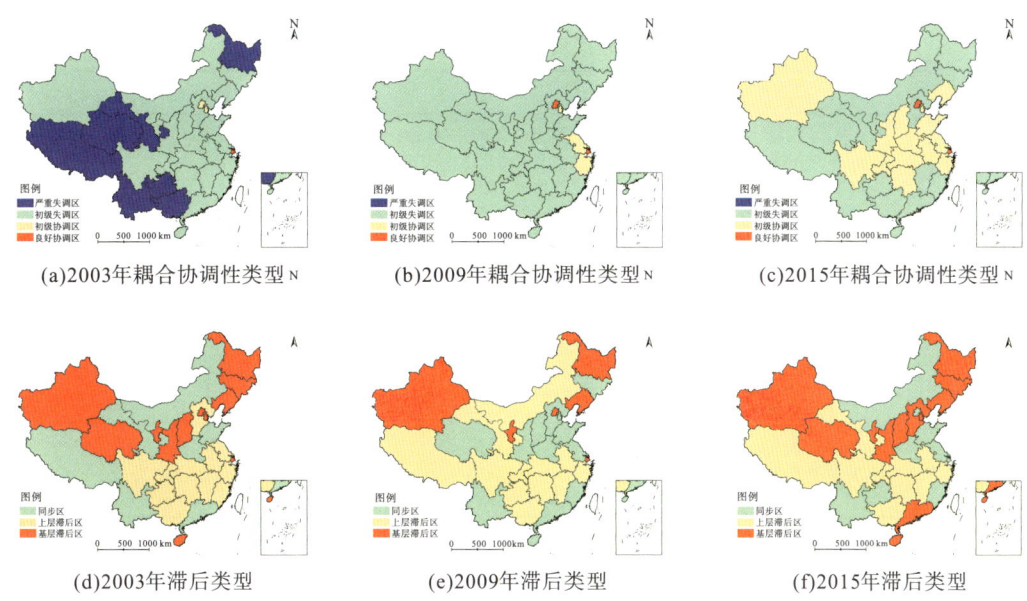

图 8-6 两层医疗资源耦合协调度分布

注：港澳台地区数据缺失。

从耦合协调性类型的时空变化分析可知，2003～2015 年，我国基层和上层医疗资源耦合协调性总体呈显著提升趋势，2003 年只有上海为良好协调(3%)，北京和天津为初级协调(6%)，严重失调的地区有 7 个(23%)，分别为黑龙江省、广西壮族自治区、贵州省、云南省、西藏自治区、甘肃省和青海省等地区，其余 21 个地区(68%)均为初级失调；2009 年，上海市和北京市为良好协调(6%)，江苏省和浙江省为初级协调(6%)，其他 27 个地区(88%)均为初级失调，无严重失调地区；2015 年，仍只有上海市和北京市是良好协调(6%)，初级协调的地区数量大幅增加，达 14 个(45%)，主要分布在东部、中部和部分西部地区，北部、南部和西部 15 个地区(49%)为初级失调。

从滞后类型时空变化来看，2003 年基层与上层医疗资源水平同步的地区有 7 个(23%)，基层滞后和上层滞后的地区各有 12 个(39%)，其中基层滞后地区连片分布在北部，上层滞后的地区在南部连片分布；2009 年同步型增加到 13 个(42%)，基层滞后的地区减少至 6 个(19%)，上层滞后地区数量仍为 12 个(39%)，但在空间分布上呈东部减少、西部和北部增加的态势；2015 年同步型减少到 9 个(29%)，基层滞后型增加到 12 个(39%)，上层滞后型减少到 10 个(32%)。

四、两层级医疗资源空间溢出效应及影响因素

(一)空间杜宾模型自变量的选择

医疗资源分布受区位条件、经济社会发展水平和科学教育水平等外部因素的影响，同时也受不同类型的医疗卫生投入影响。参考已有研究成果[6,11,35,36]，本书选取了 15 个自变量，构建影响因素的空间面板模型(表 8-2)。

表 8-2 医疗资源影响因素指标体系

影响因素	代理变量	计算方法
经济发展水平	x_1 人均 GDP x_2 非农产业占比 x_3 工业化率 x_4 第三产业占比	x_1 直接来源于统计年鉴(单位:元) x_2 用第二、三产业占地区生产总值的比例表示(单位:%) x_3 用工业产值占 GDP 比例表示(单位:%) x_4 直接来源于统计年鉴(单位:%)
社会发展水平	x_5 城镇化率 x_6 人口密度	x_5 用年末城镇人口占总人口比例表示(单位:%) x_6 用总人口与土地面积之比表示(单位:人/km²)
自然和区位条件	x_7 交通通达性 x_8 平均海拔 x_9 山地面积占比	x_7 用交通网密度表示(铁路,高速公路,一级、二级、等级外公路分别赋权,加权求和后除以总面积) x_8、x_9 源于 DEM 数据、数字山地地图(平均海拔单位:m;山地面积占比单位:%)
科教水平	x_{10} 教育投入 x_{11} 教育水平 x_{12} 科技水平	x_{10} 用教育占全社会固定资产投入比例表示(单位:%) x_{11} 用每十万人口普通高等学校在校学生数表示(单位:人) x_{12} 用国内专利申请授权量表示(单位:项)
医疗卫生投入	x_{13} 卫生投入 x_{14} 城镇家庭医疗支出 x_{15} 农村家庭医疗支出	x_{13} 用卫生社保和社会福利投资占全社会固定资产投资比例表示(单位:%) x_{14}、x_{15} 用城镇、农村家庭人均医疗保健消费支出表示(单位:元)

(二)空间杜宾模型分析结果

空间自相关分析显示了我国两层级医疗资源水平存在显著的空间效应,一个地区的医疗资源分布不仅与本地区影响因素有关,而且还与其他地区的医疗资源相关,这种自相关就是医疗资源的空间依赖性或空间溢出性[37]。本书采用空间面板杜宾模型分析这种空间效应。为避免各变量的多重共线性,采用逐步线性回归对自变量进行检验,上层医疗资源模型自变量剔除了 x_1、x_5、x_{10}、x_{12} 和 x_{13} 五个变量,基层医疗资源模型自变量剔除了 x_1、x_3、x_4、x_7、x_8 和 x_{12} 六个变量,然后对筛选后的变量取对数,消除线性回归模型中的异方差。最后采用 Hausman 对固定效应与随机效应分别对上层和基层医疗资源水平进行检验,结果分别为-11.96、-75.75 在 0.01 的水平上显著,接受原假设,所以最终采用随机效应模型。表 8-2 给出了空间杜宾模型的回归结果,上层医疗资源和基层医疗资源的 ρ(0.502 和 0.401)均在 0.01 的水平上显著,说明我国各省医疗资源存在显著的空间溢出效应。由于 ρ 均不为 0,因此采用分解效应来解释医疗资源的影响因素和溢出效应[38](表 8-3)。

表 8-3 空间杜宾模型估计结果

变量	上层医疗资源		变量	基层医疗资源	
	回归系数	t 统计量		回归系数	t 统计量
常数项	-7.493	-1.23	常数项	6.679	01.32
非农产业占比	-0.687	-1.08	卫生投入	0.048	1.19
工业占比	-0.336	-1.64	教育投入	-0.219	-5.19
第三产业占比	-0.127	-0.51	非农产业占比	2.013**	3.30
人口密度	-0.187	-1.03	城镇化率	-0.629**	-2.89

续表

变量	上层医疗资源		变量	基层医疗资源	
	回归系数	t统计量		回归系数	t统计量
交通通达性	-0.110*	-2.12	人口密度	0.142**	2.97
教育水平	-0.847***	-11.21	教育水平	0.234**	2.37
城镇家庭医疗支出	-0.213**	-3.37	城镇家庭医疗支出	0.041	0.51
农村家庭医疗支出	0.115**	2.71	农村家庭医疗支出	0.108*	2.12
平均海拔	-0.298*	-2.09	山地面积比例	-0.114*	-1.94
山地面积比例	-0.226	-1.16	—	—	—
滞后非农产业占比	1.175	1.15	滞后卫生投入	-0.046	0.65
滞后工业占比	-0.007	-0.02	滞后教育投入	0.159	2.40
滞后第三产业占比	-0.005	-0.01	滞后非农产业占比	-4.398***	-4.11
滞后人口密度	0.615*	2.30	滞后城镇化率	-0.219*	-0.54
滞后交通通达性	0.195**	2.53	滞后人口密度	0.009	0.92
滞后教育水平	0.936***	8.01	滞后教育水平	0.257	1.82
滞后城镇家庭医疗支出	0.065	0.58	滞后城镇家庭医疗支出	1.73	0.12
滞后农村家庭医疗支出	0.252***	3.78	滞后农村家庭医疗支出	-0.005	-0.06
滞后平均海拔	0.715**	2.95	滞后山地面积比例	-0.061	-0.39
滞后山地面积比例	0.256	0.63	—	—	—
p	0.502***	10.36	p	0.401***	6.70
Loglikelihood	114.336	—	Loglikelihood	40.378	—
R^2	0.805	—	R^2	0.715	—

注：***、**、*分别表示在 0.01、0.05 和 0.1 水平显著。

由表 8-4 可知，自然区位因素、社会经济因素和医疗投入因素共同对上层、基层医疗资源产生影响，其中，总效应分析结果表示既会促使本省市医疗资源变化，也可以带动其他省市共同变化的因素，直接效应可分析影响本省市医疗资源水平，但不对邻域医疗资源水平产生影响，间接效应可分析能影响周边地区，却不能影响本地医疗资源水平的因素。

表 8-4 空间溢出效应分解

效应	上层医疗资源			基层医疗资源		
	变量	回归系数	t统计量	变量	回归系数	t统计量
直接效应	非农业产业占比	-0.582	-1.02	卫生投入	0.045	1.240
	工业占比	-0.345	-1.46	教育投入	-0.209	-4.48
	第三产业占比	-0.117	-0.38	非农业产业占比	1.659**	2.46
	人口密度	-0.101	-0.55	城镇化率	-0.687	-3.13
	交通通达性	-0.082	-1.62	人口密度	0.163**	3.27
	教育水平	-0.755***	-9.89	教育水平	0.281**	2.99
	城镇家庭医疗支出	-0.215**	-3.02	城镇家庭医疗支出	0.075	0.89

续表

效应	上层医疗资源			基层医疗资源		
	变量	回归系数	t统计量	变量	回归系数	t统计量
	农村家庭医疗支出	0.162**	4.03	农村家庭医疗支出	0.108	2.21
	平均海拔	-0.214*	-1.98	山地面积占比	-0.118	-1.72
	山地面积占比	-0.198	-0.99	—	—	—
间接效应	非农业产业占比	1.403	0.77	卫生投入	-0.037	-0.34
	工业占比	-0.296	-0.45	教育投入	0.106	1.10
	第三产业占比	-0.161	-0.17	非农业产业占比	-5.536**	-3.23
	人口密度	1.046*	1.98	城镇化率	-0.791	-1.26
	交通通达性	0.227	1.75	人口密度	0.148	1.10
	教育水平	0.946***	4.97	教育水平	0.545**	2.69
	城镇家庭医疗支出	-0.093	-0.45	城镇家庭医疗支出	0.442*	1.88
	农村家庭医疗支出	0.568***	4.82	农村家庭医疗支出	0.044	0.34
	平均海拔	1.088*	2.18	山地面积占比	-0.110	-0.42
	山地面积占比	0.276	0.38			
总效应	非农业产业占比	0.821	0.40	卫生投入	0.009	0.07
	工业占比	-0.642	-0.82	教育投入	-0.103	-0.96
	第三产业占比	-0.277	-0.25	非农业产业	-3.877*	-1.99
	人口密度	0.946	1.52	城镇化率	-1.478*	-2.06
	交通通达性	0.145	0.98	人口密度	0.310*	1.93
	教育水平	0.191***	4.89	教育水平	0.826**	3.91
	城镇家庭医疗支出	-0.309	-1.25	城镇家庭医疗支出	0.517	1.85
	农村家庭医疗支出	0.731***	5.47	农村家庭医疗支出	0.151	1.00
	平均海拔	0.874*	1.98	山地面积占比	-0.228	-0.76
	山地面积占比	0.078	0.09	—	—	—

注：***、**、*分别表示在 0.01、0.05 和 0.1 水平显著。

上层医疗资源的 SDM 模型分析结果表明，人口密度对上层医疗资源直接效应不显著，间接效应为正。平均海拔对上层医疗资源直接效应为负，而间接效应为正。非农产业对上层医疗资源影响不显著。教育水平对上层医疗资源的直接效应为负，间接效应和总效应为正。城镇家庭医疗支出对上层医疗资源的直接效应为负。农村家庭医疗支出对上层医疗资源的直接效应、间接效应、总效应均为显著的正向影响。

基层医疗资源 SDM 模型分析结果表明，城镇家庭医疗支出对基层医疗资源的间接效应为正。人口密度对基层医疗资源直接效应和总效应为正，间接效应不显著。非农产业对基层医疗资源的正向直接效应和负向间接效应并存。教育水平对基层医疗资源的直接效应、间接效应、总效应均为正。

第三节 市、县公共医疗资源空间配置及影响因素

一、公共医疗资源评价的三类指标

我国的人口分布和行政区面积存在较大的空间差异性，按不同指标或标准评价医疗资源空间均衡性，可以比较其结果的客观性与科学性。因此，本书分别通过三种指标计算方法对各地医疗资源水平进行评价：①人均指标，即每千人医疗机构数、床位数和卫技人员数；②地均指标，即每百平方公里医疗机构数、床位数和卫技人员数；③混合指标（见第二节），表 8-5 为三类指标的熵权分析结果。

表 8-5 两层级医疗资源评价指标体系及赋权

目标层	准则层	权重	指标层	目标层	准则层	权重	指标层
上层医疗资源指数(U)	上层医疗机构数	市域人均：0.444 市域地均：0.302 市域混合：0.499 县域人均：0.452 县域地均：0.659 县域混合：0.468	公立医院数、妇幼保健机构数、疾病预防控制中心数	基层医疗资源指数(L)	基层医疗机构数	市域人均：0.452 市域地均：0.393 市域混合：0.485 县域人均：0.268 县域地均：0.324 县域混合：0.565	社区卫生服务中心，街道、乡镇卫生院数
	上层医疗机构床位数	市域人均：0.268 市域地均：0.327 市域混合：0.291 县域人均：0.266 县域地均：0.129 县域混合：0.243	综合医院床位数、专科疾病防治机构床位数、妇幼保健机构床位数		基层医疗机构床位数	市域人均：0.328 市域地均：0.299 市域混合：0.247 县域人均：0.336 县域地均：0.251 县域混合：0.203	社区卫生服务中心，街道、乡镇卫生院床位数
	上层卫技人员数	市域人均：0.288 市域地均：0.371 市域混合：0.210 县域人均：0.282 县域地均：0.212 县域混合：0.289	医院卫技人员数、疾控中心卫技人员数、妇幼保健机构卫技人员数		基层卫技人员数	市域人均：0.220 市域地均：0.308 市域混合：0.268 县域人均：0.396 县域地均：0.425 县域混合：0.232	社区卫生服务中心，街道、乡镇卫生院卫技人员数

二、两层级医疗资源空间均衡性特征

（一）全局空间自相关结果

以人均、地均和混合指标计算两尺度两层级医疗资源全局空间自相关指数（表 8-6），结果表明，所有类型指标、尺度和层级的医疗资源都通过了置信度为 99% 的显著性检验，表明医疗资源呈高度空间聚集特征。人均指标聚集度最大，混合指标聚集度最小。四川县域尺度聚集度大于全国市域尺度。混合指标上层聚集度大于基层，地均指标基层大于上层，人均指标聚集度在全国地级市域尺度上层大于基层，在四川县域尺度基层大于上层。

表 8-6 两尺度两层级医疗资源 Morans'I 指数

空间尺度	医疗层级	人均指标	地均指标	混合指标
全国 市域	上层医疗资源	0.278 (p=0.000,z=23.353)	0.192 (p=0.000,z=16.257)	0.174 (p=0.000,z=14.658)
	基层医疗资源	0.209 (p=0.000,z=17.578)	0.227 (p=0.000,z=19.464)	0.128 (p=0.000,z=11.109)
四川 县域	上层医疗资源	0.283 (p=0.000,z=11.312)	0.261 (p=0.000,z=111.944)	0.192 (p=0.000,z=7.951)
	基层医疗资源	0.747 (p=0.000,z=29.360)	0.321 (p=0.000,z=14.698)	0.181 (p=0.000,z=7.490)

(二)局部空间自相关结果

1. 全国地级市域

图 8-7 呈现了三种方法计算的地级市域两层级医疗资源的 LISA 图。人均指标计算结果表明，基层医疗资源在甘肃省、青海省、辽宁省、吉林省、黑龙江省和内蒙古自治区部分地区"高-高"聚集，在东部和南部地区"低-低"聚集；上层医疗资源在新疆维吾尔自治区、内蒙古自治区、黑龙江省、吉林省、辽宁省和北京市"高-高"聚集，在中部和南部地区"低-低"聚集。地均指标计算结果表明，基层和上层医疗资源均在东部沿海地区和中部部分地区"高-高"聚集，在西部和东北地区"低-低"聚集。混合指标计算结果表明，基层医疗资源"高-高"聚集于环渤海、长三角和珠三角地区，上层医疗资源"高-高"区连片分布于南自长三角、北至环渤海地区、西至山西和河南西部交界区域，基层和上层的"低-低"区都主要分布于西部地区和东北地区北部。可见由于行政区人口规模和面积的差异，选用人均和地均指标计算的结果在反映医疗资源空间均衡特征方面存在一定偏差，这主要缘于东北、内蒙古自治区等地总体上地广人稀，人均值自然会偏高，而地均值则表明因行政区面积偏小而显得均值偏高，这恰恰反映了我国人口空间分布的空间差异特

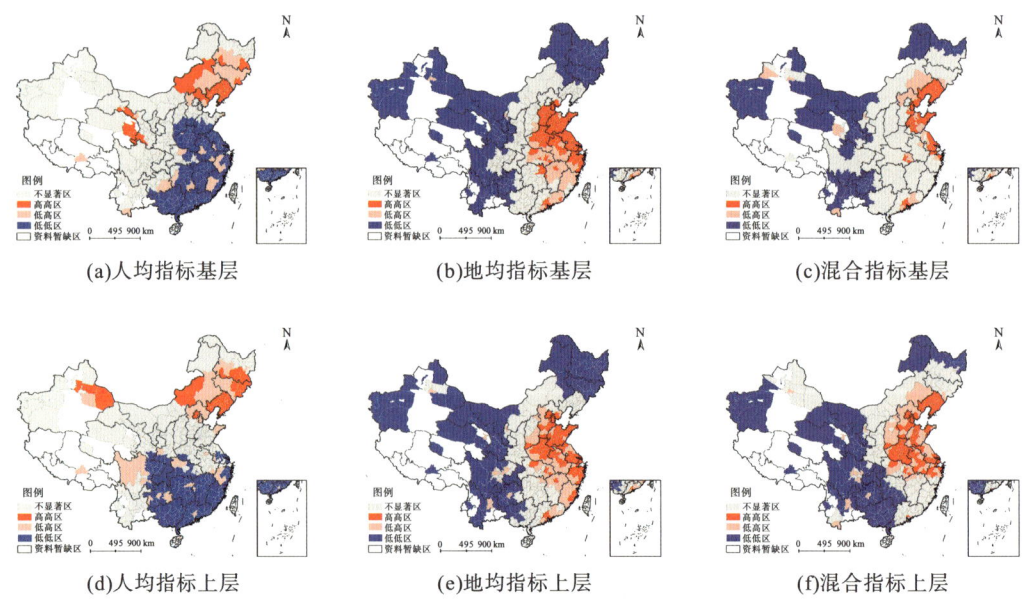

图 8-7 中国地级市域两层级医疗资源 LISA 图(2015 年)

注：港澳台地区数据缺失。

征。我国西部和北部地区，受山地影响和区位限制很大，可用于生活和生产的空间相对较少，城镇布局结构松散，交通通达性较差，尽管这些区域人均医疗投入高于发达地区，但限于该地区地广人稀，其地均投入相对东部人口密集区仍然较低，从而形成了截然不同的人均与地均医疗资源空间分布格局。比较三种计算方法得出的结果，混合指标更符合各地医疗资源实际水平。

2. 四川县域

图8-8为2015年三类指标计算的四川省县域两层级医疗资源LISA图。人均指标两层级医疗资源均在西部山区"高-高"聚集，基层"低-低"聚集于由成都平原向东部和南部扩展的丘陵地带，上层"低-低"聚集于东部山区和南省省界边缘地带。地均指标两层级医疗资源都在西部山区"低-低"聚集，在成都平原"高-高"聚集。混合指标两个层级医疗资源均在成都平原"高-高"聚集，基层医疗资源在乌蒙山区形成连片"低-低"聚集，上层医疗资源则在横断山区、乌蒙山区和秦巴山区均有"低-低"聚集分布。与全国地级市域结果相似，两层级医疗资源也是在西部地广人稀的山区人均投入高、地均投入低，在人口密度高的地区人均投入偏低，地均投入偏高，这些充分表明了四川省复杂的地理空间结构与人口分布的关系影响医疗资源的空间配置。综合比较，混合指标更符合四川各地医疗资源的实际发展水平。

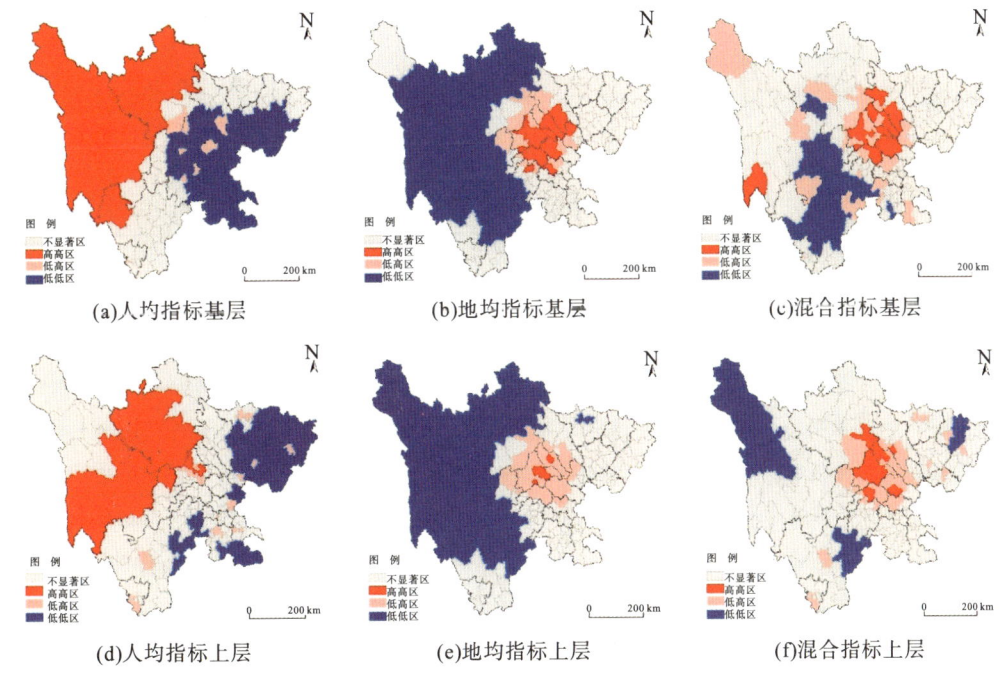

图8-8 四川县域两层级医疗资源LISA图（2015年）

三、地理探测器模型变量选择

医疗资源空间均衡性研究结果表明混合指标结果更符合各地医疗资源实际发展水平，因此以该指标计算的两层级医疗资源指数为因变量进行模型计算。根据《全国医疗卫生服务体系规划纲要(2015—2020 年)》提出的各级各类公立医院的规划设置要根据地域实际合理布局的思想，综合考虑经济、人口、地形、疾病发生率等因素，并参考已有研究成果[39,40]，本书选取了 7 个自变量构建两层级医疗资源空间配置影响因素的模型(表 8-7)。

表 8-7 医疗资源影响因素指标体系

影响因素	代理变量	数据来源和计算方法
经济	x_1 人均 GDP	x_1 直接来源于统计年鉴(单位：元)
	x_2 非农产业占比	x_2 用第二、三产业占地区生产总值的比例表示(单位：%)
人口	x_3 人口城镇化	x_3 用年末城镇人口占总人口比例表示(单位：%)
	x_4 人口密度	x_4 用总人口与土地面积之比表示(单位：人/km^2)
	x_5 人口老龄化	x_5 用 60 岁以上人口占比表示(单位：%)
地形	x_6 地形起伏度	x_6 通过 GIS 分析提取
发病率	x_7 发病率	x_7 用地方病、传染病发病率表征(全国各地级市相关数据无法获取)

四、地理探测器分析结果

为分析不同尺度和不同区域之间外部因素对两层级医疗资源配置影响的差异性，运用地理探测器从全国地级市域和四川省县域两个尺度，以及全国东、中、西部地区市域和成都平原、川南、川西北、攀西和川东北五个经济区县域进行了计算(表 8-8)。

表 8-8 各影响因素对两层级医疗资源配置的决定力

医疗层级	空间尺度	区域	分析单元/个	人均GDP (x_1)	非农产业占比 (x_2)	人口城镇化 (x_3)	人口密度 (x_4)	人口老龄化 (x_5)	地形起伏度 (x_6)	发病率 (x_7)
上层医疗资源	市域	全国	323	0.151***	0.159***	0.185***	0.384***	0.005	0.009	—
		东部地区	107	0.004	0.049*	0.390***	0.278***	0.010	0.026	—
		中部地区	120	0.011	0.003	0.017	0.534***	0.020	0.000	—
		西部地区	96	0.005	0.029	0.029	0.376***	0.039	0.017	—
	县域	四川	183	0.444***	0.292***	0.529***	0.438***	0.071***	0.044*	0.018*
		成都平原经济区	52	0.292***	0.262***	0.475***	0.379***	0.251***	0.010	0.002
		攀西经济区	39	0.270**	0.189**	0.225**	0.705***	0.129*	0.061	0.003
		川西北生态示范区	33	0.269*	0.246**	0.422**	0.000	0.108	0.160	0.071
		川东北经济区	31	0.190**	0.438***	0.506***	0.070	0.046	0.034	0.011
		川南经济区	28	0.224**	0.299***	0.369***	0.229**	0.021	0.044	0.033
基层医疗资源	市域	全国	323	0.110***	0.060***	0.121***	0.287***	0.011*	0.014	—
		东部地区	107	0.014	0.042	0.227***	0.314***	0.042	0.030	—
		中部地区	120	0.006	0.017	0.010	0.198***	0.037	0.006	—
		西部地区	96	0.004	0.011	0.018	0.190***	0.030	0.014	—

续表

医疗层级	空间尺度	区域	分析单元/个	人均GDP (x_1)	非农产业占比 (x_2)	人口城镇化 (x_3)	人口密度 (x_4)	人口老龄化 (x_5)	地形起伏度 (x_6)	发病率 (x_7)
	县域	四川	183	0.166***	0.027	0.065**	0.139***	0.005	0.070**	0.027**
		成都平原经济区	52	0.066	0.020	0.0766	0.093	0.058	0.028	0.007
		攀西经济区	39	0.001	0.005	0.044	0.328	0.017	0.040	0.136*
		川西北生态示范区	33	0.031	0.036	0.058	0.204**	0.009	0.053	0.053
		川东北经济区	31	0.011	0.058	0.156*	0.117**	0.013	0.013	0.000
		川南经济区	28	0.056	0.093	0.047	0.1105	0.071	0.073	0.021

注：***、**、*分别表示在0.01、0.05、0.1水平显著。

(1) 不同尺度分析结果。对上层医疗资源而言，人口密度、城镇化率、人均GDP和非农产业占比在两个尺度均有显著影响；人口老龄化、地形起伏度和发病率在四川县域有显著影响。对基层医疗资源而言，人口密度、人口城镇化和人均GDP在两个尺度都有显著影响，非农产业占比和人口老龄化在市域有较大影响，地形因素和发病率在四川县域尺度有一定影响。

(2) 不同区域分析结果。不同区域影响两层级医疗资源配置的主要因素有较大差异。东、中、西部市域分析结果表明人口因素的影响最为显著，其中人口密度对三大区域的两层医疗资源都有较大影响，人口城镇化率在东部地区对两个层级均有显著影响；经济因素中仅有非农产业占比对东部地区的上层医疗资源影响显著。四川五大经济区县域尺度分析结果显示，对上层医疗资源而言，人口城镇化率、人均GDP和非农产业占比对所有地区产生影响，人口密度对成都、攀西和川南地区有影响，人口老龄化对成都经济区和攀西经济区有影响；对基层医疗资源而言，人口密度对川西和川东北地区有影响，人口城镇化对川东北地区有影响，发病率对攀西地区有影响。

总体而言，不同尺度和区域之间两层级医疗资源配置决定力有差异性，上层医疗资源对外部影响因素响应强度均大于基层。对上层医疗资源而言，人口城镇化水平、人口密度、经济发展水平是全局性主导因素，人口老龄化、地形条件、发病率为地方性因素。对基层医疗资源而言，人口密度是较为显著的全局性影响因素，城镇化率是重要的地方性影响因素，地形、经济发展水平、人口老龄化和发病率在个别尺度或区域有局部影响。

第四节 两层级医疗资源空间配置的作用机制

通过综合分析得出影响不同尺度和区域两层级医疗资源配置的影响因素，进一步分析各因素对医疗资源配置的作用机制，为科学进行医疗资源配置提供参考依据。

一、医疗改革政策的影响

我国三次医疗改革政策使两层级医疗资源空间均衡性体现出三个阶段性特征。1996

年，我国确定了新时期卫生工作方针和基本原则，强调从国情出发，逐步缩小地区差距。但因市场经济导向使得各类医疗资源要素向发达地区和城市中心汇集，各层级医疗机构缺乏清晰的功能定位，加之"看门人"制度的缺位，导致患者无序就医，进一步加大了医疗资源的聚集性。2003 年，国家实施了一系列新的医疗政策，包括提高政府治疗投入，扩大医保覆盖人群范围，降低群众医疗费用，但政策效果滞后，基层和上层医疗资源的耦合协调性差，空间差异大，2005 年达到峰值。2006 年 6 月，国务院启动深化体制改革研究，在 2006~2009 年，两层级医疗资源的耦合协调性有显著提升，上层医疗资源水平空间差异显著缩小，但基层医疗资源空间差距却未出现大的变化。2009 年 4 月出台《中共中央国务院关于深化医药卫生体制改革的意见》（中发〔2009〕6 号），2015 年出台《国务院办公厅关于推进分级诊疗制度建设的指导意见》（国办发〔2015〕70 号），旨在着力解决群众"看病难、看病贵"问题，落实医疗卫生事业的公益性质，把基本医疗卫生制度作为公共产品向全民提供，这些都证实我国医疗卫生事业发展进入了"新医改"阶段[41]。2009~2015 年两个层级医疗资源耦合协调性显著提升，尤其是基层医疗资源水平总体有较大提升，空间差距持续缩小，表明新医改政策的实施产生了较为显著的效果。但当前地区间的结构性差异仍然明显，还需进一步加大改革力度，以提升我国医疗资源地区间和层级间配置的均衡性。

二、人口分布与结构的影响

人口因素是医疗资源配置的主导性因素[42]。省域研究显示，人口密度越大，其本地基层医疗资源水平和周边地区的上层医疗资源水平越高。这与不同层级医疗资源辐射半径及居民就医空间行为有关[43]。基层医疗机构以服务周边居民为主，而上层医疗机构的服务往往会辐射到周边行政区居民。与预期相反，城镇化率与基层医疗资源水平呈负相关，主要缘于我国上层医疗资源主要集中在城市和区县中心，在"倒三角"就医格局下，城市居民无论大病小病，都倾向于选择上层医疗机构，基层医疗发展不显著。而在农村地区，乡镇卫生院和社区卫生服务中心则是农村居民就近就医的首要选择。该结果一方面说明要缩小我国城乡医疗卫生差距，提高农村居民的健康水平，关键是要进一步提升农村的基层医疗资源水平；另一方面又说明要实施分级诊疗改革以实现合理的"正三角"就医格局的紧迫性。

市域和县域研究结果表明，在西部和北部欠发达地区，医疗资源的人均配置大大高于人口密集的发达地区，是基于均衡性和空间可达性的考量，通过财政转移支付等手段，进行医疗资源配置宏观调控的结果。混合指标的影响因素模型分析结果同时也表明，人口城镇化率、人口密度和人口老龄化率是各级政府进行医疗资源配置的主要依据。城镇化率越高，对各级医疗资源的需求越大，尤其是对上层医疗资源的需求会大量增加。随着我国城镇化率不断提高，部分地区医疗卫生资源供需矛盾将更加突出，医疗卫生资源布局调整面临更大挑战。人口老龄化程度也是影响医疗资源配置的重要因素，老龄化进程与家庭小型化、空巢化相伴随，医疗服务需求将急剧增加。从本书研究结果可以看出，人口老龄化在四川省县域、成都和攀西经济区对上层医疗资源的配置已经产生显著的决定力，但对基层医疗资源的配置影响除了表现在全国市域尺度，其他并不显著，而未来老年人口医养结合需更多基层医疗卫生资源支撑，康复、老年护理等薄弱环节要通过提升基层医疗资源的数量和质量来解决，因此人口老龄化率应该作为基层医疗资源配置的重要指标。根据人口密度配置医疗资源是实现供需均衡、提升资源利用效率的重要举措[44]，但在偏远地区和城市中较偏远地区的空间人口居住分散，易形成不同层级医疗资源的缺医区，社会资本也不易向这些空间聚集，更需公立医疗资源填补。值得注意的是，在较少分析单元的基础上，人口密度在川西经济区实现了95%的置信度，且q高于全省县域，可见在偏僻山区更应根据地形和人口分布综合确定医疗资源的配置，单纯以人均或地均指标配置医疗资源会产生偏差，应考虑山区人口分布受制于适宜居住的土地面积，采取修正的人口密度计算方法进行医疗资源配置规划[45]。决策者应根据不同层级医疗资源辐射半径及居民就医空间行为，以及不同偏远程度空间医疗机构的服务半径[46]，实施差异化的医疗资源配置策略，通过科学手段精准分析常住人口空间布局、城镇化和老龄化等数据，结合对民办医疗资源空间布局分析，以及分级诊疗改革对医疗服务体系的功能定位，识别不同层级医疗资源的缺医区，据此作为公立医疗资源配置规划和调控的依据。

三、经济社会因素的影响

经济是各地医疗资源投入的决定因素。省域研究结果表明，产业结构对上层医疗资源影响并不显著，但对本地基层医疗资源水平提升有重要的作用。城市的发展不仅能够吸引资本、信息和人力资源等要素，还能促进区域开放程度的提升和国际化理念的引入，一方面促使区域医疗卫生发展与国际发达国家接轨，另一方面也提升了当地居民对日常医疗保健的需求层次。这类地区中最典型的是上海市，该市是我国最早发展社区卫生服务的地区之一，在20世纪90年代就率先布局社区卫生服务网络，构建起我国最完善的社区卫生服务体系。2011年启动家庭医生制度，2015年全面深化社区卫生改革，并逐步出台了规范化人才培养、收入分配与绩效激励考核、信息互联互通等新举措，使其基层医疗水平长期以来都遥遥领先于其他地区。值得注意的是，研究结果同时也表明了产业结构对其周边地区基层医疗资源具有显著的负外部性影响，说明产业结构升级对基层医疗资源的聚集作用大于扩散作用，经济发达地区有更多的地方性财政收入进行医疗资源投入，对资本、人才等要素也具有更大的吸引力，对当地医疗资源水平的提升起到重要的作用，但又由于其聚集作用往往大于扩散作用，会导致周边欠发达地区医疗资源流失，加剧空间配置不均，因此应在条件充分的地区探索跨区域统筹配置医疗资源，促进大区域范围内资源共享，从而使发达地区对周边地区产生"涓滴效应"。分析结果还表明，教育水平的提高对周边地区上层和基层医疗资源水平均具有显著的促进作用，说明教育对医疗资源具有显著的正外部性影响。

市域和县域研究结果表明，由于财政分权制度会使地方政府在竞争效应和替代效应影响下降低医疗投入而导致医疗资源水平下降[13]，所以上级政府的财政转移支付以及对地方政府医疗投入的硬性规定、补贴和监控是平衡区域间医疗投入差距的主要手段。相应的措施已经在基层医疗资源数量上的均衡方面起到了重要作用，但研究结果显示经济指标对上层医疗资源配置的影响明显大于对基层的影响。而且我国三大区域对比分析结果表明非农产业占比对东部地区的上层医疗资源配置产生了较大影响，说明经济的发展、产业结构的升级对上层医疗资源的聚集产生重要的影响。大型医疗机构规模仍在不断扩张，优质医疗资源难以向基层下沉，资源配置与居民医疗和健康需求不匹配，不利于分级诊疗就医新格局的形成。以北京市为例，上层医疗资源高度聚集，而基层医疗资源水平却与其首位城市地位不相匹配，说明其医疗资源层级间的配置并不协调。各地政府对公立医疗资源在空间上和层级间合理配置的统筹作用和调控效力仍待加强。

四、地形和区位条件的影响

地形和区位条件对两个层级医疗资源具有不同的影响。省域医疗资源空间均衡性研究结果表明，两个层级医疗资源都有显著的空间聚集特征，基层和上层医疗资源在东部发达地区聚集，西部地区基层医疗资源水平相对较低，北部地区上层医疗资源水平较低，且西部、北部和南部地区两个层级间医疗资源的耦合协调性较之东部和中部地区差。空间回归模型结果表明省域平均海拔越高，该省域上层医疗资源水平越低，却对邻省份医疗资源产生正向影响，说明上层医疗资源主要聚集在低海拔地区。由此可见，区位条件对医疗资源的层级间的协调性和地区间的均衡性均具有重要影响。为进一步促进医疗资源配置的空间均衡，实现分级诊疗改革的目标，各地政府还应重视上层和基层医疗资源配置的协同性，加大财政转移支付力度，出台针对性政策提高发展相对滞后地区的层级医疗资源投入。

在四川县域尺度，表征地形的指标对两层级医疗资源配置都有较为显著的影响，且混合指标两层医疗资源配置的"低-低"区都在山区。由此可见，地形起伏度越大，医疗资源水平越低。四川省山地、丘陵、高原总体面积占全省总面积的95%以上，地理环境的差异在小尺度上表征突出，地形复杂的偏远山区的医疗资源与中心城镇相比有很大差异。分析结果还表明，地形对基层医疗资源的影响比上层更为显著，山区城镇系统的离散性质使得山区公共服务投入高、效益低，山区城镇空间关联性弱，使得中心城镇的医疗服务辐射能力小，而基层医疗资源的服务半径小于上层，使得山区基层医疗服务供需矛盾十分突出。我国典型山区往往也是少数民族聚居区、国家和地方的连片扶贫区，虽然人均医疗资源配置大大高于经济发达的平原和沿海地区，但地方财力投入不足，对社会资本的吸引不强，造成了医疗服务供给与需求严重不匹配。由此可见，在医疗资源配置决策上，充分考虑山区与平原之间的差异性，在统一性政策基础上实施地方针对性政策，才能有效提高医疗资源的空间均衡性。国家卫生健康委员会针对地广人稀的偏远省份提出了医疗资源配置的特殊标准，但在中观和微观尺度的标准还不完善。建议根据地形条件、人口密度和交通条件等因素进行地区偏远性类型和医疗圈划分[38]，针对不同类型区域制定不同的医疗资源配置标准，并通过立法、对口帮扶、地方性人力资源政策等手段提升偏远山区医疗服务能力。

五、医疗卫生投入的影响

财政卫生支出、家庭卫生支出和社会卫生支出是医疗卫生投入的三大来源。财政和社会医疗卫生资源供给能够满足居民基本的医疗卫生需求，个人承担的医疗卫生支出在卫生总支出中仍占有较大比例。在财政分权的背景下，地区间医疗资源的财政投入会因替代效应和竞争效应等原因产生相互影响[47]，人口的流动性也使医疗资源的配置难以达到供需均衡[48]。分析表明，我国卫生社保固定资产投入对医疗资源配置影响不显著，而家庭卫生支出却对两层级医疗资源均有显著的影响。上层医疗资源水平越高的地区，农村家庭医疗支出越高，而城镇家庭医疗支出越低，该结果反映出我国城乡二元结构导致的医疗资源配置的不均衡性，降低了财政支出对城乡医疗卫生资源配置差距的调节作用[6]，医疗卫生资源在城市聚集，财政投资和社会投资均具有城市偏向性，使城市居民就医可达性高，个人承担费用相对于农村居民较低。同时，农村居民的医疗支出越高，周边地区上层医疗资源水平越高；城镇家庭医疗支出越高，周边地区基层医疗资源越高，表明公众就医行为具有显著的空间流动性。这就要求不同层级医疗资源的配置应充分考虑人口流动因素，并进一步提升地区间医保的连通性。

六、疾病发生率的影响

疾病发生率是倒逼医疗资源配置的重要因素。传染病和地方病发病率对四川省县域和攀西经济区的基层医疗资源配置影响作用明显，说明医疗资源配置会受到疾病发病率的重要影响。传染病的发病机理及其重大危害性，要求政府要进行及时有效的预防，迫使发病率高的地区投入更多医疗卫生资源。地方病多发地对地方公共卫生资源有更高的需求，《"十三五"全国地方病防治规划》明确要求各级政府落实防治资金，中央财政通过转移支付加大对贫困地区防治工作的支持力度。值得注意的是，随着社会的发展、经济水平的提升和人口老龄化的加速，慢性非传染病日益成为危害人们健康的主要因素，未来推进分级诊疗、均衡医疗资源的需求将更加强烈。

参 考 文 献

[1] 何思长，赵大仁，张瑞华，等. 我国分级诊疗的实施现状与思考[J].现代医院管理，2015，13(2)：20-22.

[2] Browne A J，Varcoe C，Ford-Gilboe M，et al. EQUIP healthcare：An overview of a multi-component intervention to enhance equity-oriented care in primary health care settings[J]. International Journal for Equity in Health，2015，14：152-152.

[3] Mcisaac M，Scott A，Kalb G. The supply of general practitioners across local areas: Accounting for spatial heterogeneity[J]. BMC Health Services Research，2015，15(1)：1-10.

[4] Mestre A M，Oliveira M D，Barbosa-Povoa A. Organizing hospitals into networks: A hierarchical and multiservice model to define location，supply and referrals in planned hospital systems[J]. OR Spectrum，2012，34(2)：319-348.

[5] Rastaghi M M，Barzinpour F，PishvaeeM S. A multi-objective hierarchical location-allocation model for the healthcare network design considering a referral system[J]. International Journal of Engineering，2018，31(2)：365-373.

[6] Shinjo D，Aramaki T. Geographic distribution of healthcare resources，healthcare service provision，and patient flow in Japan: A cross sectional study[J]. Social Science & Medicine，2012，75(11)：1954-1963.

[7] 经姗姗，李勇. 新医改背景下基层医疗卫生机构资源配置效率评价[J]. 中国卫生质量管理，2015，22(2)：106-109.

[8] Tao Z，Cheng Y，Dai T，et al. Spatial optimization of residential care facility locations in Beijing，China：Maximum equity in

accessibility [J]. International Journal of Health Geographics, 2014(13): 33-44.

[9] 丁愫, 陈报章. 城市医疗设施空间分布合理性评估[J]. 地球信息科学学报, 2017, 19(2): 185-196.

[10] Wang X, Pan J. Assessing the disparity in spatial access to hospital care in ethnic minority region in Sichuan Province, China[J]. BMC Health Services Research, 2016, 16(1): 399-410.

[11] 钟少颖, 杨鑫, 陈锐. 层级性公共服务设施空间可达性研究——以北京市综合性医疗设施为例[J]. 地理研究, 2016, 35(4): 731-744.

[12] Li H, Yu W. Enhancing community system in China's recent health reform: An effort to improve equity in essential health care[J]. Health Policy, 2011, 99(2): 167-173.

[13] Zheng X, Wang J, Li X, et al. On the supply of China's healthcare resources in a decentralized healthcare system[J]. The Social Science Journal, 2015, 52(4): 449-458.

[14] Katz A S, Cheff R M, O'Campo P. Bringing stakeholders together for urban health equity: Hallmarks of a compromised process[J]. International Journal for Equity in Health, 2015, 14(1): 138-147.

[15] 代涛, 黄菊, 马晓静. 国际全科医生制度发展历程:影响因素分析及政策启示[J].中国卫生政策研究, 2015, 8(2): 1-7.

[16] 雷光和. 以基本医疗保险为视角的双向转诊激励与约束机制构建研究[J]. 中国全科医学, 2013, 16(6): 1829-1832.

[17] 杨林生, 李海蓉, 李永华, 等. 医学地理和环境健康研究的主要领域与进展[J]. 地理科学进展, 2010, 29(1): 31-44.

[18] 齐兰兰, 周素红, 闫小培, 等. 医学地理学发展趋势及当前热点[J].地理科学进展, 2013, 32(8): 1276-1285.

[19] 宋正娜, 陈雯. 基于潜能模型的医疗设施空间可达性评价方法[J].地理科学进展, 2009, 28(6): 848-854.

[20] 程敏, 连月娇. 基于改进潜能模型的城市医疗设施空间可达性——以上海市杨浦区为例[J]. 地理科学进展, 2018, 37(2): 266-275.

[21] 柳泽, 杨宏宇, 熊维康, 等. 基于改进两步移动搜索法的县域医疗卫生服务空间可达性研究[J].地理科学, 2017, 37(5): 728-737.

[22] 赵雪雁, 王伟军, 万文玉. 中国居民健康水平的区域差异: 2003—2013[J]. 地理学报, 2017, 72(4): 685-698.

[23] 顾佳峰. 基于空间计量模型的卫生资源配置分析[J]. 中国卫生统计, 2014, 31(1): 21-23.

[24] 陶海燕, 潘中哲, 潘茂林, 等. 2016. 广州大都市登革热时空传播混合模式[J].地理学报, 2016, 71(9): 1653-1662.

[25] Liao Y L, Zhang Y, He L, et al. Temporal and spatial analysis of neural tube defects and detection of geographical factors in Shanxi Province, China[J]. PLoS ONE, 2016, 11(4): e0150332.

[26] 何思长, 赵大仁, 张瑞华, 等. 我国分级诊疗的实施现状与思考[J]. 现代医院管理, 2015, 13(2): 20-22.

[27] Zheng X, Wang J, Li X, et al. On the supply of China's healthcare resources in a decentralized healthcare system [J]. The Social Science Journal, 2015, 52(4): 449-458.

[28] 邹文杰. 医疗卫生服务均等化的减贫效应及门槛特征——基于空间异质性的分析[J]. 经济学家, 2014, 8(8): 59-65.

[29] Mestre A M, Oliveira M D, Barbosa-Povoa A. Organizing hospitals into networks: A hierarchical and multiservice model to define location, supply and referrals in planned hospital systems [J]. OR Spectrum, 2012, 34(2): 319-348.

[30] 唐新平, 刘彬, 麻学锋. 湘西地区旅游产业成长与新型城镇化耦合协调度时空分异分析[J]. 吉首大学学报(社会科学版), 2016, 37(5): 52-60.

[31] 陶彦光. 基于Moran统计量的空间自相关理论发展和方法改进[J]. 地理研究, 2009, 28(6): 1449-1463.

[32] 赵雪雁, 王伟军, 万文玉. 中国居民健康水平的区域差异:2003—2013[J]. 地理学报, 2017, 72(4): 685-698.

[33] 刘彦随, 李进涛. 中国县域农村贫困化分异机制的地理探测与优化决策[J]. 地理学报, 2017, 72(1): 161-173.

[34] 王劲峰, 徐成东. 地理探测器:原理与展望[J]. 地理学报, 2017, 72(1): 116-134.

[35] Chen M, Fang G, Wang L, et al. Who benefits from government healthcare subsidies? An assessment of the equity of healthcare benefits distribution in China[J]. PLoS ONE, 2015, 10(3): 1-15.

[36] Mackenbach J P, Stirbu I, Roskam A J R, et al. Socioeconomic inequalities in health in 22 European countries[J]. New England Journal of Medicine, 2008, 358(23): 2468-2481.

[37] 赵良仕, 孙才志, 郑德凤. 中国省际水资源利用效率与空间溢出效应测度[J]. 地理学报, 2014, 69(1): 121-133.

[38] Lesage J, Pace R K. Introduction to Spatial Econometrics[M]. New York: CRC Press, 2009: 36-42.

[39] 杨林, 成前, 李渊. 不同类型卫生投入对城乡医疗卫生资源配置差距的动态影响研究:基于状态空间模型的再考察[J].中国卫生经济, 2014(7): 33-36.

[40] Chen M, Fang G, Wang L, et al. Who benefits from government healthcare subsidies? An assessment of the equity of healthcare benefits distribution in China[J]. PLoS ONE, 2015, 10(3): 1-15.

[41] Zhang X, Xiong Y, Ye J, et al. Analysis of government investment in primary healthcare institutions to promote equity during the three-year health reform program in China[J]. BMC Health Services Research, 2013, 13(1): 1-6.

[42] Tanihara S, Kobayashi Y, Une H, et al. Urbanization and physician maldistribution: A longitudinal study in Japan[J]. BMC Health Services Research, 2011, 11(1): 260-268.

[43] Song X Q, Deng W, Liu Y. Spatial spillover and the factors influencing public service supply in Sichuan province, China[J]. Journal of Mountain Science, 2014, 11(5): 1356-1371.

[44] 邹文杰, 蔡鹏鸿. 公共卫生支出、人口聚集与医疗卫生服务均等化[J].上海财经大学学报, 2015, 17(3): 59-67.

[45] 刘颖, 邓伟, 宋雪茜, 等. 基于地形起伏度的山区人口密度修正——以岷江上游为例[J]. 地理科学, 2015, 35(4): 464-470.

[46] McGrail M R, Humphreys J S. Measuring spatial accessibility to primary health care services: Utilising dynamic catchment sizes[J]. Applied Geography, 2014, 54: 182-188.

[47] Zheng X, Wang J, Li X, et al. On the supply of China's healthcare resources in a decentralized healthcare system[J]. The Social Science Journal, 2015, 52(4): 449-458.

[48] Shinjo D, Aramaki T. Geographic distribution of healthcare resources, healthcare service provision, and patient flow in Japan: A cross sectional study[J]. Social Science & Medicine, 2012, 75(11): 1954-1963.

第九章　基于空间异质性的村级公共服务需求度与满意度[①]

在城乡统筹改革进程中，成都市村级公共服务和社会管理改革极大地改善和强化了村级公共服务供给能力，对于缩小城乡差距、平衡区位差异影响起到了重要的作用，整体惠民效果显著。在经济发展和城镇化推进与自然、经济和社会的地方性特征共用作用下，村（居）民的公共服务需求存在显著的时空差异。从时间表上看，村（居）民关注重点从基本的生存和安全需求逐渐向更高层次的宜居性需求转变；从空间上看，随着村落和社区与城镇中心距离由远到近，公共服务需求逐渐从基础设施向社区管理、文化活动需求变化。但农村生产生活基础设施和农村环境治理仍将是大部分村落（社区）未来三年的主要需求，此外，养老需求已成为农村和涉农社区百姓除基础设施外最关心的问题。

值得注意的是，在公共服务需求表达方面，农民的感性选择使得其对公共服务的需求淡漠；农民作为分散、独立的个体而存在，大多面对公共服务需求时容易出现"搭便车"的行为倾向，利益诉求一般表现为先个人利益后集体利益，重短期利益轻长远利益的倾向。而且不同时空下，经济社会的发展水平、城镇化程度等因素，会对村（居）民的公共服务预期产生巨大的影响，进而影响其满意度的评价。因此，满意度可以作为评价村级公共服务投入和管理的重要指标，但不能作为唯一标准。村级公共服务供给应建立"自下而上"的反馈与"自上而下"的引导相结合的决策机制，在通过基层民主征求村民对公共服务需求意愿的同时，也应根据各地经济社会发展的阶段性特征、农村公共服务供给的变化趋向，加强村公资金使用方向的引导力度。

为切实提高农村公共服务和社会管理水平，促进城乡基本公共服务均等化，2009年，成都市在全国率先开始实施村级公共服务和社会管理改革，将村级公共服务资金直接纳入政府预算。经过七年的不懈努力，成都市村级公共服务资金保障从2009年的村均32.05万元逐步提高到2016年的46.13万元，极大地改善和强化了村级公共服务供给能力，整体惠民效果十分显著，基本实现了改革预期目标。

随着国家经济的迅速发展和城镇化进程的不断推进，各种内外部因素促使农村地区经济社会急剧变化。农村社区的组织模式、人口结构、居住形式、生计途径和价值观念等都在发生根本性改变，农村居民的公共服务需求也随之发生重大变化。客观趋势要求我们对农村公共服务问题进行全新思考和审视。尤其是在中央大力推进供给侧结构性改革的历史背景下，统筹兼顾农村公共服务的质量、效率、公平和均衡性，进一步提高农村公共服务

[①] 本章执笔人：宋雪茜、邓伟、张少尧、周鹏。

总体供给水平，成为摆在我们面前的重大现实课题。

当前，成都市正面临《成渝城市群发展规划》将其定位为国家中心城市、全面创新改革试验、天府新区建设、天府国际机场建设、三大国际合作园区建设、国家生态文明先行示范区建设等系列机遇，"十三五"规划期间，成都不仅进入机遇叠加期，也跨入厚积薄发的潜力释放期。提高村级公共服务供给水平，进一步提升基层治理能力，培育村级建设新动力，能够有效缩小城乡差距、促进协调发展、加强城市综合实力、塑造城市整体感，对成都市更好把握历史机遇、实现跨越式发展意义重大。未来村级公共服务体系建设与保障能力提升，公共服务资源如何进一步科学合理配置？以何为导向？以何为重点？如何更加有利于改善民生，促进乡村居民生活质量的提升，更加有利于支撑乡村全面小康和可持续发展，值得深入探讨和研究。

为了把握成都市村级公共服务供需的时空演进特征、研判在新形势下村级公共服务需求变化趋势，提出成都市深化村级公共服务和社会管理改革的建议，由成都信息工程大学管理学院、中国科学院成都山地灾害与环境研究所山区发展研究中心组成了共计 20 人的调研组，对村级公共服务需求趋势性变化和对策措施开展了实地调研和室内分析与研讨。

以成都市 2015 年各村及涉农社区村级公共服务资金投入数据为基础，运用 GIS 和 GeoDa 空间分析手段，运用空间抽样方法进行调研样本抽样。由于成都市农村和涉农社区主要分布于第二、三圈层，空间抽样也在这两个圈层中进行。首先以成都市乡镇(街道)为尺度，计算出村公资金投入的冷点区和热点区，并综合考虑距市中心距离、产业发展现状、城镇化发展现状、地形、面积和常住人口与户籍人口差等因素，选择了郫都区团结镇、温江区涌泉街道、龙泉驿区同安街道、大邑县出江镇、彭州市通济镇和金堂县淮口镇等 6 个镇为重点调研样本区，每个样本区再根据地形、农业占比、距镇中心距离和村公资金等因素，结合最新遥感影像，选择 2 个村(社区)，共 12 个村(社区)进行深入调研(图 9-1)。

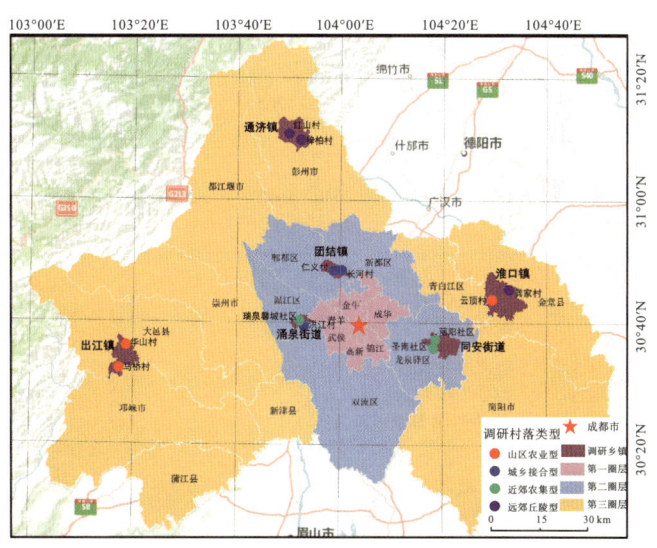

图 9-1 2015 年成都村级公共服务调研乡镇图

注：自 2017 年起，成都市打破圈层结构，将中心城区范围扩大至原一、二圈层的
11 个行政区加高新区、天府新区，形成"中心城区+郊区新城"的空间层次

由于受与中心城区距离、城镇化率、地形和区位及经济社会发展水平等多因素影响，不同类型的社区(村落)对村公服务会呈现不同的需求特点，因此根据研究区的地形地貌特征、交通区位、农业占比等特点，将 12 个社区(村落)分为近郊农集型社区、城乡接合型村落、远郊丘陵型村落、山区农业型村落四种类型(表 9-1)。

表 9-1 调研村落类型和主要特点

类别	乡镇(街道)	村(社区)	区位	户籍人口/人、常住人口/人、户数/户	农业占比/%	主要特点
近郊农集型社区	涌泉街道	瑞泉馨城社区	距市中心 15km 距区政府 2km 距街道办 1.5km	2300、13000、500	0	位于近郊平原区，主要为土地被承包的农民集中安置区，是较为成熟的城市社区，靠近成都主城区，交通便捷，基础设施完善，城镇化率高，人口规模大，分布密集，流动人口多；经济多以商铺、租赁房屋和工资收入为主
	同安街道	丽阳社区	距市中心 24km 距区政府 6.9km 距街道办 2.2km	—、8746、3812	0	
	同安街道	圣南社区	距市中心 30km 距区政府 6km 距街道办 2km	3900、18600、—	0	
城乡接合型村落	涌泉街道	洪江村	距市中心 20km 距区政府 5km 距街道办 4km	14400、2200、600	20	位于近郊平原区城乡接合部，周边正在快速城市化，外来人口较多，基础设施有待改善；经济主要为手工业、建筑业、物流运输业、小型手工作坊等；耕地多承包给外地人，少部分本地人种植蔬菜、苗木；环境卫生和村容村貌有待改善、整治
	团结镇	仁义村	距市中心 20km 距区政府 15km 距镇政府 0.8km	3550、10000、1300	90	
	团结镇	长河村	距市中心 20km 距区政府 15km 距镇政府 4km	2300、4000、1000、	20	
远郊丘陵型村落	通济镇	红山村	距成都市中心 50km 距市政府 25km 距镇政府 4km	1530、1398、389	40	位于成都市远郊区，地处平坝与山丘的过渡区，村落沿主干道呈带状分布，主干道通车条件较好，但支路和入户道路较差；经济收入主要以种植和土地流转为主，年轻劳动力外出务工较多，人口老龄化问题严重；旅游资源较丰富，有发展乡村旅游的设想和规划
	通济镇	梓柏村	距市中心 70km 距市政府 32km 距镇政府 6km	1100、1365、382	90	
	淮口镇	龚家村	距市中心 50km 距县政府 25km 距镇政府 7km	2646、1400、868	100	
山区农业型村落	出江镇	马桥村	距市中心 100km 距县政府 40km 距镇政府 10km	1346、700、429	100	位于成都市远郊区，属于山地型村落，地形复杂，地广人稀，交通通达性差，农业生产主要靠种植农作物、中药材、伏季水果及养殖业，收入来源单一且收入少，基础设施落后，村庄规模小，大量青壮年劳动力外出务工，留守老人多，生活水平较低
	出江镇	华山村	距市中心 70km 距县政府 25km 距镇政府 3km	—、300、210	100	
	淮口镇	云顶村	距市中心 75km 距县政府 24km 距镇政府 9km	2045、1000、795	100	

项目组设计了半封闭式问卷《村级公共服务需求趋势变化和对策措施项目公众需求调查问卷》(简称《公众需求问卷》)以及《村级公共服务需求趋势变化和对策措施项目

村/社区干部访谈表》(简称《村/社区干部访谈表》)作为调研工具,对样本村落和社区进行了调研。本书根据调研所得数据和信息,对成都市村级公共服务供给和需求变化趋势、公众知晓度和满意度及社会管理相关内容进行了分析。

第一节 成都市村级公共服务供给宏观分析

一、村公资金投入时空变化

为了全面提高村级公共服务和社会管理的财政保障水平,各级政府将村级基本公共服务和社会管理经费纳入本级财政预算,根据经济社会发展水平制定对村级公共服务和社会管理投入的最低经费标准。以 2008 年为基数,各级政府每年新增的公共事业和公共设施建设政府性投资主要用于农村公共事业和公共设施建设,村级公共服务和社会管理专项资金(以下简称村公资金)随财政收入增长而增加。自 2009 年以来,全市共投入村公资金 77.9388 亿,其中市级补助 48.9599 亿,区县(市)配套 28.9789 亿。投入力度逐年加大,2009 年共投入 6.7009 亿元,2016 年投入 11.8686 亿元,年均增加 7382.428 万元(图 9-2),年均增长率为 11.02%。

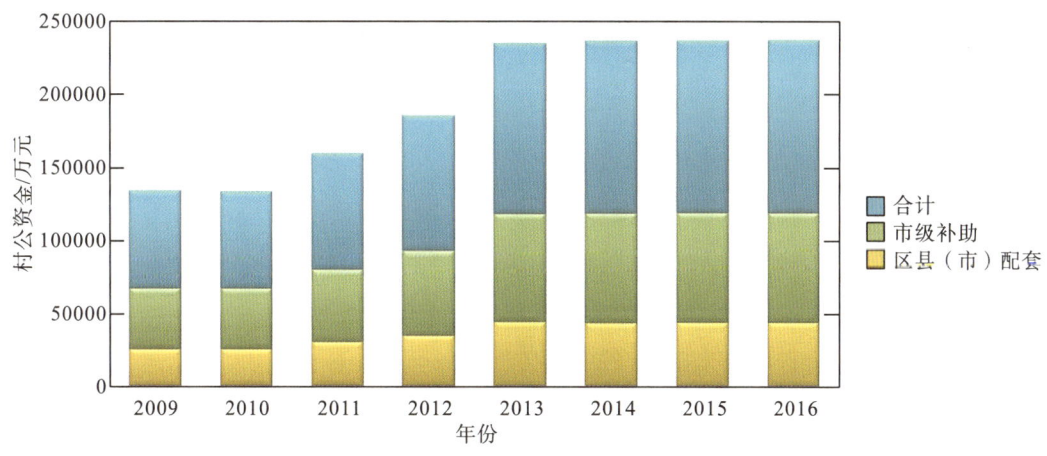

图 9-2 成都市村公资金投入时间变化趋势

为分析成都市村公资金投入的时空变化格局,我们根据成都市统筹城乡和农业委员会提供的数据,以乡镇(街道)为单位,将变化较大的年份村公资金投入绝对数进行汇总,通过 GIS 分析其空间布局,按 200 万元、500 万元、800 万元、1100 万元、1400 万元、1700 万元、2000 万元为标准将村级资金投入量分为七级,由低至高,用深绿色到深红色表达,结果如图 9-3~图 9-6 所示。2009 年至今,全市村公资金投入高值区逐渐从局部点状分布向连片式分布、从非均衡分布向均衡分布发展,现已形成村公资金投入空间结构多点高值区分布态势。在经济规律导向下,市场机制会扩大地区间的发展差距,使经济社会空间产生功能极化和地域极化。国内外区域发展经验和区域空间结构相关研究表明,公共服务具有空间溢出效应,各公共服务区域性中心的形成将对周边经济社会发展起到明显的辐射带动作用。政府可以通过在欠发达地区和农村地区加大公共服务投资来缩小地区间的公共服务水平差距,尤其是在远离城市中心的区域培育乡镇尺度的公共服务高值区,能够有效辐射带动周边发展,起到提高公共服务投入效率、缩小城乡差距、促进区域经济社会均衡发展的作用。

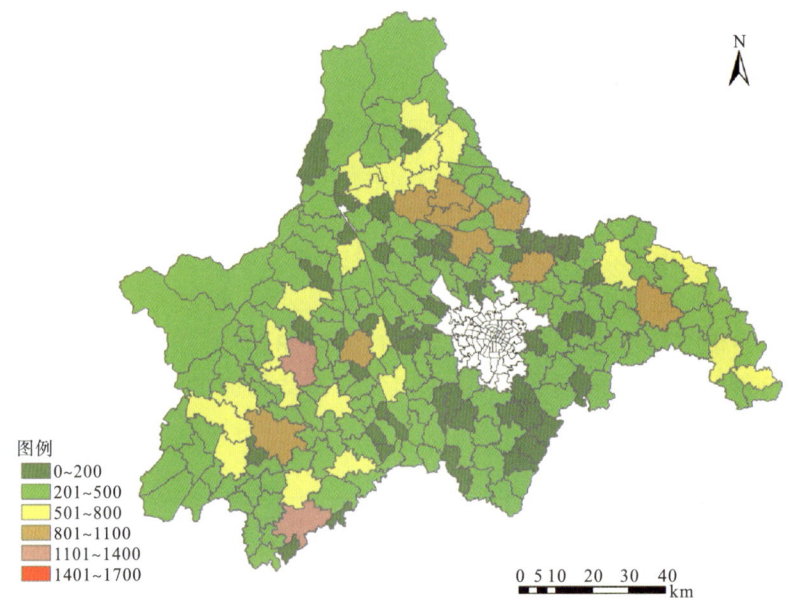

图 9-3　2009 年成都市各乡镇(街道)村公资金投入时空分布格局(单位:万元)

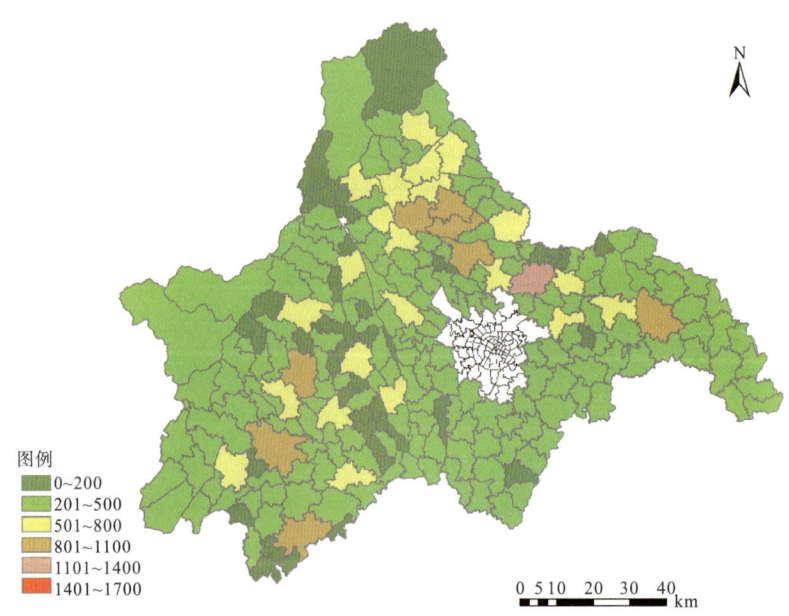

图 9-4　2011 年成都市各乡镇(街道)村公资金投入时空分布格局(单位:万元)

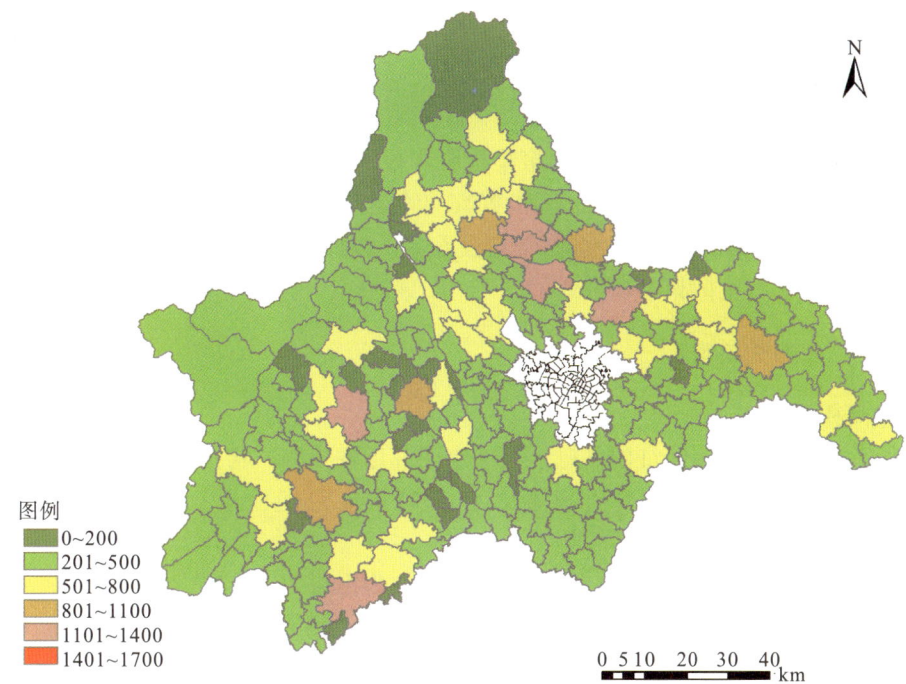

图 9-5　2012 年成都市各乡镇(街道)村公资金投入时空分布格局(单位：万元)

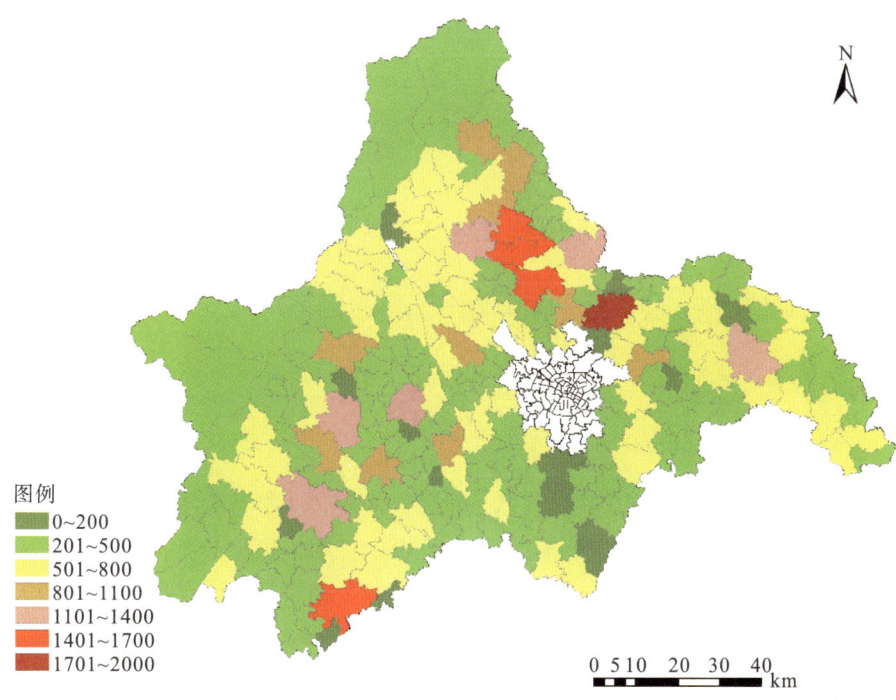

图 9-6　2016 年成都市各乡镇(街道)村公资金投入时空分布格局(单位：万元)

注：《国务院关于同意四川省变更县级简阳市代管关系的批复》(国函〔2016〕78 号)(2016 年 5 月 3 日)、《四川省人民政府关于同意变更县级简阳市代管关系的批复》(川府函〔2016〕90 号)(2016 年 5 月 12 日)同意将资阳代管的县级简阳市改由成都市代管。本章研究数据于 2016 年 3 月由成都市统筹城乡和农业委员会提供，为简阳由成都代管之前

二、村公资金投入冷热点分析

为了分析成都市村公资金投入的聚集程度和投入低（冷点区）与投入高（热点区）的空间格局，将 2009 年、2011 年、2012 年和 2016 年每个乡镇（街道）的投入总金额除以村（社区）数，得到各乡镇（街道）的村（社区）平均投入数，以此为基础，运用 ESDA 探索性空间数据分析方法，进行空间聚类研究[1]。

（一）空间自相关模型

1. 空间权重矩阵

在明确空间相互作用特征的基础上构造空间邻近性矩阵，将空间邻近性矩阵归一化，就得到空间权重矩阵 W，采用一阶"后步"邻接空间权重矩阵（queen first order contiguity-based spatial weights），即

$$W_{ij} = \begin{cases} 1, & \text{当区域}i\text{和区域}j\text{相邻} \\ 2, & \text{当区域}i\text{和区域}j\text{不相邻} \end{cases}$$

2. 全局空间自相关

空间自相关系数可用来度量属性值在空间上的分布特征及其对邻域的影响程度。在实际的应用研究中，Moran's I 较为常用，全局空间自相关指数（global Moran's I）常用来分析研究对象在全局空间内表现出的分布特征，计算公式如下

$$I = \frac{n\sum_{i=1}^{n}\sum_{j=1}^{n}W_{ij}(X_i-\bar{X})(X_j-\bar{X})}{\sum_{i=1}^{n}\sum_{j=1}^{n}W_{ij}\sum_{i=1}^{n}(X_i-\bar{X})^2} = \frac{\sum_{i=1}^{n}\sum_{j=1}^{n}XW_{ij}(X_i-\bar{X})(X_j-\bar{X})}{S^2\sum_{i=1}^{n}\sum_{j=1}^{n}W_{ij}} \quad (9\text{-}1)$$

式中，n 为观测点个数；W_{ij} 为空间权重；X_i 和 X_j 代表地区 i 和 j 变量数值；$\bar{X}=\frac{1}{n}\sum_{i=1}^{n}X_i$ 是 X_i 的平均值；$S^2=\frac{1}{n}\sum_{i=1}^{n}(X_i-\bar{X})^2$ 是 X_i 的方差。

为了进行显著性检验，可计算 Z 统计量

$$Z(I) = \frac{I-E(I)}{\sqrt{\text{Var}(I)}} \quad (9\text{-}2)$$

式中，$E(I)$ 为 Moran's I 指数的期望值，$\text{Var}(I)$ 为 Moran's I 指数的方差。

Moran's I 指数的取值范围为 [-1,1]，正数表示空间集聚分布特征，即存在空间正相关性，值越大，集聚特征越明显；负数表示空间发散分布特征，即存在空间负相关性，值越小，发散特征越明显；等于 0 表示空间的随机分布特征，即不存在空间相关性。

3. 局部空间自相关

局部空间自相关分析可以帮助我们更准确地把握空间要素异质性特征的局部空间相关性，分析局部空间相关性通常使用 LISA（the local indicator of spatial association，空间关联的局部指标）方法计算的 local Moran's I 指数，该分析有两个目标：①解释指标的非定

常性(如热点和冷点);②评估独特的地方性对全局统计的影响并找出异常值。LISA 的计算公式为

$$I_{\text{LISA}} = \frac{(X_i - \overline{X})}{S^2} \sum_j W_{ij}(X_j - \overline{X}) \quad (9\text{-}3)$$

式中,I_{LISA} 为正表示变量存在局部空间正相关,为负则表示负相关。①HH 型:$I_{\text{LISA}} > 0$,乡镇(社区)i 与相邻乡镇(社区)的村公资金投入均高于全市平均水平;②LL 型:$I_{\text{LISA}} > 0$,乡镇(社区)i 与相邻乡镇(社区)的村公资金投入均低于全市平均水平;③HL 型:$I_{\text{LISA}} < 0$,乡镇(社区)i 的服务支出高于全市平均水平,相邻乡镇(社区)的村公资金投入低于全市平均水平;④LH 型:$I_{\text{LISA}} < 0$,乡镇(社区)i 的村公资金投入低于全市平均水平,相邻乡镇(社区)的村公资金投入高于全市平均水平。其中,HH 型为村公资金投入的热点区,LL 型为冷点区。

(二)成都市村公资金投入聚集度与冷热点分析结果

通过全局空间自相关模型分析,结果如表 9-2、图 9-7 所示,成都市村公资金投入的聚集度由 2009 年高度聚集逐渐下降到 2016 年低度聚集。由此可见,村公资金的投入呈现日趋均衡的态势。

表 9-2　成都市村公资金投入 Moran's I 指数

年份	Moran's I	方差	P 值	Z 值
2009	0.6436***	0.0408	0.0010	15.9344
2011	0.3108***	0.0377	0.0010	8.3511
2012	0.3795***	0.0371	0.0010	10.1000
2016	0.0909**	0.0380	0.0210	2.6446

注:**、***分别表示通过 0.05、0.01 水平的显著性检验。

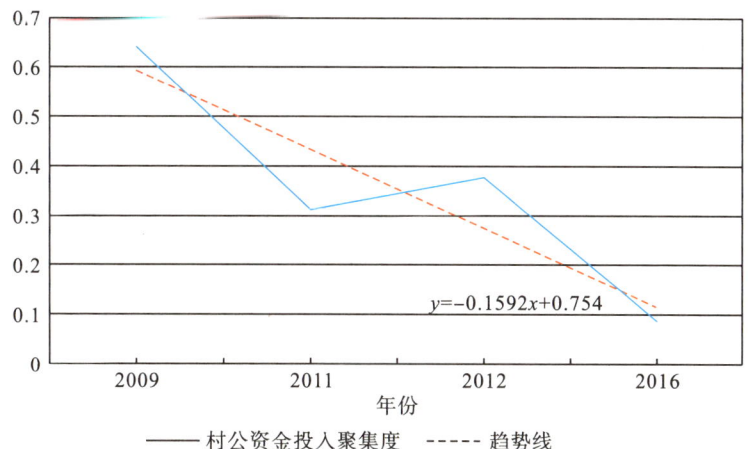

图 9-7　成都市村公资金投入聚集度变化趋势图

通过局部空间自相关分析模型对成都市村公资金投入的聚集点的空间格局进行分析，结果(图 9-8、图 9-9)表明，2009~2016 年，村公资金投入"高-高"聚集的地区主要在第三圈层，尤其是东、西两侧的远郊乡镇。区域经济一般规律是各种资源向城市中心聚集，即劳动力、资本、信息等各要素都会向城市中心流动，造成城市中心和郊区之间、城市和乡村之间差距不断扩大。而该分析结果表明，成都市村公资金的投入资金更多地聚集在远离城市中心的远郊农村，形成与经济要素自由向中心聚集的反作用力，对于提高农村村级公共服务水平、缩小城乡公共服务差距，促进市域范围内地区间和城乡间的基本公共服务均等化发挥了重要的作用。

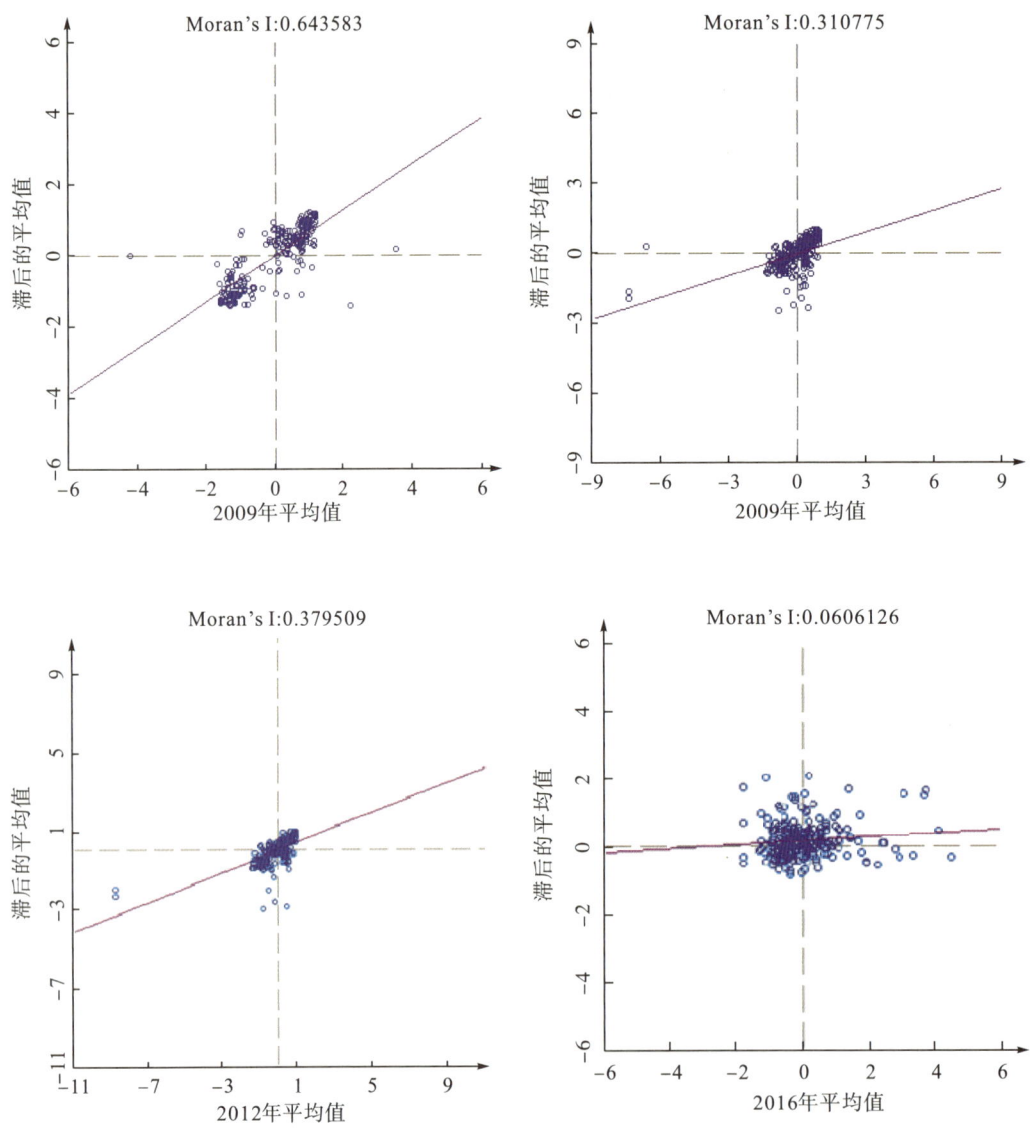

图 9-8 成都市村公资金投入聚集度散点图

第九章　基于空间异质性的村级公共服务需求度与满意度　　165

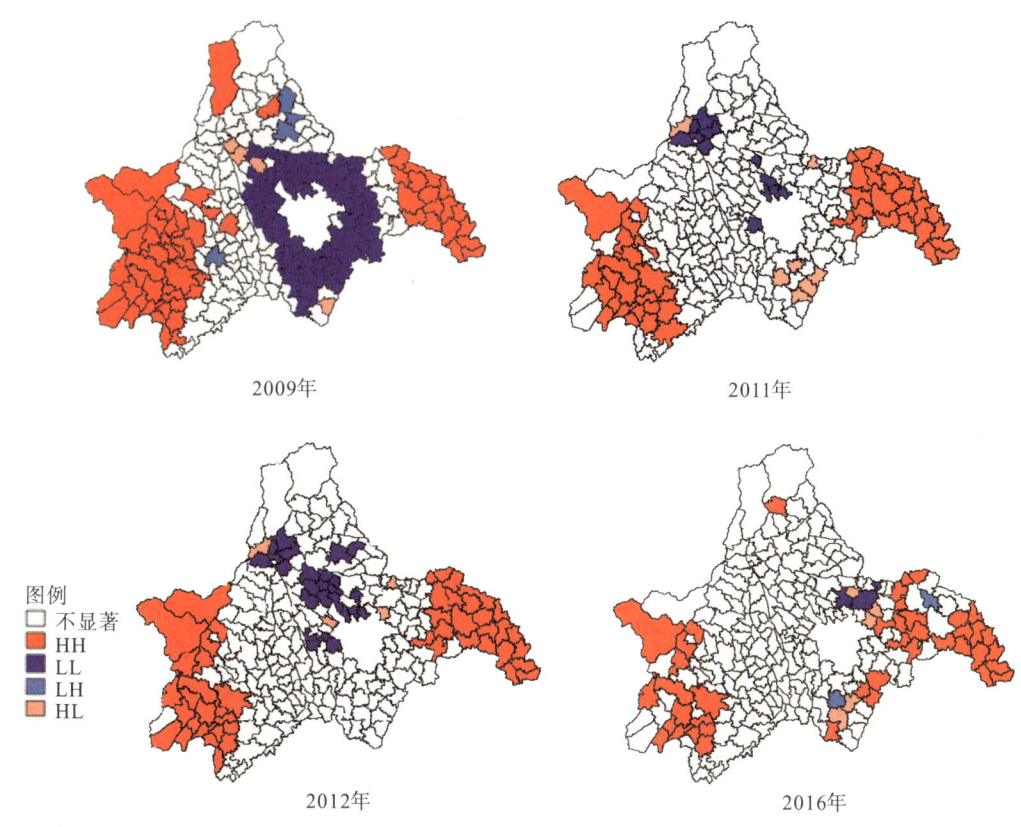

图 9-9　2016 年成都市村公资金投入冷热点空间分布图

注：《国务院关于同意四川省变更县级简阳市代管关系的批复》(国函〔2016〕78 号)(2016 年 5 月 3 日)、《四川省人民政府关于同意变更县级简阳市代管关系的批复》(川府函〔2016〕90 号)(2016 年 5 月 12 日)同意将资阳代管的县级简阳市改由成都市代管。本章研究数据于 2016 年 3 月由成都市统筹城乡和农业委员会提供，为简阳由成都代管之前

　　从时空变化趋势来看，2009 年村公资金投入高度聚集于东、西两侧远郊区，与中心城区相邻的近郊区 60 余个乡镇(街道)形成环状冷点区；以后聚集程度逐渐降低，冷点区逐渐减少，至 2016 年只有东北部近郊 3 个乡镇是冷点区，充分说明村公资金投入在空间上逐渐趋于均衡。但是，2016 年，村公资金投入热点仍聚集于东、西部远郊和部分南部区域，而城市北部区域的村公资金投入热点区少，下一阶段应在继续保持投入均衡性的同时，注重对北部远郊农村的投入。

　　综上分析，成都市村级公共服务供给宏观研究结果说明，自 2009 年实施村级公共服务和社会管理改革以来，村公资金投入逐年增加；全市村公资金投入较高的区域逐渐从局部点状分布向连片式分布、从非均衡分布向均衡分布发展，说明投入的均衡性有所提升；该项改革实施之初，全市村公资金投入热点与冷点均呈高度聚集状态，以后聚集程度逐年减弱、冷点区数量明显减少，呈日渐均衡态势。投入热点主要聚集在第三圈层远郊区域，有利于缩小城乡之间、城市中心与远郊之间的公共服务差距，促进市域范围内基本公共服务均等化，总体上充分表明，村公资金投入政策切合成都市城乡统筹发展的实际，政策效果十分明显。值得关注的是，下一阶段应在继续保持投入均衡性的同时，注重对北部远郊农村的投入。

三、村级公共服务资金投入的作用与效果

(一)促进了农村公共服务水平的显著提高

成都市村级公共服务和社会管理改革的实施显著提高了农村和涉农社区公共服务水平,在建设农村基础设施、完善城乡一体的公共服务体系方面起到决定性作用。自农业税改革后,农村公共服务投入经历了很长一段时间的低潮期,自实施村级公共服务和社会管理改革后,村公资金为解决农村公共服务供给问题起到了十分显著的促进作用。

近郊农集型社区通过村公资金的使用,提高了基层社会管理水平,改善了社区卫生环境、保障了社区治安,对社区环境美化,文化娱乐设施修建、维护和文化活动开展也提供了有力的支撑(表9-3)。在城乡接合型村落,村公资金对于修建村组道路和农毛渠水利设施起到重要作用,也为美化村落环境、路灯亮化和代办村民事务提供了资金。在远郊丘陵型村落,村公资金解决了道路、水渠和环卫的资金供给,改善了村容村貌、提高了集中居住小区管理能力,村内的基础设施条件改善和环境美化为吸引规模化、专业化农业企业和发展乡村旅游打下了良好的基础。在山区农业型村落,村公资金解决了大部分农村公共服务"无米下锅"的难题,尤其在农村基础设施投入方面解决了燃眉之急,如大邑县出江镇马桥村道路交通条件因村公资金投入而得到极大的改善,修通、扩宽了主要道路,解决了村民"下山难"的问题(图9-10);通济镇红山村在灾后重建时进行了基础设施和小区建设,村公资金在做好环境治理、改善村容村貌方面起到了显著的作用(图9-11)。

表9-3 各村(社区)村公资金投入取得的成效

类别	村(社区)	村公资金投入的显著成效
近郊农集型社区	瑞泉馨城社区	社区绿化、环境卫生条件得到很大改善;开展了丰富的文化活动,社区文化建设成效显著
	丽阳社区	社区环境改善,社区文化逐渐形成;社区党群关系良好;社区卫生环境得到改善
	圣南社区	社区治安得到保障;社区文化活动逐渐丰富
远郊丘陵型村落	红山村	道路、沟渠等基础设施得到改善,环境卫生、村容村貌得到改善,为发展乡村旅游打下了基础
	梓柏村	小区环境与管理得到改善;补贴了居民天然气、自来水的基础设施使用资金;村委会办公条件得到改善
	龚家村	道路、水利、环卫条件得到很大改善
城乡接合型村落	洪江村	道路条件得到极大改善
	仁义村	道路、水渠基础设施改善明显
	长河村	道路、农毛渠、环卫和治安条件得到显著改善
山区农业型村落	马桥村	村公资金真正解决了村公服务"无米下锅"的难题,对外交通条件得到极大改善
	华山村	改善了基础设施条件,为乡村旅游发展打下了基础
	云顶村	道路硬化、卫生条件得到极大改善,为旅游发展提供了较好的基础条件

图 9-10　马桥村利用村公资金改善交通条件　　图 9-11　红山村利用村公资金进行环境卫生治理

（二）增强了农民群众对经济社会发展成果的获得感

通过对样本区居民进行调研（图 9-12），结果表明农民群众和涉农社区居民对成都市村级公共服务和社会管理改革有很高的认同度。受访者对该项改革有较高的知晓度，其中绝大多数对村公服务项目实施效果感到非常满意，认为村公资金的投入大大提高了农村和涉农社区的公共服务水平，完善了道路、水渠等公共基础设施，改善了环境卫生条件，丰富了文化生活。该项改革的实施显著提高了农民群众和社区居民的生活水平，提升了其所居住环境的宜居性，使其感受到自己共享了经济社会发展的成果，增加了他们的幸福感，增强了他们的获得感。农民群众和涉农社区居民对政府、社会和城乡统筹改革的认同度显著提升，对于保障民生、温暖民心、促进社会和谐起到了重要的作用。

图 9-12　调研人员对村民进行访谈

（三）建构了需求导向的农村公共服务供给制度

传统的农村公共服务供给方式由于缺乏规范的需求表达机制，导致公共服务过剩和不足并存的现象，供需机制失衡是我国农村公共服务供给不足的主要症结。成都市通过构建新的农村公共服务供给制度，将村公资金使用与社会管理改革相结合，建立了民主评议、民主决策、民主监督公共服务的基层民主管理机制，改进了农村公共服务需求偏好表达，建构了农民需求导向的农村公共服务供给制度，实现了政府决策和农民自主决策相结合的农村公共服务建设机制，对实现农村公共服务的供需均衡，解决农村公共服务供给结构性不足的问题起到了显著的作用。同时也通过建立较为科学的决策流程，鼓励相关利益主体民主协商议事，培植了农村和涉农社区的社会治理能力，完善了城乡基层治理机制。

(四)强化了基层党组织的作用与活力

村级公共服务和社会管理改革不仅为农村公共服务供给提供了经费，而且通过社会管理改革，大大提升了农村基层党组织的作用和能力，初步建立起党组织领导下，村民(代表)会议或议事会决策，村委会执行，其他经济社会组织广泛参与的新型村级治理机制。通过在村(社区)委员会规划引导下实施"收集梳理、民主议决、实施监督、评议整改"的民主管理机制，基层党组织进一步得到了民众的认可。特别是在部分村落和社区，基层党组织的干部有思想、有干劲、谋作为，一心为民办事，认真分析相关政策，结合当地实际、按照群众意愿，采取各种办法利用村公资金提高公共服务水平，并通过社会管理改革实践凝聚民心，促进发展。例如，龙泉驿区同安街道丽阳社区通过创新党建工作，提高了社区管理水平、提升了社区居民城市文明意识，既提高了村级公共服务管理水平，又达到了凝聚人心、强化党群关系的目的(图9-13)；大邑县出江镇马桥村党支部通过充分发挥议事会作用调动老百姓积极性，克服偏远山区各种困难，实施村公服务项目，大大改善了村里的基础设施条件；金堂县淮口镇云顶村党支部根据乡规民约，创新村公服务管理方式(图9-14)等。这些实在、生动的案例表明，村级公共服务和社会管理改革能够激活基层党组织作用，提升其凝聚力、管理力、协调力和影响力，使基层党建工作能够在形式与内容方面做到形神合一。

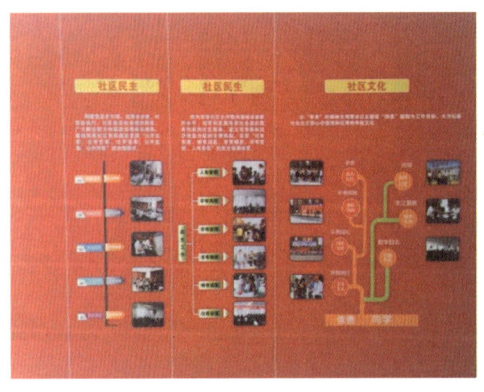

图9-13 丽阳社区基层党建与村公服务管理　　图9-14 项目组成员与云顶村村干部访谈

第二节 村级公共服务需求及其时空变化趋势

一、村级公共服务需求信息获取

(一)我国农村公共服务需求序列的普遍规律

农村公共服务安排的重要原则之一是要根据农村社会成员对不同类型公共服务的需求序列来安排公共服务的先后供给次序。但在我国农村,公共服务水平尚不高,农民缺乏公共服务需求表达的渠道和供理性选择的信息,公共服务的供给往往与需求错位,由此可见,对公共服务需求信息的主动获取尤为重要。

由于体制差异,国外直接与农村公共服务需求有关的研究成果较少,相关研究主要是从扶贫和基础设施与经济发展的关系角度进行的。而在我国,由于城乡二元结构问题突出,农村公共服务需求问题却是学界研究的热点。近年来,国内学者运用农户追踪调查、参与式快速评估等方法,对我国农村公共服务的需求进行了研究,对公共服务需求与供给序列进行了分析,研究结果表明,当前农民的公共产品需求呈现出三种状态,即公共产品需求普遍得不到满足、对已有的公共产品评价不高以及对公共产品需求强烈但表达不足。农民出于对自身需要的理性计算,对公共产品的需求普遍呈现出先生产、后生活、再福利,先生存、后发展、再维持,先必备型、后期望型、再魅力型,先个体分享、后集体分享的特点[2-5]。

公共服务需求位序结构因社会经济发展水平差异及农户个体差异而有所不同。经济发达地区对生活类公共服务需求强度较高[6],而经济不发达地区还偏重对生产类公共服务的需求[7]。留守在农村的受访者迫切需要的是生产类基础设施,外出打工人员则首先需要农村社会保障[8]。低收入农民最迫切的需求是最低生活保障等基本生存类,中收入农民则把子女教育和医疗需求等发展需求放在第一位,高收入农民对社会治安、环境保护、文化体育活动等高层次发展需求明显增多[9]。欠发达地区将农村道路、饮水等基础设施需求排在前列[10],而发达地区农村公共服务需求先后顺序依次为农村医疗和社会保障、教育和科技、农村规划、农村基础设施建设[6]。

(二)成都村级公共服务需求分类及其层次划分

正因为农村公共服务需求因个体和区域特征而存在巨大差异,客观上很难用经济学模型精确表达农村公共服务的需求序列的普遍规律。但大量相关研究表明,村(居民)对公共服务需求符合马斯洛需求层次理论和时空等价理论。项目组根据成都市对村级公共服务投入项目的范围规定,在借鉴大量农村公共服务项目范围和分类的相关研究成果基础上,剔除村公服务禁止投入的项目,将成都村级公共服务需求分为9大类39项,具体包括:农村环境综合治理、农村社会治安和安全维护、农村生产生活基础设施、村(社区)的公共设施管护、代办村民事务、文体娱乐、农业生产、村(社区)委员会(办事处)服务、防灾减灾、并增加了"其他"选项收集未列举之需求,并根据马斯洛需求层次理论对9项公共服务需求层次进行划分(图9-15),并以此为依据分析村公服务需求的特征和变化趋势。

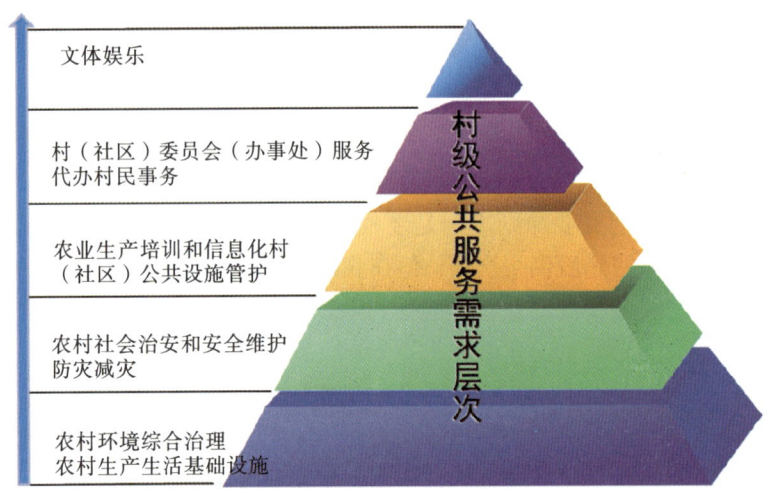

图 9-15 村级公共服务需求层次

公共服务的性质使得公众对公共服务的需求无法通过市场机制反映在价格上,由于外部性的存在及我国的国情与西方差异,很难通过基于市场交易和"用脚投票"方法设计的经济学模型来捕捉公众的公共服务需求偏好。因此,学者们通常借助各种调查方法来获取个体对公共服务的需求。项目组通过科学方法确定了成都市三县三区共 12 个村(社区)的常住人口为调研对象,采用参与式访谈问卷调查方法,了解村(居民)对公共服务的基本认知和需求状况,同时调研组还对 12 个村(社区)的干部[村(社区)党支部书记和负责村公资金和项目管理的工作人员]、议事会、监事会成员进行了深度访谈(图9-16,图9-17)。综合多种调研结果归纳出对五年前、当前及未来三年村公共服务的总体需求。

图 9-16 与马桥村村干部及议事会成员交流　　图 9-17 与同安街道的干部交流

二、村级公共服务需求强度现状

通过《公众需求问卷》调查获取村(居民)当前村公服务需求强度信息,用加权平均法计算各类村公服务需求得分,其计算公式如下:

$$I_i = \frac{\sum_{j=1}^{n}\left(f_1 x_{ij1} + f_2 x_{ij2}\right)}{n} \tag{9-4}$$

式中,I_i 为第 i 类村公服务需求总得分,根据问卷内容分为 10 类;x_{ij1}、x_{ij2} 分别为第 i 类村公服务中第 j 选项的重要需求占比和一般需求占比;f_1、f_2 分别为重要需求与一般需求权重,通过专家咨询分别赋值 3、1;n 为第 i 类选项个数。

将算出的需求强度进行排序,结果如图 9-18 所示。

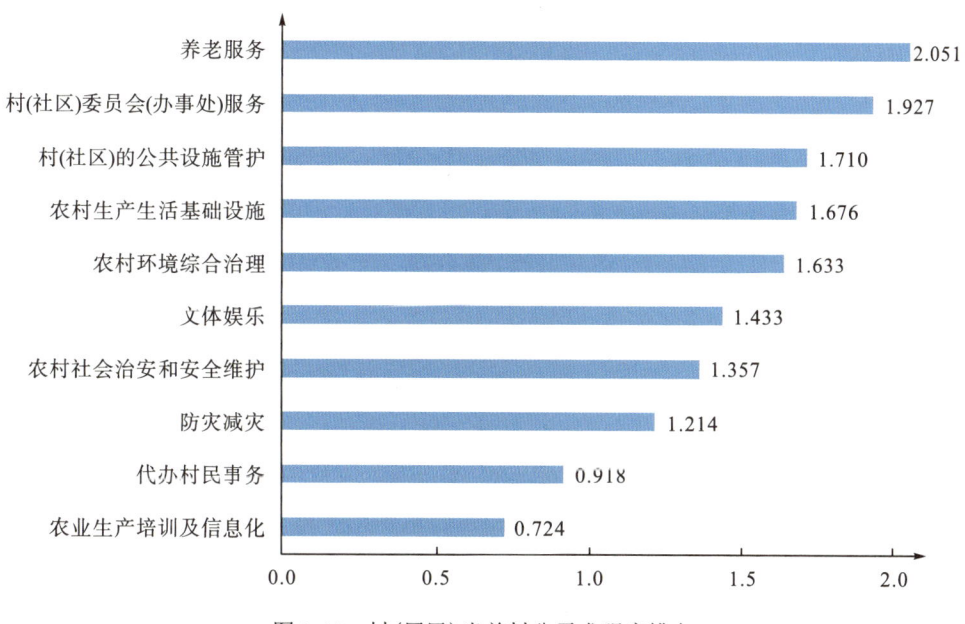

图9-18　村(居民)当前村公需求强度排名

当前老百姓最强的需求是农村(社区)"养老服务",在我国城镇化快速发展和全面步入人口老龄化社会背景下,农村地区年轻劳动力流出严重,留守老人多,加之养老服务设施不健全,医疗卫生条件差、水平低,所以对养老服务关注度高。

需求强度排名第二的是"村(社区)委员会(办事处)服务",主要涉及办事处服务的流程和服务态度,说明当前村(居民)有较高的受尊重需求,希望村(社区)委员会能简化办事流程、工作人员和基层干部能改善服务态度。

"村(社区)的公共设施管护"需求排到了"农村生产生活基础设施"需求之前,说明经过多年村公服务改革和大量的经费投入,道路、水渠等基础设施的修建已经大部分满足了百姓的需求,但对村落基础设施维护和社区公共设施管护的需求强度日益增加。

"农村环境综合治理"在几乎所有村(社区)都是仅次于基础设施的需求,当前农村社会经济发展过程中产生大量生产生活垃圾、废弃物,农药化肥大量使用导致水污染、土壤重金属污染、沟渠排水不畅等现象,所以对环境卫生管理和河流、沟渠、池塘治理关注度最高。随着农村社会经济发展和社会主义新农村建设,村民越来越关注农村环境与村容村貌,希望对周边环境加以改善,使其生活空间更加宜居。但当前村(居)民对文明素质提升的重要性认识稍显不足。

"文体娱乐"需求强度居中,村(居)民对文体娱乐设施有相对较高的需求,说明随着物质生活水平不断提高,农村百姓开始关注健康,并追求精神方面的享受,但多数村民大部分时间处于务农和务工状态,对文体娱乐活动倾向于自己安排,因此对文体活动组织的需求不大。

"农村社会治安和安全维护"和"防灾减灾"需求强度比较靠后,一是由于成都大部分地区治安状况较好,自然灾害较少,加之村公资金的投入改善了治安条件,灾后重建移民搬迁将人口安置到灾害少的地区,解决了老百姓基本的安全需求;二是由于村落结构差异较大,村民对消防设施和相关宣传的重要性认识也有所不同。

"代办村民事务"和"农业生产培训及信息化"排名最后。这既有村(居)民对农业保险和法律援助等服务重要性认识不足的原因,也有社会为其提供的相关服务少、质量差和宣传不足的原因。还有部分受访者认为购买了农业保险并没有在需要时得到相应的赔付而不愿再购买保险。受访者认为非商业化农产品销售信息与渠道、农产品市场需求信息、农业电商培训不重要。种植规模小、农业现代化程度低,主要依赖传统农业生产和销售渠道,加之农村地区信息相对封闭,对现代农业生产认识不足,造成对农业生产培训及信息化需求强度整体较低。

通过对村(社区)干部和议事会代表进行访谈,分析不同类型村落(社区)的需求差异,结果表明:近郊农集型社区需求主要集中在农集区基础设施维护、文化活动、党建活动及农民到市民转变的城市文明提升、素质提高方面;城乡接合型村落则以村组道路、农业灌溉水渠整治、环卫和治安需求为主;远郊丘陵型村落最主要的需求是基础设施、环境治理、村容村貌和旅游基础设施建设;山区农业型村落仍以道路、排水沟、灌溉沟渠、蓄水池、安全饮用水设施和环卫需求为主。

通过调研与分析可以印证,前期村公服务资金投入,已经满足了农村群众基本生存和安全的需求。当前的主要需求集中在基础设施水平全面改善和维护、农村环境综合治理方面。随着受尊重的需求上升,群众对基层管理的流程和态度愈加重视。而人口老龄化与农村留守老人多的现状促使农村养老服务成为农村群众最为关心的问题。因区位、地形、经济社会发展水平和信息及资源获取能力的差异,不同类型村(社区)的村公服务当前需求具有较大差异。

三、村级公共服务需求时空变化趋势

根据五年前和未来三年村公服务的需求调研结果分析,村公服务需求时空变化总体趋势表现出随经济社会发展水平提升而呈现从基本层次需求向较高层次需求转变的规律,且不同类型的村(社区)的需求变化趋势各有特点。

(一)村级公共服务需求时间变化总体趋势

农村公共服务需求在时间上总体呈现从硬件到软件,从生产到生活,从满足基本生存、安全的需求到发展需求、受尊重和精神文化需求转变的趋势。公众问卷调研结果表明(图9-19),五年前的需求前三项为村组道路、环境卫生管理、村容村貌打造,未来三年的需求前五项分别是村组道路、环境卫生管理、水域治理和管理、社区养老服务和路灯亮化。

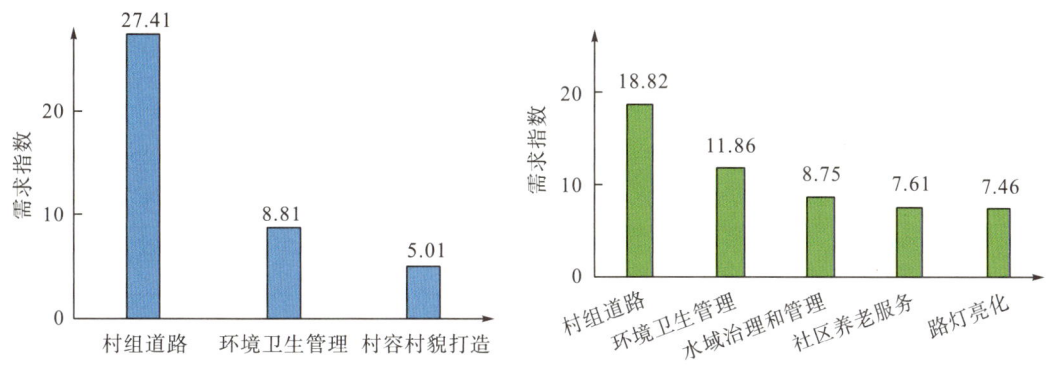

图9-19　总体调研对象过去五年(左)和未来三年(右)村公服务需求

由此可见,村(居民)在满足了基本的出行和环境、水安全的需求后,关注的重点将偏向更高层次的与宜居性相关的公共设施和社会服务需求。尤其值得注意的是,养老需求已经成为农村和涉农社区百姓除基础设施外最关心的问题。

(二)不同类型村落和社区村级公共服务需求变化趋势

村干部访谈和公众调查问卷结果表明,由于经济社会发展阶段和公共服务基础水平的差异,不同类型村落和社区对村级公共服务需求的变化趋势也各有差异。

村(社区)干部访谈结果(表9-4)表明,近郊农集型社区村级公共服务需求由道路和水渠修建、小区绿化、环境整治和治安保障向农集区公共设施维护、居民文明素质提升、文体活动开展、社区文化培育转变,总体呈现出由生产性服务向生活性服务转变趋势。城乡接合型村落需求由道路、沟渠等基础设施向路灯亮化、环境卫生、代办村民事务、综合治安维稳和文化需求转变。远郊丘陵型村落由道路、沟渠、居民安全饮水工程等基础设施和环境治理,向小区管理、健身场所、环境美化等需求转变,且该类村落近、远期都有发展乡村旅游的强烈意愿,今后的村公服务需求将会偏向改善村容村貌、打造优美乡村环境和乡村旅游基础设施和服务方面。山区农业型村落,2009年至今,村公资金一直主要用于道路建设和安全饮用水及环境整治方面,今后几年还会继续将大部分资金用于基础设施建设和保洁、治安等社会管理基本层次的需求。

表 9-4 各村(社区)村公服务需求变化趋势

类别	村(社区)	村公服务需求变化趋势
近郊农集型社区	瑞泉馨城社区	由小区绿化、环境整治向农集区公共设施维护转变
	丽阳社区	由修路、环卫、治安向文明提升、社区文化提升转变
	圣南社区	由生产性服务向生活性服务转变；由道路、水渠向环卫、治安、体育、健身、娱乐需求转变
城乡接合型村落	洪江村	由道路、沟渠等基础设施向路灯亮化、环境卫生、代办村民事务和综合治安维稳转变
	仁义村	由主道路到村通社的道路再到通户的道路需求发展
	长河村	由基础设施向环境卫生、文化需求转变
远郊丘陵型村落	红山村	由灾后重建的小区管理、路和沟渠等基础设施向环境治理，再向与发展旅游相关的文化活动转变
	梓柏村	由村办公室大坝改造、居民饮水工程等基础设施，到环境卫生治理、再到小区围墙、健身场所、花台等小区设施转变
	龚家村	由道路硬化向旅游公共设施及其他项目查漏补缺等转变
山区农业型村落	马桥村	由主干道到村社道路、城乡环境治理、农村饮水工程及社会管理需求转变
	华山村	从主要道路到通户道路全面硬化、城乡环境治理、饮水工程需求转变
	云顶村	由基础设施向保洁、治保等社会管理需求转变

公众问卷结果(图 9-20)表明，近郊农集型社区五年前的需求是村组道路、环境卫生管理、村容村貌打造，未来三年的需求分别是环境卫生管理、文化设施、治安巡逻、村组道路、养老服务。城乡接合型村落村民对村组道路、水域治理和管理、环境卫生管理的需求

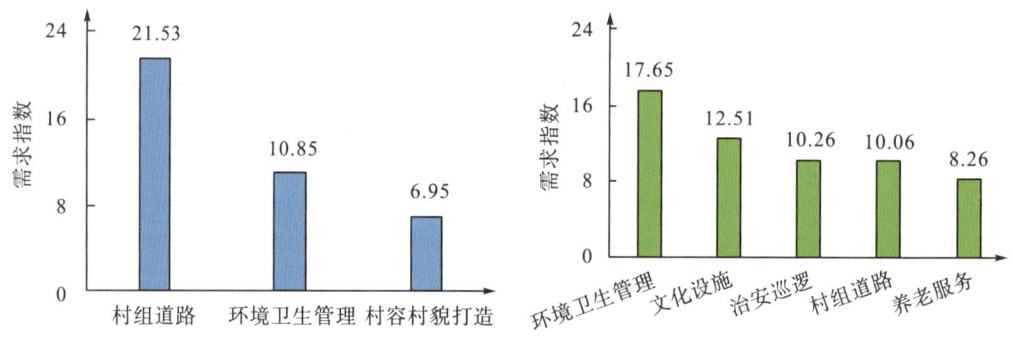

(a)近郊农集型社区

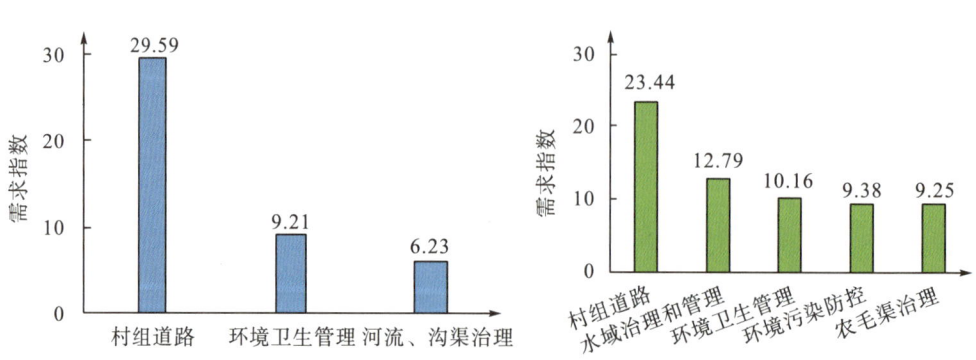

(b)城乡接合型村落

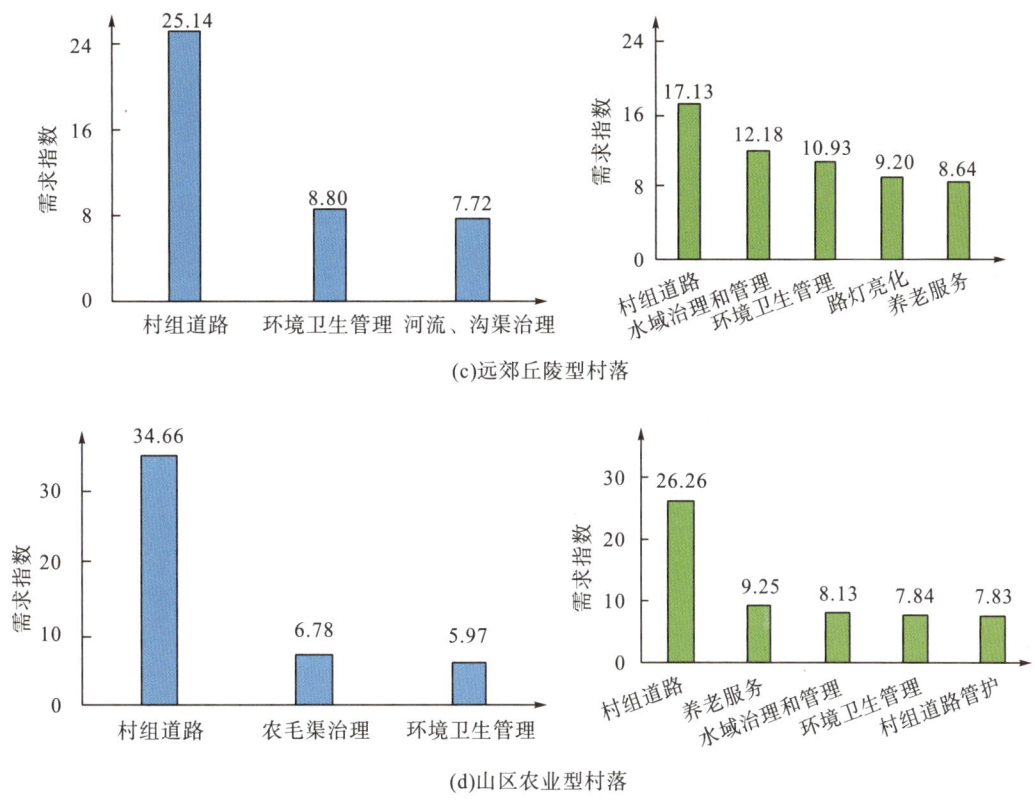

图 9-20 不同类型村落和社区过去五年(左)和未来三年(右)村公服务需求

排在前三位没有变化,环境污染防控、农毛渠治理需求名列未来三年第四位和第五位。远郊丘陵型村落村民的需求中村组道路、水域治理和管理、环境卫生管理一直居前三位,路灯亮化和养老服务居未来三年需求的第四位和五位。山区农业型村落过去五年的需求有村组道路、农毛渠治理、环境卫生管理,未来三年的需求分别是村组道路、养老服务、水域治理和管理、环境卫生管理、村组道路管护。

总体而言,村(居)民对村公服务的需求仍主要集中在农村生产生活基础设施和农村环境综合治理两个方面。基础设施中以道路修建为最重要的需求,在主要道路修好以后,还有大量通村组、通大院和通农户道路修建和硬化的需求,仍需大量经费投入。农村环境综合治理的需求在近郊和城乡接合区最为强烈。在近郊农集型社区,由原来分散居住转变为集中居住,垃圾处理、生活废水处理的需求变得尤为突出。在城乡接合型村落,特别是温江、郫都区近郊农村,农民将宅基地出租给小企业经营的现象十分普遍,一个村聚集几十家甚至上百家小作坊、小工厂,这在增加农民收入的同时也带来很大的环境问题,工业垃圾的清运、土壤和水污染的治理是当地群众最为关心的问题,因此对环境综合治理产生了强烈的需求。

综上所述,村公服务需求的空间变化趋势显著,随着村落和社区与城镇中心距离由远及近,公共服务需求会逐渐呈现出从基础设施到社区管理、文化活动变化的总体趋势。但农村生产生活基础设施和农村环境治理仍将是大部分村(社区)未来三年的主要需求。

值得注意的是，在公共服务需求表达方面，农民的感性选择使得其对公共服务的需求淡漠；农民作为分散、独立的个体而存在，大多在面对公共服务需求时容易出现"搭便车"的行为倾向，利益诉求一般表现为先个人利益后集体利益、重短期利益轻长远利益的倾向。这就要求村级公共服务供给应建立"自下而上"的反馈与"自上而下"的引导相结合的决策机制。在通过基层民主征求村民对公共服务需求意愿的同时，也应根据各地经济社会发展的阶段性特征，借鉴发达国家农村公共服务供给的变化规律，加强村公资金使用方向的引导力度。

四、村级公共服务差异化需求的影响因素

（一）城乡统筹缩差发展推高公共服务需求

成都市在统筹城乡发展方面走在了全国的前列，城乡统筹缩差发展从很大程度上讲，在于公共服务体系建设要逐步补齐拉平，逐步实现城乡一体化发展水平。因此，农村公共服务体系的建设、改善和强化，全面推高了村级公共服务需求侧的数量和种类，尽管2009年以来村级公共服务资金的注入非常有效地在补缺公共服务细节和补齐短板上发挥了实效，但是随着城市经济社会发展水平的不断提高，其村公服务需求的数量和质量也相应提高，对统筹城乡的公共服务体系的要求日益凸显。调研分析表明，城镇化水平不同、经济社会发展阶段不同，对公共服务的类型、数量和质量存在明显的差异，就要求在供给侧方面要着力强化。

（二）农业占比差异导致供需不匹配

在农业占比低、城镇化程度高的涉农社区，居民需求意愿更多地集中在环境卫生治理、社会治安管理和农民集中安置区的硬件设施维护上，但当前村公资金管理规定不能用于农集区的公共设施维护，而优先项目中的村组道路、农毛渠等项目在这类社区中没有对应的相关需求，因此就出现了部分涉农社区有经费剩余而无法使用的情况。例如，调研组在郫都区团结镇访谈得知，一共有8个社区和1个农业村，由于资金管理办法不支持社区一些种类的公共服务，出现了社区有600多万元经费未能使用，而1个村却仍需更多经费修建入户道路的情况，反映资金投入量明显不足，表明因城镇化程度不同（农业占比不同）而导致需求差异很大。

（三）地理条件扩大资源和成本差异

成都市山拥水绕的地理环境决定了空间区位的差异，并且地势起伏度的差异明显，因而导致近郊、远郊（丘陵和山地）公共服务需求差异很大。山区、丘区与平坝区具有显著的资源差异和成本差异。资源差异表现为近郊城镇化社区和村落公共服务经费来源广，而偏远山区村落基本没有其他村公资源。成本差异则表现在沿平原、丘陵到山地呈现出公共服务投入成本不断增高的趋势。这种空间差异也在一定程度上要求村公服务资金投入应考虑现实公平性问题。

近郊农集型社区资源丰富，如龙泉驿区同安街道丽阳社区作为统筹城乡综合示范点，且有大型旅游项目入驻，资源丰富，农集区公共服务投入渠道较多，所以村公资金可以更

多用于社区文化建设，村公服务需求主要表现在物业意识、文明意识(大局意识、融入意识和家园意识)等偏精神层面的较高层次需求方面；又如郫都区团结镇长河村，因有许多小型企业入驻，村委会收到的企业管理经费可以投入部分基础设施建设。即便都属于近郊农集型社区，不同社区获得的资源也不同，如温江区通济镇的瑞泉馨城社区是成都市首个设立建制社区的农民集中居住区、成都市最大的新型集中居住区之一。2002年开始陆续集中安置农民，2010年成立社区，一些小区到现在已经有近十年的历史，农民市民化的进程还未完成，小区基础设施却开始老旧，因此在此将村公资金用于小区内电路维修、护栏维修等各种基础设施维护的需求很大。而丽阳社区小区建成时间短，且由龙泉驿区补贴6年物管费，农集区内的基础设施有经费维修，因此该需求的矛盾还没有显现。

山区偏远村落资源少、基础设施投入成本大。例如，大邑县出江镇马桥村无集体经济来源，公共服务全靠村公资金，虽然前期村公资金的投入极大促进了交通交件的改善，但如果要实现通社道路全通，在老百姓投劳投钱修通毛坯路的基础上，还需要300万元硬化经费，因此当前最大的需求还是道路、水渠等基础设施建设。据调研证实，在山区修建村组道路每公里比平坝区多约20万元成本，并且外包项目由于成本高、利润少和施工困难，许多建设公司不愿意接单，造成项目落地实施十分困难。在环境卫生方面，在部分偏远山区村落，由村民自发收集垃圾、再由村委会托人将垃圾运到8km以外的转运点，运费为40元/车(次)。基础设施的成本高、需求大，村公经费还没有完全解决基本层次的村公服务需求，虽然村民当前还有社会管理、养老服务等需求，却无经费解决。

除了资源和成本差异以外，在兼具平原、丘陵和山地的混合型村落，话语权差异是造成山中村组村公资金享受不公的主要原因。由于村公项目实施一户一表，并由议事会商议决定，平坝人口占多数，山区人口占少数，如果绝对实施基层民主反而不利于偏远山区村组公共服务投入，使得在一些社区或村落，平坝完全城市化，山上居民公共服务水平却非常低，同一社区或村落因地形差异而导致村公服务水平表现出巨大的差异。

(四)村(社区)干部的发展理念和作为观的影响

个别村(社区)干部缺乏进取意识，发展和作为理念淡漠，消极报怨村公服务使用限制，积极主动推进村公服务工作的探索精神不足；有的村(社区)干部受能力素质限制，不能吃透有关规定精神，给了政策不会用、不善用，难以打开工作局面。这些现象都在一定程度上影响了村公服务项目实施效果，也使村与村之间的村公服务能力建设产生差距，表现在部分村级公共服务资金积压、项目建设停滞。此外，缺乏村公服务工作成效评估机制和激励措施，经费使用管理程序过于烦琐，也是导致村(社区)干部产生畏难情绪的重要原因。

第三节 村(居)民对村级公共服务知晓度和满意度

一、村(居)民对村公服务知晓度

在受访者中，大部分村(居)民(65%)知道有村公资金，其中有小部分(27%)知道村公资金的具体金额,可见,虽然实施了基层民主程序和和各种公示流程,村民参与积极性仍显不足。仅有52%受访者表示自己知道村公资金具体实施了哪些项目(图9-21)。

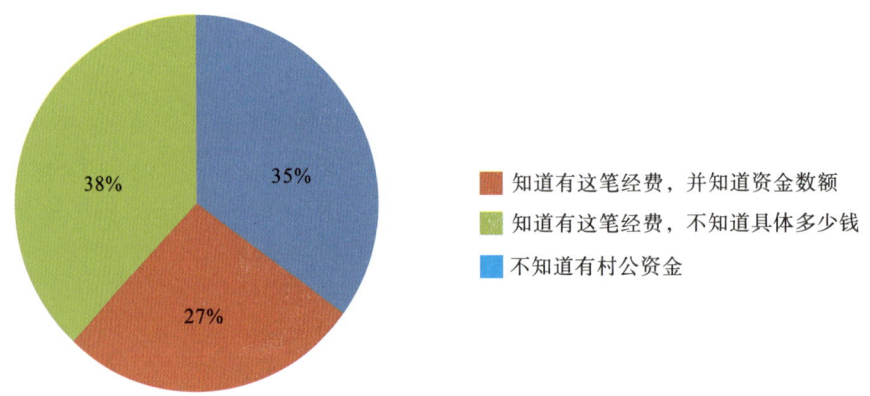

图 9-21 村公资金总体知晓度复合图

从村(社区)村公服务资金知晓度分类来看,远郊丘陵型村落和山区农业型村落的知晓度(75%、79%)高于近郊农集型社区和城乡接合型村落(55%、50%),从是否知道经费数额来看,同样前两类(38%、33%)高于后两类(17%、19%)(图9-22)。可见越偏远的村落村民对村公资金知晓度越高,原因主要有以下几点:①近效农集型社区外来流动人口多,常住人口数远远多于户籍人口数,而村(社区)委员会对村公项目意愿的意见征集多数是按户籍人口进行的,大量外来人口的意见并没有被征集到,因此对该项改革和资金的投入及使用情况并不知情;②近郊农集型村落的居民因能从其他途径获取更多的资源,村公资金虽然对全村的公共服务水平改善起到了重要的作用,但对居民生活水平提高而言,因其不是唯一资源,进而导致了近郊村(居)民对村公服务关心程度明显降低。

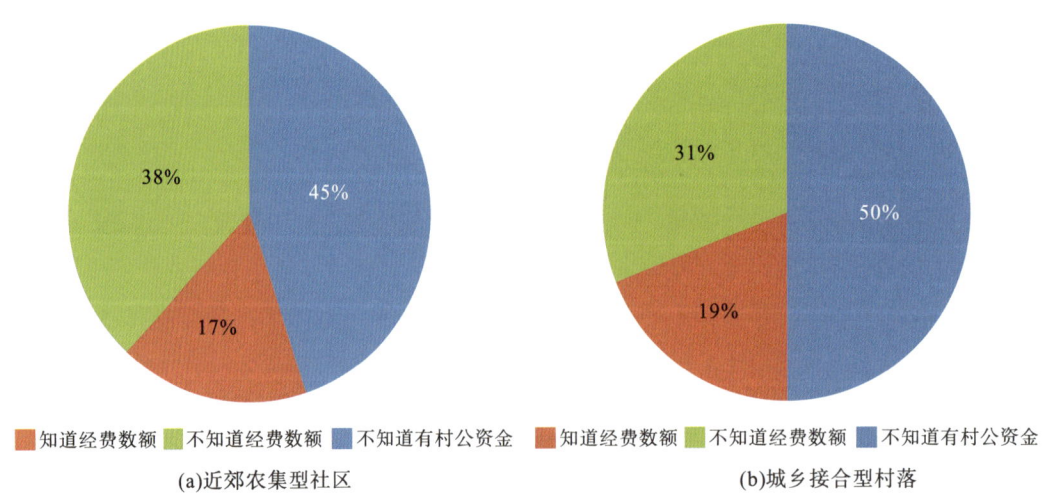

(a) 近郊农集型社区　　　　(b) 城乡接合型村落

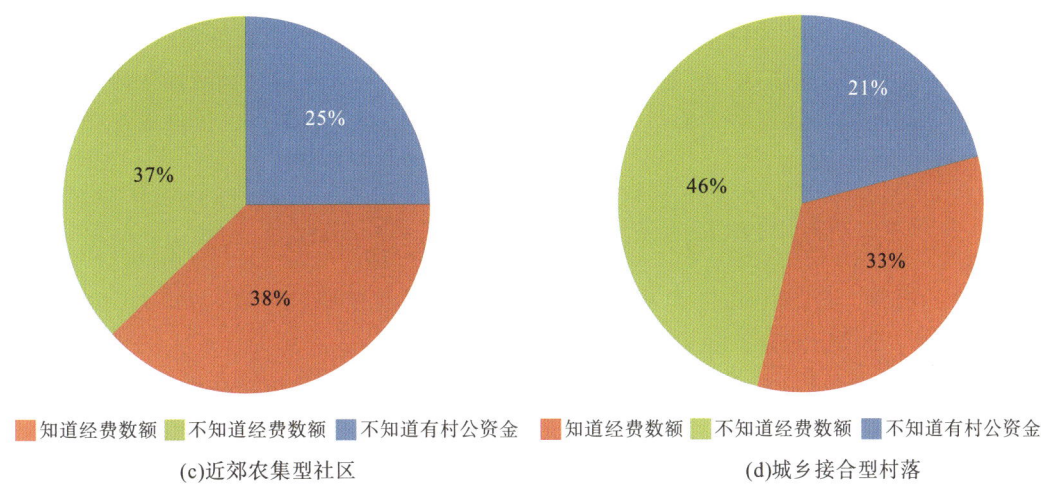

(c) 近郊农集型社区　　　　　　　　　　(d) 城乡接合型村落

图 9-22　分类型村公资金知晓度

综上，村(居)民对村公资金有较高的知晓度，但知道具体金额和项目的为数不多。因人口户籍结构和资源与信息获取的差异，远郊丘陵型村落和山区农业型村落村(居)民对村公资金和项目的知晓度高于近郊农集型社区和城乡接合型村落。

二、村(居)民对村公服务的满意度

村公资金总体使用情况满意度调研结果表明，在知道村公资金具体实施项目的受访者中，对项目满意或较满意的占有 84%，表示不满的占 16%(图 9-23)。

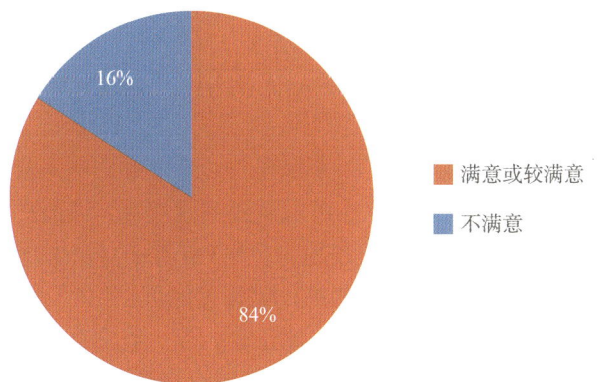

图 9-23　村公资金实施项目满意度

满意度分类分析结果表明，近郊农集型社区和城乡接合型村落满意度较低(满意或较满意：39%、42%)，远郊丘陵型村落和山区农业型村落的满意度较高(满意或较满意：92%、85%)。可见因村(居)民对村公服务满意度在地理空间上表现出两极分化的格局，距离中心城区越近，满意度越低，其原因主要在于公共服务满意度既受客观因素影响，也受主观因素影响。

以调研所得的每个评价主体对公共服务的总体满意度 Y 为被解释变量（"满意"赋值为1，"一般"和"不满意"赋值为0），以居民个体特征和乡镇特征为解释变量，对定性和分类数据变量进行虚拟变量设定，在此基础上建立村级公共服务村(居)民满意度影响因素 Probit 回归模型：

$$P_j = P(Y_j = 1/F_1, F_2, \cdots, F_m) = \ln\left(\frac{P_j}{1-P_j}\right) = \beta_0 + \sum_{k=1}^{m} \beta_k \ln F_k + \varepsilon_j \tag{9-5}$$

式中，P 为概率；$F_1, F_2, \cdots, F_m$ 为 k 个预测变量，即满意度的影响因素；β_0、β_k 为参数系数；ε_j 为第 j 个调研对象的随机误差。

运用该模型对村级公共服务村(居)民满意度影响因素进行 Probit 估计，结果如表9-5所示。

表9-5　村级公共服务村(居)民满意度影响因素进行 Probit 回归分析结果

变量名	B 模型1	B 模型2	变量名	β 模型1	β 模型2
性别(x_1)	0.0832* (0.0095)	0.1831* (0.0096)	距市中心距离(x_6)	0.2865** (0.0167)	0.2832** (0.0166)
年龄(x_2)	−0.0045 (0.0051)	—	海拔(x_7)	−0.1364** (0.0142)	−0.1352** (0.0139)
文化程度(x_3)	0.0004 (0.0047)	—	人口密度(x_8)	−0.2678* (0.0085)	−0.2628* (0.0077)
是否务农(x_4)	0.1358* (0.0117)	0.1352* (0.0112)	城镇化率(x_9)	−0.0989** (0.0016)	−0.0972** (0.0015)
家庭年人均收入(x_5)	−0.0042 (0.0060)	—	农民人均纯收入(x_{10})	−0.3341** (0.0080)	−0.3339** (0.0079)
户籍和居住情况(x_6)	0.2525** (0.0089)	0.2539** (0.0081)		—	—

注：*、**分别表示在0.01、0.05的水平下显著，括号内数值为标准差。

在个体特征中，年龄、受教育程度和家庭收入对满意度影响不显著；男性的满意度比女性满意度更高；务农居民的满意度比非务农居民满意度高；当地户籍居民比流动人口满意度高。在乡镇特征方面，距城市中心越远的乡镇(街道)的村(居)民满意度越高，海拔、农民人均纯收入、城镇化率和人口密度越高，满意度越低。

在客观因素方面，通过与村民访谈和与村干部、议、监事会成员及村民代表交流，项目组认为本次调研满意度高的远郊丘陵型村落和偏远山区型村落的基层干部对村公服务重视度非常高，并带领群众充分发挥基层民主在村公服务资金使用上的作用，起到了显著的成效，从而大大提高了群众的满意度。同时，项目组也对受访者不满意的原因进行了深入挖掘和分析，发现村公资金金额不足、资金使用不透明、实施项目效果欠佳、未能征求自己意见以及村民建议未能得到落实等是村(居)民不满意的主要关键词，说明信息不对称、个别村干部不作为、部分村(社区)议事会代表民意的广泛性较差、部分项目质量不高、部分村(社区)管理水平不高、一户一表征求意见没有覆盖非户籍人口等问题是造成老百姓不满意的重要客观原因。

众多公共服务满意度的研究结果和本书研究所获取的信息表明，老百姓对村公服务的满意度受其主观因素的影响也很大。村（居）民的满意度取决于他们对所享受到的公务服务的感知与其参照点之间的公共服务的对比，因为参照点不同，他们对公共服务的预期也不同，预期越高，满意度越低，反之亦然。村（居）民的满意度的参照既会在时间上用当前与过去比较，也会在空间上与其信息所及的其他地区的公共服务水平比较。因此，随着经济社会水平的提高，村（居）民的公共服务预期也会越高，在享受同等水平公共服务的情况下，其满意度会越低。越接近城市中心的村落和社区，由于村（居）民会将本村（社区）的公共服务水平与城市中心的公共服务对比，满意度相应会更低。而偏远农村的村民却因期望不高，且与中心城区的接触较少，横向对比相对较少，更多的是用村里公共服务的现状和过去比较，则感到了明显的进步，所以满意度也较高。

综上所述，大部分老百姓对村公服务改革和社会管理有一定的知晓度，村公资金所实施的项目在村民中满意度很高，满足了知道项目的绝大部分村民的公共服务需求。但仍有部分老百姓对此不关心、不满意，需要通过进一步实现供给均衡的投入、改善基层治理水平、加大宣传力度和透明度，调动村民参与村公资金使用的主动性，进而提高其满意度。越偏远的山区，村民对村公资金使用关注度越高，村委会、议事会和监事会的作用也相对越大，村民对村公资金使用满意度也越高。这既与村委会作为与基层民主管理机制作用有关，也与人口户籍结构、资源和信息的丰富度等区域客观条件有关，还与老百姓的主观感知有关。知晓度和满意度对于评估村级公共服务与社会管理改革成效固然重要，但并不能成为评价村公服务供给水平和社会管理水平的唯一标准。

第四节 当前村级公共服务和社会管理中存在的矛盾

一、多元化需求与统一性供给之间的矛盾

由于经济发展水平、城镇化水平、地形与区位条件不同，村（居）民对公共服务的需求也相应有所差别，总的趋势是近郊、城镇化水平高和位于平坝的村落和社区对村级公共服务的需求偏向高级化，而远郊、农业占比高和位于丘区和山区的村落还在补缺补漏，还有满足其空间均衡性的要求。因此，客观上存在不同利益群体、不同空间社区和村落对当下村级公共服务需求层次与数量和质量的要求都不尽相同，这与村级公共服务统一性供给存在矛盾。

当前的村公资金最低发放标准考虑到了户籍人口、区位、小组数、面积，并考虑到了地形和区位的差异，向远郊增加市级财政投入比例、对山区与丘区增加经费投入。但随着经济社会发展，城镇化进程的加快，地形与区位对公共服务供给的影响更加凸显，需要进一步扩大远郊与近郊，山区、丘区与平坝区的投入差距。而且通过本次调研，笔者深刻体会到，除了地形和区位条件的宏观差异外，微观差异对村公服务的需求影响更为显著，与乡镇中心的距离、地形起伏度、交通优势度等因素会直接导致社区和村落的资源、信息和意识方面的差异，基础设施本底条件、村（居）民居住的分散程度、运输成本等差异会产生

基础设施投入成本差异。在纯农村与城镇化农集社区之间，由于经济社会发展所处的阶段不同、常住人口与户籍人口的构成不同、公共服务的基础条件不同，而使其村级公共服务的需求也具有很大的差异性。正因为考虑到需求的多元化特征，成都市通过村级公共服务与社会管理改革的实施建构了需求导向的农村公共服务供给制度，在解决农村公共服务供需均衡问题上卓有成效。但该项改革至今已实施了8年，总体的经费发放标准没有大的变化，而经济社会却发生了巨大的变化，因此多元化需求与统一性供给之间的矛盾日益凸显。

虽然村公资金使用项目范围相关规定明确了优先项目、禁止项目，给予了村和社区很大的自主确定项目的权力，但有几个方面原因导致经费使用并不能很好地按实际需求实施项目：①村干部和议事会成员及乡镇（街道）管理部门人员对项目使用范围理解不深；②因管理严格而使得按发展需求拓展项目使用范围主动性不高；③乡镇、区县（市）为了加强管理和规避风险而增加管理限制；④因顾虑资金不稳定或因村干部自身水平和主动性原因而没有远期需求计划和统筹。由此，在实际的操作实施过程中，部分村和社区并没有或不能够充分运用该项改革授予的自主权，因地制宜地按需拓展村级公共服务项目。

二、村公资金规范管理与农村社会文化之间的矛盾

通过前期改革，成都市建立了村级公共服务和社会管理议事规则，规范了民主决策、监督和评议程序，出台了《成都市村级公共服务和社会管理专项资金管理暂行办法》和《成都市村级公共服务和社会管理专项资金会计核算规范（试行）》，加强了资金监管，对基层如何管好、用好专项资金开展了积极的探索，在防范乱用、挪用风险方面起到实效。然而在操作过程中各级管理部门因规避管理风险和现行财务制度的制约，以及运用城市管理甚至机关管理的思维管理农村公共服务也遇到了种种困难。村公服务和社会管理改革初衷是通过基层民主激活基层治理能力，但在实际操作中，却有许多不适合农村社会文化习惯之处。例如，在调研过程中，几乎每一个村（社区）干部都认为村公经费使用范围管理严格、程序规范是很有必要的，但需要适当简化程序和提高经费使用的灵活性。大多数村（社区）干部提出小项目按现有规定操作管理成本占比过高、程序过于复杂；许多受访村干部和议事会成员提出通过比选实施的项目还没有当地实施质量好，增加了成本、降低了质量，由本村人投劳自建的项目不仅成本远低于招标比选的公司，而且因是用钱办自己的事，工程质量也会有所保障，因此建议授权村内自主实施项目。部分村（社区）反映在市统筹委的规定之外，下级各部门又会增加管理程序。上级管理部门担心基层人员对市文件理解不透而出现违规，为了便于管理将程序细化，如出现了"村公资金民主管理二十七式"等地方管理程序规定，基层人员认为完全按程序操作过于复杂，村（社区）本来人手就不足，过于复杂的程序会耗费工作人员大量精力。对于部分未明确规定为优先项目的村公服务需求，村里报到镇上，但镇上干部因把握不准，不予签字，使得部分符合规定的项目无法实施。调研发现，部分村（社区）在村公服务改革实施之初，相关材料虽然不尽规范，但很真实，而近年来相关材料非常规范，却在很大程度上失去了真实性，以致存在形式上的程序完备性。有村（社区）提出，项目比选要求三个公司参与投标的要求常常导致一个项目公示几十天，拖延了工期，加上程序复杂，项目从第一步到最后实施需要7～9个月，导致老百姓因项

目迟迟不实施而不满。也有基层干部反映村民代办事务等产生的社区工作人员一些交通、宣传等成本不能报销，社区干部积极性降低。另外，由于不符合村公资金项目使用范围要求，一定金额以上的村公项目要外包，许多经"一户一表"和议事会决定的项目最后无法实施，或没有根据老百姓的乡规乡约来实施，在一定程度上削弱了基层民主的积极性。以上种种意见虽然不是绝对正确，但普遍性的问题也暴露出当前的监管方法难免有部分因脱离农村基层实际而无法全面落实。

三、基层民主治理与村公服务均衡性之间的矛盾

村公资金使用要求通过"一户一表"征集意见和民主决策、民主监督、民主评议流程，但限于一些丘区、山区的村民居住的分散性、聚落户数差别较大，需求信息征集的集中度不完全能够真实反映该村的全面需求，又限于资金额度，导致有的村公资金投入在同类项目的布置在村落空间上不能均衡实施，村委会在调控中多有阻力而制约决策。部分弱势群体投票占比较小，易造成村公项目分配过程中的"马太效应"，部分村（社区）经村委会和议事会协调后，有意向部分贫困聚落或农户采取补贴方式解决基本公共服务，但又因经费使用不符合规范而无法操作。此外，在实施"一户一表"时，大多数调研样本村（社区）是根据户籍人口进行的意见征集，对于常住的流动人口却未征集。在推进城镇化进程中，越来越多的人口会由外部向成都市中心城区及其近郊村（社区）聚集，这些人口也为成都市的经济社会发展做出了贡献，且村公共服务的非排他性质使其一旦实施则客观上服务对象就是面向常住人口，所以理应考虑常住人口的村公服务需求，但当前村公服务资金发放标准是以户籍人口为指标，基层在实施意见征集时也就自然会把其他常住人口排除在外，导致供需不均衡。

四、当前利益与长期发展目标之间的矛盾

当前村公服项目征集与实施为当年管理框架约束，与村的近期、中期和长期发展目标结合上存在脱节现象，导致村公服务能力建设很少考虑或很难与长期发展统筹部署，反映了村公资金使用没有自主调控权限，不能就支撑发展的中期目标进行多年项目投入安排，项目实施周期限定当年，无法连续实施多年性的完整项目，导致兼顾中长期发展目标的村公配套建设无法安排。

五、公共服务项目实施与村干部畏难的矛盾

由于村公资金管理严格，项目实施决策程序多，监管评议烦琐，一些村干部对实施村公项目的积极性并不高，甚至有畏难情绪，在实际工作中有些抱怨，一定程度上反映了村公资金管理存在一些不太切合实际的问题。例如，偏远山区村公项目招标、小额项目不可自主承包实施，在一定程度上既增加了成本、管理精力，实效性又不一定理想的现实问题，导致村干部不太热心于村公项目的实施。在城市近郊社区又因许多项目不符

合村公资金使用规范或报账程序复杂等原因,部分社区干部产生"情愿不用而不愿犯错的"想法。

第五节 深化村级公共服务和社会管理改革的对策建议

基于村级公共服务和社会管理改革的实效调研与分析,总结以往村公资金使用的成效与经验及问题,结合国家中心城市建设新形势下加快城乡统筹发展的客观要求,对增进村级公共服务和社会管理改革效益提出如下对策建议。

一、优化村公资金投入指标体系,健全村公资金差异化投入机制

(一)构建基于多元需求的差异化村公资金投入和管理机制

实施村公资金差异化投入政策,是提升村级公共服务针对性、有效性、公平性的重要保障。村级公共服务和社会管理改革实施之初,就提出"应由村级自治组织提供的村级公共服务和社会管理项目,推行财政'定额补贴'制度,根据不同地区、不同类别的村(社区)公共服务和社会管理需要,由政府按年度对村级自治组织给予定额补贴,包干使用"。在此思想指导下,村公资金投入在缩小城乡差距、平衡区位差异方面起到了显著的效果。改革实施至今,经济社会的发展和城乡统筹改革的深化需要进一步完善差异化的投入和管理体制。建议综合分析成都各地城镇化水平、区位、经济社会发展差距、脱贫解困具体目标和地形影响等因素,逐步构建基于多元需求的差异化村公服务投入和管理机制。

技术上,借助外脑外智,委托第三方专业权威科研机构运用先进的经济社会大数据挖掘、统计分析方法,地理信息系统和遥感等空间信息分析方法解决数据获取和处理难题,并建立动态数据库(由科研院所负责建设、收集数据和维护)对村公资金最低补贴标准进行科学核算,根据标准来确定资金投入量和城镇化社区退出机制标准;管理上,强化"自上而下"与"自下而上"决策机制相结合、过程化监督管理与结果性评估相结合、正向激励与负向激励相结合等手段,保证差异化投入机制的科学性和有效性。

(二)优化村公资金投入指标体系

原有的村公资金补贴标准考虑到户籍人口、区位、小组数、面积,对远郊、近郊、丘区、山区制定了额外补贴标准,具备了较强的科学性和针对性。为了适应因经济社会发展而产生的新变化,解决村级公共服务资金投入和管理中出现的新问题,急需构建新数据支撑的村级公共服务投资指标体系,研究典型指标的计算方法,并以此为依据创新深化改革的一系列管理办法。

1. 指标体系设计原则

该指标体系的设计以数据获取的真实性、计算方法的科学性和实施的可操作性为原则。通过新指标体系的构建,突出乡镇(街道)和村(社区)两个层级在村公资金投入和管理中的重要作用,相较于原来仅以村(社区)一个层次设立指标而言,具有以下优点:①增加

乡镇(街道)尺度指标体系,有利于对乡镇(街道)进行村公资金使用的管理和绩效评估,便于市和区县(市)统筹部门对村公资金进行科学管理,更有利于村公资金投入效率提升;②便于乡镇(街道)内部的对村公资金进行协调管理;③以乡镇(街道)尺度获取数据更为可靠、精确,更利于统筹委根据真实数据做出科学的决策。

2. 两级指标体系及计算方法设计构思

具体的方案为设计乡镇(街道)(表 9-6)和村(社区)(表 9-7)两个尺度的村公资金指标体系,先用乡镇(街道)级指标算出乡镇(街道)的资金总数(town investment,TI),再根据乡镇(街道)下属的村(社区)数(village number,VN)计算出村公资金投入平均值,最后用村级指标算出每个村的村公资金投入占比系数(village ratio,VR)计算每个村的村公资金投入额度(village investment,VI),计算公式为 $VI = \frac{TI}{VN} \times VR$。

表 9-6 乡镇(街道)尺度村公资金投入指标体系

一级指标	二级指标	指标解释	指标获取与计算方法
行政范围	行政区面积 村和社区数	乡镇的行政区划面积 乡镇(街道)行政村和社区数量	统筹委既有数据
人口规模	常住人口	指实际经常居住在该乡镇(街道)半年以上的人口数	委托科研机构通过人口普查数据、统计数据、公安局数据、手机信令、用电量、夜间灯光遥感数据等方式进行常住人口计算和纠偏
经济发展水平	农民人均纯收入/城镇居民可支配收入	乡镇(街道)经济发展水平和城乡收入差距的重要指征	收入数据可通过区(市、县)统计年鉴、乡镇统计年鉴获取数据
	贫困户占比	乡镇(街道)贫困水平的指征	贫困户占比可通过民政局的贫困户数据除以总户数计算
城镇化水平	综合城镇化率	综合人口、经济、社会、空间因素的综合城镇化率	委托科研院所综合运用统计学、经济学和空间信息科学,设计乡镇(街道)综合城镇化率指标体系并计算出结果
区位与地形	区位优势度	各乡镇(街道)单元与城市和区(市、县)中心的距离远近程度	采用空间分析方法,计算乡镇(街道)中心和区(市、县)中心的平均最短交通里程
	交通优势度	评价区域交通发展的一个集成指标,以定量手段从相对角度判别各区域交通条件的优劣势和级别高低	将各研究区的交通地图矢量化,通过 ArcGIS 空间分析工具,计算研究单元的交通可达性与交通区位度,最后进行标准化处理,加权集成
	地形指数	综合海拔、地形起伏度和坡度计算的地形复杂程度	根据计算得到海拔指数、地形坡度指数、地形起伏度指数,进行标准化后按等权重进行累加,得到地形指数

表 9-7 村(社区)尺度村公资金投入指标体系

一级指标	二级指标	指标解释	指标获取与计算方法
行政范围	村(社区)面积 村组数	村(社区)的管理面积 村组数量	统筹委既有数据
人口规模	常住人口	实际经常居住在某地半年以上的人	由科研院所建立数据库,由各乡镇(街道)收集各村(社区)常住人口数据上报,上报质量与绩效挂钩;由第三方进行村常住人口抽查
农业占比	耕地面积占总面积比例	衡量村(社区)的农业化程度	由科研院所建立数据库,由各乡镇(街道)收集各村(社区)耕地数据上报,上报质量与绩效挂钩;由第三方进行耕地面积抽查
区位与地形	区位指数、居住分散度	村(社区)交通条件、地形复杂程度和居住分散程度	借鉴计划生育划分四类村的标准,通过 ArcGIS 空间分析工具进行纠偏

3. 各指标权重确定方法

运用熵权层次分析模型确定各级指标权重系数。该模型结合了主观和客观两方面的优势，广泛用于投资决策、项目管理、可持续发展和公共服务评价。具体做法是通过 AHP 层次分析评价模型，即专家评分法，邀请经济学、管理学、地理学等领域专家评分确定主观权重；通过熵权模型，根据数据本身的信息确定客观权重。最后将两者进行综合，获得指标层的复合权重，计算公式如下：

$$\beta = \frac{\theta_i \times w_i}{\sum_{i=1}^{m} \theta_i \times w_i} \tag{9-6}$$

式中，β 为各复合权重；θ_i 为 AHP 层次分析法获得的主观权重；w_i 为运用熵权法获得的客观权重。

(三)建立以综合城镇化率为依据的社区退出机制

村级公共服务改革主要是以解决农村公共服务水平提升和缩小城乡公共服务差距为目标，因此在资金投入上总体应向农村倾斜，建立城镇化率的监测机制和全面城镇化社区的过渡期扶持和调减退出机制。根据指标体系中乡镇(街道)"综合城镇化率"得分和村(社区)"农业占比"得分计算结果，确定进入过渡期的社区分值。以该分值为标准确定全面城镇化社区清单，以五年为过渡期扶持社区转型，扶持经费逐年调减。对城镇化过渡期阶段的社区，将非封闭式老旧农集区的公共设施管护纳入经费使用范围，并鼓励社区结合民政局的社区融合等相关项目，开展提升物管意识、城市文明意识的活动，促使该类社区最终纳入城市管理范围，过渡期结束后村公资金全面退出。

二、优化管理程序，提高村公资金利用效率

现有村公资金管理使用相关规定强调风险防控，但囿于农村地理环境和区位条件差异，村公项目落地实施客观条件差别很大，管理程序过于注重细节和招投标过程，有些与农村实际情况不够切合，完全按照程序规定，不仅管理成本会增加，还会消耗基层工作人员大量的精力。要通过对管理程序的必要优化，把住管控关键点，在坚持基本原则基础上，依据社区和村落类型适度授予自主决策权限，促进村公资金科学、公正、合理使用与效率提升。

(一)实施小项目补贴制，大项目外包制

完全依赖外部强制力管理公共服务会因信息掌握不准确、监督困难和行政成本过高而很难达到期望的效果。通过符合规范、切合实际和简化优化的村公资金管理办法，鼓励基层因地制宜地创新村公服务决策和管理模式，实施"小项目补贴制，大项目外包制"的管理办法，并对大、小项目制定不同的管理程序规范。

为了解决小项目按现行规定程序过于复杂和管理成本占比过高的问题，并把老百姓参与小型村公服务项目的方式由"依赖政府式"转变为"利益参与式"，以提高其参与度和满意度，可鼓励适合的小项目采用补贴自建的方法。由政府规定补贴自建项目费用总额的

最高限额在村公资金中的占比(低于20%),由议事会根据经验和调查决定单项项目的补贴额度上限,其余由老百姓根据乡规乡约方式进行补贴项目的分配,规范并简化这类项目的管理程序和报账流程,形成流程规范(与外包项目有区别)、政府抽查和自组织式监督相结合的"补贴自建式项目管理模式"。

建议农业农村部门先选择几个村(社区)作为试点,实施"小项目补贴制,大项目外包制",通过试点结果进一步优化相关管理办法。

(二)优化村公服务需求意见征集办法

项目组通过调研得知,村公服务征求过程过于流程化,"一户一表"在实际操作过程中很难实现全覆盖,为了实现全覆盖,材料真实性大大降低,出现了形式化趋势。建议创新村公服务需求意见征集程序和方法,实现"三个转变"。

1. 从强调全面性向强调多元化转变

现有"一户一表"和基层民主决议程序,大多数村(社区)都是以户籍人口为需求意见征求对象,忽视了户籍不在本地的常住居民,这是导致受访对象对村公服务改革不了解、不满意的重要原因。成都市2015年年末全市常住人口为1465.8万人,比2014年增加23.0万人,全市城镇化率达71.47%,大量外来人口流入和较高的城镇化率要求成都仍需要大力增加公共服务投入,在村公服务实施过程中考虑到流动人口的需求,从而提高村公服务的公平性,进而提高城市的软实力。除此之外,在征求意见时要防止对象结构过于单一而导致需求表达片面的问题。

要求征集对象达到常住人口一定比例(如10%~30%,对常住人口上万的社区可酌情降低,或确立征集对象人数底限)。要求征集对象多元化,考虑的因素包括性别、年龄(青年、中年、老年)、户籍(本地原住居民和户籍不在本地的常住人口)、村组的均衡性(基本达到各村组征集对象人数相等)、是否是贫困户(包括一定数量的贫困户),并且要求每年被征求意见对象有一定比例的变化率(如30%),从而实现征集对象的多元化。

2. 从教条式程序向创新性渠道转变

鼓励村(社区)创新政策宣传和意见征集渠道,采用灵活的、人性化的方法主动宣传村公服务改革政策,获取村(居民)公共服务需求信息,如通过顺口溜、卡通画、社区小舞台剧等方式,用适应村(居民)理解力的常用语言和群众喜闻乐见的方式对村公服务改革政策进行生动化宣传,使工作真正深入人心。征集意见的方式可以是将村公服务项目征求意见表与需求意见箱、需求意见墙、微信征求意见等多种渠道的结合。

3. 从强调记录全面向强调材料真实性转变

强调征求意见记录真实性,采取抽样检查的方法,采取"抓住关键点、鼓励创新点"的管理办法,要求提供材料分为必选材料和可选材料。必选材料包括会议原始记录、征求意见表(重点抽查入户签字),可选材料包括微信征求意见截图记录、意见箱意见原始记录和其他创新办法的照片等。在减少了征求对象数量要求的基础上,对造假的村(社区)扣减投入经费和通报批评,列入负面监管清单,强化处罚,提高造假成本。

(三) 简化民主管理流程，杜绝层层加码

为了完善"收集梳理、民主议决、实施监督、评议整改"的民主管理机制，成都市统筹城乡工作委员会要求细化规范具体操作流程，建立村级公共服务和社会管理重点环节操作规范，由市上统一确定和调整[①]。在实际操作中，下级管理部门却出现了怕担责而层层加码的情况，促使管理流程变得烦琐，极大增加了基层管理工作量，不利于发挥基层管理的积极性。因此，建议成都市统筹城乡工作委员会对基层民主管理制度的建设仅以原则性规定为导向，严禁下级约束偏重而脱离实际。

(四) 探索放权、授权和备案相结合的弹性管理模式

考虑一些村(社区)远离乡镇中心，针对项目管理流程规范化的成本高与效率低问题，以"原则信誉+权限规则"为原则，资金量小的补贴项目应适度放权管理，资金量中等的招投标项目适当授权管理，不容易中标的资金量较大的项目实施备案制管理。通过抽查审计，进行原则信誉评级，原则信誉高，授权宽松，备案为据，相反则相应调减或严控，探索和建立原则信誉引导下的放权、授权和备案相结合的弹性管理模式。

(五) 适当扩展优先项目范围

由于农民需求的模糊性和基层管理人员认识的局限性，加上村公经费管理的严格性，在成都市统筹城乡工作委员会已经给予村公项目很大选择空间的情况下，调研发现仍有一些村(社区)不敢轻易将村公资金用于优先项目范围之外的项目投入。根据调研情况，建议针对不同类型地区，可因地制宜扩大村级公共服务优先项目范围，以利于更加贴近实际需求，更多惠及民生，具体可考虑诸如公益性养老服务、开放式小区公共设施维护等。

养老服务需求已经成为成都市农村迫切需求之一，建议在村公资金使用项目范围中，根据群众的需求，将公益性养老服务纳入优先项目。鼓励村(社区)修建公益性老年活动中心，鼓励村公资金用于引入社会志愿者组织和社工人员，为老年人提供服务，并鼓励农村创新型养老服务项目的培育。

在典型农集区，尚未形成封闭小区的物业管理模式，农民到市民的转变还未实现，城市文明尚未建立，传统的生活习惯与社区老旧导致社区内公共设施维护需求强烈。建议配合前文所述城镇化社区过渡和退出政策，将列入城镇化过渡清单的农集区未完全封闭小区的公共设施维修纳入优先项目。此外将社区融合、居民素质提升的文化活动也明确纳入优先项目，扶持农集区向城市社区转型。

三、加强基层党建，发挥基层组织核心作用

实现基层治理的现代化，同样需要坚持和完善党的领导。加强服务型党组织建设，以党建工作促党群关系，充分发挥基层党组织的核心作用，推动村级公共服务和社会管理改

[①]《中共成都市委办公厅　成都市人民政府办公厅印发〈关于进一步深化村级公共服务和社会管理改革的意见（试行）〉的通知》(成委办〔2015〕2号)。

革。发挥基层党组织的组织、发动作用，充分调动村(居)民大会或村(居)民代表大会或村(居)民议事会的工作积极性，组织村民参与议事和决策，在提高决策的效率和质量的同时，发挥基层党组织的协调、引导作用，在村(社区)公共服务短期利益和长期利益、局部利益和全局利益方面进行统筹协调，在分步骤统筹安排项目建设上进行引导。发挥基层党组织的服务作用，深入群众了解的客观需求和真实想法，根据实际情况和群众意愿管理村公服务项目，提高群众的获得感和满意度，将党的政治优势、组织优势转化为发展动力、发展活力。2016 年，村公服务优先项目中增加了基层党建项目，建议进一步鼓励基层将创新党建工作与村公服务及社会管理改革相结合，既能提高村公服务管理水平，又能达到凝聚人心、提升党群关系、促进基层民主管理的目的。

四、构建评价体系，开展村公服务专项绩效评估

采取宏观评估与微观评估相结合，"自上而下"与"自下而上"相结合，系统内专项评估与第三方评估相结合，抽样评估与系统评估相结合。

(一)宏观评估

宏观评估是指全市对各区县进行总体评估，借鉴国际先进的公共服务绩效评估逻辑框架，构建"4ES"村级公服务绩效评估体系，促使村级公共服务和社会管理改革向公平性与效率性方向深化，力求在追求公平的基础上实现资源约束条件下的效用最大化。

以成本节约经济性(economy)、投入产出效率性(efficiency)、实现目标效果性(effectiveness)和空间公平性(equity)的逻辑框架构建村级公共服务及社会管理改革的绩效评价体系(图 9-24)。聘请第三方科研院校机构，构建具体的宏观评估指标体系，并以此为据每三年进行一次宏观评估。

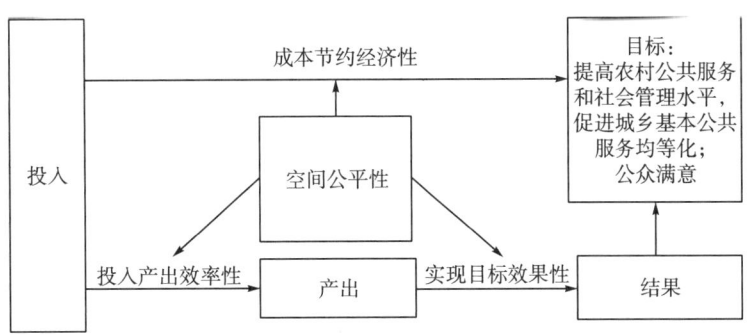

图 9-24 "4ES"村级公服务绩效评估体系

(二)微观评估

微观评估是指各区县(市)对乡镇(街道)、乡镇(街道)对村(社区)，进行村公服务专项评估。通过建立微观评估指标体系框架(表 9-7)，为下一步开展村公服务绩效评估系统研究提供方法依据。

表 9-7 成都市村级公共服务绩效评价指标体系框架

目标	准则	方案
公平度	村组间均衡性 受益人群全面性	项目是否在各村组间较为公平实施 项目受益人群覆盖面
效率度	成本节约性 投入产出效率性 目标达成性	与同类型区村(社区)比较项目的成本 与同类型区村(社区)比较项目在同等经费情况下的产出 根据村(社区)自身规划的目标评价其达成度
严谨度	程序规范性 材料真实性	是否按规定使用资金,是否按要求实施民主程序 记录材料是否真实
创新度	项目创新性 管理创新性 规划导向性	根据需求在规定范围内拓展村公服务项目 创新村公项目管理办法 自主进行3~5年规划,分析现状,梳理问题,确立目标,系统把握,分年度实施
满意度	群众满意度	按一定比例抽查群众满意度

(三)"自上而下"与"自下而上"相结合的评估机制

影响公共服务决策因素的不仅有决策主体自身的行为偏好,而且有决策主体以外利益相关群体的行为偏好。一个现实中可能实现公共服务供给决策,应该是相关利益主体协调和博弈的结果。绝对"自上而下"的供给决策体系,常因不了解地方实际情况、忽视地区差异和追求政绩等原因而广受诟病。但绝对"自下而上"的决策体系建立在古典经济学的"经济人"假设基础之上,而人的有限理性就使得"经济人"假设并不成立,"现实人"因经济行为偏好、需要层次、"搭便车"等复杂原因会出现需求表达不明、长期利益和短期利益矛盾、个人利益与全局利益的矛盾。因此,绝对"自上而下"或"自下而上"的决策体系在任何国家和社会都不是最有效率和最公平的方式。要提高村级公共服务的效率,就必须将两种决策机制进行合理结合,在宏观层面以实现城乡基本公共服务均等化为统一性政策思路,在操作层面则应结合各地自然、经济、社会、生态和文化的特点,在分析当地居民行为偏好的基础上,实施差异化供给策略。具体到村级公共服务绩效评估而言,可在各级统筹部门内部"自上而下"逐级评估村级公共服务管理能力,通过第三方抽样评估"自下而上"反馈供需均衡与公众满意度。

(四)"2+3"投入模式

采取"2+3"投入模式对乡镇(街道)和村(社区)村公资金进行浮动投入,根据前两年的评价结果(状态、进展、前景),决定后三年的投入系数(调增/调减,"黄红绿灯")。并将评估结果与干部的绩效挂钩(设立村公服务专项绩效资金),解决乡镇和村干部积极性调动问题,通过"评级+问责+绩效"模式,建立正向激励与负向激励相结合的绩效管理机制。除了根据"2+3"模式调增/调减村公资金投入以外,正向激励可评优村级公共服务与社会管理优秀集体和个人,给予精神和物质奖励,树立典范、表彰样板;负向激励可对严重违反相关管理规定的集体或个人进行通报批评或其他惩罚。

(五)搭建信息平台,探索村公服务智慧化管理

通过村公资金信息化管理手段,提升管理效率和水平。聘请专业团队开发村级公共服务信息化管理平台,并设计电脑+手机终端应用程序,植入村公经费管理、村公项目登记、资金补贴标准指标体系数据收集(如常住人口统计)、绩效考评等多模板功能,并在科研院校建立动态数据库管理中心,实施数据库的动态监控和数据挖掘、处理和分析,为政府决策提供智慧化管理服务。

(六)建立内部培训与专家咨询相结合的智力支持体系

调研发现基层干部普遍存在对村公服务和社会管理相关规定理解不准、不深的问题,导致在实施村公服务时缺乏主动性或放不开手脚。部分乡镇干部希望上级部门能提供更多信息解释如何合理使用村公经费。基层干部水平参差不齐,部分乡镇(街道)或村(社区)在实践中摸索出了很好的方法,但没有得到推广。许多村(社区)不懂得如何根据其经济社会发展阶段科学制定村公服务项目规划,在实施村公服务项目时不具备相关的专业知识而出现资源浪费或产生负面效果。

基于这些问题,建议加强基层干部培训与交流,及时向基层讲解相关文件规定的具体内涵,帮助基层解答实践中遇到的难题,组织基层干部和工作人员互相考察、交流,利用微信公众号等新媒体手段提供相关资讯。此外,还可建立专家智库平台,聘请规划、农业、地质、地理、经济、管理、旅游、环保等各领域的高级专家成立专家智库,并可在科研院所和高校招募专家志愿者和大学生志愿者,建立"村级公共服务专家志愿者咨询平台",使负责村公服务管理的基层干部与工作人员与专家志愿者通过平台对接咨询需求,构建成都村公服务与社会管理的"共享智慧"模式。

五、完善保障机制,促进村公服务与社会管理改革

一是要在管理机制上突出宏观指导与规范关键工作节点,强化目标导向与问题导向,严格项目成果验收,适度放宽过程审计。二是要在优化投入结构上进行深入研究,给出科学的解决方案,制定村公资金投入差别化政策,形成一套调增/调减的科学办法。三是制定符合实际的村公绩效考核与激励办法,引入第三方评价,为村公资金管理改革与科学投向提供依据。四是要保护和鼓励基层干部的创新精神和探索意识,进行村公资金使用试验与示范,实事求是地解除一些僵化的规定。此外,村级公共服务与社会管理改革,还需进一步与农村聚落重构、新农村综合体建设、城乡土地资源优化配置和集约节约利用、农村金融服务体系建设等相关政策协同,才能实现公平性、经济性、效率性和效果性的系统提升。

参 考 文 献

[1] 陈彦光. 基于Moran统计量的空间自相关理论发展和方法改进[J]. 地理研究, 2009, 28(6): 1449-1463.

[2] 陶勇. 农村公共产品供给与农民负担 [M]. 上海: 上海财经大学出版社, 2005.

[3] 白南生, 李靖, 辛本胜. 村民对基础设施的需求强度和融资意愿——基于安徽凤阳农村居民的调查[J]. 农业经济问题, 2007, 28(7):49-53.

[4] 易红梅, 张林秀, Denise H, 等.农村基础设施投资与农民投资需求的关系——来自5省的实证分析[J].中国软科学, 2008(11): 106-115.

[5] 夏玉珍, 杨永伟. 淡漠与需求:农村公共服务表达问题研究[J]. 中南民族大学学报(人文社会科学版), 2014(6): 88-92.

[6] 陈俊红, 吴敬学, 周连弟. 北京市新农村建设与公共产品投资需求分析[J]. 农业经济问题, 2006, 27(7): 9-12.

[7] 李霞, 蒲春玲. 新疆北疆地区农村基本公共产品需求位序的典型性调查[J]. 安徽农业科学, 2010, 38(31): 17892-17894.

[8] 刘蕾. 基于KANO模型的农村公共服务需求分类与供给优先序研究[J]. 财贸研究, 2015(6): 39-46.

[9] 张立荣, 李军超, 樊慧玲. 基于收入差别的农村公共服务需求偏好与满意度研究[J]. 中国行政管理, 2011(10):118-122.

[10] 朱玉春, 乔文, 王芳. 农民对农村公共品供给满意度实证分析——基于陕西省32个乡镇的调查数据[J]. 农业经济问题, 2010, 31(1): 59-66.

第十章 城镇空间差异与公共服务配置[①]

公共服务质量直接影响城乡宜居性的体验与质量，公共服务在城市和乡村、山区和平原配置的数量与质量直接关系城镇化的品质和城乡宜居性的提升。在城镇化进程中，公共服务在城市中心区、城郊和乡村的合理布局是区域可持续发展、城乡统筹发展和乡村振兴的关键。山区和平原的公共服务合理配置不仅为区域内部的经济社会发展提供保障，而且对于山区和平原间的生产要素流通具有重要的支撑功能，是区域一体化发展的基本条件。在大城市内部，不同类型和层级的公共服务资源配置受地形影响较大，地形的空间格局造就了人口分布和经济活动的空间差异，这种空间差异随之也成为公共服务空间差异的直接原因。把握不同地形区公共服务配置的特点和规律，通过空间规划和空间治理促进基本公共服务均等化和高层级公共服务的配置效率，是优化公共服务空间配置的重要途径。城市空间结构与空间功能的异质性使公共服务在不同功能区具有不同的配置特征，根据城市空间格局的历史演变进程和未来发展规划，合理调控公共服务的空间配置，有利于促进城市不同空间功能与公共服务耦合协调发展。

第一节 公共服务提升城乡宜居性

一、城乡宜居性的内涵

在 David L. Smith 所著的《宜居与城市规划》中，认为城乡宜居性的内涵包括三个方面：一是公共卫生与污染问题；二是舒适与居住环境；三是历史建筑和优美的自然环境[1-2]。1985 年由 Henry Lennard 发起建立国际宜居城市研究组织进一步推动城乡宜居性研究的发展[3]。城乡宜居性被认为是在居住环境中展现人的意义，更注重人本主义在城乡宜居性建设中的作用。吴良镛是国内最早进行人居环境理论和实证研究的学者[4]，他提倡："人居环境的核心是'人'，人居环境研究以满足'人类居住'需要为目的。"Mike 建立了一个城市宜居性模型，该模型包括环境福祉、个人福祉、生活世界，其评价指标包括社会、经济、环境、资源、生活与公共安全等[5,6]。

城乡宜居性的内涵包括居住生活的各个层面，均有赖于公共服务[7,8]。例如，公共卫生水平取决于本地的医疗公共服务；居住环境依赖公园、社区公共卫生等建成环境的综合公共服务。尤其是在城乡宜居性的人文环境建设中，公共服务对社区宜居性的提升作用更加显著。例如，公园不仅能提供优美的居住环境，还能为居民提供游憩和娱乐空间；此外

[①] 本章执笔人：张少尧、宋雪茜、邓伟。

社区文体中心可以丰富居民的业余精神文化生活，为其提供展示才艺的平台，提升社区文化氛围。综上所述，城乡宜居性有赖于公共服务的提供和相关设施的使用。

二、公共服务提升城乡宜居性

城乡宜居性的内涵决定了其质量与公共服务供给与使用性有关，尤其是在交通、教育、医疗、居住环境、社会保障等方面[9,10]。教育、医疗、居住环境和社会保障均有赖于公共服务的提供，公共服务质量直接影响城乡宜居性的体验与质量。优质的公共服务有助于提升城乡社区的宜居性，而匮乏的公共服务则会制约城乡宜居性的建设和提升[11,12]。

教育类公共服务是人类发展所必须的公共服务，可以为社区居民提供受教育机会，提升居民的文化素养和科学技术知识。丰富的教育资源不仅有利于增强社区宜居性，也有利于区域的可持续发展。教育类公共服务设施包括幼儿园、小学、中学、大学、职业技术学校等，是政府公共服务投入的重点。其中，幼儿园和小学多靠近居住区，而中学和大学的服务范围更大。幼儿园和小学附近往往都是大型居住区，能够方便居民接送小孩上下学，保护儿童安全，节省家长的时间。此类公共服务是宜居社区构建的必备基础，也是居民购房定居所关心的服务功能。

医疗类公共服务直接影响居民生活福祉，其具体服务设施包括药店、诊所、社区医院、专科医院和综合性医院，但个人药店和私人诊所不能算是严格意义上的公共服务，而在社区环境中，仍能提供医疗类的服务，并为社区的宜居性增分。在城乡社区，居民越来越重视健康与生活水平，相应地对医疗服务有更高的要求[13]。在老龄化严重的农村社区，医疗服务至关重要，而这其中药店、诊所和乡村医生扮演着重要的角色[14]。优质的医疗服务能够提升社区居民健康水平，也能在危急情况下为居民提供紧急医疗服务，增强社区居民的安全感，进一步提升社区的宜居性。

居住环境是城乡宜居的重要一环，尤其是在城市的高密度住宅社区，良好的居住环境已成为宜居社区的重要评分项[15]。居住环境不仅包括社区本身的建筑设计，还包括社区景观设计、公园以及其他绿化空间。优美的居住环境令人赏心悦目，放松心情，同时能为居民提供游憩空间，提供散步和娱乐空间，增进家庭和睦感和邻里关系。此外，居住环境中的植被还能阻隔噪声和灰尘，净化空气，减少居民的健康风险。

社会保障服务包括养老保险，医疗保险，社会保险及工伤、生育、失业等保险，同时也包括社会救助和福利等，能够为中低收入人群提供基本生活保障，让他们免于因失业、疾病、意外事故等影响家庭生计[16]。此外，社会保障服务可对特定人群（残疾、心理疾病等）进行社会救助并提供一定的福利，缩小社会贫富差距，促进社会和谐与安宁，以构建和谐、宜居的城乡社区。此外，社区派出所等治安服务能够保障社区居民的人身与财产安全。

三、新型城镇化背景下宜居城乡建设对公共服务的要求

(一)宜居城市公共服务配置

宜居城市是城市建设的最高境界,城市将成为人文活动的最佳载体,城市的建设与规划也将更好地满足人的各项需求,突出人文关怀,以人为本,更加注重人的活动空间和成长发展,提高人的健康水平和生活品质[15]。宜居城市应更具包容性,能够容纳多阶层人群的生活与发展,包容多元文化与生活方式的和谐共处。所以宜居城市的公共服务配置应坚持人文主义和多元主义两项原则,展现城市的以人为本和包容发展的新型城镇化要求,建设更具包容性、竞争性的现代宜居城市。

人文主义原则要求城市的公共服务应该重点突出人本身的实际需求,更加注重人的使用体验和效率,满足人的活动及其空间,保障人参与公共服务的均等性和就近性,提供可靠的安全环境,尽可能地使人使用方便。例如,道路交通系统除应满足机动车通行要求,还应具备人的步行、横穿道路的活动空间,提供相应的设施和标识,保障其应有的安全环境。此外还可种植行道树,除防尘降噪,还可以提供绿荫空间,满足景观提升的需要,还应包括一定间隔的休息长凳、垃圾桶、足够亮度的路灯等。在教育服务中,应在居住社区布置足够数量、足够距离的基础教育设施,确保适龄儿童能够在一个安全、公平的环境下享受公共教育服务;在医疗服务中,基础性社区医院应和高等级综合性医院相结合,让不同等级、种类的患者得到有效、专业、可负担的医疗服务[13]。

多元主义原则要求城市的不同主体在享受城市公共服务时能够得到公平、适宜、可负担的基本服务。城市是一个包含多元文化与生活方式的综合体,允许不同阶层的人群都能寻找到发展与成就自我的机会,所以在公共服务配置上要允许不同阶层的人群都能参与和承担,不会因为不同的生活方式和文化信仰而被公共服务排除在外。例如,在道路交通系统中,应该允许自驾小轿车、公交车、自行车、步行等不同交通方式的主体都能享受公平的交通服务,而不应排除私人交通或者公共交通任何一方;在文化娱乐服务中,既能提供普适的、大众的娱乐方式和服务,也要适当布局高端的、典雅的文化服务,满足不同层次的文化娱乐服务需求;在城市规划中,不仅要有面向大众、工薪阶层的商品适用房,也应有追求品质、更具文化氛围的高档住宅。不同城市主体代表不同的文化和生活方式以及消费习惯,相应地对公共服务需求也不同。但宜居城市不应在公共服务配置的空间上、质量上和数量上将多元城市主体分隔开来,而应追求公共服务的多元及和谐统一,既保证公共服务的公平性,又能提升效率。

(二)宜居乡村公共服务配置

宜居乡村要求更加注重乡村的宜居性,尤其是人的生活品质。不同于宜居城市对公共服务的需求,宜居乡村要求基本的公共服务能够全面覆盖,包括道路、教育、医疗、饮用水、环境卫生和社会保障等。此外,还应突出宜居乡村的特色公共服务,如乡村娱乐、乡村旅游和乡村文化等[16]。

基本的公共服务是宜居乡村最基本的保障和要求。道路服务是满足乡村出行和生产最基本的公共服务，大部分乡村地处偏远的山区，对与外界沟通和交流的交通服务需求迫切，应是乡村公共服务建设的重点；教育和医疗服务一直都是乡村公共服务的薄弱环节，宜居乡村要求幼有所教，老有所医。在实践中，应重点关注学前教育、基础教育和乡村卫生服务中心和乡村医生的人才培养和引进等；洁净的饮用水对于保障居民身体健康、防治地方病和传染性疾病至关重要；乡村居民居住较为分散，其环境卫生管理需要社区的公共服务来支持，如修建垃圾分类投放站、集中转运中心和处理站等。在城镇化背景下，乡村地区老龄化较城市社区严重，乡村的留守老人、残智障人士和其他弱势群体对于基本的社会保障服务需求也很明显。

在宜居乡村的建设中，应通过一定的公共服务来满足乡村居民的文化娱乐需求，可行的服务包括农家书屋、文体活动中心、活动广场、乡村电影、文体组织、兴趣爱好协会等，积极引导居民以健康、时尚、符合社会主义核心价值观的娱乐方式放松身心，营造文化氛围。乡村旅游近年来发展迅速，不仅为乡村社会经济发展提供活力，也为城乡统筹和城乡互动提供了路径。在乡村旅游发展中，公共服务至关重要，乡村旅游中所需的住宿、交通、餐饮、购物、景观打造、环境卫生、人文环境都需要公共服务予以支持和提升。具体的公共服务包括道路、停车场、社区医院、乡村景观建设、旅游品牌宣传、农家乐建设、环境卫生管理、社区公共安全服务等，通过一系列的公共服务建设，不仅能促进乡村旅游的发展，也能进一步提升乡村的宜居性。

(三) 山区公共服务配置

山区因其自身的自然地理条件，公共服务配置弱于平原地区，其中最为显著的就是道路交通服务。山区地形陡峭，起伏度较大，道路建设成本远高于平原地区，尤其是高速公路、铁路和航空等一些高等级交通服务，所以山区最主要的道路交通服务为公路，包括县道、乡道和村道。因地形原因，山区公路等级较低，道路狭窄、坡度较大且弯道多，大部分区域均限速 40km/h，通行能力有限。此外，山区居民点集聚度低于平原地区，居住分散且偏远，少数的交通干道难以覆盖所有村落。山区频发的山地灾害对道路交通威胁较大，地震、滑坡、泥石流、塌方等灾害会严重影响道路的安全。交通服务制约山区社会经济发展，道路交通成为政府公共服务投资的重点，所以交通服务是山区公共服务配置中的首要关注点。

除河谷区域外，山区大部分地方设施缺水明显，尤其是在干热河谷或中高山区域，水资源的可利用性(灌溉及安全饮用)问题更加突出。安全的自来水可以保障居民的日常生活需要，也可以提高山区居民的健康水平，有效抵御地方病，应防止受污染的饮用水带来传染性疾病，对居民健康造成威胁。

教育和医疗服务是山区社会经济发展的薄弱环节，也是居民反映较为强烈的公共服务问题之一。教育服务的缺乏突出反映在儿童上学距离较远、师资力量薄弱、教育硬件设施落后等方面，由此导致山区升学率较低、基础教育完成质量较低、辍学率较高等问题，进而影响山区居民素质的提升和社会经济的发展。而医疗服务的匮乏集中表现为"看病难，看病贵"，偏远山区的居民离可用的医疗服务站较远，难以及时地到医疗服务站就诊，存在"小病不能及时医治,大病又不能医治"的局面。山区因为年轻劳动力外出务工,剩下老人和儿童,而他们正是医疗服务需求最急迫的人群。

成都市金堂县淮口镇云顶村位于龙泉山脉的云顶山,是典型的山区村落,道路通行能力较差。村内有云顶石城和云顶寺,可以发展旅游业。村落主要以种植沙参、桔梗和伏季水果为主,因为地处山区,农作物灌溉主要依靠天然降雨、堰塘与蓄水池,所以云顶村的公共服务重点集中于村组道路修建、水利设施建设(图10-1)。

图10-1 云顶村沙参种植业与集中安置房

(四)农集社区公共服务配置

农集社区指城镇化过程中农民集中安置居住的城市化社区,是农村向城市转变过程中的一种过渡性质的城市社区。虽然为城市性社区,具备城市社区所拥有硬件性的公共服务设施,但因其居住者多为刚刚进城的失地农民,在生活方式和思想观念上仍在向城市文明过渡[13]。所以,农集社区对公共服务的需求不同于城市社区或者乡村聚落。

农集社区大多已经具备便捷的道路、社区医院、幼儿园和小学、集中式住房及生活服务设施等硬件公共服务,但因居民在适应城市生活方式上的差距,他们在就业方式和生计来源方面会面临一些挑战和困难,其中不可避免存在一些年纪较大且劳动技能低下的居民存在失业风险,所以要求社区能够提供一些就业培训和失业保险帮助;农集社区居民的邻里关系在交流方式上与原居住地不同,需要社区能够提供适应城市生活的娱乐空间和交流方式,构建起和谐的邻里关系,这就需要城市管理者能够在社区公共文化服务上予以重视。此外,农集社区居民成员复杂多样,会有较多外来人员进入社区,需要加强社区公共安全的公共服务。农集社区的过渡性质(半城半农)决定了公共服务重点在于促进居民尽快适应城市文明与生活方式,并为在这种过渡期间所出现的矛盾和疑虑提供有效的解决方案。

成都市龙泉驿区同安街道丽阳社区是典型农集型社区,其社区居民都是原附近区域城镇化过程中的搬迁安置农民。社区成立以后,积极开展居民的社区教育。相应的公共服务重点也从原先道路、房屋等基础设施建设转到文化、教育上来,积极培育社区居民现代卫生习惯、物业管理方式、现代社交与休闲方式和现代城市生活方式,努力提升社区文化氛围。社区按照"崇善·尚学"的社区文化定位,成立了"环境优美""风尚新美""社区和美""生活富美"四个功能性院落支部,深入开展"四美"丽阳建设(图10-2)。

图 10-2　丽阳社区图书室和青少年尚学堂

第二节　城镇化进程中公共服务合理布局

一、城乡公共服务合理布局

城乡间经济发展和社会组织形式的差异决定了公共服务在城乡间的不均衡性,这种不均衡性反映在公共服务的类别和质量上[17,18]。城市是公共服务重点建设区域,所包含的公共服务种类最为齐全,服务质量远高于乡村。

新型城镇化背景下,城乡统筹在于整体发展,公共服务范围要扩展到整个城乡区域。例如,城市的高等教育和高等级综合医院不仅仅要满足城市居民的教育和医疗服务需求,也要满足整个城市腹地范围甚至区域范围内城乡所有居民的教育和医疗服务需求。所以,城乡间的公共服务布局应在城乡一体化发展的背景下统筹配置。

城乡间的公共服务合理布局与配置应兼顾公平与效率,促进城乡和谐发展[19]。公平性要求基本公共服务需要在城乡间公平布局与配置,包括基本道路、饮用水、电力服务、社区医院、学前教育和基础教育、电信服务等。这类公共服务是城乡居民生活必需的服务项,对于促进城乡经济发展与保证城乡公平正义至关重要[20]。效率性则要求高等级的公共服务应注重使用效率和服务收益,在布局与配置上偏向于城市[20,21]。这类公共服务包括高等教育、大型综合性医院、音乐厅、体育场、图书馆等。此外,高等级的公共服务投资较基本公共服务多、服务周期长、服务范围广,在布局和配置上要求具有庞大的用户人群和发达的经济基础,所以布局在中心城市,能够使公共资源得以最佳利用。

二、城郊公共服务合理布局

城郊是城市和乡村的过渡地带,是城镇化的前沿地带,也是乡村向城市快速转变的地带。区域内地表覆盖要素、人文要素、社会景观、经济组织方式快速变化,由乡村文明逐步向城市文明过渡。这种特殊的过渡性质使得区域内的公共服务也逐步从乡村式的公共服务要素向城市全面、完善的公共服务要素过渡,所以要求城郊区域的公共服务配置既有城市化的特点,也要有乡村生活的特征[22,23]。一方面,城郊区域的基础性、硬件性的公共服务要以城市化的标准推进建设,如道路系统、公共交通、饮用水、学前教育和基础教育、医疗服务等公共服务应在同城化下由市政建设统一推进；另一方面，文化娱乐、社区服务、社会保障、物业管理等公共服务又应秉持逐步过渡的原则，适当保留一定的乡村生活特征。总体而言，在基础性、硬件性公共服务上，快速城市化的进程可以让乡村迅速向城市转变，居民对此类公共服务的需求性和接受度较高，能够快速适应。而软性的公共服务所代表的城市生活方式、就业方式和社区管理方式对居民的适应性和素质都有较高要求，尤其是高等级的文化娱乐服务、现代管理服务等，需要在软性公共服务配置中保持一定的过渡特征，允许居民逐步适应现代的城市生活方式和管理制度。在城郊区域城市化早期，应适当保留一些乡村性的公共服务，如农家娱乐和文体中心、社区管理方式和生活购物中心等。

三、城市内部公共服务合理布局

城市的区域范围指所有的城市建成区域，包括一定的城乡接合部和卫星城。通常由两个大的部分组成：一是已经成为市区里侧建成区；二是正在城市化的、与市区联系频繁的外侧郊区。在城市地域范围内部，各功能区的地理位置及其分布特征和组合关系构成城市的地域结构，或者被称为城市空间结构，它是城市功能组织在地域空间系列上的投影。城市的空间结构对应城市的功能分区，其相应的社会经济要素的布局也呈现出一定的空间结构，这种空间结构进一步影响城市公共服务的配置格局。一般来说，市中心的公共服务种类、质量和数量都远胜于郊区；居住区的医疗服务比工业区要好，而商业区的金融服务好于居住区，文化艺术区的娱乐服务好于工业区。这种功能区的差异促使公共服务的分类集聚，尤其是高级公共服务(如音乐厅、艺术馆、体育馆等)会进一步促进城市空间结构的深化和发展。

在城市不同的功能区间实现公共服务的合理布局应坚持特色化和公平性的原则，也可以说是效率性与公平性并重，既要突出城市空间结构的导向性，体现区域的功能性特色，又要保证基本公共服务的公平性，以促进城市的和谐发展。在公共服务的配置上，需要分类对待，即基本公共服务需要在城市的各个功能区实现普及，包括市中心和郊区；而高等级的公共服务应以使用效率为原则，重点配置于需求量和使用量集中的区域，增进居民的使用体验和使用效率。此外，在城市的典型功能区，还应增加能突出区域特色的公共服务，通过公共服务的配置来深化城市的空间结构，带动其他城市社会经济要素的优化配置。例如，在高新技术开发区可以增加创业类公共服务、金融类服务；在商业零售区，可以增加步行街、大型购物中心等；在文化艺术区，可以增加书店、博物馆、艺术馆等。通过公共服务在城市空间上合理布局，保证城市内部公共服务空间分布上集聚度以及使用上能兼顾效率与公平，促进公共服务对城市转型升级与发展的提携作用。

四、山区和平原公共服务合理布局

山区和平原不只是城市和乡村的区别，更多的是地域发展上的差别，即地理环境对社会经济发展的制约和由此形成滞后的发展困境。在我国城市化进程中，不只是大城市的城镇化，还包括中小城镇的城镇化。其中，相当一部分的中小城镇地处山区，其城镇化发展深刻地受到山区的地理环境影响。因此，山区城镇的公共服务布局有别于平原地区的城镇。新型城镇化要求大型城市和中小城镇要同步发展，在发展区域上，更加注重中西部山区城镇化进程。所以公共服务的合理布局需要处理好山区城镇和平原城市之间的均衡关系，形成合理的搭配与最优的布局。

山区和平原公共服务的合理布局既要有所区别，又要有所联系，注重不同等级的公共服务的公平性和效率性，能使之成为公共服务体系的一部分，通过公共服务加强山区与平原的联系，促进彼此的发展。首先，仍要坚持基本公共服务的公平性，保证关乎民生的基本公共服务在山区的合理配置。基础教育、医疗服务、饮用水、电力和电信服务等可以有效提升山区城镇的宜居性，促进山区城镇化进程并增强居民福祉。其次，还应坚持平原城市重点发展的思路，将高等级的公共服务侧重布局在平原的大型城市中。一方面能够提升大型城市的宜居性和竞争性，还能拓展大型城市的公共服务功能和城市影响力，有效优化区域城市等级体系和空间结构，将山区中小城镇纳入区域城市群发展中去；另一方面，能够增加高等级公共服务的使用效率，将其服务功能提供给最需要的人群，并能收获良好、可预期的投资回报率，实现有限资源的优化配置。此外，良好的交通基础设施能够促进山区和平原间的物资、人力、信息技术、资金和文化的集聚与扩散，带动山区就业和经济发展，带动山区城镇的现代化。显然，山区和平原之间经济要素的流动有赖于公共服务体系的支撑。

第三节 城市不同地形区公共服务配置

一、案例区概况

龙泉山脉位于四川盆地西部，是成都平原的东缘山脉，与西边的龙门山脉共同构成成都平原的东西边界，也是成都平原与川中丘陵的自然分界线。龙泉山脉呈东北—西南走向，全长约为200km，宽约为10km。平均海拔约为1000m，最高峰在成都市龙泉驿区境内，海拔为1051m。龙泉山脉植被以亚热带常绿阔叶林为主，常见树种为柏树、桤木、马尾松和栎树，水果主要为水蜜桃、梨、苹果、枇杷和葡萄。在龙泉山脉成都境内，成都市设立了龙泉山城市森林公园。随着成都"东进"战略的规划与建设，龙泉山将重点发展生态农业、生态旅游、文化体育和康养等新兴产业。现今，龙泉山已成为成都人郊游、踏青的好去处。

龙泉驿区位于成都市东部，是中心城区的组成部分，主体位于三环路至六环路之间。2016年，全区面积为$558km^2$，常住人口为85.95万人，地区生产总值为1039.2亿元，超过全省7个市州。2017年龙泉驿区在"全国综合实力百强区"中位列第33位，居西南地区之首。

龙泉山脉贯穿龙泉驿区全境，东部几乎都是龙泉山区，西部为成都平原，山丘和平坝面积比为43:57，也由此造就了龙泉驿区的经济地理和人口分布格局，即主要的产业布局和人口集中于西部的平坝区。据此,我们探讨地形对公共服务布局与配置的影响,对地形过渡带的公共服务配置格局与效率增进策略予以实证研究。

二、地形对公共服务配置的影响

本书以综合医院、专科医院和诊所代表医疗公共服务;以大学、中学、小学和幼儿园代表教育公共服务;以主要道路和公交站代表交通公共服务。就公共服务的总体布局而言,医疗、教育和交通等公共服务主要集中于龙泉驿区西部,即平坝地区,而龙泉山区的公共服务配置较少且稀疏,整体上表现出西多东少、西密东稀的空间格局(图10-3)。

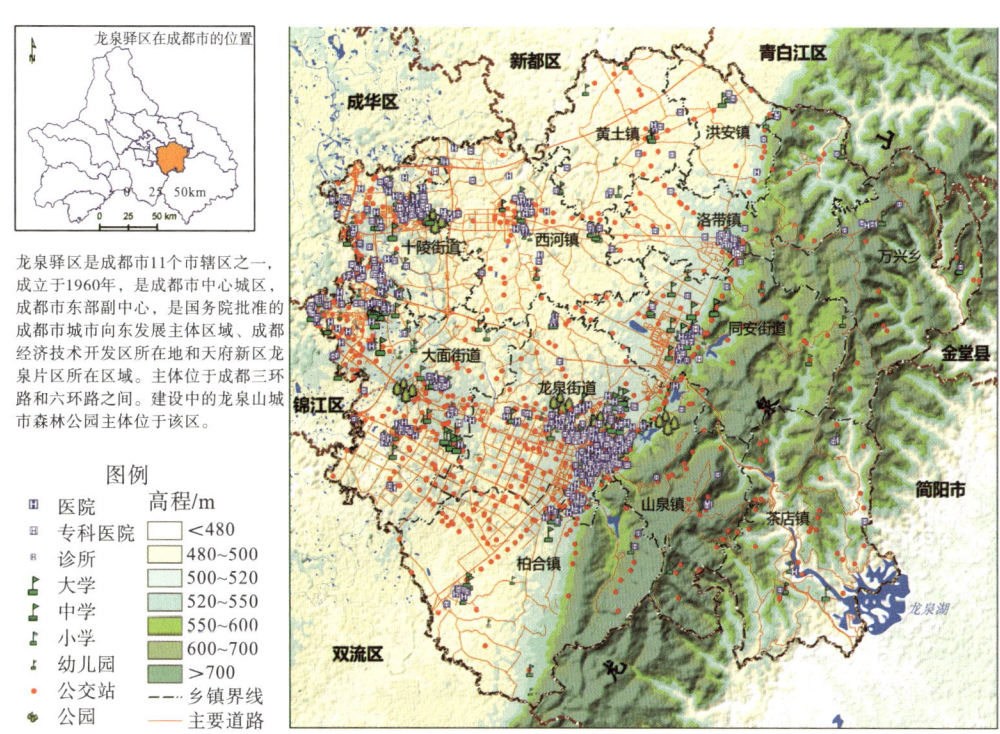

图10-3 成都市龙泉驿区医疗、教育、交通等公共服务配置图

龙泉驿区的医疗公共服务主要以综合性医院为主,专科医院与诊所较少。虽然医疗服务主要集中于西部的平坝地区,但是分布却不是很均匀,主要集中于龙泉街道、十陵街道和大面街道,即使在街道内部,分异差距也比较明显。在龙泉街道,医疗资源主要分布在老城区,新城区分布极少。在十陵街道和大面街道,医疗资源主要布局在靠近成都市中心的一侧,表现出明显的向心集聚模式。而在山区,医疗服务配置极少,多为规模较小、服务能力有限的诊所。即便在同一乡镇内部,医疗服务也偏向于平原一侧。从龙泉驿区医疗服务的布局来看,地形造就了医疗公共服务显著空间分异。而在平坝一侧,医疗服务也表现出集聚性,其布局受到社会经济活动的影响。这种空间差异主要由两个层面上的差异造成,其一就是大型综合医院的服务能力、服务范围和投入量决定了其布局应位于主要的人

口集聚区，山区人口稀少，大型医院也相对稀少；其二是诊所等基础性医疗服务因为山区人口减少、市场吸引、缺乏政策引导等因素作用下偏向于平原人口密集、经济发达区。

龙泉驿区的教育服务分布整体上表现出同医疗服务一样的格局，即绝大部分的教育服务集中于西部平坝地区。但也有一些不同之处，龙泉驿区的教育服务以中学为主，大学主要集中于十陵街道、同安街道及龙泉街道。教育服务在西部平坝地区也有空间差异，中高等教育仍然集中于少数人口密集的城区，但初等、基础的教育服务，如小学和幼儿园在西部分布较为均匀。然而在东部山区，除万兴乡的一所中学外，其余均是小学和幼儿园，尤以小学居多。这种差异格局是由龙泉驿区的地理环境决定的，即与空间结构和区位有关。

龙泉驿区是成都市向东发展的重点区域之一，重点发展是汽车、航空航天等产业，其交通布局表现出明显的城市规划与发展的特色，重点是以环路和向东辐射的主干道为骨架，包括横向的成龙大道、成洛大道、成渝高速、成南高速、成安渝高速公路和纵向的东三环、蜀王大道、东四环、东五环、东六环。而其他等级的道路主要集中于西部城区，如龙泉街道、十陵街道和大面街道。近年来，城区逐步向成都市中心和天府新区扩展，加之天府国际机场在东部布局，龙泉的道路表现出方格网状，且有丰富的公共交通布局。而在平坝地区的北部区域，除主干道外，其余道路较为零散，但通达性尚可。然而东部山区的道路网络稀疏，除成渝高速等少量高等级公路通过山区，其余道路多沿山脉分布，与主要乡镇连接。

三、不同地形区公共服务的配置

地形对公共服务的影响表现在公共服务的建设成本、需求性、服务范围与财政支付能力等方面，产生了其配置的空间选择性问题，即差异性问题[24]。首先，这种空间差异配置格局满足了公共服务的最大效率适用原则与最小投入成本的原则，是最优选择，尤其是高等级公共服务，主要布局在开阔空间、经济发达、人口稠密的区域，能最大化地带动区域经济发展，提升居民的城市宜居性。其次，公共服务具有面向全体大众、方便所有居民的性质，这种性质就是公平性，也就决定了这种服务的公共性和普惠性，尤其是基本公共服务，主要是通过合理的政策引导，让基本公共服务能够普及到山区。很显然，高等级公共服务应以效率优先为原则，适度集中；基本公共服务应以公平优先为原则，适度均匀。

第四节 城市不同功能空间公共服务配置

一、成都市空间结构与功能

城市空间结构的研究源于区域空间结构的研究，区域空间结构有广义和狭义之分，广义上的区域空间结构指地域结构，更加偏向于自然与社会经济要素的空间结合；而狭义的区域空间结构则指自然和人为活动作用于地球表面所形成的空间组织形式[25]。区域空间结构的变化取决于两方面的相互作用，一方面是人为活动，另一方面是自然环境本身的性质。

同样地，城市空间结构与功能也反映了城市地域环境和城市规划与建设的空间结构：城市本身所处的地域环境对城市空间形态与结构有着本质的影响，如兰州地处黄河谷地，其地形决定其条带状的城市空间结构，重庆地处嘉陵江与长江的交汇处，多山的地貌和河流切割造就了重庆的多组团和多空间层次的城市空间结构，又如北京和成都地处河流冲积平原，更容易形成中心圈层式的城市空间结构；此外，城市的历史发展和规划建设则影响城市空间结构与功能分区。

成都市地处成都平原，是古蜀文明中心，迄今已有4500年的建城史。在其历史发展过程中，城市中心区域逐步形成环状放射形加局部方格网状体系的道路格局[25,26]。改革开放后，成都市在环路的基础上修建了向各个郊区方向延伸的快速路和高速，同时建成区的逐步扩大和郊区卫星城的建设，其城市空间结构整体上呈现出圈层放射状，成为城市功能分区的基础构架。一环路以内的中心区以金融、商贸和公共中心区为主，一环路至三环路的主城区以生活、科研、文教和办公区为主，三环路至绕城高速的环城区以生活、工业和城市生态区为主。在空间圈层结构的基础上，不同放射方向功能也有区别，西部主要为教育、文化和居住区；东部主要为工业、物流和交通运输区；北部是小商品批发和客流集散中心，也是重工业集中区；南部主要为高新技术开发区，金融业、高端服务业发达。

二、数据处理与研究方法

具体研究区选择成都市的市区范围(图 10-4)[27]，包括武侯区、青羊区、金牛区、成华区、锦江区、高新西区、高新南区、温江区、郫都区、新都区、龙泉驿区、双流区、天府新区。按照成都市环形放射状路网，将研究区划分为三个等级区和四个放射空间(图 10-5)，

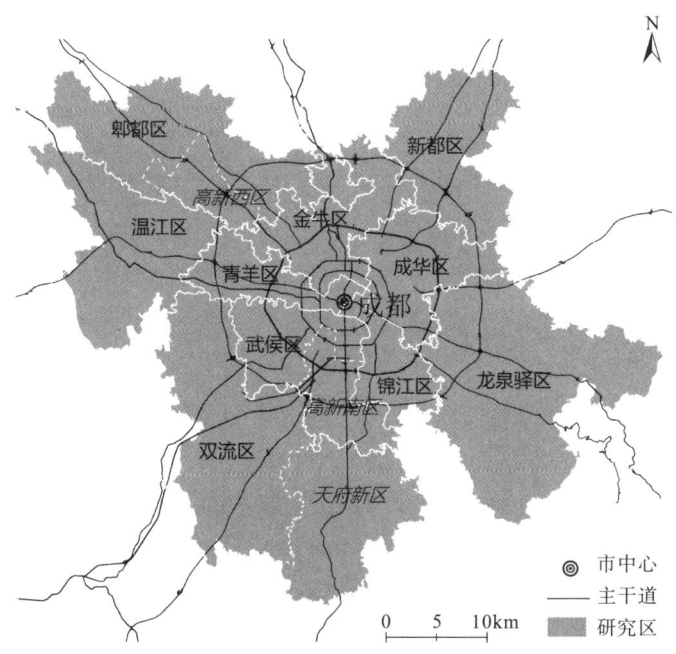

图 10-4 研究区空间结构图

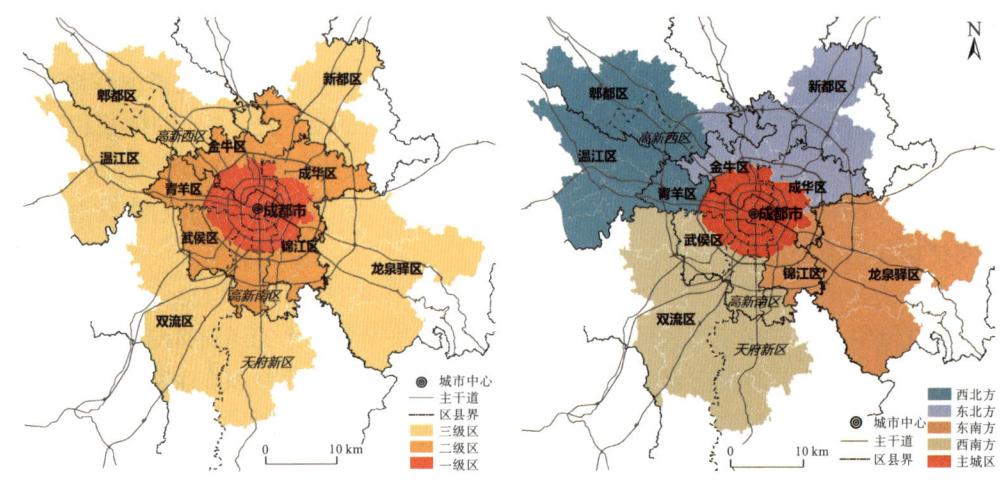

图 10-5 研究区的等级区结构与放射结构

分别为一级区、二级区、三级区和西南方、东南方、东北方、西北方。通过统计不同等级区、放射空间上公共服务配置数量,探究公共服务与城市空间功能的交互关系和相互作用,分析不同功能空间下公共服务的配置格局与效率增进策略。根据公共服务类别,可以将其分为工作类、教育类、医疗类、交通类、文化娱乐类、金融理财类、生活购物类,结合成都市实际情况,可细分为 20 项公共服务设施(表 10-1)。公共服务数据来自百度地图(http://map.baidu.com/)。按照表 10-1 的 20 项公共服务设施类别,采集公共服务名称、类型和位置,并整理为空间矢量数据,统一投影方式和空间范围。道路数据分为高速路、国道、省道、城市快速路、县道、乡道及其他道路,分别赋予相应权重,利用核函数计算线密度[28]。

表 10-1 公共服务类别与具体公共服务设施

公共服务类别	工作	教育	医疗	交通出行	文化娱乐	金融	生活购物
公共服务设施	公司企业、政府部门	幼儿园、小学、中学、大学	综合医院、专科医院、诊所	道路、公交站、停车场	文化宫、博物馆、公园	ATM、银行、金融机构	餐馆、商场、酒店

三、不同圈层的空间公共服务配置

根据圈层空间结构对成都市公共服务分类进行分区分析,得到不同类别的公共服务在不同方向上的配置数量。

生活休闲类服务包括宾馆酒店与餐饮服务,此类服务是居民日常生活中不可或缺的服务类设施。从整体上来看,宾馆酒店主要集中于西北方和西南方,同样地,餐饮服务多集中于市中心与西北、西南方。从不同等级区空间来看,三级区的生活休闲类服务设施远多于一级区(市中心)和二级区。虽然这种比较是基于其他方向相对而言,但仍可以看出公共服务设施配置的空间相对性。成都市区西部在早期城市规划和产业布局中就被划为居住区，经过不断完善发展，逐渐成为成都市区的优质居住区，其相应配套的生活服务设施比较完善和充足[29]。同样地，市中心被规划为政治、经济和文化中心，居住区则更多地集中于二级区、三级区，随着城镇化的发展，城市建成区范围逐渐扩大，更多的居住区集中于城市外围。生活休闲类服务设施则伴随居住区而扩张，更多地集中于三级区。生活服务设施更加偏向于三级区的西部区域，但不同方向上的差别不大，表明生活休闲类服务设施是沿城市边缘集聚扩张，但重点方向是城市的西部(图10-6)。

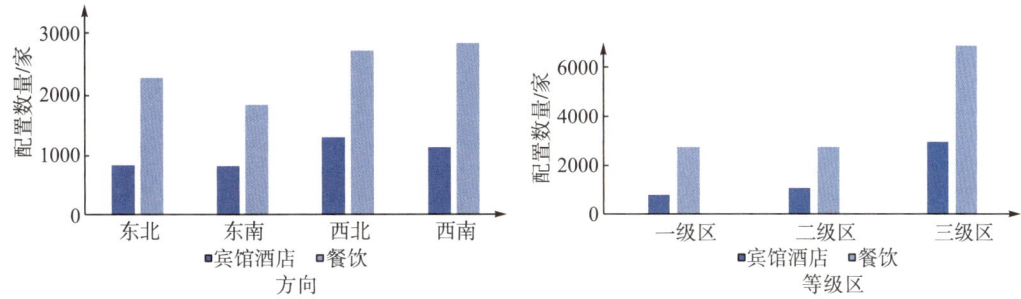

图 10-6　生活休闲服务在不同方向、等级区间的配置

教育类服务又可以分为基础教育和高等教育，具体的包括幼儿园、小学、中学和大学。其中，幼儿园等基础教育服务在教育服务设施中占比最高，其次是中学、小学和大学，而不同的教育设施服务范围也就不尽相同，高等教育的服务范围可以涵盖全国，以西南和四川省为重点；中学的服务范围涵盖全省，但以成都市及周边市县为主；而小学和幼儿园则重点以本市的适龄儿童为服务对象。从成都市区各类教育服务的空间分布来看，不同等级区间除幼儿园之外的其他教育服务设施差别较小，但整体上三级区多于一级区、二级区。同样地，不同方向上各类教育服务设施，除幼儿园在东北方向区域稍多一些外，其余各类教育服务并没有表现出明显的各向异性，说明在城市化过程中，教育服务并没有随着城市空间功能的差异而表现出空间上的不均衡，这有利于教育公平，尤其是基础教育。但是值得注意的是，幼儿园的布局需要空间上更加均衡与公平(图10-7)。

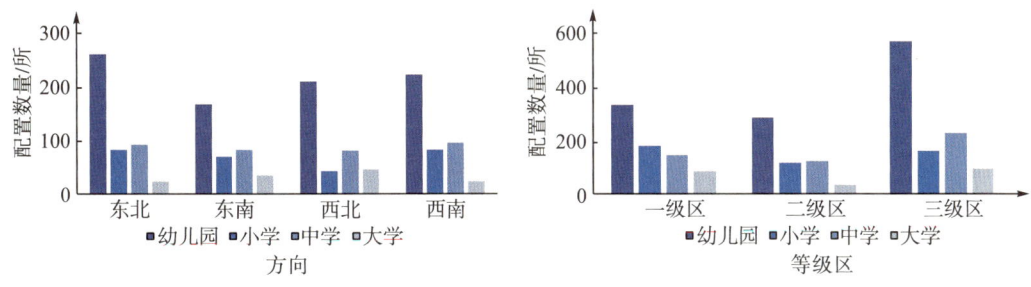

图 10-7　教育服务在不同方向、等级区间的配置

医疗服务是公共服务的重点之一，与公众卫生健康关系更为紧密，也是评价区域公共服务能力的关键指标之一。在评价成都市区的医疗服务时，采用四类指标，即药店、诊所、

专科医院和综合性医院。药店和诊所主要是针对社区类的医疗服务需求,专科医院则针对专门性、特殊性的医疗服务需求,在整体医疗服务中占比较小。而综合性医院则是医疗服务的主体和关键设施,也是居民重大医疗服务需求的首要选择。从圈层空间来看,三级区的医疗服务设施整体上多于一级区与二级区,尤其是综合性医院,二级区的各类医疗服务最少。在方位上,东南方的各类医疗服务设施总体上较少,尤其是综合性医院。东北和西南方的各类医疗服务设施稍微多于其他方向,但差距不是很明显。医疗服务设施的配套和居住区的布局相关,其主要服务于居住区的居民。虽然医疗类公共服务未表现出显著的各向异性,但仍要注意基层社区药店和诊所的合理布局(图10-8)。

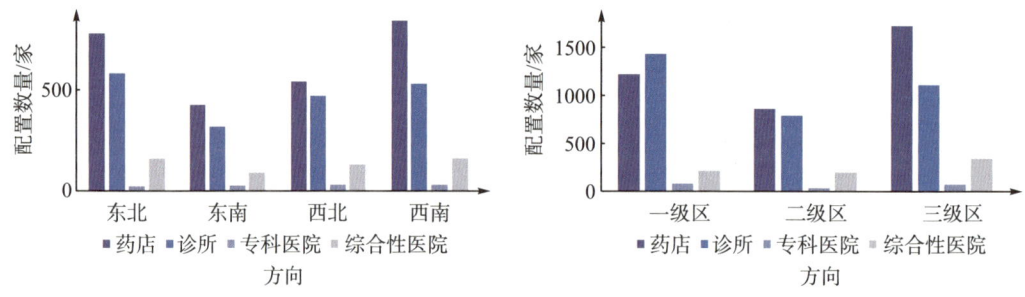

图 10-8 医疗服务在不同方向、等级区间的配置

交通类服务是区域公共服务能力的关键体现,也是市政管理的重要内容,是城市系统顺利、流畅运行的根本保障。通过评价可知,市中心是公共交通最为便捷的区域,无论是公交换乘还是停车。从不同等级区来看,三级区的公交站数量最多,但在密度上不及一级区,且一级区的停车场数量多于三级区。在方位上,西南方的公共交通优于其他方向,而东南方公交站和停车场数量最少。成都市环形放射状的城市空间结构,使其道路交通系统也是格网加放射体系,主干道环绕市中心并向各个方向延伸,形成交通轴线。由于道路交通的发展总是优先布局,使得城市空间也大多围绕主干道展开,并与居民区、大社区等密切相关。显然,成都市的公共交通和道路网络一样,从市中心逐渐向郊区延伸,呈明显的各向异性(图10-9)。

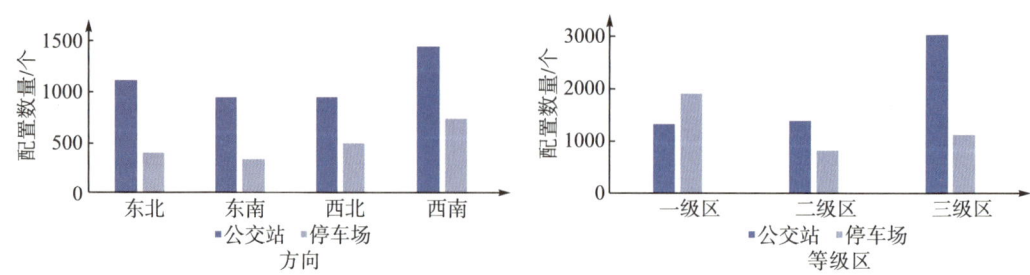

图 10-9 公共交通服务在不同方向、等级区间的配置

金融类公共服务属于高级类的公共服务,在居民日常生活中,常使用的公共服务设施包括 ATM 和银行,而其余金融机构如证券公司、保险公司、信托投资公司及专业类银行

则主要针对企事业单位和少数个人。随着电子金融和无现金支付的兴起,普通个人对 ATM 和银行的金融服务需求逐步降低,相应地,金融类公共服务更多地面向企业及事业等单位。在成都市区不同等级区间,市中心是各类金融服务设施的集聚地,尤其是各大商业银行的总部与分行齐聚市中心区域,同样地,金融机构也显著多于其他等级区,但三级区的金融机构数量则多于二级区,这与城市现代化空间拓展有关。在方位上,西南方的金融服务设施多于其他方向,尤其是商业银行与金融机构,而东南方的金融机构最少。新区和开发区的建设带动了大批金融机构在成都落户,逐步形成科技、金融和商业集聚的新中心。近年来,双流区、高新区和天府新区不断承接高端金融服务业、生物医药技术产业、会展及总部服务业,众多的初创企业和孵化园也催生了金融城的诞生,所以西南方成为仅次于市中心的金融类服务中心[30]。而金融类服务也成为受城市空间功能影响最为显著的公共服务(图 10-10)。

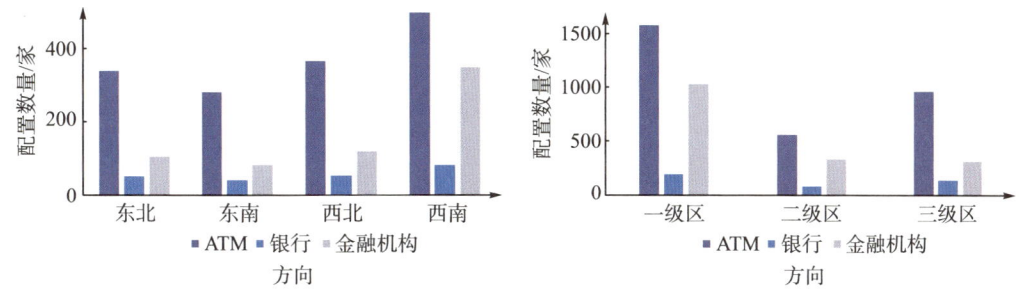

图 10-10　金融理财服务在不同方向、等级区间的配置

工作机会并不算严格意义上的公共服务,但是会涉及就业机会的提供与政府服务能力的建设,能够反映空间发展对居民福祉的提升。就业机会越丰富的空间,其居民幸福感和宜居程度也越高。在评价成都市区的就业机会空间分布时,采用的指标是商铺、政府机构与公司企业的集聚数量。从就业机会的空间分布来看,主要的商铺与公司企业都集聚于西北与西南方,而市中心与东南方相对较少,其整体格局表现为东少西多。在等级区空间中,三级区的就业机会显著多于一级区、二级区,尤其是商铺分布差异非常明显。成都市近年来的快速城市化,城市建成区范围不断扩大,大量新兴商业业态与公司企业也迅速入驻。第三级区则为近年来城镇化扩张区域,商业活动集聚效应显著,这也反映出城市化的动态进程。在城市空间布局中,大量的政府机构、企事业单位驻地都落户成都的西部。同时,成都西部被规划为传统的居住区,有大量的和生活息息相关的商铺布局在居住区周围,形成一些著名的商圈,如双楠商圈、红牌楼商圈等[31]。而且随着双流航空港的开发建设,以及高新区、天府新区的建设与发展,大量的企业进驻西南方的开发区,工作机会明显增加(图 10-11)。

文化服务也属于高等级公共服务,大致可以分为两类,即公园和文化设施,包括博物馆、美术馆、图书馆、音乐厅、体育馆、电影院、演出中心等。文化设施具有面向大众的开放性,公园是最基础的文体娱乐服务设施,对受众没有兴趣要求或者技能要求;而博物馆、美术馆和音乐厅等属于典型的高等级公共服务,其受众相比于公园更少,对受众有一定的兴趣要求或是技能要求。从文化服务设施的空间分布来看,很显然,市中心的文化服

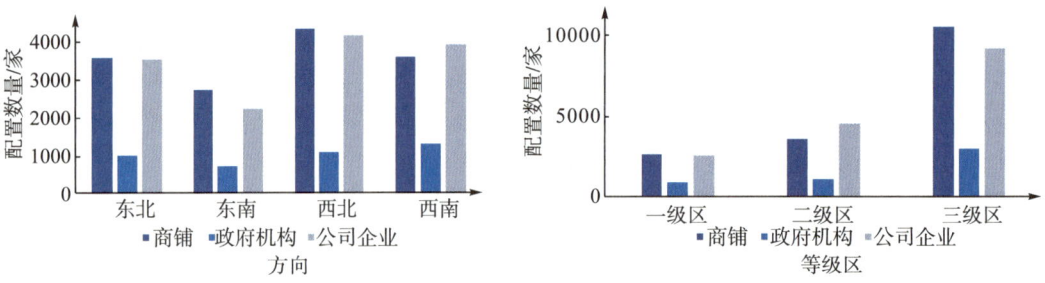

图 10-11 工作机会服务在不同方向、等级区间的配置

务设施占成都市区文化服务设施的绝大部分，尤其是高等级的文化服务设施。市中心的功能被定位于政治、文化中心，众多的名胜古迹、著名的公园、博物馆、音乐厅、美术馆等设施也都布局在市中心，用以强化文化中心的城市功能。在方位上，西南地区的文化服务设施多于其他方向，东南方向最少（图 10-12）。

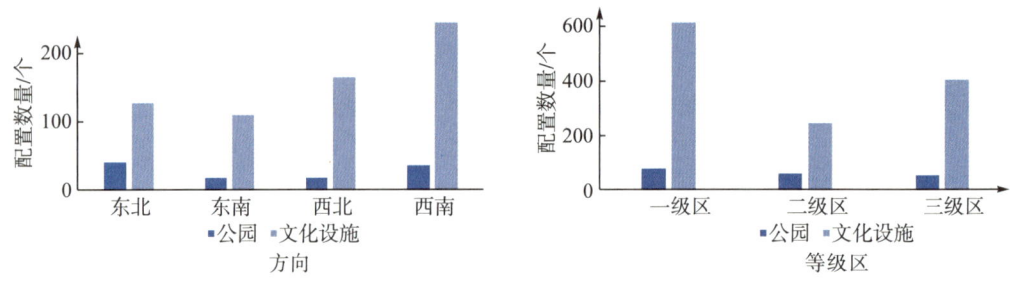

图 10-12 文化服务在不同方向、等级区间的配置

四、公共服务与功能空间的耦合关系

公共服务是城市定位的重要功能之一，也是城市服务能力与服务内容的关键指标。城市也正因为其很强的公共服务能力，才能推进城镇化中对乡村劳动力的吸引和郊区城市化的进程。在城市空间结构中，不同区域的城市功能各不相同，不同功能的区域共同有机地组成城市系统。相同类型的公共服务在空间上的集聚在规模效应作用下会显著影响甚至会改变城市空间发展，如金融城、大学城、居住区等。其公共服务输出也会放大城市功能在区域上的影响范围，如高等级公路、城际轨道、物流中心、水陆空立体交通网络体系等，都将特定的城市空间与区域高度连接起来，并发生空间关联与互馈。所以，公共服务和城市空间功能及区域之间形成一种耦合关系，即特定的区域空间功能集聚着特定类型的公共服务，这种耦合关系也就成为城市公共服务布局过程中的万有引力。

五、不同功能区公共服务效率增进策略

公共服务与城市空间功能有相互塑造的作用，即公共服务在强化城市空间功能的同时，也在不断地被功能空间所吸引。这种相互塑造作用会促使城市空间功能结构不断强化，

同样也会让公共服务的集聚效应更加明显。虽然集聚效应能够放大城市空间功能，并不断完善区域的公共服务能力，但是也会使得公共服务的区域差异更加显著。其中，公共服务配置的空间差异会导致不均衡性，将不利于城市公共服务的公平性和均衡发展。所以，公共服务并不能简单地按照功能空间进行集聚布局，基础性的公共服务应注重公平性，而高等级的公共服务因为其服务范围大、能力强，且对受众有特定要求，可以按效率优先的原则匹配到最合适的功能空间中，这类公共服务可以很好地发挥公共服务与城市空间功能的相互塑造作用，进一步深化城市空间的特质功能，也能进一步增进城市公共服务的效率。

参 考 文 献

[1] 李业锦，张文忠，田山川，等. 宜居城市的理论基础和评价研究进展[J]. 地理科学进展，2008，27(3)：101-109.

[2] 张文忠. 宜居城市建设的核心框架[J]. 地理研究，2016，35(2)：205-213.

[3] Peter E. Political strategies development and political transition more livable cities: Lessons from six cases of development and political transition [J]. City Review，2001(7)：203-229.

[4] 吴良镛. 人居环境科学导论[M]. 北京：中国建筑工业出版社，2006.

[5] Pas S V D，Ramklass S，O'Leary B，et al. Features of home and neighbourhood and the liveability of older South Africans[J]. European Journal of Ageing，2015，12(3)：215-227.

[6] Mike D. From global intercity competition to cooperation for livable cities and economic resilience in Pacific Asia[J]. Environment and Urbanization，2002，14(1)：53-68.

[7] Norouzian-Maleki S，Bell S，Hosseini S B，et al. Developing and testing a framework for the assessment of neighbourhood liveability in two contrasting countries: Iran and Estonia[J]. Ecological Indicators，2015，48：263-271.

[8] Leby J L，Hashim A H. Liveability dimensions and attributes: Their relative importance in the eyes of neighbourhood residents[J]. Journal of Construction in Developing Countries，2010，15(1)：67-91.

[9] 尹鹏，李诚固，陈才，等. 新型城镇化情境下人口城镇化与基本公共服务关系研究——以吉林省为例[J]. 经济地理，2015，35(1)：61-67.

[10] 夏悦瑶. 新型城镇化背景下地方政府公共服务研究[D]. 长沙：湖南大学，2012.

[11] 邹文杰，蔡鹏鸿. 我国城镇化对公共服务均等化的提升效应研究——以重庆户籍人口为例[J]. 现代财经，2015(5)：15-22.

[12] 王纪武，顾怡川. 新型城镇化背景下城市边缘区基本公共服务均等化对策框架研究[J]. 西部人居环境学刊，2014，29(2)：5-9.

[13] 陆亚芳. 新型城镇化背景下流动人口卫生计生基本公共服务均等化研究——以苏州高新区狮山街道为例[D]. 苏州：苏州大学，2015.

[14] Heins G H. Ageing in the neighbourhood: Creating caring communities and increasing liveability in Dutch neighbourhoods[J]. Journal of Urban Regeneration & Renewal，2010，4(1)：53-62.

[15] 张文忠. 中国宜居城市建设的理论研究及实践思考[J]. 国际城市规划，2016，31(5)：1-6.

[16] 刘复友，钱行. 山区县乡村基本公共服务设施配置水平评价及优化策略——以岳西县为例[J]. 池州学院学报，2016，30(3)：8-12.

[17] Cnaan R A，Cnaan A. Allocation of resources for social services: Israel as a case study[J]. Social Indicators Research，1987，19(4)：429-449.

[18] Langorgen A. Targeting public services through the unequal treatment of unequals[J]. Discussion Papers，2008，18(2)：193-213.

[19] Flessa S. Where efficiency saves lives: A linear programme for the optimal allocation of health care resources in developing countries[J]. Health Care Manag Sci., 2000, 3(3): 249-267.

[20] 冯婷. 农村基本公共服务设施配置优化研究——以内蒙古突泉县为例[J]. 建筑与文化, 2017(7): 206-207.

[21] Suraratdecha C, Okunade A A. Measuring operational efficiency in a health care system: A case study from Thailand[J]. Health Policy, 2006, 77(1): 2-23.

[22] 黄玉玲, 涂晓芳. 农村公共服务供给的资源优化配置机制创新[J]. 北京航空航天大学学报(社会科学版), 2013, 26(6): 7-11.

[23] 张忠国, 夏川. 供给侧结构性改革下的小城镇公共服务设施优化配置研究——以安徽省坛城镇为例[J]. 小城镇建设, 2016(12): 38-44.

[24] 孙德芳, 沈山. 国内外公共服务设施配置研究进展[J]. 城市问题, 2012(9): 27-33.

[25] 胡奇志. 近现代成都区域空间结构演变研究[D]. 成都: 西南交通大学, 2014.

[26] 陈岚, 曾坚, 周波. 成都城市空间形态的生态进程与可持续发展研究[J]. 建筑学报, 2009(12): 14-17.

[27] 张少尧, 宋雪茜, 邓伟. 空间功能视角下的公共服务对房价的影响——以成都市为例[J]. 地理科学进展, 2017, 36(8): 995-1005.

[28] Silverman B W. Density Estimation for Statistics and Data analysis[M]. London: Chapman and Hall, 1986.

[29] 高敏. 成都城市空间形态扩展时空演化过程及其规律分析[D]. 成都: 西南交通大学, 2009.

[30] 刘华富. 天府新区的产业选择与空间布局研究[J]. 中外企业家, 2013(8): 27-29.

[31] 邹金凤. 城市双核空间结构形成中的产业布局研究——以成都为例[D]. 成都: 西南财经大学, 2013.

第十一章　老龄化社会与山区公共服务[①]

人口老龄化是现代化进程的必然结果，我国已正式步入老龄化社会，老年人口增长速度快，总数大，老龄化在城乡之间和地区之间的分布不平衡。大量农村年轻人口的流出，加剧了农村人口老龄化，这在我国西南地区的欠发达山区表现更为突出。四川省作为全国人口老龄化程度最高的区域之一，人口老龄化速度不断加快，老年抚养比上升，居民健康状况区域分布不平衡，整体上人口老龄化与社会经济发展不同步，"未富先老"问题突出，人口老龄化显著影响基本公共服务的供给，对公共服务建设提出了要求。医疗卫生服务作为公共服务的重要组成部分，对提高居民健康水平、保障老年人身体康复、延长人口寿命具有重要的作用。四川省医疗卫生水平空间分布不平衡，呈现出以宝成线为界，东部高、西部低的特点。本书运用探索性空间数据分析方法对四川省医疗卫生水平与人口老龄化的空间分布特征和不同的空间组合类型进行了分析，并通过村级公共服务需求分析对成都市不同类型的村落和农集社区居民的养老需求进行了分析。综合宏观与微观分析结果，提出了完善养老服务设施、丰富养老方式、制定弹性退休制度和积极发展老年产业等策略建议。

第一节　国内外老龄化问题

一、人口老龄化定义与老龄化社会

人口老龄化是世界人口三大问题之一。根据联合国和世界卫生组织的定义，当一个国家或地区65岁及以上老年人口数量占总人口的7%以上，或者当60岁以上老年人口数量达到总人口的10%，那么这个国家或地区就进入了老龄化[1]。2005年，全世界60岁及以上人口占总人口的比例超过10%，意味着全世界在总体上跨过了老龄社会的"门槛"。根据全国第六次人口普查公报显示，我国大陆地区65岁及以上人口为1.18亿人，占总人口的8.87%，表明我国已正式步入老龄化社会。发达国家早在第二次世界大战结束时就已迈入老龄化社会，此后老龄化程度不断提高；发展中国家尚未全部迈入老龄化社会，但老龄化速度进入21世纪后明显加快。根据联合国预测，目前世界上人口结构最年轻的国家也将在21世纪末步入老龄化社会。可见，人口老龄化并非某个国家或地区的局部现象，而是发生于整个人类社会、并将在较长时间内持续存在的普遍现象。其原因在于，伴随现代化的深入发展，全世界生育率下降，人类寿命普遍延长，人口老龄化成为必然阶段[2]。

根据美国人口普查局《老龄化世界：2015》报告：截至2015年，全球有6.17亿人口

[①] 本章执笔人：周鹏、宋雪茜、邓伟。

年龄在 65 岁以上，65 岁以上的老人占比为 8.5%，预计到 2050 年全球将有 16 亿老年人，65 岁及以上人口将占世界总人口的 17%。届时将有 94 个国家的老龄化人口占比超过 21%，其中有 39 个国家的老龄化占比达 28% 以上。为了应对全球的老龄化问题，联合国采取了一系列行动计划，1982 年在维也纳召开了第一次老龄问题世界大会，会议批准了《国际老龄问题行动计划》，该计划把老年人视为独特的、活跃的人口，在其就业与收入保障、健康与营养、住房、教育与社会福利等方面提出了行动建议。1991 年，联合国大会通过了《联合国老年人原则》，确立了关于老年人地位五个方面的普遍性标准：独立、参与、照顾、自我充实、尊严。2002 年联合国在马德里召开第二次老龄问题世界大会，总结了维也纳会议后 20 年来各国在老龄问题上的行动进展，通过了《老龄化马德里政治宣言》和《老龄问题国际行动计划》，积极老龄化观念被纳入各国发展框架。

二、发达国家与发展中国家老龄化差异

尽管世界各国已基本进入老龄化阶段，但世界各地区人口老龄化程度各异。总体来看，发达国家的老龄化程度要高于发展中国家。

从发达国家人口老龄化来看，发达国家是在基本实现现代化的条件下进入老龄社会的，属于先富后老或富老同步。其中，日本老龄化最严重，欧洲国家次之，美国略好。美国是发达国家中生育率最高和人口增长最快的国家之一，早在 20 世纪 40 年代，美国就开始进入人口老龄化社会，2014 年，65 岁以上老龄人口占总人口的 17.4%，是典型的老龄化社会。美国人口老龄化具有以下特点。①进入老龄社会的时间长，美国步入老龄国家之列已持续了 70 余年。②人口老龄化发展较慢，在西方发达国家中处于中等水平，一方面是由于较高的生育率，美国总生育率为 2.1‰，另一方面是因为美国吸纳了大量的青壮年移民，一定程度上缓解了美国人口老龄化的进程。③高龄老年人口占比大。随着人口预期寿命的延长，美国老年人口占比还将不断提高。日本是老龄化现象最为严重的国家之一，老龄化经历了逐步深化的过程。1950 年老龄人口（≥65 岁）占总人口的比例不足 5%；1970 年老龄人口占比达到 7%，步入老龄化社会；1994 年老龄人口占比超过 14%。2016 年 65 岁及以上人口占比上升至 27.3%。日本人口老龄化具有以下特点[3]：①老龄人口发展速度快，数量大，呈高龄化，自 1970 年开始，日本进入人口老龄化社会，老龄人口占比从 7% 上升到 14% 只用了 24 年（而英国、法国、德国分别用了 47 年、115 年、40 年），最终在 2000 年基本赶上了欧美其他发达国家，成为世界上人口老龄化速度最快的国家；②老年抚养比大，老年人与子女同居率下降，传统的家庭成员对老年人的赡养方式正在发生改变；③"空巢老人"逐渐增多，社会服务无法满足其需求，社会参与度下降。

当今世界的 74 亿总人口中，62 亿生活在发展中国家，占全球人口的 83%。据联合国乐观估算，世界人口将在 2050 年增加到 97 亿，新增人口的 98.5% 来源于发展中国家，发达国家只占 1.5%。发展中国家将在 2015~2020 年步入老龄化社会，21 世纪中叶跨入老龄化社会，分别比发达国家晚 50~60 年，但发展中国家老年人口的增长趋势将决定全球人口老龄化的大势，主导人类老龄化的发展方向[4]。

根据联合国定义的老龄化社会标准，俄罗斯和中国 2000 年就已经进入老龄化社会，

巴西在 2010 年进入老龄化社会,而印度和南非在 2020 年以后也将进入老龄化社会。其中,俄罗斯人口老龄化具有以下特点:①人口老龄化速度加快,2002 年 60 岁以上老龄化率为 18.5%,2015 年增至 20.1%,老龄化趋势加剧;②老龄化地区发展不平衡,欠发达地区老龄化程度低,发达地区老龄化严重;③农村人口老龄化高于城市,农村人口数量减少,人口逐渐老化;④女性老年人口数量远高于男性,2009 年 60 岁以上人口中女性比男性多 32.4%;⑤老年人口预期寿命逐渐缩短,和发达国家相比,俄罗斯预期寿命在缩短[5]。

三、中国的人口老龄化

中国是世界人口最多的国家,也是最大的发展中国家,根据国家统计局发布的《2015年国民经济和社会发展统计公报》,中国 60 岁以上老年人口总量占比达 24.3%,老年人口总量居世界之首。中国人口老龄化呈现特点如下:①老年人口增长速度快,总数大,65 岁以上的老年人口占总人口的比例由 1982 年的 4.9%上升到 2010 年的 8.9%,只用了短短 28 年,远远快于其他国家的增长速度和规模;②高龄老年人口比例上升,高龄化显著,80 岁以上的高龄人口占老年人口的比例从 2000 年的 13.59%上升至 2010 年的 17.64%,而低龄老年人所占比例处于下降趋势;③老龄化分布不平衡,表现为城乡之间老龄化程度不平衡和老龄化地区之间分布不平衡[6]。

人口老龄化对经济社会发展具有深刻的影响,我国农村人口老龄化不仅程度高于城市,而且在相同时间内提高的幅度明显大于城市,人口老龄化的城乡倒置状况已成为我国人口老龄化的重要特征之一,大量农村年轻人口的流出,加剧了农村人口老龄化,而这对于经济欠发达的农村地区是巨大的挑战[7]。西南地区地形复杂,交通不便,经济发展相对滞后,吸纳剩余劳动力的能力不足,多年来向外输出了大量劳动力,形成了规模庞大的"打工经济"[8]。

对比 2000 年和 2010 年人口普查数据以及 2015 年 1%抽样调查数据,西南地区的重庆、四川、贵州、云南 4 省市人口老龄化程度不断提升,人口老龄化平均值从 6.91%上升至 11.03%,从增长幅度来看,四川最大(71%),其次依次是重庆(66%)、贵州(59%)、云南(38%)。从山地面积占比来看,西南地区平均山地面积占比为 96%以上,其中贵州为 98%以上,山区特殊的地貌和严重的人口老龄化需要重点关注(图 11-1,图 11-2)。

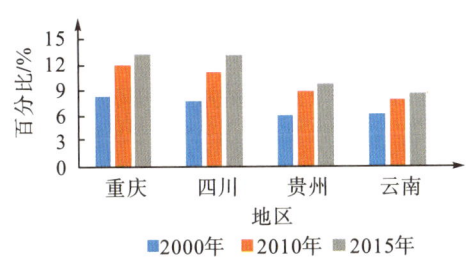

图 11-1 西南地区人口老龄化

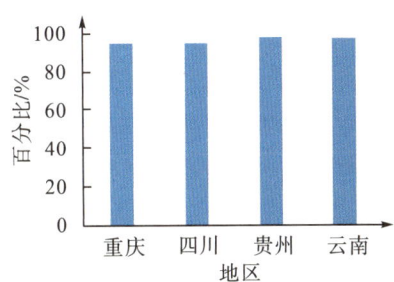

图 11-2 西南地区山地面积占比

第二节 四川省人口老龄化

一、四川省人口老龄化概况

四川省系全国省级户籍人口排名第三、常住人口排名第四、外出流动人口全国排名第二的省，根据65岁以上老年人口占比来看，四川省于1997年就已先于全国成为老龄化地区。据第六次全国人口普查，四川省65岁及以上人口为880.8万人，占全省总人口的10.95%。同全国相比，四川省人口老龄化呈现出4个特点：①老年人口绝对量大，居全国第二；②老年人口比例高，达10.95%；③老年人口比例上升快，高于全国平均水平的1.6%。老龄化程度的城乡间差距大，东部高于西部，乡村高于城镇[9]。人口老龄化加速发展，与新型工业化、城镇化、信息化、农业现代化和绿色化不协调，给经济社会发展带来巨大挑战，为应对人口老龄化，四川省采取了一系列措施，即分别出台了《四川省农村敬老院等级达标试行标准》(2006)、《四川养老服务社会化示范社区标准》(2010)、《四川省人民政府关于加快发展养老服务业的实施意见》(2014)、《四川省"十二五"社会养老服务体系建设规划》(2014)、《四川省人民政府关于建立统一的城乡居民基本养老保险制度的实施意见》(2014)[10]等政策性文件，2015年四川省人民政府印发了《四川省养老与健康服务业发展规划(2015—2020年)》，2016年四川省社会科学院课题组发布了《四川省"十三五"人口发展与老龄化社会研究》，2017年四川省出台了《四川省"十三五"基本公共服务均等化规划》和《四川省人民政府办公厅关于印发四川省"十三五"人口发展规划的通知》，上述相关文件政策为促进人口老龄化与养老保障制度、统筹区域间基本公共服务均等化，以及人口分布与城镇体系的协调奠定了良好基础。

二、四川省县域人口老龄化特点

由于四川省位于长江上游，加之处于第一阶梯和第二阶梯的过渡带，地形复杂多样，高差悬殊，呈西高东低的特点，在西南地区具有代表性。四川省发展和改革委员会根据自然本底、社会经济、人口分布状况，将四川划分为成都平原经济区、川东北经济区、川南经济区、川西北生态示范区、攀西经济区五大经济区[11]。根据2013年《中国县域统计年鉴》[12]，四川省县域可划分为平原县(18个)、丘陵县(58个)、山区县(78个)、民族县(50个)、贫困县(36个)、市辖区(18个)，其中平原、丘陵、山地面积占比分别为5.3%、12.9%、81.8%。人口数据来源于《中国2000年人口普查分县资料》和《中国2010年人口普查分县资料》。

(一)四川省人口老龄化空间分布

相关学者根据联合国对人口老龄化类型的划分标准和世界卫生组织的定义，对人口老龄化进行了细化，将老龄化划分为未老龄化、浅度老龄化、深度老龄化、老龄社会、超老龄社会5种类型或者划分为年轻型、成年型初期、成年型后期、老年型初期、老年型中期、老年型后期 6 个阶段[13-15]。本书在参考以上学者划分标准的同时，综合考虑未进入老龄化时期和步入老龄化阶段的情况，将四川省人口老龄化程度划分为 5 种类型：年轻型社会（低于 4%）、成年型社会（4%～7%）、浅度老龄化社会（7%～10%）、深度老龄化社会（10%～14%）、老龄社会（高于 14%）（图 11-3）。

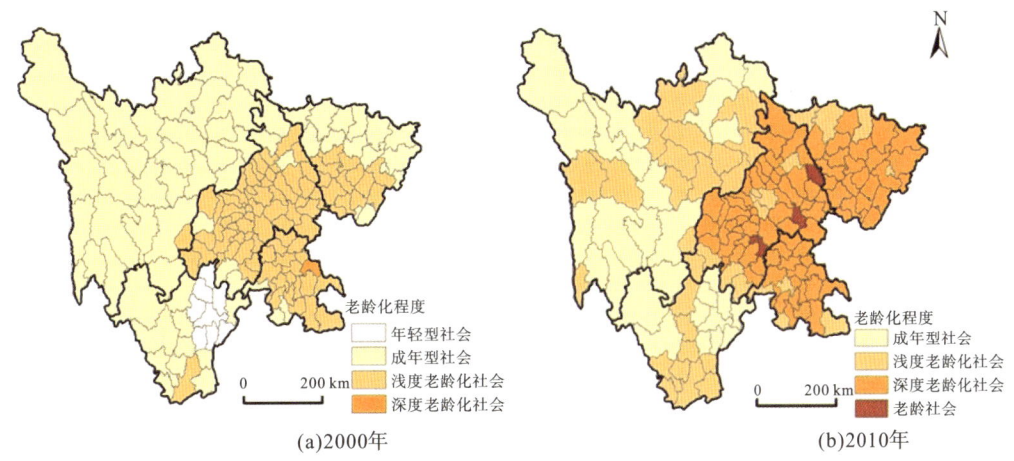

图 11-3　2000 年和 2010 年人口老龄化程度空间分布

（1）四川省人口老龄化空间差异明显。2000 年深度老龄化社会县仅泸县一个，浅度老龄化社会主要分布在成都平原、川南、川东北的南充和广安及攀枝花市辖区；成年型社会集中分布在川西、攀西地区及川东北的广元、巴中、达州等地级市，由于这些地区行政单元较大，所以空间显示明显；年轻型社会的县域分别是凉山州的普格、甘洛、越西、昭觉、金阳、美姑、喜德、布拖。2010 年步入老龄社会的县域分别有乐至、井研、青神、盐亭，老龄化率均高于 14%；深度老龄化社会范围大幅度扩大，覆盖了成都平原、川东北和川南三大片区；浅度老龄化社会和成年型社会县域主要分布在川西北地区和攀西地区。整体上，四川省人口老龄化呈现出以成都平原、川东北、川南地区为中心，向川西北、攀西地区递减的格局。

（2）2000～2010 年，四川省县域人口老龄化程度加剧，从以浅度老龄化社会为主向深度老龄化社会转变。老龄化均值从 7.45% 上升到 10.95%，排名从全国第十上升至第二，老龄化增长明显。从老龄化程度的变化来看，深度老龄化社会从 1 个县增长至 86 个县，浅度老龄化社会从 83 个县减少至 37 个县，成年型社会从 64 个县减少到 29 个县，年轻型社会消失，老龄社会新出现 4 个县。这反映了四川省人口老龄化从浅度老龄化向深度老龄化转变，老龄化进程加快。从极值变化来看，2000 年人口老龄化最高的是泸县，达 10.11%，最低值为昭觉县，仅 3.12%；2010 年最高值为乐至县（16.39%），最低值为凉山州美姑县（4.6%），最高值与最低值差异巨大。变异系数从 0.24 增加到 0.27，表明四川县域人口老龄化的相对差异有所扩大。

根据前文对四川省县域老龄化类型的划分，选取老龄人口总量、老龄人口全省占比、老龄化程度来分析四川省人口老龄化空间类型特征（表 11-1）。

表 11-1　2000 年和 2010 年人口老龄化空间分布特征

项目	平原县	丘陵县	山区县	贫困县	民族县	市辖区	四川省
2000 年老龄人口总量/万人	227.55	387.36	105.70	99.98	32.11	167.92	622.94
2010 年老龄人口总量/万人	324.29	529.38	153.48	150.54	48.43	254.76	880.55
老龄人口增长率/%	42.51	36.66	45.20	50.57	50.83	51.72	41.35
2000 年老龄人口全省占比/%	2.76	4.70	1.28	1.21	0.39	2.04	100.00
2010 年老龄人口全省占比/%	4.03	6.58	1.91	1.87	0.60	3.17	100.00
老龄人口全省占比变化/%	1.27	1.88	0.63	0.66	0.21	1.13	0.00
2000 年老龄化程度/%	8.04	7.88	6.32	6.36	5.19	7.56	7.56
2010 年老龄化程度/%	10.67	11.94	9.26	8.17	6.82	10.29	10.95
老龄化程度变化/%	2.63	4.06	2.94	1.81	1.63	2.73	3.39

(3) 老龄人口总量、老龄人口全省占比、老龄化程度在各地类型分布不均。从自然类型来看，丘陵县老龄人口总量最大、老龄化人口全省占比最高、老龄化程度最严重，其次分别是平原县、山区县，这种分布态势与人口基数、人口流动密切相关。丘陵县有 58 个，主要分布在川东北、川南地区，是四川省人口流出的主要地区，加剧了人口老龄化；平原县社会经济条件较好，人口外出量不大，老龄化程度变化小；山区县老龄人口增长率明显高于平原县和丘陵县，但老龄化人口全省占比低于平原县和丘陵县，老龄化程度居平原县、丘陵县之间，主要是人口总量小、人口流动弱。从人文类型来看，市辖区老龄人口总量最大、老龄人口全省占比最高，老龄化程度变化最大；民族县老龄人口总量、老龄人口全省占比、老龄化程度变化最小，其产业发展以农牧业为主，人口较为稳定；贫困县老龄化人口总量、老龄人口全省占比、老龄化程度变化均居中，由于资源贫乏、经济条件差，外出务工人员居多，所以老龄化程度快速增长。

(二) 人口老龄化增长速度及变化类型

1. 人口老龄化增长速度及变化类型

人口老龄化空间类别的区分，有助于准确地判断人口老龄化时空演变特征与规律。根据 2000~2010 年四川省县域人口老龄化年均增长率对其进行类型划分，同时依据平均老龄化率和年均增长率，借鉴王志宝等[16]对老龄化类型的划分方法，对四川省县域人口老龄化类型进行划分(表 11-2)，揭示了空间分布特征(图 11-4)。

表 11-2　人口老龄化速度和类型划分

等级	老龄化速度划分		老龄化类型划分		类型解释
	年均增长率 (V_{PA})/%	老龄化类别	平均老龄化率 (PA)/%	年均增长率 (V_{PA})/%	
超慢	$V_{PA} \leq 1$	未进入老龄化	PA<7	—	人口处于年轻型，尚未进入老龄化
慢速	$1<V_{PA} \leq 3$	慢速浅度老龄化型	$7<PA \leq 10$	$V_{PA} \leq 4$	老龄化程度不高，长期滞留此阶段

续表

等级	老龄化速度划分		老龄化类型划分		类型解释
	年均增长率 (V_{PA})/%	老龄化类别	平均老龄化率 (PA)/%	年均增长率 (V_{PA})/%	
中速	$3<V_{PA}\leq 4$	快速浅度老龄化型	$7<PA\leq 10$	$V_{PA}>4$	老龄化程度不高，很快进入下一阶段
快速	$4<V_{PA}\leq 5$	慢速深度老龄化型	$7<PA\leq 14$	$V_{PA}\leq 4$	老龄化程度较高，长期滞留此阶段
超快	$V_{PA}>5$	快速深度老龄化型	$7<PA\leq 14$	$V_{PA}>4$	老龄化程度较高，很快进入下一阶段

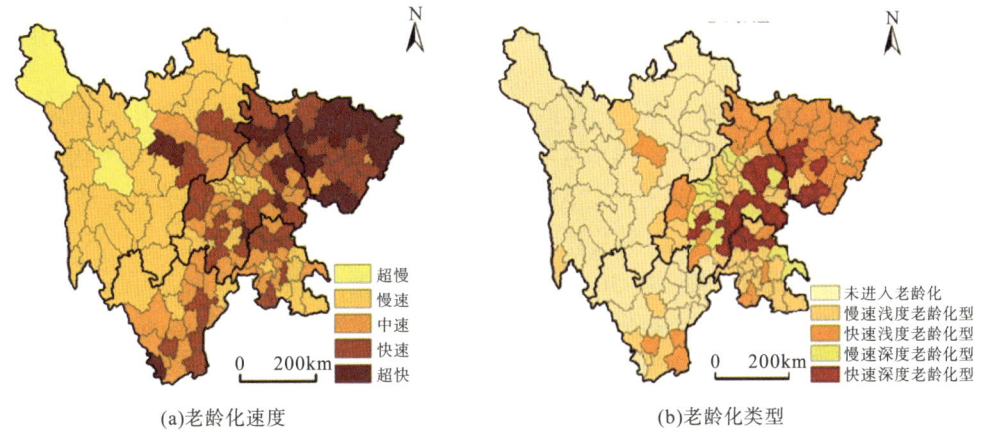

图 11-4 人口老龄化速度和类型

2. 老龄化增长速度

人口老龄化增长速度空间分布整体上与人口老龄化程度空间分布相似。快速增长区分布在川东北与成都平原交界处、川南与成都平原交界处，成都市周边地区以及攀枝花市、金川县。慢速增长区分布在成都市、川西地区、川南东部。从具体分区来看，川东北区超快增长区类似"马蹄形"镶嵌在快速增长区周围，其分布格局受地形和社会经济发展的影响。川东北经济区北部为巴山，南部毗邻重庆，是人口主要流出地，人口老龄化增长速度超快；川东北地区西部靠近成都，对人口吸引力强，中部为丘陵区，区位条件较好，人口流动性弱于北部和南部，老龄化呈快速增长。从川东北地区各市辖区来看，人口老龄化增长速度不一，广安市辖区和巴中市辖区增长速度超快，广元市辖区为快速增长，达州市辖区和南充市辖区为中速增长。主要受经济发展、人口流动、高等学校分布的影响，广安市辖区比较贫困，经济落后，外出务工人员多；达州市辖区和南充市辖区虽然也比较贫困，但两地拥有西华师范大学、川北医学院、四川文理学院等高校，对拉动经济增长与提高人口吸引力有一定的作用，所以人口老龄化增长速度为中速。

从成都平原来看，老龄化增长速度呈现"中心-外围"结构，成都市属于慢速增长区，周围县域为中快速增长区区域。成都是成渝城市群中心城市、西南地区的金融中心和交通枢纽，区位条件优越，产业结构合理，就业岗位多，吸引了大量外来人口，同时也减缓了本地人口老龄化程度，降低了老龄化增长速度。成都市周边县域受成都市"一枝独秀"集聚效应的影响，导致大量人口涌向成都，加剧了老龄化增长速度，值得注意的是，盐亭、三台、江油、北川、乐至、井研6个县(市)属于超快增长类型。从川南地区来看，其西部老龄化速度快，东部速度慢，西部距离成都市近，东部工业历史悠久、城镇化水平高，交通便捷，人口流动弱于西部，老龄化速度慢。从川西北地区来看，靠近成都平原一侧老龄化增长速度快，越往西速度越慢，这主要受与成都市距离的影响。从攀西地区来看，南部快，北部慢，南部以攀枝花市为中心，矿产资源丰富，经济发展快，带动力强，北部为民族县，地形阻隔与文化交流不畅[图11-4(a)]。

3. 老龄化变化类型

根据表11-2划分标准将四川省老龄化划分为未进入老龄化、慢速浅度老龄化型、快速浅度老龄化型、慢速深度老龄化型、快速深度老龄化型5种类型，然后进行可视化表达[图11-4(b)]。

从人口老龄化类型来看，呈现出东西分异特征，东部区域老龄化类型复杂，西部老龄化类型单一。从类型转变来看，东部区域由快速浅度老龄化型向快速深度老龄化型转变，西部区域由未进入老龄化向慢速浅度老龄化型转变。具体来看，东部包括成都平原、川东北、川南三大地区，拥有快速深度老龄化型25个，慢速深度老龄化型17个，快速浅度老龄化型32个，慢速浅度老龄化型30个，老龄化变化类型多样；西部包括川西北和攀西地区，主要是分布在高原山地的民族地区，计划生育政策较为宽松，生育率高，人口较年轻，人口流动性差，即将步入慢速浅度老龄化区。虽然人口老龄化的类型分布同老龄化空间、增长类型存在一定的空间错位，但总体格局依旧是东部高于西部。

从长远来看，人口老龄化的类型逐渐向单一化演变，东部的老龄化类型将从复杂趋向简单，老龄化速度加快，西部的老龄化类型单一，老龄化类型演变缓慢。快速深度老龄化型处于川东北与成都平原、川南与成都平原交汇处，交通便捷、人口密集，人口向省内与省外流动；慢速深度老龄化型分布在成都市外围，在快速城镇化驱动下，人口老龄化类型向快速深度老龄化型发展。快速浅度老龄化型主要分布在川东北北部山地，人口流动弱于丘陵地区，所以老龄化速度较浅，呈现向深度老龄化型发展态势。川西北和攀西地区老龄化类型向深度老龄化类型推进的同时，整体仍将单一化。

三、老龄人口结构状况

根据2000年和2010年65岁以上老龄人口年龄结构占总人口情况，将其划分为低度老龄化(65~74岁)、中度老龄化(75~84岁)、高度老龄化(85岁以上)，并采用ArcGIS自然断裂点法进行分级(图11-5)。

对比2000年和2010年四川省县域老龄人口结构空间分布特征，发现具有如下特点。

(1) 2000~2010年，65~74岁低度老龄人口化有所增加，范围进一步扩大。老龄人口平均占比从2000年的34.88%增长至37.42%，2000年高值区主要分布在四川南部，包括攀西地区东部的甘洛、美姑、金阳、喜德、布拖等县以及攀西地区与川西北地区交汇地带的县域，这些县域65~74岁老龄人口占比为37%以上；较高值介于34.8%~36.99%，主要分布在川南经济区、攀西经济区、川东北经济区，总共有67个县，占比为42.97%；中

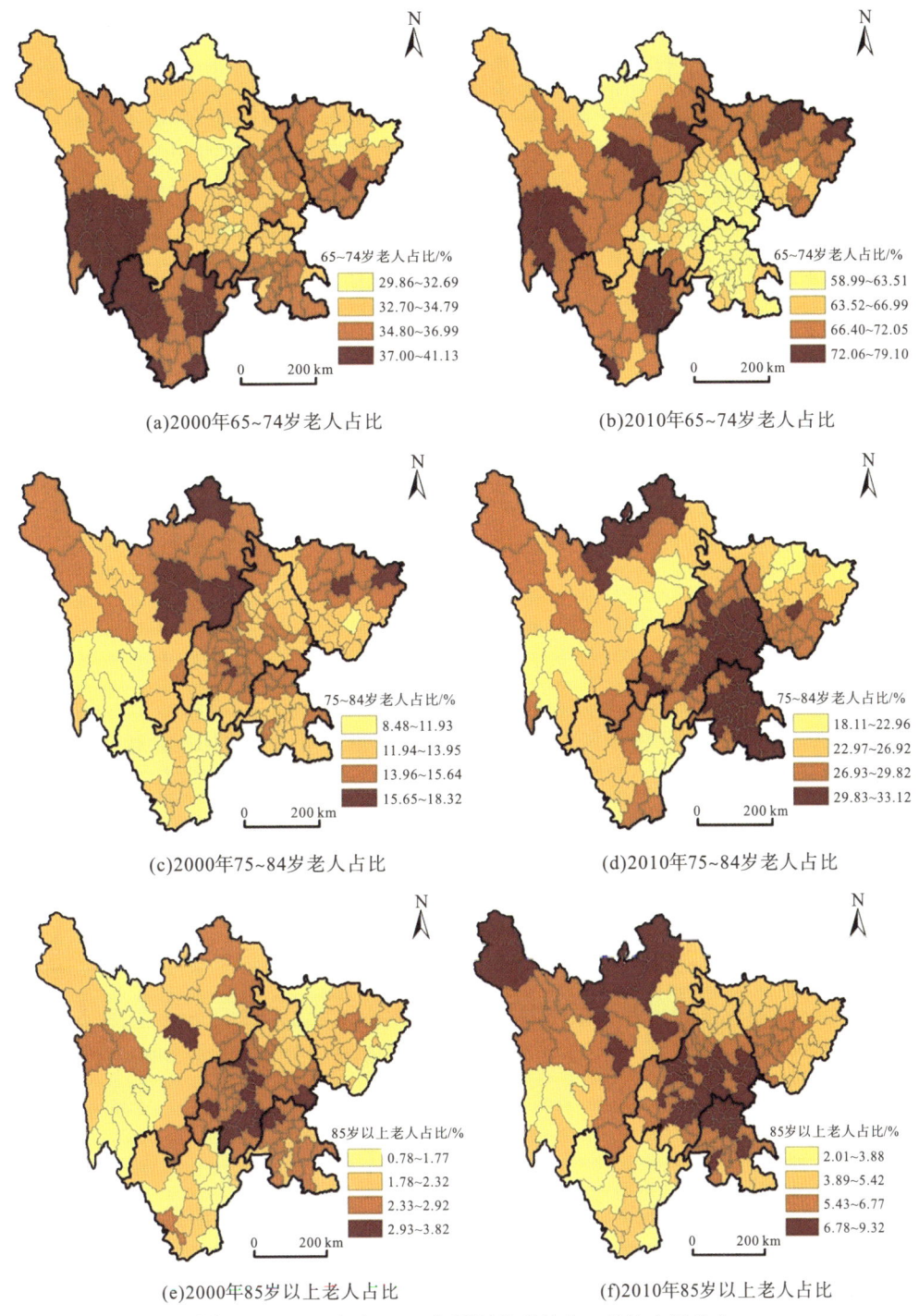

图 11-5 2000 年和 2010 年四川省老龄人口结构空间分布

值区主要分布在成都平原,其他地区均有分布,占比为 37.17%,低值区主要分布在川西北生态示范区,范围较小,仅 14 个县。2010 年低度老龄人口化显著提高,占比为 59%以上,其中低值区和中值区介于 59%～67%,主要集中在成都平原和川南经济区,高值区与较高值区围绕低值区分布，呈现出"中心-外围"结构。

(2) 2000~2010年，75~84岁中度老龄化变化明显，高值区从川西北经济区变为成都平原、川南经济区，低值区从攀西地区、川西北西部地区变为成都平原周围。2000年高值介于15.65%~18.32%，仅分布在川西北地区的几个县；2010年高值介于29.83%~33.12%，主要分布在区位条件较好的成都平原和川南经济区以及川西北地区的若尔盖、阿坝、壤塘3个县，低值区在成都平原周边。由此可见，中度老龄化高值区同经济发展程度基本一致，原因可能是经济相对较发达地区老龄化进程快，加之医疗卫生设施好，物质条件好，所以老龄化程度明显高于周边地区。

(3) 2000~2010年，85岁以上高度老龄化从以成都平原为中心逐渐向川南经济区、川西北经济区扩展，2000年高龄老人数量为30万人，2010年增长到55万人，与此同时，老龄化平均值从2.43%变为6.25%。2000年高值区主要分布在乐山、眉山、双流、郫县、崇州等成都周围的县(市)，低值区主要分布在川西北、川南、攀西经济区，到2010年，高值区扩展至成都市辖区、资阳、遂宁、内江、自贡、泸州等市，低值区仅剩下川北和攀西经济区。

从老龄化结构来看，整体上四川省从低度老龄化逐步向高度老龄化方向发展。其中，成都平原、川南经济区以中高度老龄化为主，川东北、川西北、攀西地区以中低度老龄化为主，说明了虽然各地区均面临人口老龄化的问题，但从老年人口结构来看有所不同。根据四川省统计局发布的第六次全国人口普查数据，四川省人口平均预期寿命达到74.75岁，接近全国平均预期寿命74.83岁，中高度老年人口的分布与经济发展密切相关；另一方面，受计划生育政策和节育意识的影响，导致人口出生率低，步入老龄化社会较早，中高度老年人口数量也多。从川西北、川东北、攀西经济区来看，主要是低度老年人口占比高，原因在于经济欠发达，医疗卫生水平低，人均寿命相对较短，还有边远山区、民族地区，生育率较高，仍属于年轻型社会。

四、养老负担状况

采用老年抚养比来表示各县域养老负担，即65岁以上老人占15~64岁劳动人口数的比值，根据老年抚养比变化，将2000年分为二级、2010年分为三级。2000年四川省老年抚养比为10.20%，2010年为15.19%，老年抚养比上升明显，大约每6个劳动人口养一个老人(图11-6)。

从老年抚养比空间分布来看，2000年抚养比高于11%的县域主要分布在成都平原、川南经济区、川东北经济区南部，其余地区老年抚养比低于10%。2010年老年抚养比增长显著，高老年抚养比地区主要集中在成都平原、川南经济区、川东北经济区；中老年抚养比在各地区零散分布，分布范围向北和南扩展；低抚养比地区分布在川西北和攀西地区。成都平原、川南经济区、川东北经济区是四川人口最密集、经济最活跃地区，随着生育率的下降和人均寿命的延长，老龄人口总量增加，老年抚养比上升。而甘孜州、阿坝州、凉山州属于民族地区，计划生育政策约束较小，人口出生率高，经济落后，人口受教育程度低，老龄人口少，老年抚养比低。由此可见，四川省老年抚养负担差异显著，高抚养比地区分布在成都平原、川南经济区、川东北经济区，低抚养比地区分布在川西北和攀西经济区,并且高抚养比地区范围逐渐扩大。

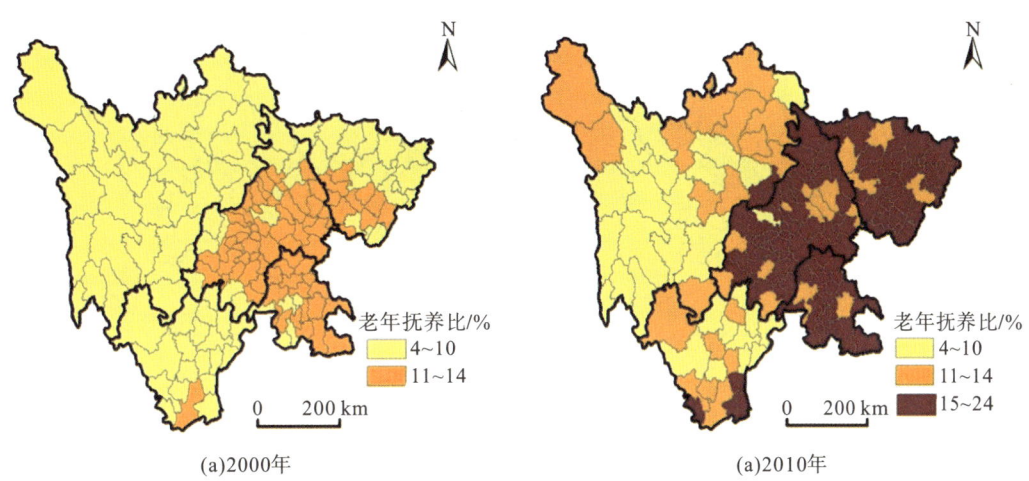

图 11-6　2000 年和 2010 年老年抚养比空间分布

五、老龄人口健康状况

从图 11-7 来看,60 岁以上人口健康状况高值区主要分布在成都平原,攀西北部,川西北经济区的茂县、理县、黑水县、马尔康市,健康状况占比为 45% 以上,低值区分布在川西北西部,占比为 28% 以下;60 岁以上人口基本健康的高值区主要分布在川西北西部,低值区零散分布在各地;60 岁以上人口不健康的高值区主要分布在川西高原和川北山地,低值区分布在成都平原、攀西地区北部;60 岁以上人口生活不能自理的高值区分布在川北、川西北地区的边缘县域,高值区分布在成都平原及周围地区。

整体上,四川省人口健康状况以健康、基本健康为主,二者占比共计 81%,不健康、生活不能自理人口合计 19%,其中生活不能自理人口仅占 3.3%。从空间上来看,呈现出"中心-外围"结构,以成都平原为中心,向外围健康水平不断降低的格局。身

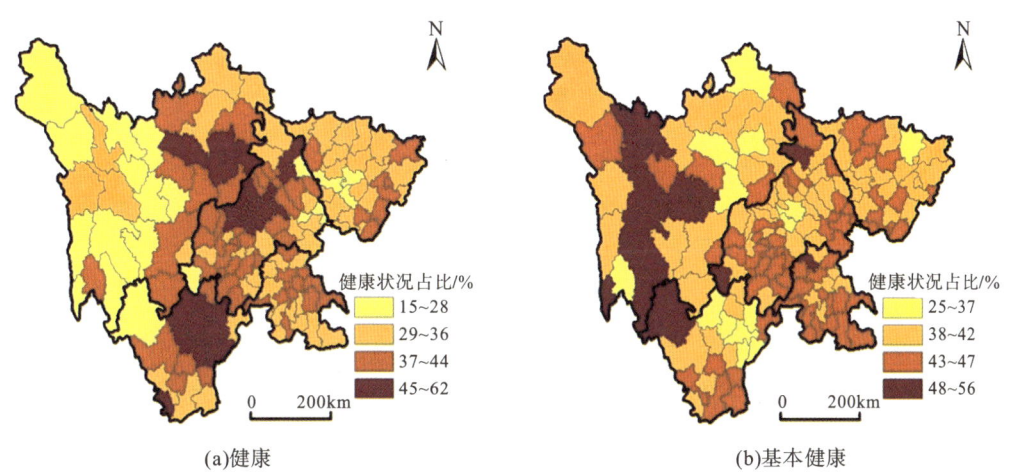

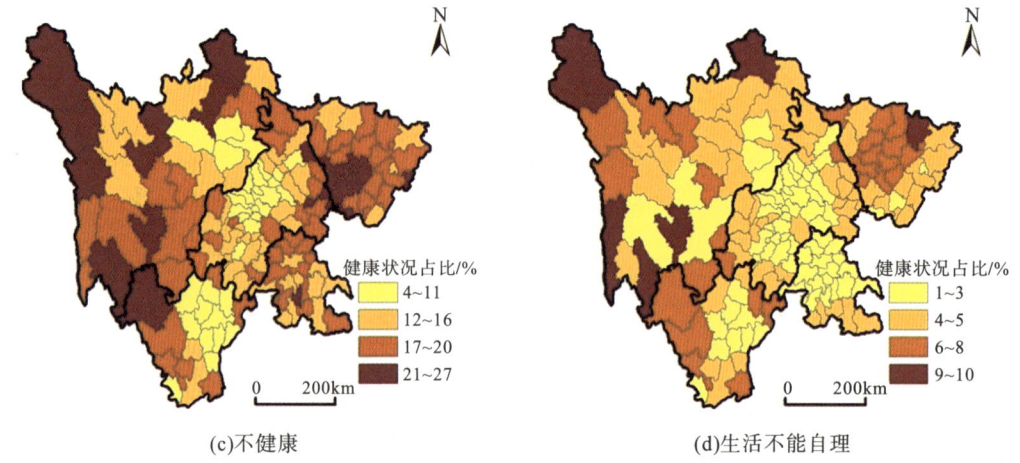

(c)不健康　　　　　　　　　　　(d)生活不能自理

图 11-7　2010 年四川省 60 岁及以上人口的身体健康状况

体健康深受社会经济发展、自然环境、饮食文化、生活方式等影响,少数民族地区自然环境复杂,是贫困的主要重灾区,健康状况差往往会加重家庭负担,制约经济发展,需要重点关注。

第三节　四川省公共服务空间分布与老龄化

一、四川省公共服务现状

基本公共服务是个动态范畴,其内涵和外延随社会经济发生变化。基本公共服务均等化是在承认地区、城乡、人群间存在差别的前提下,保障居民都享有一定标准之上的基本公共服务,确保全体公民在基本公共服务上的权利得到基本满足和维护。推进基本公共服务均等化,是适应人民对美好生活的向往、全面建成小康社会的重要举措,是推进消费主导的经济转型、走向公平可持续发展之路的重要战略,是改善民生、推动和谐社会建设的重大任务[①]。

"十一五"规划期间,四川省实施以就业促进、扶贫解困、民族地区帮扶、教育助学、社会保障、医疗卫生、百姓安居、生态环境、文化体育为主要内容的民生工程,全省基本公共服务体系建设取得了较为显著的成效。但是四川省的基本公共服务体系建设仍处于起步阶段,基本公共服务供给规模和质量还不能满足日益扩大的社会公共服务需求,公共服务在城乡之间和区域之间还存在明显的不平衡。"十二五"规划期间,四川省深入实施"两化"互动、城乡统筹发展战略,在供给方面,政府对基本公共服务的投入持续增加,财政保障能力得到加强;在体制环境方面,四川省教育、卫生、文化等社会事业改革不断深入,建立健全基本公共服务体系的体制条件不断完善。近年来,四川省公共服务发展战

---

① 四川大学公共管理学院课题组,四川省"十三五"推进基本公共服务均等化研究。

略主要体现在以下方面：①优先发展教育，实施学前教育建设工程，免费职业教育计划将逐步扩大到革命老区、集中连片扶贫地区和农村地区；②深入推进医药卫生体制改革，进行基层卫生服务机构建设；③体育惠民。这一系列政策的出台和实施，大大提高了四川省各地公共服务水平，但由于四川省是山地大省，西部广大山区的经济和社会发展水平与平原地区还有很大的差异，省内公共服务事业发展不平衡，公共服务水平空间差异大的问题依然突出。"十三五"规划期间，四川省按照"基本公共服务均等化总体实现"的目标要求，进一步健全基本公共服务体系、优化资源配置、强化供给保障。针对基本公共服务领域的公共教育、劳动就业服务、社会保险服务、医疗和公共卫生服务、社会服务、住房保障、公共文化体育服务、残疾人基本公共服务，四川省开展了推进连片扶贫地区基本公共服务均等化、强化城乡间基本公共服务均等化、创新农业转移人口享有城镇基本公共服务的实现机制、完善基本公共服务均等化的财政保障机制、提高基本公共服务信息化水平、创新基本公共服务供给模式、推动基本公共服务均等化的制度衔接、构建基本公共服务均等化的标准化体系、建立健全基本公共服务均等化的质量监测体系9项工程，同时在促进公平共享、创新服务供给、强化资源保障、推进实施评估4方面加强基本公共服务均等化保障措施。

二、四川省县域医疗卫生水平空间分布

人口老龄化对社会基本公共服务供给提出了新的要求，其中医疗卫生服务作为公共服务的重要组成部分，对提高居民健康水平、保障老年人身体康复、延长人口寿命具有重要的作用。在医疗卫生服务体系中，医疗卫生机构、床位、医生等医疗资源分别从组织、规模和能力三个方面体现了区域医疗卫生服务的总体数量水平，这些资源在医疗卫生服务体系中发挥着基础性作用，是测度地区医疗卫生服务总体能力的主要统计指标[17]。因此，为衡量四川县域医疗卫生资源水平，采用医院、卫生院个数，医院、卫生院床位数，医院技术人员数量三个指标，通过熵值法计算医疗卫生资源的综合值，数据来源于《2011年四川统计年鉴》。根据熵值结果，在ArcGIS中采用自然断裂点法，将其分为3个等级(图11-8)。

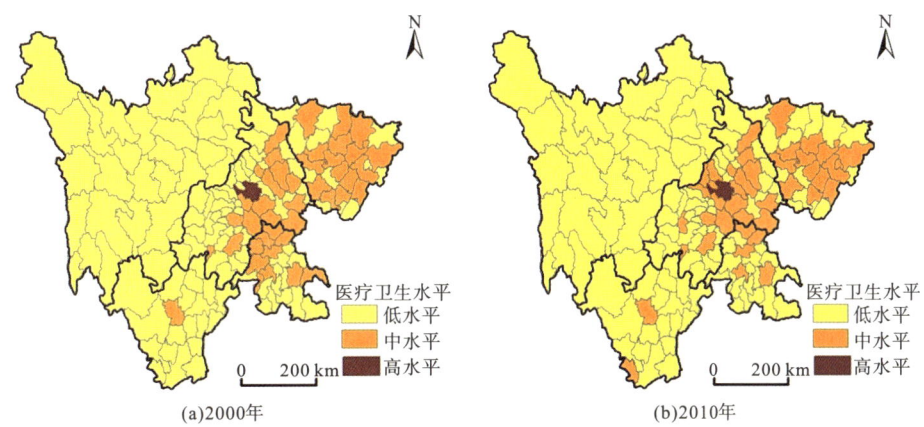

图11-8 医疗卫生水平空间分布

整体来看,四川省医疗卫生水平空间分布不平衡,呈现出以宝成线为界,东部高,西部低的特点。受地形和交通的影响,医疗卫生中级水平空间分布在宝成线以东,包括成都平原、川南经济区、川东北经济区,其中高级水平仅分布于成都,而 2000 年高级水平在成都平原、川南、川东北经济区均有分布,川西北和攀西地区仅有西昌市;2010 年高级水平区域仅成都,中级水平地区同 2000 年一致,攀西地区包括西昌市和攀枝花市,其余地区均为低值区,主要是民族地区,其经济、交通、科教条件差,导致医疗卫生水平处于低水平。从医疗卫生水平空间分布来看,医疗卫生水平与行政等级、经济发展密切相关,行政等级高,经济发达,医疗卫生水平往往较好;相反,行政级别低,经济发展缓慢,交通通达性差等约束医疗卫生发展。

通过 ArcGIS 分析医疗卫生水平的全局空间自相关,Moran's I 分别为 0.215、0.10,且通过 1%的显著性水平,表明四川省医疗卫生水平存在显著的空间自相关特征,即医疗卫生水平高的地区趋于集聚,医疗卫生水平低的地区亦趋于集聚。

由于全局 Moran's I 不能有效揭示局部集聚特征,为进一步揭示其空间集聚的明显位置及趋于相关的程度,采用 ArcGIS 空间统计工具计算其局域 Gi^*(吉提斯-沃德 Getis-Ord)指数,并采用自然断裂点法从高到低划分为热点区、次热点区、次冷点区和冷点区 4 类,从而得到医疗卫生水平的空间关联特征(图 11-9)。

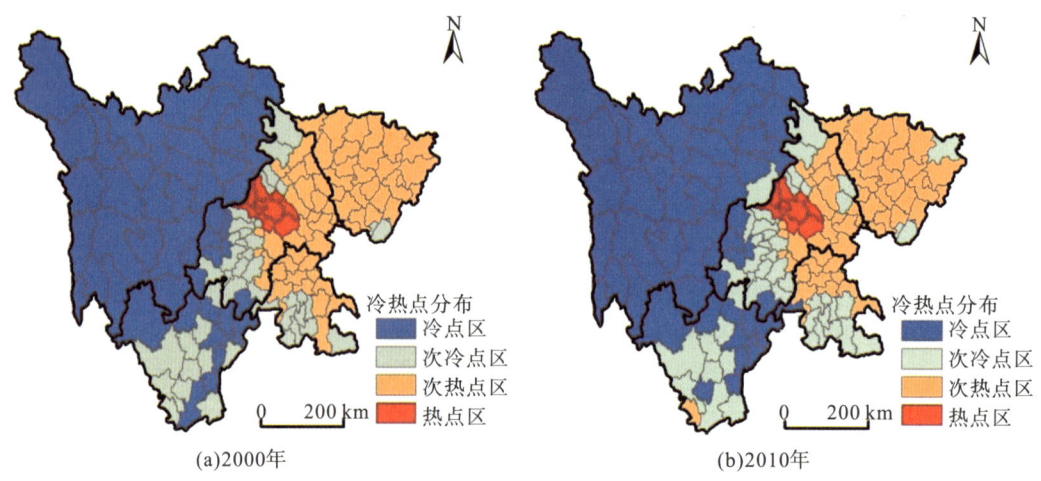

图 11-9 医疗卫生水平冷热点格局

从冷热点空间格局来看,热点区以成都为中心,向东为次热区,向西为冷点区。2000年和 2010 年热点区均为成都市。次热点区主要分布在成都外围地区、川东北经济区、除宜宾以外的川南经济区。次热点区对应中级医疗水平地区。2010 年攀枝花市由冷点区变为次热点区,攀枝花属于资源型城市,经济发展迅速,城市化率在 60%以上,是攀西地区的中心,医疗卫生改善明显。次冷点区处于热点区向冷点区过渡地带,位于宝成线经过区,同时也是胡焕庸线过渡带,是自然环境与社会经济要素相互作用的结果。冷点区比较稳定,分别是川西北的甘孜、阿坝以及攀西地区北部,这些地区是四川人口老龄化程度低、医疗卫生水平低的地区,需要重点关注。

三、现有公共服务应对老龄化社会的能力分析

(一) 总体能力研判

由于四川省作为全国老龄化程度最高的区域之一,老龄化加速,抚养比上升,加之四川省处于工业化、城镇化加速期,人口流动性强,城乡、区域间人口分布变化大。因此,人口结构变化显著影响基本公共服务人群结构、空间结构以及供给方式,对公共服务建设提出了新的要求。为揭示医疗卫生水平与人口老龄化之间的空间关系,采用二元空间自相关刻画医疗卫生水平对人口老龄化的支撑能力。

传统的空间自相关只是描述某个变量在空间上的集聚和分异特征,为了刻画两个变量之间的空间相关性,采用双变量空间自相关,分析人口老龄化与医疗卫生水平的空间耦合性,其表达式为[18]

$$I_{lm}^{p} = z_{l}^{p} \sum_{q=1}^{n} W_{pq} \cdot z_{m}^{q} \tag{11-1}$$

式中:W_{pq} 为空间单元 i、j 之间的空间连接矩阵;$z_{l}^{q} = \dfrac{X_{L}^{P} - \overline{X_{l}}}{\sigma_{l}}$;$z_{m}^{q} = \dfrac{X_{m}^{q} - \overline{X_{m}}}{\sigma_{m}}$:$z_{l}^{q}$ 是空间单元 p 的属性 l 的值,X_{m}^{q} 是空间单元 q 的属性 m 的值;$\overline{X_{l}}$ 和 $\overline{X_{m}}$ 分别是属性 l 和 m 的平均值;σ_{l} 和 σ_{m} 分别是属性 l 和 m 的方差。

利用 GeoDa 软件计算 2000 年、2010 年医疗卫生水平与人口老龄化的双变量全局 Moran's I,发现 2000 年和 2010 年双变量 Moran's I 分别为 0.288、0.084,且均通过 0.01 显著性检验,表明医疗卫生水平与人口老龄化存在显著的空间关联性,但空间关联减弱。

全局自相关只是在整体上揭示了变量间的空间相关性,为了正确反映变量在空间上具体的相关程度,采用局部双变量空间自相关分析医疗卫生水平与人口老龄化的空间关联,什 P 检验的基础上绘制双变量局部空间自相关的 LISA 集聚图(图 11-10)。

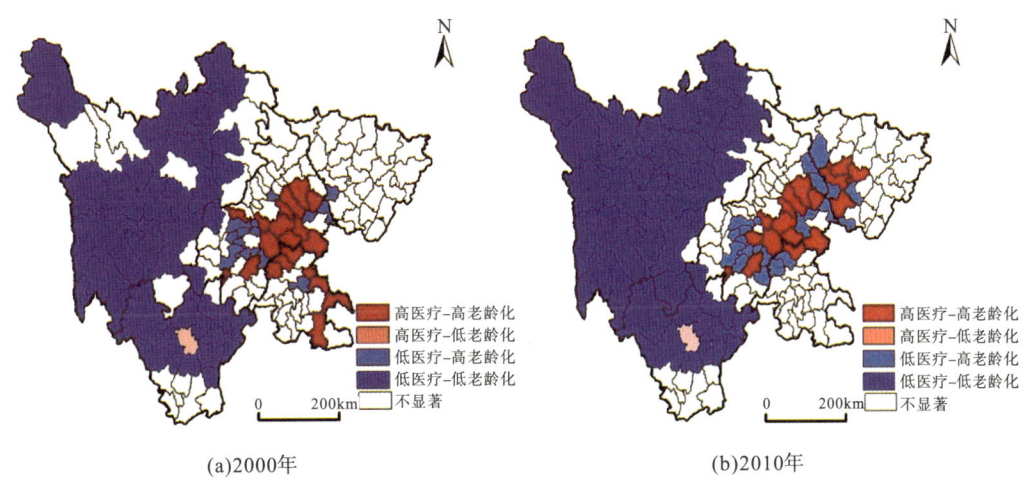

(a) 2000年　　　　　　　　　　　(b) 2010年

图 11-10　医疗卫生水平与人口老龄化空间关联

高医疗-高老龄化区：指该区域医疗卫生水平高，而邻域人口老龄化高的地区。2000年，高医疗-高老龄化区主要分布在成都郊区县(市)(如金堂、大邑、双流等)、资阳全部、绵阳和德阳的部分县、泸州东部县、乐山市辖区。首先，高老龄化区域主要分布在市辖区外围，市辖区主要包括成都市辖区、绵阳市辖区、德阳市辖区、遂宁市辖区、眉山市辖区、内江市辖区、自贡市辖区、泸州市辖区，由于市辖区是区域经济增长中心，医疗卫生水平高，而人口老龄化程度低，但大部分市辖区没有通过显著性检验。所以高医疗-高老龄化区呈现出以市辖区为中心，向外人口老龄化程度高的格局。2010年新增了仪陇县、南部县、阆中市、南充市辖区，泸州东部的泸县、合江县、古蔺县没有通过显著性检验，其他高双变量高值区同2000年基本一致。

低医疗-高老龄化区：指该区域医疗卫生水平高，而邻域老龄化程度低的区域。2000年主要分布在眉山市辖区、雅安市辖区、德阳市辖区、南充市辖区、遂宁市辖区、自贡市辖区周围县。由于市辖区没能通过显著性水平检验，所以最终呈现出低医疗-高老龄化分布特征。2010年剑阁县、梓潼县、武胜县、威远县、荣县、犍为县、峨眉山市等由不显著区变为低医疗-高老龄化区。

高医疗-低老龄化区：指该区域医疗水平高，而周围县域人口老龄化程度低的地区。2000年和2010年只有西昌市一个，西昌市周围的喜德、普格、德昌等县人口老龄化程度普遍低，整个区域表现为高医疗-低老龄化区。

低医疗-低老龄化区：指该区域医疗水平低，而相邻县域人口老龄化程度也低的区域。2000年，从空间分布来看，主要分布在川西北、攀西地区，2010年低医疗-低老龄化区新增了九龙县、色达县、甘孜县、德格县等，导致低医疗-低老龄化区范围扩大。川西高原的甘孜藏族自治州、阿坝藏族羌族自治州(四川省地势最高地区、最大牧业基地)和攀西地区的攀枝花市和凉山彝族自治州(河谷地区农业产业条件优越)，其地广人稀，多高原山地，经济发展以农牧业、旅游业为主，距离成都平原远，高等教育落后，医疗水平落后，而人口增长快，老龄化程度属于年轻型，所以本地区表现为低医疗水平、低老龄化率双低的特征。

(二)微观解析

为进一步分析人口老龄化与基本公共服务之间的关系，调研组于2016年10～11月围绕成都市三圈层结构特点，综合考虑各乡镇距离市中心距离、县政府的距离、产业发展状况、常住人口和户籍人口情况以及城镇化发展现状，在近郊区和远郊区各选择六个乡镇(街道)，分别是温江区的涌泉街道、郫都区的团结镇、龙泉驿区的同安街道、金堂县的淮口镇、彭州市的通济镇和大邑县的出江镇(图11-11、图11-12)。然后再在这些乡镇(街道)中根据自然条件、社会经济发展状况、村公资金金额，结合最新遥感影像分别在每个乡镇(街道)选择两个样本村(社区)，在样本村落内，随机选择访谈对象，针对村级公共服务需求趋势性变化和对策措施项目进行访谈，共回收639份有效问卷。最后根据研究村(社区)的地形地貌特征、交通区位、农业占比等特点，将研究区分为近郊农集型社区、城乡接合型村落、远郊丘陵型村落、山区农业型村落4类，并总结出各类区域主要特点(表9-1)。

第十一章　老龄化社会与山区公共服务

图 11-11　近郊农集型社区

图 11-12　山区调研

从图 11-13 可以看出，在对 639 个受访对象进行访谈时，67.60%认为养老服务重要，22.38%认为一般重要，仅有10.02%的认为不重要。对不同年龄段的人进行访谈，其中，18~40 岁中，58.59%的人认为养老服务重要，28.91%的认为一般，还有 12.50%认为不重要；41~60 岁中，66.01%的人认为养老服务重要，23.20%的认为不重要，10.79%的认为不重要；60 岁以上的人中 75.61%认为养老服务重要，17.07%认为不重要，仅 7.32%认为不重要。由此可见，大部分人认为养老服务重要，特别是随着年龄的增加，对其重要性愈加重视，值得注意的是，由于受访地点以成都市为中心，此次调研区域的选择是根据成都市三

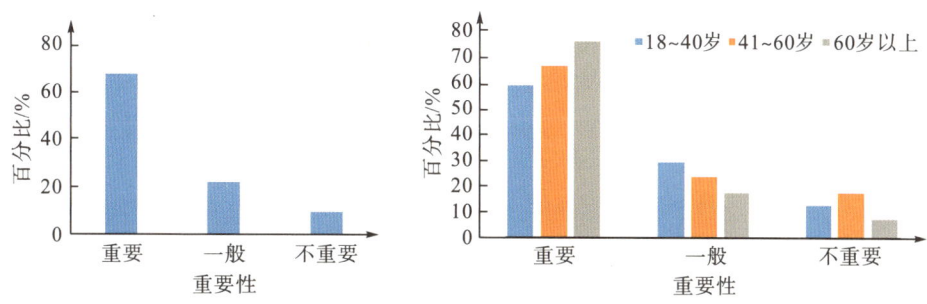

图 11-13　受访者对养老服务重要性的评价情况

圈层结构来进行,村落分为近郊农集型社区、城乡接合型村落、远郊丘陵型村落、山区农业型村落4种类型,其中近郊农集型社区和城乡接合型村落,由于养老服务设施比较完善,退休老人均有一定的收入来源,所以对养老服务需求不太迫切,而区位条件差、经济落后地区对养老服务显得尤为迫切。

对所有受访者文体娱乐重要性的评价发现,文化设施和体育设施重要性占比较高,分别为45.07%和40.22%,而文化活动组织和体育活动组织一般重要。随着经济快速发展,村民在物质生活水平不断提高的情况下,开始追求精神方面的享受,这部分群体主要是农集型社区和城乡接合部社区的居民,受城市信息影响大,为了从生活上融入城市,需要利用文化设施提供的场所,满足其精神文化生活需求,提高整体素质,同时有部分村民出于对孩子的考虑也认为文化设施重要;体育设施有助于农村(社区)中老年村民锻炼身体。约30%的村民认为文化活动组织重要,主要是老年人,希望通过组织文化活动放松心情和丰富生活,多数农民大部分时间处于务农和务工状态,所以倾向于自由安排时间,对文化活动组织和体育活动组织需求一般(图11-14)。

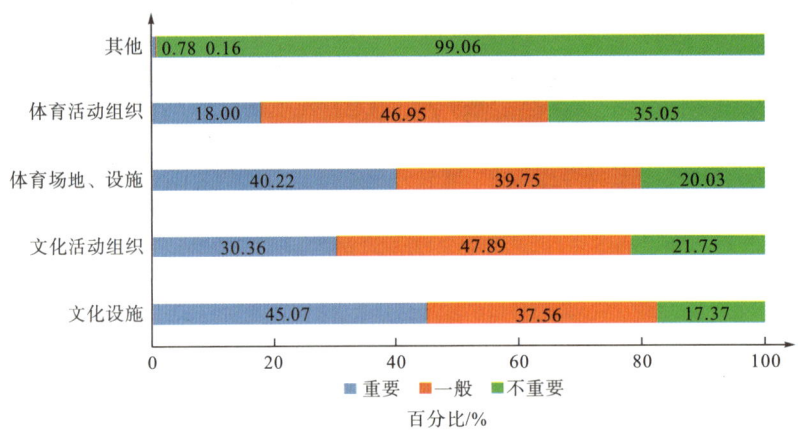

图11-14 受访者对整体文体娱乐重要性评价情况

对60岁以上老人对文体娱乐重要性评价(图11-15),分别有75%、65%、65%的受访者认为文化设施、文化组织、体育设施、体育活动组织比较重要,根据马斯洛需求层次理论,随着社会经济水平的提升,公众对公共服务的需求从基本层次的生存需求、安全需求逐渐上升到尊重和自我实现的需求,老年人从基本生活得到满足的需求过渡到追求娱乐文化等高层次的精神需求。由此可见,在物质生活不断丰富多样的形势下,需要重点关注老年人对自我价值实现的追求过程,特别是对文化设施、文化组织、体育设施、体育活动组织投入,在全民文化素质提升的同时,总体需求呈现出由生产服务向生活服务转变的趋势,未来重点向养老服务设施和文化娱乐活动转变。

为了进一步了解60岁以上老年人未来的需求趋势,问卷设计了未来四年(2017~2020年)需求的访谈内容,根据受访者对村级公共服务选项重要性进行排序,其平均综合得分根据选项的排序情况计算得出,共设有41个选项,为便于比较仅选择前5项,结果如图11-16所示。

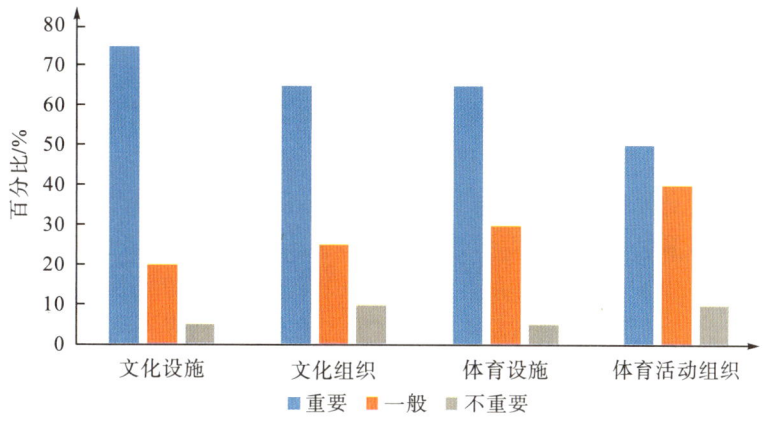

图 11-15　60 岁以上老人对文体娱乐重要性评价

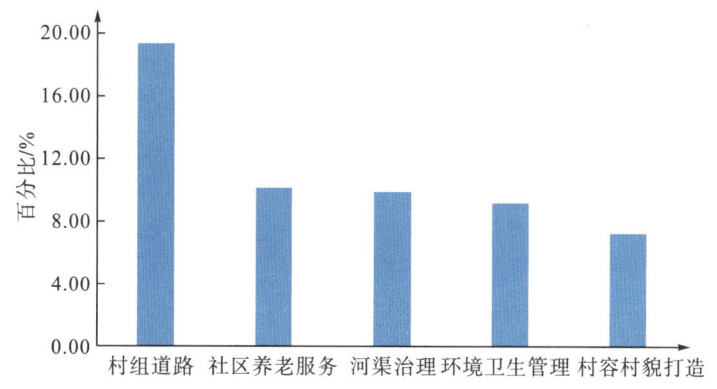

图 11-16　未来三年公共服务需求趋势

从图 11-16 中可以看出，村组道路需求排名第一，社区养老服务需求排名第二，河渠治理需求、环境卫生管理需求、村容村貌打造需求依次排列。由于近郊农集型社区、城乡接合型村落基础设施较为完善，而远郊丘陵型村落、山区农业型村落地形复杂多样，坡耕地多，平地少，出行不方便，加之以乡村旅游发展为导向，村组道路显得尤为重要；受城镇化进程的影响，大量劳动力流出，导致留守和空巢老人增多，其收入来源单一且收入少，而且村庄医疗水平普遍低下，故养老服务需求较高；当今农村社会经济发展过程中产生大量生产生活垃圾、排泄物，农药化肥大量使用及小型加工厂污水排放等，导致水污染、土壤重金属污染、沟渠排水不畅等现象时常发生，这些同人们的生活息息相关，所以环境卫生管理和河流、沟渠、池塘治理关注度最高。农村始终是国家关注的重点地区，随着乡村振兴的推进，村民愈加关注农村环境与村容村貌的改善，希望更加宜居。

(三) 应对策略

(1) 完善养老服务设施。要合理规划，统筹建设，逐渐提升与完善。紧密结合当地实际情况和需求，在医疗、康养、保障和文体设施等方面不断加强服务能力，全面适应老龄

(2) 丰富养老方式。构建机构养老、社区养老、居家养老体系。因人制宜地开展多种养老方式是务实养老的路径。把现代养老和传统养老有机结合起来，多渠道融资发展养老服务行业，为应对老龄化社会提供多样化服务。

(3) 制定弹性退休制度。根据国家卫生和计划生育委员会(现国家卫生健康委员会)公布的《2015年我国卫生和计划生育事业发展统计公报》，2015年我国居民人均预期寿命达到76.34岁，在人口红利即将消失的形势下，根据老年人的健康状况、本人意愿继续从事力所能及的事情，实行弹性退休制度，借鉴发达国家养老改革法案，对提前或延长退休的老年人，通过调整养老金发放，发挥老年人的智慧和技术[19]，鼓励和支持身体健康的老年人继续为社会创造财富，老有所为，利国利民。

(4) 积极发展老年产业。通过政策引导和扶持，开发更多服务于老年人的产业。重点围绕老年人的"衣、食、住、行、医、购、文化娱乐"等方面的需求，支持企业参与开发食品医疗、健康养生、休闲旅游、康复辅具等产品，提供更多的服务产品，提高老年人生活质量[20]，开发智能养老服务设施，满足不同层级老年人需求。通过发展多种老年产业，满足老年人多方面养老需求，全面体现社会关怀。

参 考 文 献

[1] 孟元元. 我国人口老龄化问题研究[J]. 商品与质量·理论研究，2010(12)：11-12.

[2] 翟振武，陈佳鞠. 充分认识我国人口老龄化的规律和特征[N].人民日报，(7)，[2017-8-20].

[3] 杨银平，黄海洋. 日本人口老龄化及对策[J]. 吉林省教育学院学报旬刊，2013，29(8)：118-120.

[4] 原新，王晓宇. 发展中国家主导世界未来人口老龄化趋势[N]. 中国老年报，(2)，[2017-4-12].

[5] 韩枫，庄亚儿. 俄罗斯人口老龄化问题探析[J]. 人口与计划生育，2011(11)：28-30.

[6] 曾光霞. 中国人口老龄化新特点及影响[J]. 重庆大学学报(社会科学版)，2014，20(2)：136-139.

[7] 邹湘江，吴丹. 人口流动对农村人口老龄化的影响研究——基于"五普"和"六普"数据分析[J]. 人口学刊，2013，35(4)：70-79.

[8] 赵万民，方辰昊. 人口流动对西南地区城镇化的影响及城乡规划应对[J]. 西部人居环境学刊，2014(6)：82-88.

[9] 伏绍宏，李俊霞. 四川省人口老龄化及老龄产业发展态势及对策研究[J]. 理论与改革，2012(4)：77-79.

[10] 四川省老龄工作委员会，四川省统计局. 四川省人口老龄化现状及养老服务业发展趋势[J]. 四川省情，2014(9)：12-14.

[11] 杨成凤，韩会然，李伟，等. 四川省人口分布的时空演化特征研究[J]. 经济地理，2014，34(7)：12-19.

[12] 张淑英. 中国县域统计年鉴[M]. 北京：中国统计出版社，2013：461-520.

[13] 王志宝，孙铁山，李国平. 近20年来中国人口老龄化的区域差异及其演化[J]. 人口研究，2013，37(1)：66-77.

[14] 林琳，马飞. 广州市人口老龄化的空间分布及趋势[J]. 地理研究，2007，26(5)：1043-1054.

[15] 易卫华，叶信岳，王哲野. 广东省人口老龄化的时空演化及成因分析[J]. 人口与经济，2015(3)：33-42.

[16] 王志宝，孙铁山，张杰斐. 人口老龄化区域类型划分与区域演变分析——以中美日韩四国为例[J]. 地理科学，2015，35(7)：822-830.

[17] 郑文升，蒋华雄，艾红如，等. 中国基础医疗卫生资源供给水平的区域差异[J].地理研究，2015，34(11)：2049-2060.

[18] 姚小薇，曾杰，李旺君. 武汉城市圈城镇化与土地生态系统服务价值空间相关特征[J]. 农业工程学报，2015，31(9):249-256.

[19] 辜胜阻，方浪，曹冬梅. 发展养老服务业应对人口老龄化的战略思考[J]. 经济纵横，2015(9)：1-7.

[20] 杨宜勇，张本波，李璐，等. 及时、科学、综合应对我国人口老龄化研究[J]. 宏观经济研究，2016(9)：3-19.

第十二章　大都市多层级医疗服务空间均衡性与缺医区识别[①]

医疗体系的空间公平性是评价不同层级医疗资源是否满足公众不同的医疗健康需要的重要因素。然而前人的研究并未基于居民到不同层级医疗机构就医的空间行为偏好及不同层级的医疗服务的功能差异，对多层级医疗资源的空间可达性问题进行深入分析。本书提出了一个需求驱动的 2R 格网-层级（2R grid-to-level，2R-GTL）方法，分析成都市多层级医疗资源的空间可达性的公平性，运用了格网化常住人口、实时旅行时间和距离及居民空间行为偏好对多层级医疗资源的空间可达性进行动态而精确的评估。本书分析了分级诊疗情景下多层级医疗资源系统的空间配置均衡性，识别了多层级医疗机构缺医区。研究结果表明，成都市大型综合医院、区县级医院和基层医院服务的有效区面积分别占总面积的 96.67%、88.26%和 58.62%，89.30%的常住居民位于三层级叠加的医疗服务的有效服务区。缺医区面积占成都市总面积的 42.50%，缺医区人口占总人口的 11.70%，即 183.8 万人居住于该类区域。总共有 10.17%的成都居民仅缺失基层医疗服务，在缺医区常住人口中，86.92%为缺失有效的基层医疗服务。缺医区主要集中在成都市东西两侧的山区，崎岖的地形导致较差的交通可达性，使得该区域居民不能及时获得有效的医疗服务。但在城市郊区，仍有局部人口集聚区不能便捷地获得基层医疗服务，成为成都市遭受缺医风险人群的主要集聚区。成都市不同层级医疗机构的空间可达性不尽相同，其中城市大型综合医院可达性最高，基层医疗机构最低。绝大部分居民能够享受空间上较为便捷的三层级医疗服务，但仍有 180 多万人口居住于医疗服务缺失区域，其中基层医疗服务的缺失是最迫切的问题。在公平性与效率性的双重要求下，应面向分级诊疗改革的目标，对不同类型区域和不同功能层级医疗机构实施差异化的空间优化配置策略，才能满足居民各类医疗保健需求，提升其就医便捷性，形成合理的就医秩序。

一、引言

医疗资源在空间内和层级间配置不均等，是导致居民就医可达性差和就医秩序混乱的主要原因。2015 年开始实施的分级诊疗改革旨在提高多层级医疗资源的公平性和效率性。近几十年，中国的城镇结构发生了巨大的变化，大都市的医疗资源的配置必须考虑变化的人口布局和交通的发展。因此，动态的多层级医疗体系空间可达性和公平性已成为研究的热点。

医疗的空间均衡性涉及社会健康与福祉在空间上的公平性。医疗资源可达性对大众健

[①] 本章执笔人：张少尧、宋雪茜、邓伟。

康有重要的影响[1]。医疗服务空间可达性研究是实现资源优化配置的基础，目的在于实现效率和公平最大化[2,3]。空间可达性又被称为地理可达性，被定义为特定区域内居民访问公共服务或公共设施的便利程度，这种便利程度包含服务或设施的可用性与邻近性[4]。可用性指服务或设施能够满足居民的公共服务需求，而邻近性则指居民能够在自身能力范围内访问服务或设施。所以在计算空间可达性时，需要对可用性和邻近性都进行度量，才能表征完整且有意义的空间可达性。医疗资源的空间可达性受多种因素的影响，如在某一区域内的医疗服务点(供给)，区域内的人口(需求)和供需之间的地理障碍[5]。

重力模型和两步移动搜索法成为研究医疗空间可达性的主流方法[6,7]。重力模型通过分析医疗服务供给规模与需求人群规模的比值随距离的衰减变化评估区域内的就医便捷度。虽然在距离、人群规模、医疗设施服务能力等指标的衡量上不断改进与创新，但该方法因距离摩擦系数取值不确定而使得计算结果不稳定[8]。两步移动搜索法通过定义医疗服务供给与需求主体的搜寻阈值范围，实现一定区域内就医便捷度的计算。近年来，两步移动搜索法也被不断改进，研究者们在就医出行交通方式选择、就医时间测算等方面不断提高精度，以求准确反映区域医疗服务空间可达性水平与空间分异格局[9-12]。尽管如此，在医疗健康的可达性(及其公平性)实证研究中，这些方面仍主要倾向于静态的空间数据分析，在表达医疗服务需求人群的空间分布时，更多地使用行政区划的统计人口或者居民点人口，缺乏对区域内人口空间分布差异特征与分异细节的考量，影响医疗服务需求评估的准确度。服务范围的距离的确定也较为武断，居民的就医空间行为，如有限的交通工具和设定的速度与行驶路线都被局限在某一个特定的条件之下[13]，仍难以反映事实上的就医出行行为。因为缺乏对人口分布和居民的动态空间行为模式的精细化研究，医疗资源可达性的评价结果也不尽准确。因此，未来的研究应更注重更高空间分辨率、更个性化和更即时性的可达性评价方法。

医疗服务可达性研究已经从单一的医疗设施的空间距离发展到空间与非空间因素相结合的可达性研究，研究主体从医疗供给方扩展到供需双方及其他利益主体；研究层级从大型医疗服务机构深入到基层医疗服务机构和基层全科医生；研究内容从宏观的医疗服务细化到针对不同疾病的服务[14-16]。但在计算医疗服务空间可达性过程中，不同医疗机构服务能力的差异被注意到，并用医生数或床位数等指标来衡量医疗机构的服务能力[17]。学者根据医疗机构的规模与医疗服务水平将医疗设施进行分级，赋予不同层级的医疗设施不同的权重，用以反映医疗设施服务能力的差异对医疗服务空间的影响[18,19]。这些研究从供给角度为医疗资源的空间可达性分析做出了重要的贡献，然而，居民对多层级医疗服务的需求并未给予足够的重视。许多研究以一个不尽合理的假设为前提，即居民对医疗服务设施的需求是服务能力与规模越大越好，等级越高的医疗机构可以代替基层医疗机构[13]。但在实际情况中，不同层级的医疗机构存在服务功能的差异，而居民在就诊时应根据不同的需求选择不同层级和类型的医疗机构，而到不同层级医疗机构就医的空间行为偏好也截然不同。

中国医疗卫生服务体系分为城市大型公立医院、区县级公立医院和乡镇卫生院及社区卫生服务中心三个层级，但由于不同层级的医疗机构资源与其功能不匹配，且缺乏西方国家的家庭医生(全科医生)(general practitioners，GP)"看门人"制度，导致大型综合医院人满为患，基层医疗机构的诊治作用却被明显弱化，使得医疗卫生服务成本上升、医疗服务效率和公平性低下。"分级诊疗"是中国新一轮医疗改革的核心与关键，是指按疾病的紧急度和治疗的难易度进行分级，不同级别的医疗机构承担不同疾病的治疗功能，逐步实现从全科到专业化的医疗服务。在分级诊疗改革背景下，更加强调居民不同的医疗服务需求对应不同层级的医疗机构。如果出现某一层级医疗服务的缺失，都会影响该区域居民就医可达性与体验感。分级诊疗对传统的医疗服务空间可达性的计算提出了新的要求，即需度量不同层级医疗机构服务的覆盖度及居民对每一层级医疗服务的可访问性，叠加多层级的空间可达性，综合分析区域医疗服务空间均衡性。

本书旨在提出一个以需求为导向的多层级医疗服务可达性的空间均衡性评估方法，选择成都市作为案例区，用基于背景灯光数据的格网化常住人口数据以获取高精度的人口居住空间模式，用基于电子地图导航服务的实时出行时间和距离以及基于问卷调查的居民空间行为偏好以获取动态、准确和个性化的就医交通模式。以针对居民不同的医疗健康需求的不同层级医疗服务为研究对象而非研究个体医院，以此评估大都市宏观系统的医疗资源空间配置。

二、数据与方法

(一)研究区概况

成都市是国家中心城市，也是西部经济、科技、教育与文化中心。成都市中部为成都平原，平均海拔约为500m，是人口分布、经济发展和城镇建设的核心区。2015年成都市GDP达到10801.2亿元，年末常住人口达到1465.8万人，城镇化率为71.47%，人均GDP为74273元。近年来，成都市积极推行医联体建设和分级诊疗改革，构建以大型综合医院为龙头，以区县级公立医院为枢纽，以乡镇卫生院(社区卫生服务中心)为网底的纵向性、紧密型、互通式医联体，推动不同层级的医疗机构之间的医患人员、医疗技术的流通与共享，实现不同类型的医疗服务需求对应不同层级医疗服务机构，缓解大医院拥堵并提升边缘区医疗服务水平。因拥有大量的人口、多样的地理环境、迅速发展的城市和相对丰富的医疗资源，成都市可作为分析大都市医疗服务空间可达性、公平性的典型研究区。

(二)研究方法

图12-1提供了本书提出的2R格网-层级方法的逻辑框架，该方法是动态的、需求驱动的多层级医疗资源可达性研究方法。其中，格网是指$1km^2$空间格网单元，其既是空间离散常住人口数的单元，也是医疗服务空间可达性计算的原点；层级是指分级诊疗改革多层级医疗体系中三个层级的医疗资源；2R是指实时交通距离(real-time traffic distance)和在选择不同层级医疗机构就医时居民空间行为偏好(residents' spatial behavioral preferences)。根据居民对不同层级医疗服务的期望就医耗时计算从每一个格网到不同层级医疗机构的最短旅行距离，得到每个层级医疗资源的空间可达性，据此划分医疗服务空间的核心区和有效区；再根据不同层级医疗服务的核心区、有效区的组合模式，划分不同类

型的缺医区；最后叠加缺医区空间分布与格网尺度的常住人口分布，识别不同类型的缺医区所覆盖的人口数，分析多层级医疗服务空间的均衡性，探讨分级诊疗背景下医疗服务的公平性与效率性。

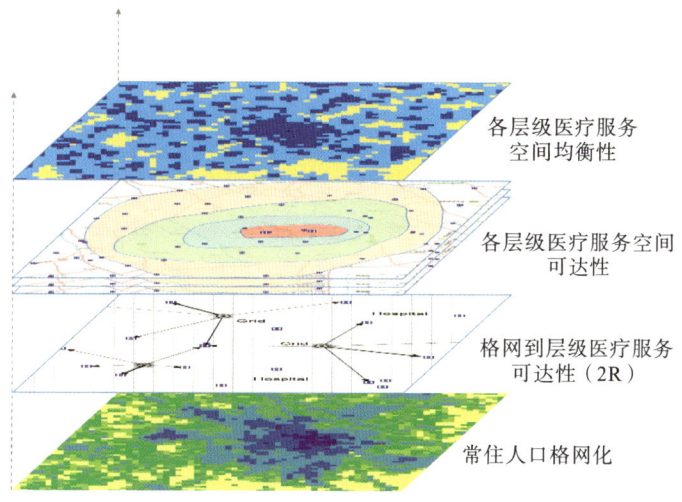

图 12-1　2R 格网-层级方法的逻辑框架

1. 常住人口空间化

人口空间化基于乡镇(街道)常住人口数据和夜间灯光影像数据来完成。首先是夜间灯光影像数据的预处理：第一步是根据 12 个月的可见光红外成像辐射仪(visible infrared imager radiometer sensor，VIIRS)夜间灯光影像数据，求取 2015 年夜间灯光的平均值；第二步是利用成都市行政边界裁剪出 2015 年成都市夜间灯光影像，并与乡镇(街道)人口数据统一坐标，再将影像数据重采样到 1km×1km；第三步是噪声去除，利用 2013 年成都市 DMSP-OLS(the defense meteorological satellite program-Operation linescan system)夜间平均稳定数据集作为掩膜，提取 2015 年 NPP-VIIRS(national polar-orbiting partnership-VIIRS)数据集的有效值，排除偶然灯光与灯光亮度溢出数据。同时将 NPP-VIIRS 数据集中小于 0 的区域重新定义为 0，排除背景噪声像元数据。

完成预处理之后，利用分乡镇(街道)的常住人口数据和有效夜间灯光数据实现 2015 年距成都市 1km 范围内的常住人口空间数据集。具体方法为：将乡镇(街道)的行政边界作为常住人口的控制单元，计算控制单元内的有效灯光总强度，根据单个像元的灯光值与控制单元的有效灯光总强度的比值分配控制单元内的常住人口，避免乡镇(街道)间常住人口空间溢出。详细计算公式为

$$G_{ij} = \frac{D_{ij}}{\sum_{i=1}^{n} D_{ij}} \times T_j \tag{12-1}$$

式中，G_{ij} 表示第 j 个乡镇(街道)第 i 个像元的常住人口值；D_{ij} 表示第 j 个乡镇(街道)第 i 个像元的有效灯光值；T_j 表示第 j 个乡镇(街道)的常住人口数；n 表示第 j 个乡镇(街道)内有效灯光的像元个数。

通过式(12-1)可以计算出格网单元上的常住人口数,但还需要与统计数据进行对比,并进行相对误差校正和精度检验[20],计算公式为

$$\delta = \frac{G_p - G_s}{G_s} \times 100\% \tag{12-2}$$

式中,δ 表示相对误差;G_p 表示格网空间化的 2015 年成都市常住人口总数;G_s 是 2015 年成都市常住人口统计总数。

对于常住人口格网化结果采用分乡镇(街道)的校正方式,构建各乡镇(街道)的修正系数,对每个格网单元的常住人口数进行调整,保证空间格网化的常住人口总数同统计数据相吻合。校正之后,得到了 2015 年成都市 1km² 格网的常住人口空间数据集,并被运用到后面医疗空间分析中。具体计算公式为

$$G'_{ij} = G_{ij} \times \left(\frac{T_j}{G_j} \right), \quad G_j = \sum_{i=1}^{n} D_{ij} \tag{12-3}$$

式中,G'_{ij} 表示第 j 个乡镇(街道)第 i 个像元的校正后的常住人口值;G_j 表示第 j 个乡镇(街道)格网化的常住人口总数。

2. 医疗空间可达性计算

根据 2R 计算交通距离。通过居民就医空间行为调研获得居民选择不同层级医疗机构就医的出行交通方式、通常可接受的旅行时间距离和最大旅行时间距离。运用百度导航服务提供的实时交通数据,计算时优先考虑出行时间最短的路线,暂不考虑交通拥堵、限号、红绿灯、是否走高速等其他因素。计算时间均选择在工作日的上午 9~12 点,避开早晚高峰和节假日等特殊情况,模拟正常情况下起始点之间的交通出行时间(图 12-2)。

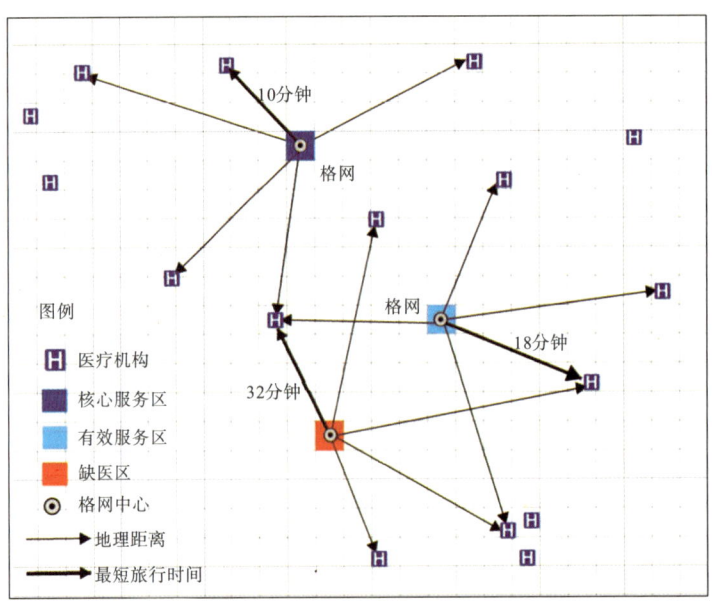

图 12-2　2R 格网-层级医疗空间可达性计算示意图

(三)数据来源与处理

本书所使用数据主要分为五类。

(1) 医疗资源数据。根据分级诊疗法改革设计,多层级公立医疗体系被划分为三个层级。各层级的定义和功能如表 12-1 所示。

表 12-1 多层级公立医疗体系及各层级功能

层级	定义	案例	功能
一层级:城市大型公立医院	大型省属和市属公立综合医院	四川省人民医院	提供急危重症和疑难复杂疾病的诊疗服务
二层级:区县级公立医院	区县属公立医疗	新都区人民医院 锦江区人民医院	县域内常见病、多发病诊疗,以及急危重症患者抢救和疑难复杂疾病向上转诊服务
三层级:基层医疗卫生机构	社区卫生服务中心 乡镇卫生院	龙腾社区卫生服务中心 马家镇卫生院	为诊断明确、病情稳定的慢性病患者、康复期患者等提供诊治、护理服务

其中,大型综合医院数据和区县综合医院数据来自《四川卫生和计划生育统计年鉴》,基层医院数据来自百度地图的 POI(point of interest,兴趣点)数据[①]。2015 年成都市共有 629 家公立医疗机构,包括 15 家城市大型公立医院,64 家区县级公立医院和 50 家基层医疗卫生机构。基于百度地理编码 API 将医疗机构的地址数据转换为地理坐标数据[②](图 12-3)。

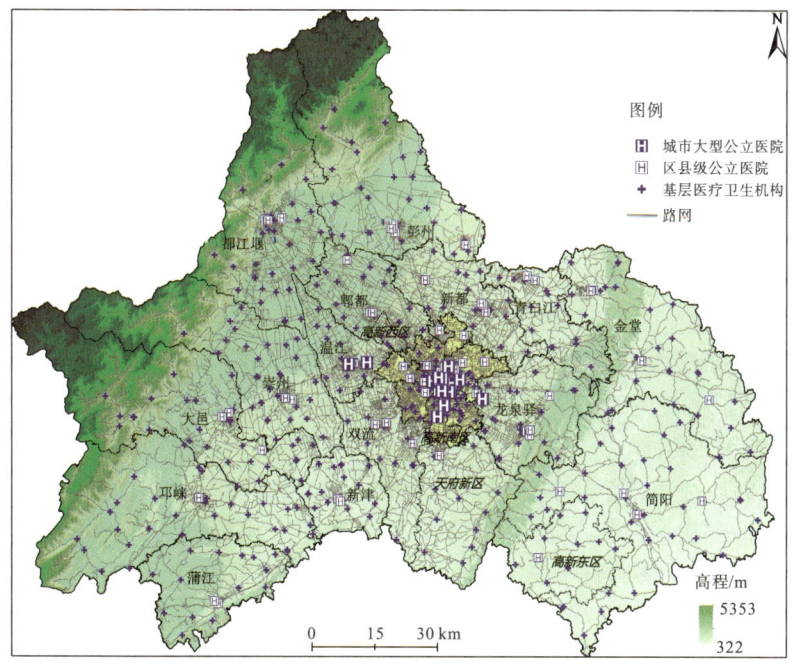

图 12-3 成都市区位概况与医疗机构分布图

---

① https://map.baidu.com/
② http://lbsyun.baidu.com/index.php?title=webapi/guide/webservice-geocoding

(2) 常住人口数据。常住人口数据主要来自成都市各区县年鉴和《中国县域统计年鉴》(乡镇卷)，包括成都市375个乡镇(街道)2015年年末的常住人口数据。

(3) 夜间灯光影像数据。夜间灯光影像数据源自NOAA(National Oceanic and Atmospheric Administration, 美国国家海洋和大气管理局)的NPP/VIIRS夜间灯光数据集[①]，该数据集由Suomi-NPP卫星的六个光谱波段检测和亚像素红外传感器拍摄的多幅无云影像拼接得到，其空间分辨率达到了15″(约450m)，且时间上更新到2015年。

(4) 居民空间行为偏好数据。为了解居民的不同层级医疗机构就医空间行为偏好，课题组于2015年运用《分级诊疗公众意愿调查问卷(大型综合医院版、区县级医院版和基层医院版)》通过参与式访谈的方式进行了问卷调查。通过空间分层抽样，分别从三个不同层级选择调研样本医疗机构，在每个医疗机构的不同科室对住院病人、门诊病人及其陪同亲友进行了访谈，得到1079份有效问卷。公众到不同层级医疗机构就医的空间距离和交通方式选择偏好数据来自于该调研结果。

(5) 实时交通数据。医疗空间可达性的计算通过调用百度路线规划服务API，获取实时道路通行状态数据[②]。百度地图提供的导航服务可以为用户提供线路规划、耗时、里程等出行信息，涵盖的交通方式包括驾车、公共交通、出租、骑行与步行。

三、研究结果

(一) 人口空间分布的格网化

图12-4展示了常住人口格网化的过程。其中图12-4(a)表示基于2015年统计数据的乡镇(街道)尺度成都市人口分布的空间分异特征，不同乡镇(街道)间人口密度的差异展示了成都市常住人口的集聚趋势，这对于理解大都市区的空间结构、发展差异和公共服务布局至关重要。成都市在历史发展过程中，逐步形成了中心圈层式的空间格局。这种空间格局不仅影响了城市的空间结构，也影响了城市人口的空间布局。中心主城区的人口密度最高，人口密度也从城市中心向四周递减，在东西两侧的龙泉山和龙门山区人口密度最低。但在外围卫星城城区，人口密度出现局部高值集聚，如温江、郫都、都江堰等。这种向心式的人口集聚格局表明成都市大部分常住人口集聚在主城区及其附近区域，主城区也成为经济活动和公共服务最为密集的区域。相应地，东西两侧的山区也就成为人口分布和公共服务布局的边缘地带。

为了得到更高空间分辨率的人口布局模式，基于2015年NPP-VIIRS夜间灯光影像[图12-4(b)]对成都市常住人口进行空间化，结果如图12-4(c)所示。利用乡镇(街道)的行政单元对人口格网数据进行分区统计，结果显示空间格网化之后成都市常住人口为1590.64万人，比统计数据多出19.67万人。这是由于同一网格横跨多个行政区，因此在格网化计算过程中出现重复计算。依据式(12-3)计算人口空间化的相对误差为1.25%，空间化误差优于同类研究[20]。为进一步检验格网空间化人口数据的精度，对各乡镇(街道)

---

① https://ngdc.noaa.gov/eog/viirs/download_dnb_composites.html
② http://lbsyun.baidu.com/index.php?title=webapi/direction-api-v2

的格网空间化的常住人口总数和统计数据进行相关性分析,绘制二者的散点图[图12-4(d)]。从图中可以看出,分乡镇(街道)的格网空间化的常住人口总数和统计数据之间具有显著的线性关系,回归拟合度 R^2 达到 0.9859。除极个别乡镇(街道)外,大部分乡镇(街道)的格网空间化的人口数和统计人口数非常接近,说明本书的人口空间化方法能较好地拟合成都市常住人口在 1km×1km 格网尺度上的空间分布情况,能较好地支持医疗服务空间可达性的分析。不同于图 12-4(a)仅能表达行政区之间的人口数量与分布状况,图 12-4(c)的1km×1km格网尺度人口空间数据能够展现行政区内部的人口分布和集聚格局,能显示出在整体格局之下的常住人口的局部空间分异性。除在中心主城区之外,郊区也出现较多的人口高度集聚区,成都市中心圈层式的人口分布格局特征更加显著。

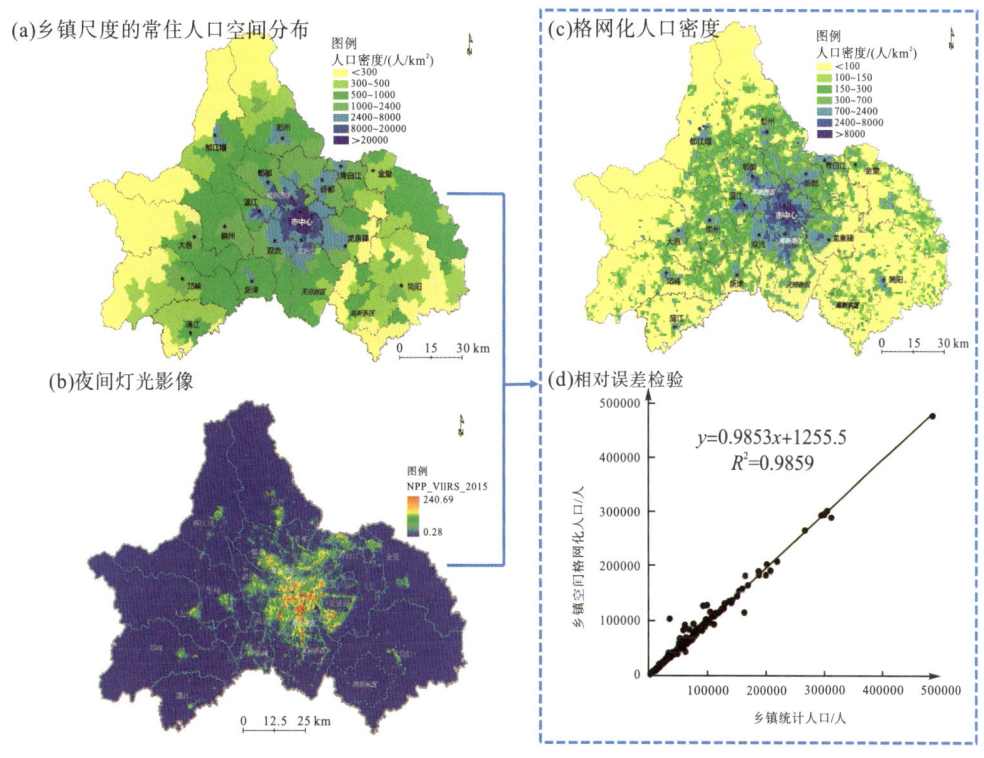

图 12-4　常住人口格网化过程

(二)不同层级医疗服务的空间可达性

1. 居民就医空间行为偏好

调研结果表明居民访问不同层级医疗机构时的出行交通方式和距离容忍度有显著差异。根据居民的就医空间行为偏好,可定义出不同类型的可达性区域(表 12-2)。

表 12-2　居民访问多层级医疗机构的空间行为偏好

居民偏好	可达性区域类型	城市大型综合医院	区县级综合医院	基层医疗卫生机构
最长旅行时间	有效服务区(ESA)	2 小时	1 小时	0.5 小时
通常可接受的旅行时间	核心服务区(CSA)	1 小时	0.5 小时	0.2 小时
交通选择	—	汽车	汽车	自行车或步行

2. 多层级医疗机构空间可达性

图 12-5 展示了各层级医疗机构的空间可达性以及叠加后的多层级医疗机构可达性空间划分结果。前三个地图中，不同颜色的格网代表不同层级医疗机构的不同就医交通时间，以及各层级医疗机构的不同服务范围。多层级医疗机构空间可达性是由不同类型多层级医疗可达区域的面积及人口占总面积与总人口比率确定。

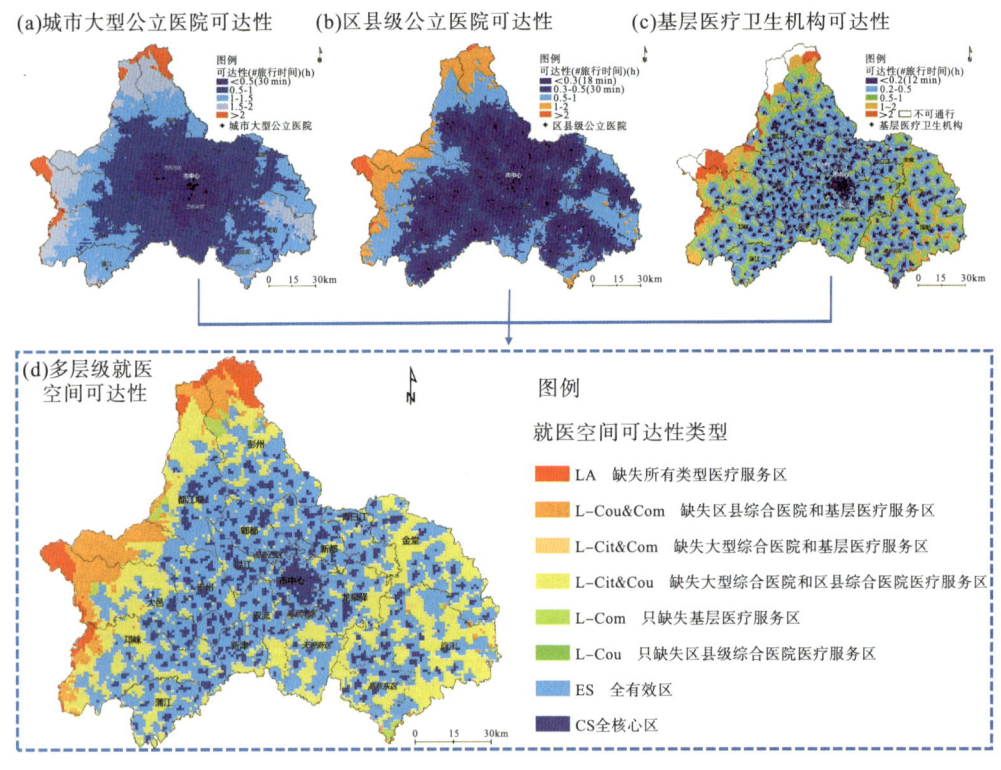

图 12-5　多层级医疗服务可达性

城市大型医院空间可达性。如图 12-5(a)所示，成都市 15 家大型综合医院中有 12 家分布在中心城区，呈高度集聚态势，另外 3 家中有 2 家在温江区，1 家在龙泉驿区。所以温江的 2 家大型综合医院极大地拓展了成都西部的医疗服务空间可达性，而东部区域则缺乏大型综合医院配置。成都市中心城区和绝大部分郊区都处在大型综合医院医疗服务的有效服务区内，其面积约占成都市总面积的 96.67%，而核心服务区面积约占总面积的 51.69%。缺医区主要集中于成都市西部龙门山地区，因其地形复杂，人烟稀少，主要是国

51.69%。缺医区主要集中于成都市西部龙门山地区，因其地形复杂，人烟稀少，主要是国家森林公园和地质公园所在地。在成都东部虽然有龙泉山阻隔，但有多条跨越龙泉山的高速公路和其他公路，在驾车出行的方式下，地形对医疗服务的隔断作用不明显，但仍有极个别社区被排除在有效区之外。

区县级综合医院空间可达性。成都市下辖每个区县至少有一家区县综合医院，所以区县综合医院的空间分布格局比起大型综合医院分布更加均衡。但根据居民就医空间行为偏好分析，就医可达性存在空间差异[图 12-5(b)]。从整体格局上看，区县级综合医院的有效服务区包括成都市绝大部分区域，其面积约占市域总面积的 88.26%，核心服务区占到 61.92%。而市域的西部和北部山区，距离最近的区县综合医院交通时间超过了 1 个小时，尤其是西岭雪山，到达最近的区县综合医院需要 2 个小时以上的时间。而在东部，虽然绝大部分地区处在有效区范围内，但内部空间分异现象明显，且受到地形、交通的影响。

基层医疗卫生机构空间可达性。在计算基层医院医疗服务空间可达性时，采用了不同于大型综合医院和区县综合医院的交通出行方式。图 12-5(c)展示了成都市基层医疗服务空间可达性的格局，由于基层医院涵盖了每个乡镇的卫生院和街道的社区卫生服务中心，所以相对大型综合医院和区县综合医院，基层医疗服务的空间可达性更加均衡，但在其中仍存在不少漏斗区和空隙。中心主城区的基层医院最为密集，其空间可达性最优。在东部龙泉山区，基层医疗服务空间可达性较为破碎，未能形成连片区域。而在西部的龙门山区，基层医疗服务的空间可达性显著受到地形的阻隔，局部区域访问最近的基层医院出行时间超过两个小时，甚至在高海拔山区，仅能通过骑行加步行方式享受到基层医疗服务。统计显示，成都市基层医疗卫生机构的核心服务区面积仅占市域总面积的 13.98%，有效服务区占 58.62%。虽然基层医疗机构在数量上和空间分布上比大型综合医院和区县综合医院更多和更均衡，但其有限的服务能力和服务半径限制了基层医疗服务受访率，使得基层医疗服务在三个层级的医疗服务中效应不能配位。

多层级医疗服务空间可达性。要实现分级诊疗改革目标，需在不同类型病患和不同层级医疗机构服务能力之间实现供需均衡，所以有必要将三个不同层级的医疗服务空间可达性进行叠加，分析不同层级的医疗服务的空间均衡性，识别缺医区的空间格局。根据叠加分析结果[图 12-5(d)]，将成都市分为八类就医空间可达性区域：①全核心区(CS)，均位于三个层级医疗服务的核心区域；②全有效区(ES)，都位于三个层级医疗服务的核心区之外、有效区之内；③只缺失基层医疗服务区((L-Com)； ④只缺失区县级综合医院医疗服务区(L-Cou)；⑤缺失大型综合医院和区县综合医院医疗服务区(L-Cit&Cou)；⑥缺失大型综合医院和基层医疗服务区(L-Cit&Com)；⑦缺失区县综合医院和基层医疗服务区(L-Cou&Com)；⑧缺失所有类型医疗服务区(LA)。全核心区(CS)几乎覆盖了中心主城区所有的区域，并在周边郊区县呈零散分布。全有效区(ES)是分布最广的一类就医空间可达性区域，在东部呈破碎状分布，明显受到龙泉山地形与交通的影响，而在西部，服务区域也受阻于龙门山。除 CS 和 ES 之外，其余地区均为不同程度的多层级缺医区(MHSAs)。其中，只缺失基层医疗服务区(L-Com)分布最为广泛，覆盖的区域包括东部龙泉山区、西部的龙门山区和南部天府新区，此外在郊区有零星分布。只缺失区县级综合医院医疗服务区(L-Cou)、缺失大型综合医院和区县综合医院医疗服务区(L-Cit&Cou)和而缺失区县综合医院和基层医疗服务区(L-Cou&Com)和缺失所有类型医疗服务区(LA)集中分布在西部和北部的龙门山区,包括崇州、大邑、邛崃及都江堰和彭州的深山区。

(三) 多层级医疗空间公平性

多层级医疗空间公平性的评价标准为三个层级的医疗机构根据人口需求在不同空间均衡性的分析。因此,本书统计了不同类型医疗资源可达性区域的面积和人口占成都市总面积和总人口的比例(图12-6)。

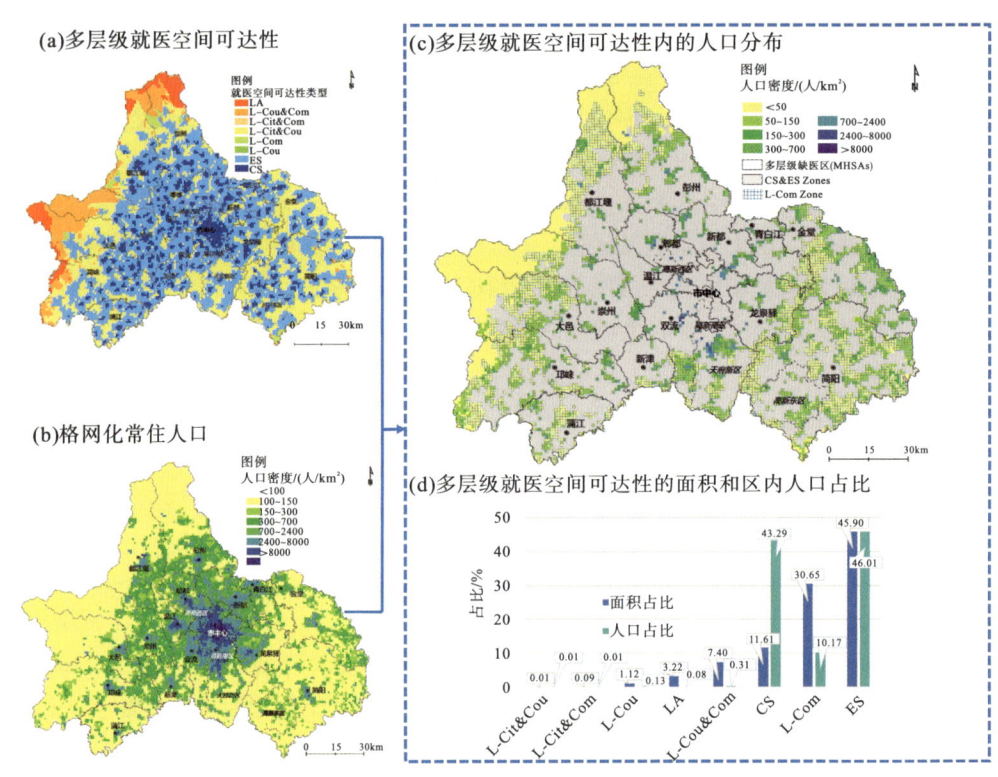

图12-6 多层级医疗服务空间均衡性

面积占比分析结果表明,ES区面积占成都市总面积的45.90%,即成都市有近一半的区域处在三层级医疗服务的有效区内,可以方便地享受不同层级的医疗服务,而有11.61%的区域(CS)可以快速、便捷地享受到所有层级的医疗服务。这两部分区域即为成都市医疗服务充足区域,剩下的42.50%的区域即为缺医区。在缺医区中,缺失最严重的是基层医疗服务。L-Com,L-Cit&Com,L-Cou&Com和LA区都存在基层医疗服务的缺失,其区域面积占成都市总面积的41.36%,即成都市2/5的区域因为基层医疗机构不足而成为缺医区。还应注意到,在这41.36%的缺医区中有30.65%的区域是因为仅缺失基层医疗服务而成为缺医区。在这部分区域中,大型综合医院和区县综合医院的医疗服务均能涵盖此区域,但基层医疗服务的缺失使得该区域居民不能享受到健全、完整的医疗服务,且这种现象较为严重,仅缺失基层医疗服务区已成为成都市第一大类型的缺医区。相对而言,区县

象较为严重,仅缺失基层医疗服务区已成为成都市第一大类型的缺医区。相对而言,区县综合医院和大型综合医院医疗服务的缺失较少,仅在局部山区缺失相关医疗服务。缺失所有类型医疗服务区面积占总面积的 3.22%,主要分布在西部和北部龙门山区的深山区,由于人烟稀少,对医疗服务需求不高。

人口占比分析结果表明,ES 的面积占比与常住人口占比最高,45.90%的全有效覆盖区服务了 46.01%的常住人口;全核心覆盖区 CS 的面积占比仅为 11.61%,但所服务的常住人口占总人口的 43.29%。全有效覆盖区与全核心覆盖区所能覆盖的人口占到成都市总人口的 89.30%,即成都市绝大部分的人群都能享受到三个层级的有效医疗服务。虽然缺医区占成都市总面积的 42.50%,但居住在缺医区的常住人口仅占总人口的 11.70%,即便如此,也有 183.80 万人未能享受到全面有效的医疗服务。可见,成都市绝大部分常住人口处在三个层级医疗机构的有效服务范围内,仅有少数人群就医可达性较差。

虽然大部分缺医人群居住在人口稀少的区域,是否有人口密集区仍位于多层级缺医区还需进一步分析。结果显示在缺医区范围内,仍存在局部区域的人口集聚区。在天府新区北部、双流区与主城区交界处,新都区与主城区交界处均存在显著的人口集聚区,局部区域人口密度高于 8000 人/km^2,说明在这些常住人口集聚区,存在显著的医疗服务缺失。此外在主城区以外的周边郊区,存在局部医疗服务的缺失区,在这些区域,常住人口密度多在 300~700 人/km^2。这种类型的缺医区在空间分布上比较零散,多沿行政边界分布,尤其是简阳、金堂、彭州、新都、邛崃、大邑和崇州的局部偏远区域。这些区域多为交通不便的偏远村庄,由于公立医疗机构多集中于行政中心,而行政区的边缘地带的交通可达性较差,造成偏远农村对医疗机构的可访问性降低。当然在成都市西部山区和东部龙泉山脉区域存在大面积、连续的缺医区,可这部分缺医区所覆盖的常住人口极少,绝大部分区域人口密度低于 50 人/km^2。

将成都市缺医区人口空间分布与缺医区类型图进行叠加分析就可以发现,绝大部分缺医区中人口集聚区主要缺失的医疗服务仅为基层医疗服务,即基层医疗服务的缺失才造成了这部分人口集聚区暴露在缺医风险之下。进一步发现,缺医区的 11.70%人口中有 10.17%的人口只是缺少及时、便捷的基层医疗服务,即在 180.8 万缺医人口中有 86.92%的人口缺失有效的基层医疗服务,说明基层医疗服务的空间分布在构建公平、高效医疗服务体系中的重要性。

四、讨论与结论

本书提出了 2R 格网-层级方法用于系统地和动态地评估大都市多层级医疗系统的空间可达性及其公平性,提供了从城市中每一个格网到每一个层级医疗机构的可达性分析方法,这对于城市多层级医疗体系的战略性和系统性规划实践具有重要的参考价值;将精细化的地理信息分析手段和个性化的问卷调研结果相结合,形成 2R 方法,有助于获取更为精确的人口居住模式和空间行为模式,这对于从地理空间需求驱动视角出发,准确和动态地识别缺医区和缺医人群具有重要的意义。在此新方法基础上,本书得到了三个重要的发现。

(1)成都市不同层级的医疗机构的空间可达性具有显著的差异性,城市大型综合医院具有最高可达性而社区医疗卫生机构具有最低可达性。

(2) 缺少基层医疗机构是缺医区最大的问题，一成总人口和近九成的缺医区人口缺乏基层医疗服务。

(3) 多层级缺医区主要聚集于城市东部和西部人口稀少的山区，这些区域崎岖的地形和较差的交通是主要的就医空间障碍，值得注意的是，一部分人口密集区也位于多层级缺医区，主要分布在郊区和行政辖区交界地带。

本书的结果实证了前人研究中普遍认可的非城市中心居民的医疗资源可达性较差的结论[4,21]。此外，在解释本书的研究结果时还有几个方面值得深入探讨。

(1) 高层级的医疗服务因数量较少且空间分布更为聚集，从供给驱动的视角进行医疗服务可达性评价势必得出高层级医疗资源空间分布更不均衡的结论[22]。然而，本书从需求驱动视角出发，根据居民的居住模式和交通距离偏好分析不同层级的医疗机构的可达性，得出基层医疗卫生机构空间可达性存在不公平性的问题。

(2) 虽然根据人口占比分析了多层级医疗可达性比按面积占比分析的结果更为均衡，"中心可达性高，腹地可达性低"的医疗资源宏观配置模式在成都市仍然典型。但是，本书识别出许多郊区和农村的人口密集区也位于多层级缺医区，因此，武断地对农村地区的医疗资源确定不同的服务半径[23]不适用于类似成都这样的人口数量大、地形多变和城镇空间急剧变化的城市。

由于医疗服务的主要对象是区域内的居民，理想的状况是所有的居民都能享受便捷、完善的医疗服务。然而区域内人口的空间分布总是不均匀的，同样医疗服务资源是有限的，那么实现医疗服务资源的优化配置，提高公共医疗卫生服务体系的公平性与效率性尤为重要。成都市是省会城市和国家中心城市，其医疗服务资源是整个西部最为丰富的区域，尽管如此，我们的研究还是发现缺医区及缺医人群的存在。最为关键的原因在于优质医疗服务资源过于聚集，成都市汇集了四川省最好的医疗资源，中心城区又汇集了成都市最优质的医疗资源。医疗资源的空间失衡显著影响了区域内医疗服务空间的可达性，边缘区居民不得不耗费较长的出行时间去接受优质的甚至是必需的医疗服务，造成其就医空间便捷性下降。但是医疗资源空间优化配置必须要兼顾公平性与效率型，如果在人口稀少的区域布局大型综合医院势必会造成资源浪费与效率低下，但全部优质资源过度集中于人口集聚区，又会造成边缘人口的就医缺失与不公平。在公平性与效率性的双重要求下，将不同类别的医疗服务需求对应不同功能层级医疗机构，并系统性地优化多层级医疗资源的空间分布应是分级诊疗改革的重要方向[24-26]。在分级诊疗体系中，基层医疗机构的服务空间为社区或乡村，满足居民对基础医疗服务的公平性需求；区县级医院的服务空间为区县级，在保障公平性医疗服务基础上提升服务效率；而大型综合医院的服务空间应是区域性的，满足居民对优质和先进医疗服务的需求。整个分级诊疗体系通过分层资源配置、双向转诊与医患流通，实现基础医疗服务的公平性与优质医疗服务的效率性。分析结果表明大型综合医院和区县级医院的可达性空间能够覆盖绝大部分人口集聚区，而缺医风险主要是由基层医疗服务的缺失造成的，尤其是在主城区周围的局部区域。基层医疗服务主要满足居民日常小病就诊、慢病诊疗与保健和康复需求，是三层级医疗服务体系中对空间可达性要求最高的层级。基层医疗服务缺失会造成居民就医便捷性的大幅下降，日常小病患者也不得不到区县级医院或大型综合医院就诊，不仅会增加居民就医多种成本，还会加剧高层级医院的资源竞争与拥堵，降低有限的医疗资源的配置效率。因此，应针对不同类型区域实施不同的医疗资源优化配置策略，在成都市主城区附近的缺医区，由于是常住人口高度集聚区，应注重基层医疗机构的空间布局，提升基层医疗服务的公平性；在郊区的缺医区，应提升区域的交通可达性，加强核心枢纽医疗机构的服务能力，促进基层医疗服务范围和服务能力，提升区域医疗服务的效率性；更为偏远山区的缺医区，应注重通过异地就医、便捷转诊和远程医疗等措施来满足偏远山区人群对医疗服务的需求。

本书仍存在继续改进之处。如何度量这些非空间化信息和个体特征，并将其纳入医疗空间可达性的计算中，还需进一步探索其解决方案。

本书提出的 2R 格网-层级的动态医疗资源可达性分析方法可以被运用于其他情景当中。例如，运用夜景灯光或手机信令数据更新人口精确化布局模式，在不同的文化背景下或针对不同的就医需求类型调研居民的就医空间行为；在不同的交通方式和不同的时段计算实时的就医时间距离；从经济社会因素、建成区环境和其他地方性特征的视角分析不同群体间就医可达性的差异[27]；此外医疗服务供给主体呈现多元化趋势，除公立医院之外，医学研究机构、私立医院、保健康复机构等主体也在向居民提供多层次医疗服务，进一步的研究应该整合多元医疗服务主体，更加准确地评估区域医疗空间可达性。随着互联网流行以及远程医疗技术的进步，网上问诊与远程治疗正快速发展，传统意义上的医疗空间可达性也在发生悄然改变，这些都是未来的研究需要关注的新趋势。

参 考 文 献

[1] McLafferty S, Wang F, Luo L, et al. Rural - urban inequalities in late-stage breast cancer: Spatial and social dimensions of risk and access[J]. Environ Plann B Plann Des, 2011, 38 (4): 726-740.

[2] Crooks V A, Andrews G J. Community, equity, access: Core geographic concepts in primary health care[J]. Primary Health Care Research & Development, 2009,10(3): 270-273.

[3] Neutens T. Accessibility, equity and health care: Review and research directions for transport geographers[J]. Journal of Transport Geography, 2015, 43: 14-27.

[4] McGrail M R, Humphreys J S. Measuring spatial accessibility to primary health care services: Utilising dynamic catchment sizes[J]. Applied Geography, 2014, 54: 182-188.

[5] Polo G, Acosta C M, Ferreira F, et al. Location-allocation and accessibility models for improving the spatial planning of public health services[J]. PLoS One, 2015, 10(3).

[6] Delamater P L. Spatial accessibility in suboptimally configured health care systems: A modified two-step floating catchment area (M2SFCA) metric[J]. Health Place, 2013, 24: 30-43.

[7] Meyer S P. Comparing spatial accessibility to conventional medicine and complementary and alternative medicine in Ontario, Canada[J]. Health Place, 2012, 18 (2): 305-314.

[8] Yang N, Chen S, Hu W, et al. Spatial distribution balance analysis of hospitals in Wuhan[J]. International Journal of Environmental research and Public Health, 2016, 13(10): 971.

[9] Fransen K, Neutens T, De Maeyer P, et al. A commuter-based two-step floating catchment area method for measuring spatial

accessibility of daycare centers[J]. Health Place, 2015, 32: 65-73.

[10] Kanuganti S, Sarkar A K, Singh A P. Quantifying accessibility to health care using two-step floating catchment area method (2SFCA): A case study in rajasthan[J]. Transportation Research Procedia, 2016, 17: 391-399.

[11] Langford M, Higgs G, Fry R. Multi-modal two-step floating catchment area analysis of primary health care accessibility[J]. Health Place, 2016, 38: 70-81.

[12] Luo W, Qi Y. An enhanced two-step floating catchment area (E2SFCA) method for measuring spatial accessibility to primary care physicians[J]. Health Place, 2009, 15(4): 1100-1107.

[13] Mao L, Nekorchuk D. Measuring spatial accessibility to healthcare for populations with multiple transportation modes[J]. Health Place, 2013, 24: 115-122.

[14] Frew R, Higgs G, Harding J, et al. Investigating geospatial data usability from a health geography perspective using sensitivity analysis: The example of potential accessibility to primary healthcare[J]. Journal of Transport & Health, 2017, 6: 128-142.

[15] Mestre A M, Oliveira M D, Barbosa-Póvoa A. Organizing hospitals into networks: A hierarchical and multiservice model to define location, supply and referrals in planned hospital systems[J]. OR Spectrum, 2011, 34(2): 319-348.

[16] Shah T I, Milosavljevic S, Bath B. Determining geographic accessibility of family physician and nurse practitioner services in relation to the distribution of seniors within two Canadian Prairie Provinces[J]. Social Science & Medicine, 2017, 194: 96-104.

[17] Wang X, Yang H, Duan Z, et al. Spatial accessibility of primary health care in China: A case study in Sichuan Province[J]. Social Science & Medicine, 2018, 209: 14-24.

[18] Deng L, Shao J, Guo Y, et al. Spatial accessibility of medical services in mountainous regions based on modified two-step floating catchment area method: A case study of Shizhu County, Chongqing[J]. Progress in Geography, 2015, 34(6): 716-725.

[19] Liu Z, Yang H Y, Xiong W K. Spatial accessibilities of medical services at county level based on optimized two-step floating catchment area method[J]. Scientia Geographica Sinica, 2017, 37(5): 728-737.

[20] Li X, Chen Z J, Wu J X. Gridding methods of city permanent population based on night light data and spatial regression models[J]. Journal of Geo-Information Science, 2017, 19(10): 1298-1305.

[21] Shah T I, Milosavljevic S, Bath B. Determining geographic accessibility of family physician and nurse practitioner services in relation to the distribution of seniors within two Canadian Prairie Provinces[J]. Social Science & Medicine, 2017, 194: 96-104.

[22] Pan J, Zhao H, Wang X, et al. Assessing spatial access to public and private hospitals in Sichuan, China: The influence of the private sector on the healthcare geography in China[J]. Social Science & Medicine, 2016, 170: 35-45.

[23] McGrail M R, Humphreys J S. Measuring spatial accessibility to primary health care services: Utilising dynamic catchment sizes[J]. Applied Geography, 2014, 54: 182-188.

[24] Rastaghi M M, Barzinpour F, Pishvaee M. A multi-objective hierarchical location-allocation model for the healthcare network design considering a referral system[J]. International Journal of Engineering-Transactions B: Applications, 2017, 31(2): 365-373.

[25] Shinjo D, Aramaki T. Geographic distribution of healthcare resources, healthcare service provision, and patient flow in Japan: A cross sectional study[J]. Social Science & Medicine, 2012, 75(11): 1954-1963.

[26] Wang H F, Yuan J. Probe of relevant issues concerning the establishment of tiered diagnosis and medical treatment system[J]. Chinese Journal of Medical Management Sciences, 2015, 1:11-15.

[27] Kocatepe A, Ulak M B, Ozguven E E, et al. Socioeconomic characteristics and crash injury exposure: A case study in Florida using two-step floating catchment area method[J]. Applied Geography, 2011, 87: 207-221.

第十三章 展 望[①]

国家的现代化不可缺失山区公共服务全面提升的重要支撑。审视山区公共服务当前存在的问题和面临的挑战，面向山区可持续发展和乡村振兴，强化山区公共服务体系建设的科学布局和效率性与公平性，是支撑国家整体现代化的重要基础，亟待进一步加强公共服务空间研究的理论和方法创新，加强政策工具运用，加强多方利益主体的参与，提高社会治理的公共服务管理水平，提高山区公共服务的整体支撑能力和效益。

公共服务研究具有学科交叉的特征，涉及社会学、地理学、管理学和公共政策学等学科，在全面推进小康社会和现代化建设进程中，提升和完善公共服务是一项重要的社会治理项目。因此，其研究方兴未艾，特别是研究区域为一个特定的地理空间——山区，需要研究的问题很多，要走的路很长远，作为研究者，需要在完成书稿的基础上展望未来，规划接着应该继续做些什么，以期进一步增强创新研究的活力。

第一节 面临的挑战

"公共服务"这个词语似乎越来越被公众所关注，管理者和决策层也十分关注这个主题。中国的发展正在全面朝向工业化、城镇化和信息化，正在向全面现代化国家的发展目标迈进。与之相适应的社会公共服务体系建设是关键的支撑体系，国家公共服务体系现代化必须先行奠定基础。2018年12月13日中共中央办公厅、国务院办公厅印发了《关于建立健全基本公共服务标准体系的指导意见》，这是新时代党和国家提高保障和改善民生服务能力与水平的重要体现，是不断满足人民日益增长的美好生活需要、不断促进社会公平正义、不断增进人民在发展中福祉感的国家政府的责任担当。就目前国情而言，依据国家政府架构与基本公共服务体系建设[1]，山区公共服务体系建设在前行的路上挑战仍然很多，需要一系列具有针对性的研究成果给予指导和决策参考。

一、山区公共服务设施建设应注重生态环境保护

山地是陆地上最具生态活力的空间，是生态系统和生物多样性的天堂，山地的主导功能就是生态服务。然而，我国的城镇化率才接近60%，生活在山区的人口超过4亿人，这个现实国情将长期存在。值得明确的是，生态主导区不是无人区，合理、适度的人类活动

[①] 本章执笔人：邓伟、宋雪茜。

是允许的,只要控制在生态环境耐受范围或生态环境弹性范围内就是可行的。在欧洲,围绕着阿尔卑斯山区的低山丘陵地带,是重要的生活与生产空间,居住人口较多,并且与生态空间融合得很好,体现了天人合一,值得学习和借鉴。

我国坚持可持续发展思想,把生态文明建设作为国家战略,向绿色转型发展,提出了"绿水青山就是金山银山"的发展理念,山区的发展如何优化国土空间开发格局、山区的基础设施和基本公共服务的网络化建设,对公共服务的供给类型、方式与路径都提出了新的要求,客观上要求规划决策与建设必须要跳出传统的思维,要用新理念、新模式建构适宜于既能维护生态主导区的功能,又能保障山区顺利发展的公共服务设施作用,其生态化是必然趋势。

以路网建设为例,以往是开山铺路,不仅工程开挖面大,破坏了山地生态环境,造成水土流失,而且边坡失稳,易发生崩塌、滑坡等地质灾害,形成危险区,造成灾害风险增加,也增加了防护与管理成本。可以借鉴阿尔卑斯山的公路修建模式,其多采用半桥半路的方式(图 13-1),开挖面很小,也减少了工程弃渣,非常利于山地的生态保护。山地观光旅行的步道,其建设方案尽量减少路面硬化,普遍设计了过水窄槽,尽量原生化或荒野化,化解坡面+路面的汇流效应,既可缓解水流的冲刷力,又起到保护水土的作用(图 13-2)。

图 13-1 阿尔卑斯山地区半路半桥的道路建设模式　图 13-2 阿尔卑斯山地区林中徒步的生态化小路

解决山地风景名胜区的通达性问题并非完全靠修路。在阿尔卑斯山区,索道建设非常普遍,特别是观光旅游区,建有两部以上索道设施的村落随处可见,极大地减少了修路对山地生态环境的破坏,这是最具权衡性的决策案例。

还有山地城镇的建设,也要利用地形条件,城镇整体上不仅要和生态融合,形成人与自然在生活、生产和生态方面高度复合的综合体,而且对城镇内部的形态和公共空间的功能也要合理建构,创新设计思路,建立新的设计规范,形成完善的具有个性与文化特质的公共服务体系,促进人与自然的和谐关系。

习近平指出:绿水青山就是金山银山。这是具有深刻内涵的发展理念,需要我们在生态文明建设中来一次思想深度大转型,需要从协调好人地关系、促进可持续发展的高度去领会和实践。如何让山区国土空间综合功能最优化(生态性、生产性、生活性),化生态性(绿水青山)为经济性(金山银山),建立生态产业服务体系非常必要。因此,山区公共服务体系建设必须要跟上发展形势的新要求，在配套方面体现巨大的支撑动力。

因此，需要建设思想的极大创新，要遵循人与自然是生命共同体的信念，需要从调整人地关系向和谐共生方面去深度考虑破除因循守旧的束缚，发展适应山区新型城镇化的公共服务事业，这是对山区公共服务管理与决策层面的重要挑战。

二、乡村振兴中公共服务体系建设的长远谋划

以乡村振兴解决"三农"问题，推动城乡一体化发展，这是一项非常艰巨的任务，尤其是山区，其"三农"问题的"短板"制约更加凸显，必须从根本上解决这一重大发展问题。乡村振兴也是一项综合性的系统工程，涉及面很广，解决问题的难度大、关键点多。①山区道路如何科学合理组网，乡村聚落布局与交通、电力、油气、通信等服务设施的配置关系；②山区教育事业如何布局发展，乡村产业发展的科技和人才培养等。山区振兴很关键的方面是智力振兴，基本公共服务体系的完善，特别是切合山区发展实际需求的教育体系和医疗体系，对于山区的根本振兴和可持续发展至关重要。

有一个例子值得借鉴和推广。福建农林大学 2012 年在安溪县成立了安溪茶学院，教育的主导目标就是通过专门化实用型技术人才的培养，全面促进当地茶产业的全链条发展。其中有一个务实的做法，即创建农民大专班就非常接地气，对培养当地农民学习和掌握有关农业技术非常有效，对促进当地生态产业的发展具有重大意义和促进作用。

农业是国家产业，农村是社会结构的重要组成部分，农民是国家公民的重要组成部分。乡村发展必须要在现代社会治理体系中，从根本上解决"三农"问题。借鉴国内外乡村发展的历史经验和成功案例，关键的基本点就是乡村智力体系的建构与发展，以教育为核心支撑点的基本公共服务必须强化。我们应该正视快速城镇化和农村一定"空心化"的现实中乡村教育发展缺陷问题，必须把乡村教育事业的发展与乡村振兴战略的实施紧密结合起来，要研究出现的新问题，探究解决的新路径。

健康中国的目标实现离不开基层医疗体系的完备，特别是山区，乡村医疗资源和专业人员的匮乏是很大的难点问题，包括乡村养老服务，都牵扯社会保障问题。这些都需要结合不同的山区特点进行研究，在公共服务体系管理与政策供给方面给予特别关注，并通过研究提供切实可行的政策工具。

很显然，在乡村振兴的进程中，解决"三农"的问题仍然面临多重困难和挑战，需要有针对性地深入研究，剖析问题，探究归因，并结合山区经济社会发展的合理布局，包括人口合理布局（人口规模空间格局），进行公共服务体系建设的综合区划，给出可行的方案与对策，从长远谋划，有利地支撑山区的可持续发展。这就需要国家、地方政府层面在科技资源配置方面充分考虑这方面的重大需求，在自然科学、社会科学领域有所部署和给予重要的支持。通过国家和地方专项研究计划的实施，极大地促进有关研究的创新成果产出，提升山区公共服务管理理论，强化对山区公共服务体系建设的指导，积极服务山区公共服务体系建设的决策，最终更好地服务乡村振兴。

三、山区公共服务体系建设的金融保障缺口是"短板"

山区发展资金短缺是一个根本性的大问题。由于地形条件的限制，包括区位限制，明显制约经济社会系统各个要素的集聚与扩散，进而影响山区的经济发展和经济规模及其效益，导致地方财政支付能力偏弱，公共服务设施建设的资金配套能力极其薄弱，更谈不上公共服务体系发展的自力更生。即便某个公共服务项目得到了国家足额的财政支持，而维持其公共服务功能却无能为力，造成一些公共服务设施建设了一批，却因为资金短缺维护不到位或缺失，其很快就失效了，造成一定的浪费。

虽然国家在转移支付和对口援助上取得了明显实效，但由于缺乏长效机制，区域上仍然面临资金短缺的制约性问题。这就需要从国家制度安排上为山区的发展提供基本的金融保证，是山区发展公共服务体系的重要保障条件。

第二节 主要的问题

一、发展的不平衡性，"短板"限制明显

中国发展的不平衡性不仅造成了区域经济的差距，也导致公共服务产品供给的差距，这种差距既表现在东、中、西部的不平衡性方面，也表现在平原与山区的差距方面。笔者在2013年参加了中国科学院学部咨询项目（"我国中西部山区发展若干战略问题与基本策略研究"），选择东部(浙江、江苏)、中部(湖南、湖北)、西部(四川、云南)6省对其2013年前10位的县域经济总量(GDP)进行比较。东、中、西部六省GDP各排在第一位的县，其县域GDP差值最大为962.9亿元，最小也相差789.7亿元；排在第五位的其县域GDP差值最大为594亿元，最小也相差430.7亿元；排在第十位的其县域GDP差值最大为304.8亿元，最小也相差193.6亿元。

同一地区的内部差距性也在显著增加。以四川省凉山州为例，西昌市2000年人均GDP为7564元，2010年达到33125元，而昭觉县和美姑县2000年人均GDP为1802元和1550元，2010年分别为5876元和6166元，差距由2000年4倍增加到2010年的5倍多，西昌市与昭觉县的人均GDP最大差距分别由2000年的5762元增大到2010年27249元，差距拉大的趋势非常明显。

如此明显的经济差距，在公共服务体系建设方面也表现为县域空间上的差距，进一步导致了发展不平衡问题。特别是在重要基础设施建设方面的资金配套，几乎让一个县陷入沉重的债务泥潭，出现了偏远的山区县路网建设严重滞后现象。

由于经济发展的不平衡性，尤其是明显的县域经济发展的制约性和差距性，限制性因素增多，公共服务建设不成体系，偏远地区民生问题突出，社会的公平性、正义性受到影响，区域发展的整体性受到制约。

二、缺乏差别化的政策，扶持力不足

①中国是一个多山国家，但是到目前为止，还没有建立"山地国家"的概念，更没有像其他山地国家那样，制定有关山区发展的特殊性、针对性的政策与法规去发展山区；②用一个尺度去建立公共政策体系，即使考虑了山地性或偏远性，所出台的政策和法规仍然具有局限性。例如，铁路、公路等基础设施建设，以及基本公共服务等，山区的建设成本明显高于平原和中心地，而以同样的地方资金配套规定，很难保证空间发展的公平性。正因如此，山区发展的政策扶持力仍显不足，这也是造成山区经济社会发展差距的根源之一。

三、公共服务体系运行的资金和人员短缺，保障力不足

山区公共服务能力建设靠项目运作，而运行维护是地方政府的事情，由于地方政府财政支付能力十分有限，如建好的乡级、村级公路无足够的资金维护，损毁严重，一部分失去了应有的功能，还有乡村学校的正规教师配备问题等，所有这些无不与资金短缺有关。很显然，山区的公共服务体系的运行保障力明显不足。此外，山村的一些公共服务设施建设，由于监管的要求，招投标过程(因为超过5万元的项目就要招标)的反复进行，工程成本很高，使得村级公共服务资金使用效率明显下降。应根据实际情况，原则性和灵活性相结合，实事求是地进行山区公共服务体系建设的项目与资金监管。

第三节 研究导向

一、山区公共服务研究的特殊性与重大意义

因山区具有独特的自然、经济、社会和文化，传统的空间分析理论和方法需在改进的基础上运用于山区研究。提高公共服务的空间均衡性以实现社会发展的公平性，需要在充分承认区域差异的前提下因地制宜地实施区域针对性政策以提升资源的利用效率。因山区城镇和聚落分散、交通不便，山区公共服务的空间结构、空间溢出效应和要素的空间流动等与平原地区存在较大差异，需要深化相关研究，进一步把握山区公共服务的特殊性与空间规律。贫困山区内生发展能力较差，地方财政能力薄弱，公共服务需弥补的"短板"较多，造成公共服务供需矛盾突出，更需要科学指导公共服务的空间布局规划和空间治理，从而提高公共服务资源的空间配置效率。很显然，在新时代全面实现国家现代化的进程中，深入系统地开展山区公共服务研究具有明确的特殊性和重大指导与实践意义。

二、重点研究导向

1. 山区公共服务研究的理论与方法

山区公共服务体系建设关乎区域发展，关乎城乡一体化发展，关乎中国现代化的整体推进。没有成熟可行的理论体系做指导，公共服务提升和促进路径就会缺乏科学性。因此，建立符合我国国情的山区公共服务的理论与方法体系十分必要。"美丽中国"建设、"乡村振兴"与"健康中国"都离不开公共服务的重要支撑，应该在国家公共服务总体目标确立的基础上，分层级(省、市、县)进行山区公共服务体系建设规划，并按照山区的地域系统和区域经济发展空间关联性，研究公共服务的区域格局，明确不同类型公共服务建设的基础、关键和重点，及其空间的网络化体系建构，为点、线、面结合的系统性布局和时空有序性的建设提供理论指导和决策依据。

当前的研究结果表明，实现基本公共服务均等化的困难不仅表现在城乡之间的公共服务差异，还突出地表现在平原、丘陵和山区之间的差异。在我国欠发达的山区，尤其是少数民族聚集的贫困地区，公共服务供给的成本高、效率低，如何提升这部分地区的基本公共服务的质和量，使山区居民平等地享受我国经济社会发展的成果，是值得学界深入分析的问题。这就要求针对山区特征，加强山区公共服务的理论与方法创新，以此对空间结构、空间可达性、空间配置效率等问题进行剖析，并提出具有针对性和可操作性的山区基本公共服务空间配置优化方案，即中国山区公共服务发展方案。

2. 山区公共服务的科学标准体系与政策工具

要深入分析山区国土情势和地域分异，充分考虑地形与区位、人口空间分布、乡村聚落和城镇格局、地质灾害等特点，基于适宜生态、生产、生活的土地与空间格局及其关系，从优化公共服务供给的空间配置角度，对教育、医疗等各类公共服务资源进行配置，研究其科学标准体系和建构框架，为促进山区基本公共服务体系建设提供理论指导和规划依据。

山区是一个特殊的经济社会发展区域，公共服务管理是社会发展的重要内容之一。如何依据山区地域特点，发展支撑性、效率性和公平性的公共服务至关重要。要借鉴世界发达国家公共服务体系建设的先进成果，从全球视野并结合本国实际，运用多学科理论和方法，深化公共服务管理体系研究，并从公共政策层面研究促进和保障的政策工具，包括金融扶持政策，聚焦山区的区域发展与公共服务体系建设的关系问题，根据公共服务产品的类型、功能和空间布局，以及考虑公平、均等化和效率、效益的资源配置模式，系统研究山区公共服务体系建设的多因素影响和互馈机制，并与国家大的战略需求对接，为国家有关立法提供依据和重要参考。加强理念和思路的创新，鼓励探索和学科交叉，充分考虑山区的复杂性和偏远性，研究山区公共服务的差别化政策体系，提高政策工具指导的针对性和管理的实效性，避免搞"一刀切"的政策尺度，为山区公共服务体系建设不断提供指导和决策依据，全面发展有中国特色的山区公共服务管理与政策的理论体系。

3. 山区公共服务的多方利益参与监管的评估体系

公共服务水平和质量关乎民众生活及其对社会的满意度，应该建立多方利益群体参与式的监管与评估制度,包括社区代表的参与。通过第三方评估的方式,包括利用现代网络技术手段,广泛征询社会各利益相关方的意见和建议,定期对公共服务进行定性与定量相结合的评估,实时考察公共服务的社会各方满意度,从供给侧方面为改进和完善公共服务体系建设提供参考意见。

研究公共服务利益共同体参与式的评估框架,创新方法,建立科学的评估指标体系,实时掌握公共服务公众满意度,为公共服务规划的修改和完善、公共服务产品的精准提供、形成公共服务建设成效的社会监督体系、依据评估框架与公众建立互馈渠道、完善公共服务体系建设提供指导依据。

4. 山区公共服务的地方性知识体系

山区因其特殊的地形条件和气候条件,公共服务设施的修建和维护的标准与平原地区有较大差异,山区少数民族的独特文化使公共服务项目的实施效果往往与政策制定者的预期大相径庭。这就要求学界和公共服务决策者、管理者和服务提供者对山区地方性知识进行深入调研和归纳总结,将其运用到公共服务的研究和管理实践当中,将统一性和针对性政策相结合,"自上而下"与"自下而上"的决策机制相结合,提升山区公共服务管理水平,提高山区居民对公共服务的满意度。

5. 跨行政区划的山区公共服务合作供给机制

老少边穷山区多地处于行政区划的边缘地区,受大都市的经济带动十分有限,属于经济发展末梢,并且各地区各自为政,缺乏区域合作体系,成为公共服务投入和管理的薄弱环节。因此,研究跨行政区划的山区公共服务发展规划和公共服务跨区域合作供给机制,对于提高边远山区公共服务水平,从而提升当地居民的生计能力和区域可持续发展能力具有重要意义。

6. 山区公共服务多元供给主体的空间竞合与空间优化

资本、人力资源和技术等生产力要素向平原经济社会发达地区聚集,如果缺乏有力的政府调控,山区公共服务供给能力势必越来越差。为了实现基本公共服务均等化,各级政府通过财政转移支付、对口帮扶和出台地方性优惠政策等手段提升了山区公共服务的供给能力。而公共服务的多元化供给已被广泛认为是扩大公共服务投入能力的重要途径。在山区,如何充分调动政府、事业单位、社会组织、企业等多元主体供给公共服务,实现从传统行政管理范式向强调多元主体相互合作的公共治理模式转变,应该成为山区公共服务研究的重点。将公共管理与地理空间分析理论与方法相结合,分析山区多元供给主体的公共服务的空间竞合关系和空间优化配置,是山区公共服务空间治理的重要研究方向。

参 考 文 献

[1] 姜海山,蒋俊杰,于洪生. 中国政府架构与基本公共服务[M]. 北京:人民出版社,2017.